ちくま学芸文庫

ナショナリズムとセクシュアリティ

市民道徳とナチズム

ジョージ・L・モッセ
佐藤卓己 佐藤八寿子 訳

筑摩書房

序文

本書は、市民的価値観（リスペクタビリティ）、国民主義（ナショナリズム）、正常あるいは異常なセクシュアリティを題材としてとりあげてはいるが、その全体史を論じようとするものではない。本書で理解を試みるのは、こうした通史ではなく、身体とセクシュアリティに対する社会の態度が成立するために、そうした諸テーマがいかに機能したか、ということである。実際、セクシュアリティの歴史の様々な局面が、ほとんど全く議論されてきてはいない。例えば、セクシュアリティの認識を形成し、それを管理する上で、医学が果たした役割について、筆者が述べねばならないことは多いだろう。また、それと時を同じくして起こった衛生学での驚異的進歩が無視されてよいわけではない。同様に、一九世紀から二〇世紀への転換期に現れた身体の新たな歓喜と人間美の審美的鑑賞は、機能的な視点から議論しようと思う。つまり、それが芸術、文学の前衛（アヴァンギャルド）に及ぼした疑いようのない影響のゆえではなく、国民主義（ナショナリズム）や市民的価値観（リスペクタビリティ）との関係から論じるのである。女権拡張運動もまた本書の考察対象となるだろう。この運動は女性生活のほとんどの局面に及んでいたが、しかし本書では国民主義（ナショナリズム）および市民的価値観（リスペクタビリティ）との関係でのみ問題にしたい。

本書は、社会がセクシュアリティに示した態度を問題としている。その対応によって、世間で尊敬されたいと思っていた人々は過酷な要求をつきつけられることになったが、中産階級社会は何も退屈な夫たち、欲求不満の妻たち、脅えたアウトサイダーたちだけで満たされていたわけではなかった。多くの人々は満ち足りた暮らしを営み、私的生活を満喫していたに違いない。そうした上品（リスペクタブル）な男女が幸福と絶望の間でどう釣り合いを保ったか、確かなことなどわかったものではないけれども。

しかし、本書の目的は私的な生活ではなく公的な態度を解明することである。「中産階級（ミドル・クラス）」そして「市民階級（ブルジョワジー）」といった概念は本書全編を通じて用いられるが、それは小売商人から学者、高級公務員まで多種多様な住民集団を指し示す厄介な概念でもある。しかし、これらの用語は社会的行動規範の逸脱者に対抗するものとして市民的価値観（リスペクタビリティ）が果たす統合機能によって明確な輪郭をとるであろう。

社会体制内部の人々、家族、異性愛の男女に関する歴史は、現在に至るまで相当詳細に記録されており、本書でもできる限り引用した。特に資料の手引きをしてくれたスターリング・フィッシュマンには感謝せねばなるまい。それに比べ、社会の周辺あるいは外部にいる人々についての歴史を再構成することは、はるかに困難である。それは今やっと取り戻されつつある隠蔽された物語である。ジェイムス・D・ステイクリーが厚意をもってその博学の一端を私に分かち与えてくれなかったなら、ゲイやレスビアンの歴史をはじめその他多くの本書の核心部分は、決して叙述されなかったはずである。また、学術会議は大変貴重な学びの場であり、一九八三年六月アムステルダム大学におけるゲイ研究と女性学の第一回国際会議の参加者諸姉諸兄に、私の研究が多くを負うているのは実に喜ばしいことである。

サンダー・L・ギルマンの研究から受けた重要な影響は以下の頁に見て取れるであろう。また、長年にわたるロバート・ジェイ・リフトンとの対話からも大きな影響を受けた。アンソン・ラビンバッハからは、歴史学のほとんど未開拓の領域についてご教示賜った。ウィスコンシン大学、イェルサレムのヘブライ大学におけるセクシュアリティの歴史についてのゼミでは、学生たちとの討論から得るものが大きかった。今回もまたハワード・フェルティヒは、常に私の立論に疑問をぶつけ、本書を今ある明晰なものにしてくれ、またアン・アーデルマンとバリィ・ヤンガーマンはさらに文章表現を正確にしてくれた。マリリン・バウムガルテンは模範的な技術と忍耐をもって、原稿を繰り返しタイプしてくれた。本書が歴史知識の進歩においてどの程度有益かはさておき、こうした人知の全局面を開拓している人々の研究に親しむようになったおかげで、歴史家としての私の研究は大いに豊かなものとなってきたのである。

目次

序文　3

第一章　序論――国民主義と市民的価値観　15
一　ジェンダーと国民国家
二　ドイツとイギリス

第二章　男らしさと同性愛　55
一　宗教的規範から医学的診断へ
二　新しい性科学
三　同性愛者・ユダヤ人・デカダン派

第三章　身体の再発見　101

一　裸体主義・生活改良・青年運動
二　預言者としての詩人――ゲオルゲ・サークル
三　イギリス個人主義とドイツ共同体主義

第四章　友情と国民主義（ナショナリズム）　137
一　市民的価値観（リスペクタビリティ）としての友情
二　友情崇拝から国民崇拝へ
三　イギリス紳士の場合

第五章　どんな女性？　181
一　国民的女性シンボル――マリアンヌ・ゲルマーニア・ブリタニア
二　少女戦士と両性具有
三　レスビアンと男性同性愛者
四　デカダン派とレスビアン
五　母性主義フェミニズム

第六章　戦争と青年と美しさ　227

第七章　血と性――アウトサイダーの役割　263
一　人種主義と都市文化
二　反セム主義と同性愛
三　死のイメージ
四　アウトサイダーの運命

第八章　ファシズムとセクシュアリティ　299
一　突撃隊と男性同盟（メナーブント）
二　親衛隊と男性国家（メナーシュタート）
三　第三帝国とイタリア・フランスのファシズム
四　女性の身体性

第九章　結論――万人の道徳　355

モッセ著作集版解説（メアリー・ルイーズ・ロバーツ） 375
一九九六年の訳者あとがき（佐藤八寿子） 391
訳者解題（佐藤八寿子） 394
原註 448
人名索引 456

凡例

一、原著初版は、George L. Mosse, *Nationalism and Sexuality: Respectability and Abnormal Sexuality in Modern Europe*, Howard Fertig, Inc., New York 1985. である。訳出にあたり独訳本 übersetzt von Jörg Trobitus, *Nationalismus und Sexualität; Bürgerliche Moral und Sexualle Normen*, Carl Hanser Verlag 1985. を参考にした。この文庫版ではモッセ著作集版（二〇二〇年）で変更点を確認し、同版解説 A Critical Introduction by Mary Louise Robert, 2020 を訳出した。原註にある邦訳文献については書誌情報を加えたが、引用は既存の訳文に拠っていない。

一、本書の中心的概念である「リスペクタビリティ」（尊敬されるに価すること）は、本来はヴィクトリア時代のイギリス市民社会で使われた独特な価値判断の基準である。その意味では、市民として他人から尊敬されることを求める中産階級を中心とした理念と言える。つまり、自分を尊敬する他人の視線を意識する理念であり、精神的要素のみならず服装や消費生活など外面的要素も含む価値基準であり、中産階級はこれを労働者階級に対しても社会規範として受け入れさせようとしていた。具体的には勤勉、自助から清潔や健全な家庭イメージまで多様な文脈で理解された。こうした文化的ヘゲモニーの成立する状況を踏まえて、正確な日本語に置き換えることは困難であるが、本書では、モッセ本人が校閲した独訳本（原則として「市民道徳」と訳されている）を参考にしつつ、「市民的価値観」と表記した。

一、Nationalism はタイトルでのみ「ナショナリズム」に留めたが、基本的には国民主義と表記した。今日なおドイツ語辞典などの多くが、Nationalsozialismus（国民社会主義）を奇妙にも「国家社会主義」などと（ドイツ史専門家がほとんど使わない廃語で）訳している現状に鑑み、この処置はますます必要と思える。問題とする対象が国民心性であって国家システムではないモッセの議論において、「ナショナリズム」が「国家主義」ではなく「国民主義」である理由は、すでにモッセの『大衆の国民化』訳者解説で述べておりここで繰り返さない。「国家」と訳された原語は the state であり、Nation は原則として「国民」と訳したが、数箇所で「国民国家」と表記した。

一、Sexuality は、タイトルをはじめ、「セクシュアリティ」のままに留めたが、文脈によっては「性欲」「性衝動」とも訳した。生物学的な意味での性である sex は一般に「性」と表記し、文化の中で割り当てられる性別役割を指す gender は「ジェンダー」と表記した。また、モッセは、「同性への性欲」を示すホモセクシュアリティと、「同性への愛情」を示すホモエロティシズムを使い分けている。本訳書では、ホモセクシュアリティのみ「同性愛」と訳し、ホモエロティシズムはそのまま表記した。

一、friendship は「友情」とし、camaraderie は「友愛」「戦友愛」「同志愛」と文脈により訳し分けた。

一、body は「肉体」とし、human body を原則として「身体」と訳した。

一、本書の理解を助けるために、登場人物については初出箇所で生没年を〔 〕内で示し、必要に応じて訳註も加えた。

一、図版については、原書のオリジナル図版二〇枚に加えて、理解の助けとなる図版を新たに加えた。

ナショナリズムとセクシュアリティ

市民道徳とナチズム

第一章 序論——国民主義（ナショナリズム）と市民的価値観（リスペクタビリティ）

一 ジェンダーと国民国家

本書はセクシュアリティの理解とともに、国家（ステイト）と国民（ネーション）をも問題とする。また、近代最強のイデオロギーである国民主義（ナショナリズム）と市民的価値観（リスペクタビリティ）との関係を歴史的に明らかにしたい。市民的価値観（リスペクタビリティ）とは、セクシュアリティに対する適切な態度はもちろんのこと、「礼にかなった正しい」作法と道徳をさす用語である。今日我々が当然のことと見なしている市民的価値観（リスペクタビリティ）、すなわち近代社会の出現から現在に至るまでヨーロッパにおいて規範とされている作法、道徳、性的態度の歴史において、国民主義（ナショナリズム）は決定的な役割を果たした。我々が変化しないものと見なしている理想は、およそ二百年前には目新しいものであった。ちょうど一八世紀に近代の国民主義（ナショナリズム）が出現したとき、市民的価値観（リスペクタビリティ）の理想とそのセクシュアリティの定義も同時に定着したのである。

人間の行為と身体に対する近代的な態度を歴史的パースペクティブに置いてみれば、こうした態度がかくも長く続き、あらゆる異議申し立てに抵抗できた理由の説明は容易になるだろう。つまり、ここで国民主義（ナショナリズム）は、それに不可欠な支持と必要な養分をたっぷりと与えたのである。国民主義（ナショナリズム）と市民的価値観（リスペクタビリティ）の関係を分析することは、我々の社会に浸透した最も重要な諸規範の展開を跡づけることを意味する。つまり、本書の記述の大半を占める男らしさの理想と、それが女性の立場へ及ぼす影響、そしてこの規範の適応者（インサイダー）、それとの比較において、異常または病気であると見なされたアウトサイダーなどが問題となる。セクシュアリティの歴史を、市民的価値観（リスペクタビリティ）の関心や国民主義（ナショナリズム）の先入観という文脈で分析することは、我々が今どこにいるのか、いかにしてここに来たのか、そしていかに変わりうるのかを認識する一助となろう。

国民主義（ナショナリズム）と市民的価値観（リスペクタビリティ）の発展の枠内で、セクシュアリティは我々にとって特別の関心事となってくる。なぜならそれは人間行動の基本であり、市民的価値観（リスペクタビリティ）の道徳的関心の最大要件であったからである。しかし、それはまた美的感受性をも特徴づけていた。つまり、人間の美しさと醜さの理想型は、エロティックな情熱との関係によって境界づけられていた。以下では、市民社会と国民主義（ナショナリズム）がセクシュアリティの概念にどれほど取り憑かれていたかを明らかにしたい。また、一面では承認され他面では抑制されていたセクシュアリテイが、肉体的なものからどのようにして男女の美しさという理想的なステレオタイプへと凝縮されたかを提示しようと思う。

この研究の対象を主にドイツに絞った理由のひとつは、そこに人間のセクシュアリティを支配・制御しようとした究極的な帰結が示されているからである。それは国民社会主義（ナショナル・ソーシャリズム）体制下に一斉に行われた市民的価値観（リスペクタビリティ）の再生運動である。ドイツとの重要な比較対照を示すために、本書ではイギリスについても触れている。これら二つの国民はプロテスタントの大国であり、一八世紀におけるプロテスタント復興の圧倒的重要性は――その形態が敬虔主義（ピエティスムス）であれ福音主義（エヴァンジェリカリズム）であれ――市民的価値観（リスペクタビリティ）の歴史にとって無視できないものである。確かに、市民的価値観（リスペクタビリティ）は結局、ヨーロッパの隅々にまで広まり、市民の運動を手始めに、やがては全階層の住民を包み込んだ。しかし、独英両国民における市民的価値観（リスペクタビリティ）と国民主義（ナショナリズム）の関係の検討から始めるのが適切のように思われる。両国民は市民的価値観（リスペクタビリティ）と国民主義（ナショナリズム）の提携の先頭に立っていたからである。その提携関係からすれば、セクシュアリティの統制は市民的価値観（リスペクタビリティ）という概念にとって、つまり当然ながら、市民社会の存在そのものにとって必要不可欠であった。その他の国民、例えばフランスやイタリアも、適宜議論の中で登場する。さらに、本書の後半ではイギリスは背後に退き、イタリアが前面に現れる。国民主義（ナショナリズム）と市民的価値観（リスペクタビリティ）の提携関係のクライマックスである国民社会主義は、この経験に加わることを拒んだイギリス国民よりも、むしろイタリア・ファシズムを背景にして考察されるべきだからである。

研究の焦点をより絞り込むために、あえて議論を狭めている。すなわち、市民的価値観（リスペクタビリティ）と国民主義（ナショナリズム）の全領域を含む歴史から、その歴史がセクシュアリティや身体に関わるより限定された問題へ。さらに、全ヨーロッパからフランス、イタリアの例を引きつつも、ドイツとイギリスへ。このように限定的に分析することで、セクシュアリティが社会で果たした実際の機能について、また市民的価値観（リスペクタビリティ）の維持発展において国民主義（ナショナリズム）が果たした役割について、より的確に把握することができよう。

近代の国民主義（ナショナリズム）が歴史上のある時点で、すなわち一八世紀末から一九世紀初頭にかけて出現したことは周知の事実だが、市民的価値観（リスペクタビリティ）の歴史はつい最近まで関心が持たれることがなかった。しかし、作法や道徳は、性的規範と同様、歴史的過程の一部分である。事実、それらはまさしくこの時代に著しく変化した。作法や道徳がいかにして国民主義（ナショナリズム）と提携関係に入ったかを理解するためには、そうした諸価値の相対性が正しく評価されねばならない。性的領域などで何が正常で何が異常な行為と見なされるかは、普遍的法則の結果ではなく歴史的発展の産物なのである。例えば、つい最近になって示されたように、同性愛は中世初期の重要かつ有力な階層の間で容認され、尊敬さえされており、後になって初めて教会や国家にとって危険視されるようになった。[★1] 一八世紀においてさえ、司祭と少年の鶏（けい）姦（かん）行為は喜劇の題材となりえたのである。[★2] しかし、一九世紀の初めまでには、そうした物語が喜んで読まれることはなくなり、その司祭は病気であり罰せられるべきだと主張されるようになってしまっていた。

神の言葉、それ自体も変化を免れなかった。一七八二年、キリスト教的な子供の躾に携わっていたサラ・カービー・トリマー［一七四一―一八一〇年］というイギリス女性は、聖書を市民的価値観(リスペクタビリティ)の新しい理想に沿って編集し直したが、他の人々もすぐそれに続いた。★3

この時代、「削除修正する(バウドライズ)」という言葉が英語の語彙に加わった。この言葉は、書物の猥褻と見なされる部分を削除したり穏当に書き替えたりするという意味で、そうしたやり方で『家庭版シェイクスピア』（一八一八年）を編集したトーマス・バウドラー［一七五四―一八二五年］の名にちなんでいる。「家庭で朗読するのがはばかられるような」すべての字句が、彼によって削除された。結局、「シェイクスピアは彼の生きた時代の悪趣味に迎合した」のであり、彼自身正式な教育を受けておらず、したがって、「放埒な嗜好」に負けることがままあったとされた。それゆえ、「お嬢さん、膝枕してくれるかい?」というハムレットのオフィーリアへの言葉は削除され、代わりにその箇所には「ハムレット、オフィーリアの足元に横たわる」というト書きが書き加えられた。当然『尺には尺を』（一六〇四年）のルキオの台詞は消滅せざるをえなかった。「色欲にもうちょっと寛容でも害はなかろう……まったく無くなることなどあり得ないのだから……飲食を断たない限りは」。★4

今日では到底信じられないような習慣が、わずか二世紀前、貴族社会でも、またその他の階級でも支配的であった。例えば、一八世紀に貴族に列せられたレスター伯の所領ホルカムでは、室内用便器はダイニングルームの食器戸棚の中に置いてあった。今日では観光客を面白がらせるだけだが、わずか二百年前には室内用便器は正餐の間にも、おそらくナイフやフォークよりも定期的に用いられたに違いなかった。しかも当時――およそ一八世紀の終わり頃には――、いくつかの貴族のサークルでは、その同じ正餐の間に正真正銘の紳士であれば彼の美しい女性パートナーの乳房を愛撫することが期待されていた。★5

確かに、因習的な行動規範は常に存在していた。しかし、セクシュアリティの近代的概念を決定づけた市民的価値観（リスペクタビリティ）は、前世紀以前には一般に受け入れられてはいなかった態度に基づいていた。市民的価値観（リスペクタビリティ）の概念そのものが、一九世紀の間にようやく圧倒的主流となった、身体とセクシュアリティの新しい認識を構成していた。

作法が常にセクシュアリティに対する態度に基づくとは限らない。人間を文明化するものとされた作法の多くは、性的な行動様式とは関係なく発展した。テーブルマナー、あるいは礼儀作法の発展さえも、セクシュアリティの歴史と結びつけることは難しいだろう。しかし、これらすべての領域で市民的価値観（リスペクタビリティ）は行動様式を支配するようになった。また、市民的価値観（リスペクタビリティ）は、身体の、つまりその感覚的特性と性的機能の首尾一貫した考え方に基づいていた。「たしなみ（ディーセンシー）」は慎み、純潔、そして徳の実践と同様に、テーブルマナーや礼儀正しさにも及んでいた。このように、作法と道徳を分けることはできない。どちらも内在的に人間の性的情熱を制御するものであった。

近代の作法と道徳は、以下に見るように、その大部分が一七世紀後半と一八世紀の宗教復興の産物だった。ノルベルト・エリアス［一八九七―一九九〇年］が「文明化の過程」と呼んだものは、はるか以前から、すなわち封建社会が宮廷社会へ変わり、中産階級が自らの権利を主張し始めたときから発展し始めていた。★6 しかしこの過程はドイツの敬虔主義、そしてイギリスの福音主義の台頭によって大きく加速された。宮廷社会の洗練は、近代的な作法への道を整えたが、それは性的な行為よりもまずテーブルマナーの場合についてのことであり、宗教復興期になって初めて一つの生活様式となっていった。

文明化の過程のクライマックスは中産階級の覇権掌握と時期を同じくしており、それは彼らの欲求や不安と明らかに即応していた。中産階級とは、経済的活動でも、貴族や下層階級に対する敵意でも、部分的にしか定義できないだろう。彼らの経済的活動と並んで、その生活様式を特徴づけることとなったのは、とりわけ市民的価値観（リスペクタビリティ）の理想であった。彼らは市民的価値観（リスペクタビリティ）により、下層階級と貴族の双方に対して自らの地位と自尊心を守ろうとした。彼らは倹約、義務への献身、そして情熱の抑制に基づいた自らの生活様式が「怠惰な」下層階級や放蕩的な貴族の生活様式よりも優れていると考えた。かくして、本書における市民の定義は、市民的価値観（リスペクタビリティ）そのものの発展から発生する。市民的価値観（リスペクタビリティ）は、彼らの経済的原動力やその不安と希望との相互作用において、一つの生活様式を創造した。その生活様式は、初めは主に市民自身に限られていたが、最終的には安定した秩序あるすべての社会のものとなった。市民的価値観(リスペクタビリティ)ははるか以前から発展し始めていたとはいえ、すでに指摘したように、一八世紀の宗教復興はその当時もそれ以後も市民的価値観(リスペクタビリティ)を定着させる上で決定的な役割を果たした。

事実として、宮廷社会の遊蕩は、敬虔主義や福音主義が説く純潔で貞節な振る舞いに対する引き立て役を演じた。カトリックの倫理神学は常に過剰を非難してきたが、それは全人格あるいは生活様式に影響を及ぼすことよりも、むしろ個人の性的行為の批判をこととしてきた。つまり、倫理神学は、人間の再生産を妨げる性的行為、すなわち男性精液の浪費や妊娠中絶に関心を絞っていた。他の形で現れた性欲がはるかに寛容に扱われ理解されていたのに対し、これらは救いようのない大罪とされた。[★7] プロテスタンティズムは宗教改革期以後、多くの国民的宗派に分裂してしまった。各宗派は、かつて教皇権に反旗を宣した道徳目標の厳格さにおいて決して一枚岩ではなかった。しかし、一八世紀と一九世紀初頭におけるプロテスタントの宗教復興は、こうした事態を丸ごと変えて、プロテスタントを道徳的熱情へと立ち返らせた。その情熱がルター派、イギリス国教会、カルヴァン派を、悔い改めぬ世間に対抗して団結させたのである。福音主義と敬虔主義は、その国民の全プロテスタントはおろか、おそらく大部分すら含んでいるわけではなかったが、中産階級にダイナミックに訴えかけ、イギリスと北ドイツのプロテスタントにおける道徳の潮流を変えることに成功した。

行動とは、内的な敬虔の発露であった。すなわち、宗教復興は中庸と情熱の制御を称揚したが、それは中産階級の生活様式によく適合していた。かくして、ドイツ敬虔主義の創始者であるアウグスト・ヘルマン・フランケ［一六六三―一七二七年］は一七二二年、スキャンダルを生むすべての口実を取り除くため、移動中の暇つぶしのお喋りと好奇心を避けるよう生徒たちに警告した。不作法な姿勢や仕種も不必要な笑いと同じく避けられねばならなかった。[★8]あらゆる形式の世俗的娯楽や個人的装飾品が槍玉に上げられた。ドイツ敬虔主義と同様に、イギリス福音主義もありふれた人間関係と日常的な生活義務はすべて神聖なものだという感性に深く染め上げられた。つまり、男女の性的な関係からは官能性が剝ぎ取られ、結婚や家庭は信仰の共同実践に基づくべきものとされたのである。[★9]そこで実際に行った罪であれ、心に浮かべた罪であれ、自らの天職に一意専心没頭することで罪は贖われることになっていた。ジョン・ウェスレー［一七〇三―九一年。オックスフォード大学教授。メソジスト派の指導者］は、同時代の社会では忘れられてしまっていたこうした真実や価値を見つけるために自分の心の中に目を向けることを人々に教えた。福音主義はイギリス国民の多くに激しく感情を揺さぶる倫理的規範をもたらしたが、ルター派のドイツ国民にとっては敬虔主義が同じような機能を果たした。[★10]

フランス革命によって、この道徳的かつ宗教的な復興は強化された。なぜなら多くのイギリス人やドイツ人は、これを貴族階級の放蕩に対する神の裁きと見たからである。ロンドンで発行された一七九八年の『記録年鑑（アニュアル・レジスター）』によれば、「フランス革命は、幾世紀にもわたって道徳哲学者が行ってきた説教や論考のどんな雄弁さにもまして、良き道徳、適正な秩序と、社会の平和の関係を明らかにしている」[★11]。また、一八一六年の『公共原簿（パブリック・レジャー）』にもこうある。「フランス革命は、その絶え間ない恐怖とともに、品位と道徳の全面的変革によって導かれていた……」[★12]。

フランス革命とナポレオンに対する戦争は、愛国主義と道徳性の名において遂行されたが、愛国主義と道徳性はともに新しい国民的自覚を方向づけた。イギリスの福音主義者たちは、反ジャコバン的小冊子の中で、フランス支持者を教会、国家、そして道徳の敵として厳しく非難した。国王と祖国に触れていない戦時期イギリスのバラードは、「不敬で不作法」であるとして糾弾された[★13]。戦争は清廉なる十字軍を生み出したが、同時にそれは戦争を支持し、国内の革命を阻止し、福音主義的信仰を広めることでもあった。もっとも、こうした十字軍の中で福音主義者は少数派であったのだが。

ドイツでも、対ナポレオン解放戦争によって誘発された国民的覚醒は、やはり道徳の改善と結びついていた。かくして詩人テオドア・ケルナー［一七九一―一八一三年］は、放縦なフランス人が腐敗させてしまった道徳意識を回復させるようドイツ人に呼びかけた[★14]。ナポレオンに敗北したプロイセンの象徴は、処女性と純潔を体現したルイーゼ王妃［一七七六―一八一〇年］だった。一八一〇年の没後、彼女は世俗的聖女とされた。彼女のデスマスクは聖母像の様式にのっとったものであった［図1］。男らしさや雄々しさの新しい理想は、セクシュアリティと市民的価値観（リスペクタビリティ）の理念の進展において決定的役割を果たす運命にあった。この新しい理想により、ゲルマン的なものと中産階級道徳とは不可分であるという思考が広まった。後述するように、男らしさの理想がこのフランス革命戦争において確立したのである。ドイツ国民主義（ナショナリズム）の預言者エルンスト・モーリッツ・アルント［一七六九―一八六〇年］が、ナポレオンに対するライプツィヒの戦い（一八一三年）から戻ったとき、「我、男子の血戦より帰還せり」★15と叫んだことは、注目すべきであろう。

図1：J・ゴットフリート・シャードー作「王妃ルイーゼの半身像」（1810年）。L・ブーフホルンによる王妃ルイーゼのデスマスクから型がとられ、聖母像の頭部様式に一致させられている。

フランス革命において反革命勢力が非難した革命政府側の堕落行為は、その実態とはまったく異なるものだった。ジャコバン派は実際のところ禁欲主義者であって、この観点から福音主義者や敬虔主義者と区別することは容易ではなかった。サン・ジュスト［一七六七―九四年］は、共和国は高潔さに基づいた政府であると宣言したし、売春行為やポルノグラフィーは起訴された。というのは、悪徳の除去が革命と国民の防衛には絶対不可欠とジャコバン派は確信していたからである。ロベスピエール［一七五八―九四年］が彼の同志市民に語ったように、公正であるとは、厳格であることを意味した。また、彼は敵対するジロンド党を「幸福以外の何ものをも求めず、もっぱら快楽のみを目的とする」★16政治セクトとして糾弾した。確かに、ジャ

(上)図2：ウジェーヌ・ドラクロア作「民衆を導く自由」(1830年)。革命的指導者としてのマリアンヌ像。
(下)図3：レオン・アレクサンドレ・デロム作「共和国」(1890年)。1890年代にソルボンヌ大学に置かれた。ドラクロワの「自由」とは対照的に静態的姿形を象徴している。左掌の小さなアテネ像は、国民の守護者としての役割を、右下の「豊穣の角」は繁栄の女神であることを示している。

コバン派は、外国の敵対勢力とは異なり、啓蒙の伝統の中に立っていた。啓蒙の伝統は身体全体を恥じらいをもって捉えようとはしなかったが[17]、それにもかかわらず、やはり美徳と悪徳、正常な行為と異常な行為の境界線を鮮明に引くものであった。それゆえ、当初は自ら試みた私生児の法的平等さえもジャコバン派は取り下げた[18]。革命のシンボルである自由の女神マリアンヌは、初めは半裸体で描かれたが、まもなく穏健な着衣の姿となった[図2・3]。ちょうど革命に対する激しい嫌悪感が敵方で美徳の実践を促したように、フランスでは革命そのものが市民的価値観(リスペクタビリティ)の根づく足場を築いた。

ロマン主義もまた、市民的価値観(リスペクタビリティ)の確立に寄与した。中世的理想のロマンティックな復活は、近代性の混沌に対する秩序イメージの定着を促した。ウォルター・スコット卿[一七七一―一八三二年]は、騎士道を定義して社会秩序に奉仕する個人的自由とした。その忠節、ヒロイズム、そして作法と道徳によって、「騎士道精神は、上品な騎士と粗野な者や不作法な者との違いを示す[19]」とされた。これこそ、社会とその作法や道徳がまだ齟齬をきたしていない時代の典型である。つまり、ロマン主義者たちは、自らの市民的価値観(リスペクタビリティ)の概念と、もっと古風な慣習とを混同していたのである。国家への忠誠は、ウォルター・スコット卿にとっては騎士道に不可欠のものであり、それは美麗な儀式と君主制のカリスマを通して生かされていた[20]。スコットの『アイヴァンホー』(一八一九年)は、イギリスでもドイツでも同じように関心をもって読まれたが、その女主人公レベッカは、女性の美徳と個人の尊厳の両方を保持していた。また、よく知られた例としてはロビン・フットがあり、彼は真実の王に忠義を貫き王位簒奪者を撃退した。ここにおいて美徳、個人の尊厳、忠誠心は、ある種の一貫した秩序を体現していた。それは市民階級に熱望されていたが、市民的価値観（リスペクタビリティ）と秩序ある社会をともに拒絶するアウトサイダーによって常に危険に晒されていた。そうした中世のイメージを通して、ロマン主義は市民的価値観（リスペクタビリティ）の浸透を強めた。その牽引力となったのは、新しい市民社会の要請において作動した宗教復興とフランス革命であった。

市民的価値観（リスペクタビリティ）は、新しい世紀の最初の二、三十年間で定着した。わずか一世代の期間に成功を収めたわけである。ハロルド・ニコルソンの研究で詳述されているが、一八一〇年代、ウォルター・スコット卿の大伯母は「六十年前にロンドンで最も信用のおける社交界の人々が加わる大きなサークルで音読されるのを聞いたことがある」本が、もはや恥ずかしくてとても読めなかった。★[21] 前世紀の華麗なるイギリス小説の情熱と幻想の自由な潮流は、今や、既存秩序への脅威の象徴と見なされた。「良い社会は、芝居がかった場面を嫌い、奇抜な作法や仰々しい振る舞いはすべて悪い形式として拒否する★[22]」。

かくも急速な大勝利は、しかも永続的であることが判明した。一九世紀末にオスカー・ワイルドの男色（ソドミー）裁判の最終弁論で、裁判官はこう指摘した。彼が知る限りにおいて、ウォルター・スコット卿もチャールズ・ディケンズ［一八一二―七〇年］も不快な文章は一行も書いていないが、一八世紀の小説には慎み深く上品な人にとっては読むに耐えないものがあった。[23] 市民的価値観（リスペクタビリティ）はこの時点においてもはや当然のこととされており、その犠牲となったのはオスカー・ワイルド一人ではなかった。イギリス社会の洗練された観察者フォード・マドックス・フォード［一八七三―一九三九年］は、ヴィクトリア時代の栄光が終焉に近づいていたと思われた一九一三年にこう書いている。「社会が存続しうるのは、正常な者、高潔な者、ほんの僅かな欺瞞しか弄（ろう）さぬ者が繁栄するときであり、また情熱溢れる者、頑固な者、あまりに誠実すぎる者が自殺か発狂に追い込まれるときである」[24]。だが、第一次世界大戦でもほとんど変化は起こらなかった。つまり、フォードのイロニーと苦々しい真実への着目などおかまいなく、ウォルター・スコット卿の大伯母にかくありしごとく、この市民的価値観（リスペクタビリティ）の理想は依然として社会を特徴づけていた。

市民的価値観（リスペクタビリティ）は、まずは市民階級の覇権とともに確立し、下層階級や貴族階級に対して自らを中産階級と規定し正当化するのに貢献した。一九世紀には、市民的価値観（リスペクタビリティ）は自らが引き起こした変化のただ中にあって、安定を求めるその階級的要求に答えることとなった。工業化の産みの苦しみは、果てしなく続くかに見えた。同様に、不安定な時代に統制を保つ必要、目まぐるしい世の中にあって確固たる構造を見出す必要もまた、終わらないかに見えた。「近代性の揺らぎ」を打ち消すために、「永遠の一片（かけら）」――それが自然、国民、あるいは信仰心のいずれにおいて具現されるにせよ――を何とか捉えようとする人々は、再三登場する。[★25] すでにさまざまな教会が性を管理しようと試みてはいたが、一九世紀の取り組みはそれをはるかに凌駕していた。それは、工業化と政治的激動の明らかな帰結に何とかうまく対応しようという大いなる試みの一つだった。

統制を確立し、自制と節制を強いるためには、医師、教育者、警察の実践的技術が社会的に強化される必要があった。しかし、そうした方法が正常性の擁護と性的情熱の抑制に効果を上げるためには、理念による裏づけが必要だった。最も時宜を得たかたちで国民主義（ナショナリズム）が事態の収拾にあたった。国民主義（ナショナリズム）は中産階級の作法や道徳を吸収し、これを是認した。階級間でどんなに嫌悪し軽蔑し合っていようと、国民主義（ナショナリズム）は全階級に市民的価値観（リスペクタビリティ）を広めるのに決定的役割を果たした。市民的価値観（リスペクタビリティ）が、その支配に対するあらゆる異議申し立てに受けて立つことができたのは、国民主義（ナショナリズム）の支持によっていた。国民主義（ナショナリズム）は、必要とあればその本質に手を付けることなく許容範囲を拡大できたからである。第一次大戦前の市民的価値観（リスペクタビリティ）に対する最も深刻な異議申し立て、青年市民の反抗については後で検討しよう。そうした異議申し立てに受けて立ち、その矛先を変えさせるのに、国民主義（ナショナリズム）は決定的な役割を果たした。それこそ、一九世紀初頭に確立した作法や道徳がかくも長く持続した主な理由の一つであった。

国民主義（ナショナリズム）は、おそらくは近代における最も強力で効果的なイデオロギーであり、市民道徳との提携関係に止まるのが困難なほど加速度がついていた。国民主義（ナショナリズム）はその長い過程で、各時代の最も重要な諸運動をほとんど取り込もうとしてきた。また、変化しない特定の神話とシンボルを頑なに保持している一方で、人々が重要と考え愛着を抱くすべてのものを吸い上げようとしてきた。国民主義（ナショナリズム）は自由主義、保守主義、そして社会主義にも、その触手を伸ばした。また目的のためには、寛容も抑圧も擁護し、平和も戦争も弁護した。万古不易を称することで、国民主義（ナショナリズム）は、それが触れるものすべてに「永遠の一片（かけら）」を授けた。だが、いかに国民主義（ナショナリズム）が柔軟であっても、市民的価値観（リスペクタビリティ）の擁護において揺らぐことはほとんどなかった。

かくして二つの歴史が編み合わされた。国民主義（ナショナリズム）はセクシュアリティの管理に手を貸し、また性的態度を変化させて市民的価値観（リスペクタビリティ）へ取り込み、飼い慣らす手段も提供した。さらに、国民主義（ナショナリズム）は自らも性的な理想を持っており、男女のために「熱情のない」美しさのステレオタイプを提唱した。そうした国民主義（ナショナリズム）と市民的価値観（リスペクタビリティ）の美学に、我々はまだしばらく囚われるだろう。なぜなら、一九世紀はますます視覚中心となった時代だからである。この時代、社会と国民に対する態度は、しばしば美学概念で表現されていた。

国民主義（ナショナリズム）と市民的価値観（リスペクタビリティ）は一八世紀末に出現し、それに続くほんの二、三十年で成熟したが、最初からまさに両者の絆は切っても切れぬものであり、その運命は決められていた。その上で、両者が実際に提携関係にあっても、完全な合併関係にはならないということは、ここで明確にしておかねばならない。それぞれの概念は、両者が互助目的で力を合わせる以前から、別の起源とアイデンティティを持っていた。事実、政治と社会の再活性化を目指した国民主義（ナショナリズム）の一傾向は、市民的価値観（リスペクタビリティ）を修正しようとし続けた。本書ではこの観点にもときどき触れることになるが、この傾向は少なくとも西欧と中欧では一八四八年革命後まもなく、その勢力を弱めてしまった。

正常なことと異常なことの区別は、近代の市民的価値観（リスペクタビリティ）の基本であった。その区別によって、管理を強め安全を確保する仕組みが創られた。正常性欲と異常性欲の医学的定義がいかに市民的価値観（リスペクタビリティ）の興隆と結びついていたか、また、キリスト教の倫理神学ではかなり曖昧に扱われてきたその区別が、いかにして厳密なものとなり病気や健康の確固たる指標となったか、を以下で見ておきたい。医師は、聖職者から正常性の番人としての責任をかなり引き継いでいた。一八一八年にシェイクスピアの不穏当な文章の削除で文壇デビューを飾ったトーマス・バウドラーその人が、医師であり福音主義者であったことは、特異なことではなかった。各個人の容姿と性格が、正常か異常かに分類された。神経質は悪徳の実践によるものと見なされ、力強さや男らしい挙動は美徳の徴（しるし）だった。国民主義（ナショナリズム）は、この男らしさの理想を採り入れ、それを中心に国民的ステレオタイプを構築した。

性的陶酔はいかなるものであれ、女々しく、本質的に反社会的なものであると見なされた。情熱を抑えることのできない者は、はじめから異常者だったか、さもなければ必然的に異常者になるだろうと考えられた。リヒャルト・フォン・クラフトーエビング［一八四〇—一九〇二年。神経科医。ウィーン大学教授」は、一九世紀末まで支配的だったこうした態度を例証している。「もし正常な体質の文明人の性的衝動が社会の要求と衝突した場合、すぐにそれを抑制することができないならば、家族、そして国家、つまり法と道徳秩序の基盤は存在しなくなるだろう」[★26]。国民主義（ナショナリズム）は、人間の情熱をより高い目的へと転回させ、あたかも官能性を超えたような人間美のステレオタイプを提示することによって、そのような統制を強化した。

マスターベーションは、およそ抑制の完全な欠如の原因、それどころか異常な情熱一般の根源であると考えられていた。それは過熱したイマジネーションを反映したものとされ、市民的節度に対して有害であり、神経質や無気力を引き起こすものと考えられた。マスターベーションは、男らしく精力的な、あるいは女らしく貞節なステレオタイプに対立するステレオタイプを押し出したばかりか、反社会的行為であるとも考えられた。マスターベーションとは孤独な悪徳の実践であり、我々が何度となく聞かされることだが、自慰者は誰も愛さず、家族、国民、人類の呼びかけに耳を貸さないのだ[★27]。もしマスターベーションが一般化すれば、それは「現代社会の未来に対する脅威であり、したがって、我々は緊急にこの公共の災禍の根絶にあたらねばならない」[★28]。さらに、自慰者は秘密癖のある者と考えられ、それは同性愛や、都会の暗い片隅に繁茂するとおぼしき他の密やかな悪徳の実践へと容易に移行するものと主張された。ある異常性がまた別の異常性に通じるという知見は、専門医師の誰もが支持する常識だった。つまり、マスターベーションは、さまざまな精神障害さえもたらすとされた。[★29]さらにまずいことに、秘密の偏愛と悪徳の実践は、その男女を名誉ある社会から閉め出しただけでなく、国家の安全に対する脅威にもなった。陰謀史観が流行していた当時、自慰者は国家に対する格好の陰謀者だと見なされた。

実際マスターベーションの悪弊は、ジャン・フランソワ・ベルトラン＝リヴァル（単にJ・F・ベルトランとしても知られる）が一七七五年にパリに開いた私立蠟人形館の主要テーマの一つだった。一八一〇年代まで存在したこの蠟人形館は、後に一般的な偏見となったものを写実的に提示していた。すなわち、自慰者は性病患者のように蒼白で、目が落ち窪み、心身虚弱であった。それは、まさに出現しつつあった国民的ステレオタイプの正反対であった。[★30]彼らは男らしい闘争や社会的達成という理想とは相入れない者だった。ナポレオンに蠟人形館への保護を要請したベルトランは、結婚と家庭こそ「不純な独身男性」によって広められる悪徳、放埒、疾病に対抗する牙城であると見ていた。[★31]彼のモットーである、節度と品位の追求において、蠟人形館を訪れる学童の感受性は斟酌されなかった。人形のほとんどは、マスターベーションまたは過ぎたる性的快楽ゆえに消耗しきって瀕死であった。若い自慰者の人形はペニスを失っており、また若い女性の腐蝕したヴァギナの蠟細工は抑えられない性欲に対する警告を意味していた。

一時は心ない破壊者によってすべての蠟人形が壊されたにもかかわらず、少なくともパリの名門校の校長の間では、この蠟人形館は成功であった。[32]つまり、この蠟人形館は最初の「市民的価値観(リスペクタビリティ)の博物館」であって、視覚中心になった時代へのふさわしい前奏曲であった。それは抑圧的な性道徳を指し示すのみならず、ベルトランの蠟人形コレクションの展示規準となった根本原理は、新たに打ち立てられた前世代の道徳に青年市民が導かれていく有り様を具体的に示していた。若々しい情熱は、ベルトランによれば、「愛すべき健康の描写よりも、恐るべき病気のイメージによってより効果的に抑制される」[33]。道徳の恐怖支配が市民的価値観(リスペクタビリティ)の勃興とともに起こったのである。

サミュエル・オーギュスト・ダヴィット・ティソ［一七二八―九七年］の『オナニスム』が、起こりうる危険を指摘した一七六〇年以前、マスターベーションに注意を払う者はほとんどいなかった。ヴォルテール［一六九四―一七七八年］がティソの説を普及させ、ルソー［一七一二―七八年］もこの合唱に加わった。[34]一七七二年にティソの本は英訳され、ロンドンで初版が出版されたベッカー博士の『オナニア、あるいは自瀆の大罪』（一七一〇年）に取って代わった。ベッカー博士の警告はほとんど無視されていたが、ティソ自身はローザンヌとパヴィアの大学で医学を教える、当時の最も卓越した医者の一人だった。彼は論争中の新しい医療法である天然痘の予防接種を推奨し、また個人衛生の重要性を強調した彼の医学論文は広く読まれていた。マスターベーションに対する戦いで、彼は聖書から例示するのではなく自然との調和に訴えた。[35]

図４：「マスターベーションの結果」。R・L・ロージエ『秘められた悪習、あるいは女性の自慰』（1822年）の挿絵。ドイツの医学文献にも転載された。

ティソは理神論者であり、啓蒙の人であり、彼自身はルソーの熱烈な崇拝者だった。人は神によって高潔に創られたのであり、個々人は神の声を心に留めねばならない。これには、結婚と家庭の神聖を堅持することと同様、性的自制が必要とされた。ティソによると、青白く、頽廃的で、精力に欠けている自慰者は男女の性区分に対する脅威であった。この場合、啓蒙主義の唱道する「自然の調和」は、市民的価値観（リスペクタビリティ）の理想を支持していた。[★36]

フランスの医師R・L・ロージエは、「道徳性と人間性は（マスターベーションという悪徳に対して）防禦を必要としており、医学はその求めに応じなくてはならない」[★37]と述べたが［図４］、これは一九世紀への世紀転換期における最新の科学観を要約していた。悪徳と美徳は、健康と病気の問題となったのである。健康を保つということは、自然の命ずるままに喜んで従うことであり、それが新しい市民的価値観（リスペクタビリティ）を支えていた。病気は自然に対する罪悪の結果であり、それを矯正しえないならば、衰え、そして死ぬに違いなかった。

啓蒙と医学は、悪徳と美徳、適応者と逸脱者との区別を明確にした。それはまた、宗教復興が奨励したことでもあった。

一九世紀前半までに、正常性と異常性は、作法、道徳、容貌、知能に関する対概念をそれぞれ取り込み、確実に定着した。異常性と正反対なものは、新たな国民的ステレオタイプに見てとることができた。男らしいイギリス人、あるいはドイツ人は、中産階級にとって非常に大切な自制と自律を誇示していた。男らしさとは、性的情熱からの解放、つまり肉欲を社会と国民に対する指導力へ昇華させることを意味した。男性性の新たな強調は、福音主義復興、敬虔主義復興の双方に共通したことだった。例えばジョン・ウェスレーは、正真正銘の男性だけが精神の気高さを象徴するものを厳粛に表現できると信じた[★38]。こうした男らしさの理念は、対ナポレオン戦争によって強化された。ドイツでは、雄々しさは学生組合（ブルシェンシャフト）と体操家の運動によって称揚された。この国民的刷新運動はいずれもフランスのプロイセン占領に矛先を向けており、おそらくどちらの運動も生身の武勲と肉体美を強調することで際立っていた。男らしさは単に勇気の問題ではなく、それは作法と道徳の類型であった。男らしい態度と男性的な容姿は、いわゆる「劣情」の超克を体現していた。

内なる精神の外在せる象徴である男らしさは、中世以来の騎士道理念に由来するものだった。その表象は、女性に対する男性の態度を決定する日常的会話ばかりか、近代戦をとりまく通俗文化にも取り入れられた。戦闘における騎士道精神は国民的優秀さの徴（しるし）だった[★39]。

しかし何にもまして、男らしさはギリシャ復興に基礎づけられていたが、それは市民的価値観（リスペクタビリティ）の強化と近代的国民主義（ナショナリズム）の台頭に伴って起こり、それを補完するものであった。

ギリシャ彫刻は、J・J・ヴィンケルマン［一七一七―六八年］が『古代芸術の歴史』（一七六四年）で述べたように、模範であった。しなやかで柔軟、逞しく調和のとれた姿は、男性性、国民、青年の象徴となった。しかし、ギリシャ彫刻の美しさは、男女の別なき美しさと考えられた。ヴィンケルマンが強調した彫像の純白さは、後に批評家ウォルター・ペイター［一八三九―九四年］が一九世紀に指摘したように、官能性を剝ぎ取るものと考えられた。今一度ペイターを引用すると、ヴィンケルマンは肉体美と静謐さを結びつけたのである。[40] 同時期のあるフランス人批評家によれば、完全なる美は、そのような美と性的行為に及びたいという欲望とは無縁であった。この見解の権威づけに彼はヴィンケルマン、詩人アウグスト・フォン・プラーテン［一七九六―一八三五年］、そしてミケランジェロ［一四七五―一五六四年］を引用している。[41] 事実、この三人は皆、同性愛者であり、しかも、彼らのこうした性向は当時も周知のことであったが、彼らの美の理念を利用するためには無視されていた。同性愛者であるヴィンケルマンがギリシャ芸術を中産階級向けにしつらえ、男性の国民的ステレオタイプを提示したことは、何とも皮肉な話である。しかし、ヴィンケルマンがギリシャ芸術に見出した高貴な簡潔さと静かな偉大さ以上に、いったい何が、道徳や国民が万古不易であると表現しえただろうか？

そうした美の概念は、青年から情熱をぬぐい去っていた。一九世紀への世紀転換期、イギリス、ドイツ、そしてフランスでも、多くの文筆家が、新たに再発見された、蛇に絞め殺されているラオコーン像に魅せられた［図5］。そこには、耐え難い苦痛の顔に浮かぶ静寂、すなわち、比類なき自己抑制の模範があった。この文筆家たちによれば、こうした造形は個人とその情熱を超越していた。ヴィンケルマンがギリシャ美について彼の見解を以下のように要約したのは、実際にはギリシャのトルソ［裸身像の胴部］に関する文章においてだが、それはすべての古典彫像に当てはまった。「肉体の静寂と落ち着きは、公正のためにはいかなる危険も恐れぬ者の、つまり、国の護りにつき臣民に平和をもたらす者の、高尚で調和のとれた精神を顕している」。[★42] フリードリヒ・フォン・シラー［一七五九―一八〇五年］は人々に多大な影響を与えた『人間の美的教育について』（一七九五年）で、そのよう

図5：「ラオコーンとその息子たち」。1506年ローマで発見された紀元前I世紀頃の複製彫刻（修復後のもの）。

な美を次のように称賛した。性的な行為は美によって崇高になるが、さもなければそれは単なる本能的行為にすぎない、と。シラーは古典的美に人間性の極致を見出していた[43]。

彼らが魅せられたギリシャの理想は、抽象的かつ普遍的で、つまりシンボルとするにはぴったりであった。ヴィンケルマンは、ギリシャ彫刻の美にとって本質的なことは、いかなる個人的あるいは偶発的な特性も存在しないことであると主張し、こうした抽象性を推奨した[44]。だが、ギリシャ彫刻の裸体性が市民的価値観(リスペクタビリティ)を蝕む恐れがあったので、このシンボルも異議を受けずにはいられなかった。例えば、ゲオルク・ヴィルヘルム・フリードリヒ・ヘーゲル［一七七〇―一八三一年］は美の古典的理想に肉体と精神の合一を認めて称賛したが、一方では、性器をはじめ潜在的に猥褻な肉体部位を覆い隠すことで官能性は払拭されねばならないと考えていた[45]。

古典的美は何を表現するのかという論議に、歴史性もまた巻き込まれていた。ヘルダー［一七四四―一八〇三年］は、覚醒した国民意識の構成要素である歴史性に傾倒しつつ、次のように述べている。ギリシャの芸術家は「我々（すなわちドイツ人）が過去にどのように存在したか、どんな歴史的時代を生きたか、またなぜ我々が異なる時代に、異なる民（すなわちギリシャ人）のなか、異なる空の下で生きたいという惨めな妄想を抱いたのか、を知らなかった[46]」。さらにわかりやすく表現して、フリードリヒ・フォン・シュレーゲル［一七七二―一八二九年］は、「国民意識はすべての芸術の必須条件だ」と述べた。

これに対し、芸術の目的は人類を表現することであるというのが、ゲーテ［一七四九—一八三二年］をはじめヴィンケルマンの擁護者が示した応答だった。[★47] 古典的美は、個別なものを普遍的に妥当し変わることのないシンボルへと変化させた。かくして、ナポレオンを打ち破った戦いで決定的な役割を果たしたブリュッヒャー元帥［一七四二—一八一九年］の記念像が建てられようとしたとき、ゲーテは裸身のヘラクレス像を希望した。だが、彫刻家クリスチャン・ラウフ［一七七七—一八五七年］は同時代の服装を着た彫像を提案した。この場合、ドイツの国民意識に訴えたラウフが結局勝ち、「古典的模倣は、我々と何らの共通点もないように見える」と書き残した。[★48] しかし、啓蒙期とは異なって歴史的ルーツに人々が心を奪われていた世紀に、歴史への平易なアピールは魅力を持っていたにもかかわらず、ゲルマン的シンボルが古典古代の魅力を消し去ることにはどうしても成功しなかった。古典的シンボルが生き残った強さの理由を説明することは困難ではない。歴史的シンボルは国民的自覚を高揚させるために必要だったが、安全と避難所を与えてくれる不変の力という外観を帯びるためには、国民は「永遠の一片（かけら）」と結びつかねばならなかった。古典的シンボルは、この目的によく合致していたのである。

国民主義（ナショナリズム）の歴史的特質は、書籍や絵画から儀式や民族舞踊まで、さまざまなシンボル表現に見出せる。[★49] このシンボル体系においてゴシックの要素は重要な役割を果たしており、「バンベルクの騎手」［図6］のような中世の彫像は依然としてドイツ魂の精華だった。し

図６：バンベルク大聖堂を守護する「バンベルクの騎士」（1230年頃）。

かし、ギリシャの模範もまた国民的自己表現では重要な位置を占めた。例えば、多くの国民的記念碑の構想に影響を与えたし、また、本書の議論にとって特に重要だが、理想的ドイツ男性のステレオタイプを規定した。女性は、後に詳述するが、ギリシャの高尚で調和的な精神よりむしろ中世的シンボルによって表現された。国民的自己表現の一部であったギリシャの男性彫刻が裸体であることは、依然厄介な問題となっており、市民的価値観（リスペクタビリティ）に対するその潜在的脅威は本書を貫く関心事である。一八六九年に芸術史家ヴィルヘルム・リュプケ［一八二六―九三年］が述べた以下の論評は、彫像のみならず絵画にも総じて当てはまった。

> ちょうど彫像が肉と血のリアリティを想起させるものでなければならないように、作品により高い目的という刻印をつけるためには、彫刻から個性が遇有する特性を払拭せねばならない。この目的からして、身体は常に崇高にして高尚な裸体で現れるだろう。★50

国民主義（ナショナリズム）は、この古典的な美の理想を採用した。それはちょうど国民主義（ナショナリズム）が長年にわたりその他多くの政治的な運動や哲学を取り込んできたのと同様であった。国民国家は民衆が自己同一化できるシンボルを創ろうとしていた。国旗、国歌、国民的記念碑はすべて一九世紀初頭に起源をもつが、男性と女性の国民的ステレオタイプの起源もまたこの時期にある。こうした国民的シンボルは、より複雑で目まぐるしくなっていく現実世界を目で見、手に触れ、そこに参加したいという強い衝動の表れであった。目に見える国民の自己表現は、よく引用される国民主義（ナショナリズム）文学に劣らず重要であった。

図7：フィーリプ・ファイト作「ゲルマーニア」（1835年）。柏の大木の下に座った姿は中世風であり、足元には帝冠がある。ナザレ派の画家による有名なゲルマーニア作品。

国民的なものは美の理想を人間の劣情から守り、それを自律と純潔のシンボルへと変えるのに寄与した。国民的ステレオタイプと中産階級のステレオタイプは同一であった。女性の場合、そのステレオタイプは、ゲルマーニア［図7］であれマリアンヌ［図8］であれ、市民的価値観（リスペクタビリティ）に関してはプ

図8：フリッツ・シャパー作「王妃ルイーゼと王子（ドイツ皇帝ヴィルヘルム一世）」（1897年、ブロンズ像）。のちに大理石でブロンズ像より大きく彫刻され、1901年ベルリンで展示された。

ロイセンのルイーゼ王妃を連想させる聖母の似姿という理想とたやすく適合した★51。美しい男性像こそ、より厄介な問題だった。というのは、ギリシャ彫刻を模範とすれば、それは潜在的に同性愛の象徴となったからである。男性性は社会規範の基礎であり、その象徴は正確明瞭なシグナルを発せねばならなかった。したがって、国民主義（ナショナリズム）は、男性美からホモエロティシズムを除いて祓い清め、尊敬に値するものにしようと試みた。友情の歴史［第四章］を見ればわかるように、また国民主義（ナショナリズム）は男同士の人間関係に潜在するエロティックな側面もすべて吸い取ろうとしていた。

国民主義（ナショナリズム）と市民的価値観（リスペクタビリティ）は、すべての人に生活の場での各々の居場所を――例えば、男と女、正常者と異常者、自国民と外国人、と――割り当てた。こうしたカテゴリーの混同は何であれ、混沌と統制不能に陥る危険をもたらすとされた。男女に割り振られ明確に限定された役割が基本であり、それは本書を貫く関心事である。ジョン・ウェスレーが、男女のステレオタイプによって常にこの区別を表現したことは全く典型的である。彼によれば、男性性は沈着冷静にして、女性性は浅薄でしばしば軽々しいものだった。★[52] 一九世紀の間に生じた、半陰陽（ヘルマプロディートス）あるいは両性具有（アンドロギュノス）に対して抱かれたイメージの運命は、最も衝撃的に以下のことを示している。社会や国民の構造に組み込まれている性役割が固定的かつ不変であることが重要であった。両性具有は、一九世紀前半には、まだそれでも人類の結合の一般的シンボルとして崇拝されていた。しかし世紀末には、この性的役割の渾然としたイメージは、怪物扱いされるようになった。だからこそ、若き芸術家オーブリー・ビアズリー［一八七二―九八年］は、イギリス中産階級の感受性に衝撃を与えるためにこれを利用できた。★[53] 一九〇三年、オットー・ヴァイニンガー［一八八〇―一九〇三年］は、そのベストセラー『性と性格』で、性役割の混乱を反セム主義の中心的な論点とした。彼によれば、ユダヤ人は自らの情熱を抑えることができないので、その行動は男性的というより女性的であった。その他のアウトサイダーに対しても、またその行為や性習慣が異常と見なされた人々に対しても、これと同様な批判が好んで浴びせられていた。★[54]

国民と社会の基礎である男性性の理想化と並行して、女性は時にその軽佻浮薄を非難されたが、同時に道徳の守護者、また公的かつ私的な秩序の監視者として理想化された。一八世紀末には、「夫の心を繋ぎ止めるには、家庭内の安寧秩序を固めることが、容姿を磨くより、良い方法だ」と言われるようになった。★[55] 国民の象徴として、女性は伝統的秩序の守護者であった。通常、女性は美徳を体現していた。R・L・ロージエ博士は、女性において美と品位は分かち難いと書いて、女性イメージのこうした機能を要約した。彼がこの所見を『医学および道徳の書簡』（一八二二年）[★56]で述べたという事実からは、医学による道徳の承認という事実がもう一度想起されよう。サミュエル・リチャードソン〔一六八九―一七六二〕の品行方正な『パミラ』（一七四〇年）は、貞操観念に囚われ、常に道徳的であり、イギリスのみならずドイツにも影響を及ぼした。[★57]

女性は家庭に閉じこめられていたわけではないが、与えられた仕事は能動的というより受動的なものと理解されていた。女性は守護者、保護者、そして母親でなくてはならなかった。ベルトランの蠟人形館は市民的価値観（リスペクタビリティ）が定着した過程を示す好例であり、市民的価値観（リスペクタビリティ）をありありと表現していた。[★58]そこで、女性は美と気品を体現しなくてはならなかったが、力強さは男性の特権であった。男性は能動的、女性は受動的であり、両性の役割は混同されてはならなかった。こうした意見が本書でも繰り返し引用されるだろうが、一八世紀の貴族女性には馬鹿げたことに聞こえたことだろう。というのも、彼女たちの多くは美しさとは行動の自由を意味すると思っていたからである。男が自分の肉体をまるで女の肉体のように扱われるのを許したという批判は、同性愛に対する伝統的攻撃の一つであった。[★59]だが、今や市民的価値観（リスペクタビリティ）の象徴として男らしさや雄々しさが強調されるようになると、その批判はいっそう強化された。

国民的シンボルとしての女性は、国民の連続性と不易性の守護者であり、その市民的価値観（リスペクタビリティ）の権化であった。対ナポレオン解放戦争期のドイツ詩人たちが、ゲルマーニアよりむしろヘルマン（別名アルミニウス）［図9］を彼らのシンボルとしたことは重要である。まさに男らしさの近代的概念が生まれんとしていたときに、ローマ軍団を破ったゲルマンの族長ヘルマンが、詩人アルントの表現によれば、「男たちの中で戦った」兵士にふさわしいシンボルとなった。一方、ゲルマーニア像は、その頭上に中世の城が描かれ、長いローブを纏い、過去に想いを馳せていた。他方、ブリタニア像は甲冑に身をかため、古典古代の精神に呼びかけていたが、両者ともに大抵は腰を掛けていた。たとえマリアンヌがフランス革命期、そして一八三〇年のドラクロワの有名な絵画の中で群衆を率いて登場したとき、ほとんど衣服を着ていなかったとしても、国民的シンボルとなるや否や、彼女は上品で無難な服装に身を包んだ［図2・3］（二六頁）。家族の理想と公共のシンボルは、相互に補強し合っていた。

図9：トイトブルクの森の「ヘルマン（アルミニウス）記念碑」（1841-75年）。エルンスト・フォン・バンデル設計。

ベルトランの蠟人形館によく反映されていたように、核家族の勝利は国民主義と市民的価値観の台頭に時を同じくしていた。親密な近代家族は一八世紀に発達し、古い親族の概念に取って代わった。だが、結婚制度は教会での結婚式と登録を義務づけられて強化されたので、この家族は相変わらず家父長的なものだった。核家族は男女の情緒的な結び付きを強めたが、それは結婚が何より商業契約であるとはもはや見なされなくなったからである。それと同時に男女の役割は、親族関係の大きな単位（田舎では引き続き優勢だったが）よりも、ずっと明確に定義されることとなった。ここにおいて工業化と分業が決定的な意味を持った。というのは、もはや仕事と家庭は一つ屋根の下にはなくなっていたからである。大福帳を預かり、奉公人たちを使い、物品を売ったりしていた一家の女主人は、今や家族のみを仕切るだけでよかった。★60 職場と家庭との距離は、威信の象徴となった。作家テオドア・フォンターネ［一八一九―九八年］が『イェニー・トライベル夫人』（一八九二年）で書いているように、世紀末までにはトライベル氏の屋敷と工場との間の庭はブルジョワ気取りの象徴になった。男も女もそれぞれの持ち場を割り当てられて、核家族の秩序は維持された。

家庭への愛着が近代家族の理想的な特徴となった。それは、辛い世間から戻って来られる「暖かい巣」だった。一八三九年には、小説家ベルトルト・アウアーバッハ［一八一二―八二年］は、家族の祝い事が純粋な宗教的祝祭に取って代わるに違いないと書いている。★61

だが、実際のところ家族は自己充足していたわけではなかった。イギリスの言い回し「わが家はわが城」は、かなわぬ願望でしかありえなかった。国家は結婚と離婚の調整をすべく介入してきた。確かに、最も私的な休息所である家庭生活への干渉がある程度躊躇されていたことは、一九〇八年に至るまでイギリスで近親相姦罪の法規が可決できなかった事実に示されている。だが、ドイツでは国家は家庭の中にも容赦なく立ち入った★[62]。しかし、公式の立法措置からは、セクシュアリティを監視する社会的機構の一つである家庭が本当に果たした機能については、ほとんど何もわからない。この機能が実際に子供に作用したことは、明白である。いわゆる性格形成と市民的価値観（リスペクタビリティ）の錬成がほとんど教科学習よりも重要とされたように、家庭の内側でも外側でも教育の全組織は、美徳を教え悪徳を退けることに向けられていた。父親による規律化は、家族ひいては市民的価値観（リスペクタビリティ）の序列と秩序を維持する機能の中心だったと言えよう。父親が言うことを聞かない子供に呪いをかけると、子供は肉体的にも精神的にも破滅すると一八世紀には信じられていた、ということが想起されてよいだろう。一七七九年、レチフ・ド・ラ・ブルトンヌは『父親の呪いで放蕩に陥った男の話』を著している★[63]。周囲を納得させる結婚相手を選べなかった、あるいは性的規範から逸脱した息子や娘に対する呪いは、習慣的に行われていた。

こうした監視機能の長所と短所についてはほとんど何もわかっていないが、市民的価値観（リスペクタビリティ）が脅威に晒されないよう配慮はされていた。穏当に削除修正された『家庭版シェイクスピア』と『家庭版聖書』が多く出現してくるのは、核家族が支配的になってきていた、まさにこの時期のことだった。それらは中産階級の生活を誘惑から保護するために作られていた。国民国家が上から強化したこの市民的価値観（リスペクタビリティ）を、家族は下から支えたのである。

そのプロセスはほとんど明らかにされていないものの、国民的理想はまた家族に浸透していたに違いなかった。父親が自分の家父長権力を強化するために、どのように国民主義（ナショナリズム）に訴えたか、それを僅かに窺い知ることができるすべは、当時の小説や、そうした規律化に反抗した人々の回想録だけである。家族は国家と社会を映し出す鏡と思われていた。W・H・リール［一八二三―九七年］のような保守主義者は『家族』（一八五四年）で、家族のヒエラルキー構造を強調し、秩序維持のためにそれを称賛していた。家父長たる父親の支配を通して、家族は権威に敬意を払うようその構成員を教育した。「ドイツ国家は、そのような家族が植えつけた果実を収穫するであろう」[★64]。それ以前にも、体操家協会と学生組合運動の創始者であるフリードリヒ・ルートヴィヒ・ヤーン［一七七八―一八五二年］は、家族を国民精神の源泉と呼んでいた[★65]。

男らしさや雄々しさという称揚された観念が、家族の理想と対立することも時としてあった。事実、本書で以下たびたび出くわす、男性共同体の賛美から、社会は未婚男性の双肩に担われるという結論を導き出す人々も多かった。にもかかわらず、一般的には家族が、情熱を根源において制御する、手軽で効率的な国家の代用物とされていた。医師（往々にして家庭主治医）、教育者、そして国民国家そのものの指導の下で、家族が性的統制の不可欠な代行者であり巡回警官の役割を演じたことは明白である。およそ家族の存続を脅かすものはすべて、国民の将来を危うくするものであった。そうした家族、ひいては国民についての不安は、後で見るように、人口増加に関する懸念と密接に関連していた。

二　ドイツとイギリス

比較を可能にし、視野を拡大するため、他の諸国、特にイギリスの例を引きながらも、本書では以下ドイツに絞って論じる。一八世紀のプロテスタント復興運動は、英独両国に直接作用し、その生活全体に、他の地域には見られない独特の影響を残した。もちろん、本書の関心の的である、市民道徳とセクシュアリティの内実は、ヨーロッパ中に広まった。プロテスタントとカトリックの国民性の相違は、多くのドイツ人、イギリス人がいわゆるカトリック南欧人に対して抱いた愛憎関係に如実に反映されている。トーマス・マン［一八七五―一九五五年］のようなドイツ人作家は南欧的なものを罪や不道徳と同一視したし、またイギリスの三文小説には「スペイン人（ディゴス）」や「ポルトガル人」の悪漢がうじゃうじゃ登場した。しかし、この場合の南北の対比は、市民的価値観（リスペクタビリティ）を補強せんがための今一つの装置にすぎない。市民的価値観（リスペクタビリティ）の虜囚であるプロテスタント北欧人は、自身には禁じられた性的幻想を、他の国民や地域の上に投射した。カトリック南欧人は、実際には北欧人と同様に規範を重んじたが、この目的を満たした。それは後述するアラビアの砂漠とその民人に対する幻想と同じであった。「彼らの精神は自由であり、彼らの歩みは束縛されない、砂漠は開かれている」★66と、エドワード・ギボン［一七三七―九四年］はその著作『ローマ帝国衰亡史』（一七七六―八八年）の中で、アラブ人を理想化した。

カトリック国民とプロテスタント国民とのさらなる相違は、本書にとって非常に重要な問題である国民的イコノグラフィーにも関連している。イギリスとドイツの国民的ステレオタイプ、その男らしさの理想や女性の役割の理想は、驚くほど似かよっている。そうした考え方はおそらくカトリック国にもある程度は見られるものであったかもしれないが、それは時として表面化するだけで、そう広く行き渡ったものではなかったに違いない。確かに、マリアンヌ像は、祖国の守護乙女という点でゲルマーニア像やブリタニア像に似ている。だが、ホモエロティックなニュアンスも含まれている男性ステレオタイプを、イタリアあるいはフランスで見出すことは困難である。セクシュアリティ、あるいは国民的イコノグラフィーの比較史が存在しない以上、それぞれの国民主義（ナショナリズム）と政治構造がどれほど異なっていても、福音主義的伝統並びに類似のイコノグラフィーを共有する独英両国の比較から着手する必要があった。

しかしながら、決定的な相違が一つある。ドイツでは敬虔主義が国民主義（ナショナリズム）の内面化に直接的な影響を及ぼしたのに対して、イギリスの国民主義（ナショナリズム）における福音主義の影響は、それほど直接的ではなかった。だが、当時イギリスはすでに統一された強国であり、ドイツはなお国民統一の道を模索していたのである。いずれにせよ、より決定的であったのは両国の類似性である。というのは、イギリスとドイツの相違は周知のことであり、実際、その相違がイギリスの国民的神話の一部となっている。

　イギリスとドイツに共通の道徳的遺産であるフランス革命に対する聖戦によって、情熱の制御手段としての市民的価値観（リスペクタビリティ）が両国で凱歌を挙げた。それによって、性欲を超越するとされた人間美、友情、愛の理想が奨励された。しかし、一般にはより最近の時代のものと思われている寛容な態度が、一九世紀になかったわけではない。実際、セクシュアリティにまつわる言説が一九世紀にかなり自由であったことから、この時代は従来考えられていたほど性的抑圧に呪縛されていたわけではなかったことがわかる、とミシェル・フーコー［一九二六－八四年］も主張している。[★67] 一九世紀後半以降は、それ以前に比べて確かに、より率直にセクシュアリティについて語ることができたし、異常とされていた事象が社会の表層近くまで滲み上がってきた。しかし、わずかの譲歩を何とか社会からもぎ取るための闘争で挫折を繰り返していた同時代人からは、フーコーの結論は拒絶されたであろう。さらにまた、第五章で論じるが、フェミニスト、同性愛者、レスビアンたちさえ市民的価値観（リスペクタビリティ）の基本的規範とステレオタイプを忠実に支持すると宣言していた。彼らは自らが閉じこめられた檻の格子を押し広げようとしただけで、檻を取り壊そうとはしなかったのである。

第二章　男らしさと同性愛

一　宗教的規範から医学的診断へ

男らしさの理想は、市民社会の自己規定にとっても、また国民的イデオロギーにとっても共通の基盤となっていた。近代性（モダニティ）がもたらす危機が、正常あるいは異常と考えられていたものの明確な区別を脅かし、それに抗して既存秩序を守らんがために、男らしさが担ぎ出されたのである。さらに、男らしさは、国民の精神的かつ肉体的な活力を象徴していた。それは強靭な心身を呼び求めたが、野蛮な暴力を引き起こすものではなかった。個人のエネルギーは統制下に置かれなくてはならなかった。静寂にして威厳に満ちたラオコーン像は、その理想であった［図5］（三九頁）。

女性もまた、当然のことながら、国民的神秘主義において象徴的役割を担っていた。実際、ゲルマーニアやマリアンヌといった国民的シンボルが導入されていた。しかし、これら女性シンボルは、前章で触れたように、動的であるよりむしろ静的であった。つまり、進歩発展であるよりむしろ万古不易を表象しており、男たちが国民の運命を決する舞台の書割りでしかなかった。男らしさを体現したステレオタイプは、一八世紀のギリシャ復興において生まれた男性美の理想を模範としていた。一方、ドイツあるいはイギリスの国民的イコノグラフィーにおける女性像は、しばしば伝統的な処女マリアの肖像に倣ったものであった。

男らしさは、変化を続ける世界における美徳の鑑（かがみ）として、また模範的振る舞いとして、騎士道の貴族的理想を活用した。にもかかわらず、それは市民的概念だった。フランス革命戦争の間、イギリスでもドイツでも、祖国愛に胸を膨らませ、自らの男子たる証を立てることに燃えた中産階級の志願兵が数多く軍旗に殺到したため、職業軍人は市民軍に取って代わられていた。この未曾有の現象によって、男らしさの理想は市民階級の自己イメージにおける傑出した地位を保証されることになった。時あたかも、市民階級はまさに権力を握ろうとしていた。ドイツ解放戦争の詩人は、男らしさを賛美した。また演劇でも、『ヘルマンの戦い』（ローマ軍団に対するアルミニウスの大勝利）を書き上げ、男性の力強さ、優越性、無慈悲さを殊更に強調したフリードリヒ・ゴットリープ・クロプシュトック［一七二四―一八〇三年］やハインリヒ・フォン・クライスト［一七七七―一八一一年］のような作家がいた。

男らしさが、経済活動のみならず社会生活や性生活においても市民社会の必須要件であった性別分業を強化したことを忘れてはならない。両性の役割は、明確に区分されねばならず、子供には別に切り離された独自の空間があてがわれていた。そうした家庭内の性別分業、そして男らしさと女らしさとの区別は、近代の規範として絶えず再確認されていた。リチャードソンの『パミラ』（一七四〇年）は、ドイツ解放戦争中にも絶えず再確認された、このヒエラルキーを力説していた。その表現の最たるものとして、例えば、騎士が貴婦人にしたように、プロイセンのルイーゼ王妃に剣を捧げる志願兵もいた。また、テオドア・ケルナーは、志願兵になることを拒んだ者たちはもう二度と決してドイツ娘にキスしてはもらえまいし、ドイツの歌を謳歌したりドイツのワインを堪能したりもできまい、と謳った[★1]［後にドイツ国歌となるフォン・ファラースレーベンの詩「世界に冠たるドイツ」（一八四一年作）の第二節は、ドイツの歌とワインと女を誉め称えている］。女性の役割は完璧に明確化されており、第五章で論じるように、そうした見解は時代とともに変化することはなかった。一九一一年になっても、医師アルベルト・モル［一八六二―一九三九年］は、女権拡張運動に賛成であったにもかかわらず、女性が徐々に男性化し男性が女性化しつつあると嘆き、文化が隆盛すべきものなら、両性の区別は保持されねばならないと述べた[★2]。また、ハヴロック・エリス［一八五九―一九三九年］は最も寛容な性科学者であったが、彼も男女

二元論が危機に瀕しているのを見て動揺を隠せなかった。★3

秩序立った性別分業とそれに伴う安定した家庭生活は、女権拡張運動よりはるか以前に起こった急激な変化を考慮すると、不可欠なものと考えられていた。その変化が生じたのは、市民的価値観（リスペクタビリティ）と近代国民主義（ナショナリズム）の確立期であり、また産業革命の影響が全ヨーロッパに及びつつあった時期と一致する。近代の社会的ダイナミズムを創出したのが市民階級であったとしても、それを制御し続けようと試みたのもまた市民階級であった。一八世紀の宗教復興において洗練された市民的価値観（リスペクタビリティ）は、こうした構造の統合イデオロギーとなるはずであった。

市民的行動規範を攻撃する者、あるいは確定された男女の活動の境界を踏み外した者はみな、異常者——つまり同族ではないよそ者——と見なされ、社会を脅かす者と判断された。もちろん犯罪常習者、あるいはいわゆる性的倒錯者は、このカテゴリーに属したが、外国人（多くのドイツ人が、フランス人は男らしくないと思っていた）やユダヤ人も含まれた。彼らは、ジェンダーの役割を混乱させるものとして折りに触れ非難されていた。

中産階級の生活にとって、性的倒錯は下層階級の不穏とほとんど同じくらい、また貴族階級の傲慢よりはるかに脅威であると考えられていた。市民的価値観（リスペクタビリティ）が確立し男らしさが強調されていくにつれ、正常と異常の境界線がどれほど厳密に引かれるようになったかについては、同性愛者の事例がとりわけわかりやすいだろう。同性愛者は両性の攪乱のみならず、情熱の微妙な均衡状態を損なう性欲過剰の象徴と考えられた。第一次世界大戦直後、ロバート・ベーデン＝パウエル卿［一八五七―一九四一年］は、ボーイスカウトの少年たちにこう述べている。「下等動物の雄がもっぱら性交に注ぐエネルギーを、人間は、芸術、科学など、他のあらゆる種類の活動に向けているのだ」★4。同性愛者は、この文脈において、下等と見なされた。一九世紀前半には、同性愛者はあらゆる種類の反乱を連想させるものとなった。例えば、イギリスではフランス革命戦争の間、同性愛者は敵に援助と慰安を与えるものとして非難された★5。

ドイツやイギリスの市民的価値観（リスペクタビリティ）を大きく規定したプロテスタンティズムと対比すると、カトリック教会が「倒錯者」に対して示した態度の変化は明快に分析できよう。カトリック神学は、男らしさがことほどさように重要視される以前は、正常と異常の間に確たる境界線を引いてはいなかった。もちろん、同性愛は神聖な秩序、ひいては自然に反する行為として非難された。同性愛行為には天罰が下されるはずであり、それは反乱や革命を意味しただけでなく、ちょうど住民の中にこの不自然な堕落行為をはたらく者がいたため、聖ロトの都市ソドムにもたらされた破滅のような自然災害さえも意味した。「ホモセクシュアル（同性愛者）」という語は医学に由来しており、それが伝統的用語であった「ソドミート（男色者）」に取って代わったのは、ようやく一九世紀後半のことにすぎない。しかし、カトリックの倫理神学者たちは伝統的に以下のような尋問を行うことで、同性愛の生物学的要因を強調してきた。すなわち、同性愛が異性間の性行為の体位を模して実行されたとすると、性行為でその男性はどちらの役だったのか？（女役の男性は男役の男性よりも、重い罰を受ける場合が多かった）。また、とりわけ重要な質問として、性行為がクライマックスに達したか否か、が尋ねられた。こうしたいわゆる不自然な堕落行為はおしなべて非難されるという前提はあったものの、ここでもまた、罪のカトリック的序列化が機能していた。[★6]

聴罪司祭の手引書となった『倫理神学』全八巻（一七四九―五三年）を著したイタリア人司祭、聖アルフォンソ・マリア・デ・リゴリ［一六九六―一七八七年、教会博士・レデンプトール修道会創立者］は、許されざる罪と許されうる罪との間に明確な区分を引いていた。許されざる罪を犯したかどうかを決定するために、リゴリは、いわゆる異常な性行為が習慣的に行われたか否か、またそれが享楽追求の一部か（それが意図されたものなら、許されざる罪とされた）、あるいは夢精のような単なる偶発的できごとだったか（これは許されうる罪である）、を尋ねた。精子を漏らすマスターベーションは、同性愛がもし行為のクライマックスに達してないものならば、同性愛よりも致命的な罪とされることも起こりえた。[★7] リゴリは、裸体を堕落行為への誘惑として拒絶する点においてプロテスタントと概ね同意見であったけれども、こうしたキリスト教の一般原理を洗練した人物として評価できる。[★8]

プロテスタントは、正常な性と異常な性との境界線を曖昧にするそうした区別を知らなかった。ジャン・カルヴァン［一五〇九―六四年］は、イザヤ書にある自堕落で傲慢な女に対する残酷な裁きを解説して、こう警告した。すなわち、神は女とその夫のみならず、そのような行為を許した国家をも罰するであろうと。[★9]婚姻外の性交、あるいは子供を産む目的からはずれたあらゆる性的行為は、無条件に有罪と宣告された。そうしたことをしようと思うだけでも罪深いこととされた。確かにプロテスタンティズムも、男女が現世生活に身を処す最適な方法の実践指導において決疑論（カジュイストリー）［道徳上の行為の善悪を社会的慣行などの観点から決めようとする議論］を持ち出してきた。しかし、国家とその統治者に許される行為に適用されたプロテスタント教会の倫理的現実主義は、個人の行動と思想に対して教会が求めた無制限な戒律と際立った対照をなしていた。「聖なる偽装」とか「正しき詐術」といった概念は、例えばヨシュアが自らの民を救うために神の命に従って待ち伏せをしたように、公共の政治にだけ適用された。[★10]

一六〇八年刊行の著作で、清教徒ウィリアム・パーキンズ［一五五八―一六〇二年］は、カトリックの決疑論（カジュイストリー）に狙いを定めてこう批判している。個人にとって「それが自らの意思であろうがなかろうが、およそ神の律法に従っていないことはすべて罪である」。[★11]このように、個人の行為に対するプロテスタントの裁きは硬直しきったものであり、敬虔主義と福音主義がさらにその手綱を引き締めるべく浮上するまでにも、長い伝統を有していた。

この道徳的厳格さが、市民的価値観（リスペクタビリティ）の確立にあっては決定的な役割を果たし、プロテスタント諸国とカトリック諸国における市民道徳の強度を分かつことになった。実際、リゴリのいわゆる性的寛容は、プロテスタントの間には非常な憤慨を引き起こし、一九世紀を通してカトリック教会を攻撃する場合に引き合いに出された。カトリックの寛容は、ドイツ民族の道徳性を堕落させ、ドイツ国民の安寧を蝕むものだと言われていた。★12

しかし、一九世紀も後半になると、カトリック教会でさえ、結婚や家庭の神聖を危険に晒すような性行為に対してはそれがどんな形であっても相当厳格になっていた。ベルギーでは一九〇九年、あらゆる種類の「性交中絶（コーイトウス・インタルプトウス）」を意味する自瀆行為（オナニズム）に反対する声明書がカトリック司教によって発せられた。以後、諸国の教会もそれを前例として続いた。ドイツのカトリック司教も、出生率低下に対する闘争に加わっていた。つまり、子供をつくることは、キリスト者としてだけではなく、愛国者としての義務でもあった。★13 カトリック教会はそれでもなお、現実的な罪の定義ではプロテスタントよりいくぶん寛容な態度を示してはいたものの、こうした見解が打ち出されたことでセクシュアリティにおける正常と異常の境界線はいっそう明確に引かれることとなった。それでも、無宗教と啓蒙主義を弾劾するカトリック正統派も、現世の快楽はほどほどに享受されてしかるべきものと容認していた。★14

いっそう厳格な福音主義や敬虔主義の見解は、医学者によって補強された。実際、一九世紀も下るにつれ、社会問題として同性愛に注意を喚起するのに最も貢献したのは医師であった。[★15] 彼らは正常性の守護者として、ある程度まで聖職者の代役を務めた。イギリスの医学雑誌『ランセット』の編集者は、一八一九年にこう宣言している。「人間社会の浄化と幸福を増進するために、特別な権威を行使する責任が我々にはある」[★16]。一九世紀末、マルセル・プルースト［一八七一―一九二二年］の小説に登場する同性愛者の一人の言葉は、セクシュアリティの監視において専門医師が果たす役割がますます重要になってきたことをうまく要約している。「聴罪司祭は困惑して何も言ってくれなかった。しかし、医者が言ってくれた。私は精神異常だと」[★17]。

一九世紀における同性愛に関する医学的分析は、正常性欲と異常性欲との明確な境界画定を促した。法医学は同性愛者の決め手となるステレオタイプを創出し、男色（ソドミー）に対する法律を施行しようとする裁判官や陪審員を助けることになった。

一九世紀初頭に啓蒙主義が同性愛の非犯罪化を促していたとしても――一八一〇年のナポレオン法典では未成年者誘惑と強姦だけが有罪とされた――、世紀末になると法律は再び強化された。イギリスはナポレオン法典に影響されることはなかったので、一八六一年になってようやく、スコットランドでは一八八九年になって初めて、同性愛者に対する死罪が廃止された。バイエルンのようなドイツ領邦は、ナポレオン法典の例に倣い、個人の犯した不道徳行為と国家に対する犯罪を混同すべきではないとした。性道徳は、他人の権利を侵害しない限りにおいて個人的問題である、とされていた。しかし、同じドイツでも、ナポレオンの旧敵国であったプロイセンは、この先例には従わなかった。一八五一年以降は死罪が廃止されたが、同性愛行為は禁固刑に処せられ、市民権が剝奪された。プロイセンのこの条項は、一八七一年のドイツ統一後、新しい刑法の第一七五条としてドイツ帝国（ライヒ）の法律となった。

イギリスでは一八八五年の犯罪法改正によって死罪が廃止されたが、この法律では、公私にかかわらずあらゆる同性愛行為が罰せられた。そうした行為は「重大なわいせつ行為」と呼ばれ、裁判官には広汎な裁量権が与えられていた。プロイセン同様イギリスにおいても、法律の強化は、宗教的というより世俗的な動機から正当化された。たとえ医学がもはや同性愛の処罰を正当化しなくなっていたとしても、人々の正義感がそれを要求していた。★18

しかし実際のところ、医学はかつて教会がしていたように、同性愛の犯罪視を正当化した。医学の役割は、法廷や裁判官が犯罪者を認定できるようにすることだった。しかも今度は、こうした同性愛に関する医学的概念構成は、社会自体が同性愛者を認知する方法を決定することになった。このステレオタイプは、古くからあった性的逸脱の概念を要素として吸収しつつ形成された。ティソの『オナニスム』によれば、マスターベーションを誘発する「神経症」は、その他あらゆる種類の肉体疾患をも引き起こし、魂の精神的機能を消耗させた。すなわち、マスターベーションはそれ自体が精神薄弱に通じている、とされた。[19]一八世紀末パリの蠟人形館に、性的不節制がもたらす破滅的影響の教訓となる標本が陳列されていたことは、すでに述べた。[20]そうした不節制が引き起こすとされた疲労体質と神経質素因を、今度は専門医師が男らしさへの脅威と見なした。それゆえ、同性愛者に限らず「男らしくない男性」というカテゴリーが、大きな医学的関心事となった。医者と教育者は、自分の担当している患者や生徒の個人的な性習慣に絶えず目を光らせていた。マスターベーションと同性愛は先天的なものとは見なされず、悪しき思想と悪しき神経のせいにされた。実際、一九世紀においては病気のほとんどが神経状態の悪化によるものとされたし、政治的かつ社会的な問題と見なされることも少なくなかった。

一七九六年に医師ヨハン・ヴァレンティン・ミュラーが著した『法医学概論』には、慣例に反して罪を犯す者に対する医学の対応の好例がある。ミュラーは、さまざまな同性愛を区別することも、ある同性愛が他の同性愛よりも罪が軽いと見なすことも拒絶した。堕落行為は、それがどのように実行されたか、あるいはどこまで達したかの如何にかかわらず、個人的にも社会的にも重大な影響をもたらすとされた。当時同性愛について記したほとんどの医学者と同様、ミュラーの目的は、判決を下すべき「倒錯者」を法廷が認知するのを促すことにあった。ミュラーは同性愛の生理学的原因と考えられるものから始め、外見的特徴の記述へと進んだが、それはこうした主題の標準的アプローチとなっていった。

外観容貌は、密やかな悪徳の実行を絶えず露呈させるものと想定されていた。すなわち、隠そうとしても自然に顕われる特徴として、充血した目、意志薄弱、鬱病の発作、身だしなみの悪さなどがあり、素質者の頭はものうげに垂れがちだった。[★21] ミュラーは、主要な性的倒錯すべてを相互に関連づけようと試み、例えば、マスターベーションは同性愛に通じると強く主張した。この見解は、ずっと後に、リヒャルト・フォン・クラフト−エビングが有名な『性的精神病質』（一八九二年）で改めて支持を表明したものである。[★22]

ひとつの倒錯行為はもう一つ別の倒錯行為へと陥っていき、正常性と異常性との溝はいよいよかけ離れたものになっていくと考えられた。ミュラーは、逸脱した性という「病気」を健全な国家に対する脅威と見なしていた。[★23] 彼の議論は、堕落行為の処罰を正当化するものとして、一九世紀を通じて何度も浮上してきた。すなわち、「男色（ソドミー）とマスターベーションは性的不能（インポテンス）を、したがって人口減少を引き起こす。また、常軌を逸したセクシュアリティに付随する秘密主義は、国家に対する憎悪をまき散らす陰謀に酷似している。つまり、そのような堕落行為を犯す男女は、道徳感覚も市民的責任感も欠如しており、彼らの肉体がたるみ活力を欠いているように、彼らの魂は精神的に不毛である」[★24]。

半世紀後、オーギュスト・アンブロワーズ・タルデュー（一八一八−七九年）はその著作『法医学の観点から見た道徳に対する犯罪』（一八五七年）において、男性同性愛者の外見的特徴として女性的な容貌と病んだ肉体を強調し、同性愛者の「病気」は空想や幻想を抑制できないことに起因するとした。[25] 一九世紀中頃のドイツにおける最も有名な法医学の権威者で、他の諸国にも大きな影響を与えたヨハン・ルートヴィヒ・カスパーは、同性愛が他の肉体疾患を引き起こすという見解を否定したが、彼もまた同性愛者を容貌も動作も奇怪なものとして記述していた。[26] 最終的に、パウル・ユリウス・メビウス［一八五三―一九〇七］は『性と退廃』（一九〇三年）において、性的逸脱者の肉体的ステレオタイプを「たいていは、しなやかで背が高く、顔は決して醜くからざる健康な人間」に対置した。[27] 健康は、男らしさと同義であるとされた。アドルフ・ヒトラー［一八八九―一九四五年］が理想的ドイツ人を描写する際、「しなやかで背が高い」という形容が決まって使われたものである。

メビウスよりはるか以前から、病気と堕落のイメージは、形成されつつあった男らしさの国民的ステレオタイプに対置されていた。男らしさの国民的ステレオタイプは、強い日ざしに晒されたギリシャの彫刻によって象徴されていたが、その精神力とエネルギーは絶妙な調和と均整感覚によってバランスを取られていた。このステレオタイプの創造に加わった人々は、美しい男性の肉体を男性的美徳の顕現と見なした。ヴィンケルマンのギリシャ美の理想は、慎み、貞節、純潔を連想させる市民的価値の体系に組み込まれた。この古典的英雄は、ミュラーの同性愛者とは何らの共通点もなかった。さらに言えば、しばしば社会的な枠組みを逸脱した他の集団のステレオタイプ――ユダヤ人、精神異常者、犯罪者をはじめ、落ち着きなく動き回って憔悴し、重要な活動を成し遂げる理想も意志も持たない男女すべて――とも、何らの共通点を持たなかった。[★28]

だが、ギリシャ的模範と市民的価値観（リスペクタビリティ）は、常にそう易々と統合されていた訳ではなかった。フリードリヒ・ヘルダーリン［一七七〇―一八四三年］にせよフリードリヒ・フォン・シラーにせよ、そのギリシャ美の崇拝は、家族ではなく、男性同盟という男性の友情と結びついていた。男性同盟は、一九世紀のドイツで決して消えることのない人気を博していた。[★29]シラーが一七八八年から一八〇三年まで書き続けたマルタの聖ヨハネ騎士団についての未完の戯曲では、英雄的行為はギリシャ風に具現されることになっていた。主人公である二人の騎士の情熱的な友情は、肉欲的な同性愛において存分に表現されていた。シラー没後何年もたって、この作品は別人の手で完成され、ついに一八六五年、また一八八四年にも上演されたが、二人の騎士の愛が中心となる場面は削られ、シラーの草案では枝葉末節であるギリシャ娘の登場場面が拡大された。[★30]たとえ男性同士の愛が、男女関係にあるような肉欲を排除した愛と見なされるのが普通だったとしても、一八世紀のドイツ作家には大きく聳え立って見えた男性の友情崇拝は、今や段々と疑惑の眼差しを向けられるようになっていた。だが、国民全体を取り込むために真の愛は個人的関係を超越せねばならないというフィヒテに同意して、そうした「同盟（ブント）」こそドイツ統一の前提条件であると考える者も依然として存在した。[★31]しかし、そうした友情の親密さとその感傷的な表現法は、市民的価値観(リスペクタビリティ)と正常性の概念が勝利を収めると、非難されるようになった。男性の友情からエロティックな要素を完全に取り除こうとするさらなる試みについては、後述しよう。[32]ここでは、ホモエロティシズムの潜在的危険性にもかかわらず、友情と美のギリシャ的理想は放棄されず、むしろ異性愛に適応されていったということに注目しなくてはならない。

とりわけ、一九世紀最初の二、三十年間には、男性美は永遠の秩序を象徴しており、病んだ世界の癒しを約束していた。一七九五年にシラーは、美こそ極度の蛮行と消耗から人間を救うものだと見ていた。[33]他にも、一九世紀ドイツ最大の美学者フリードリヒ・テオドア・フィッシャー［一八〇七―八七年］は、美しさと男らしさに混沌を防ぐ機能を認めていた。[34]また秩序と調和が、情熱を監視下に置くものと考えられた。第一次世界大戦前後に人気を博したルパート・ブルック［一八八七―一九一五年］の詩にも、美と秩序の組み合わせを特にイギリス的なものと謳ったものがあるが、[35]すでにはるか以前からドイツ人はこの理想を自分たちに特有なものと称していた。一方、フランスではこうした理想は、第一次世界大戦後、作家アンリ・ド・モンテルラン［一八九六―一九七二年］によって要約された。彼は、スポーツで鋼のごとく鍛えられ、筋肉隆々とした男性の肉体を想い描くとき、自分がどれほど「秩序に酔いしれる」か、を述懐している。[36]ブルックにとって、知識人と同性愛者のいずれもが精神と肉体の清潔さを欠いており、彼らは「うす汚れた歌を歌う、陰鬱な半人半獣」であった。[37]ブルックが清潔さと純粋さに心を奪われたのは、戦争が道徳的腐敗から国民を救うだろうという希望を抱いた「一九一四年世代」に典型的なことであった。

男性美のギリシャ的模範の採用も含め、男性性の理想は、ヨーロッパの国民主義（ナショナリズム）によって創案され、国民的なシンボルあるいはステレオタイプとして利用された。ギリシャ的理想の、たゆたうエロティシズムはすべて払拭され、その調和、均整、超越的な美しさが強調された。男性性が表象すべく期待されたものは、激動の時代における不動の価値であり、また適切な目標に導かれたダイナミックだが秩序ある変化のプロセスそのものであった。それへの醜い対極のイメージは、神経質で不安定な同性愛者と自慰者であったが、医学が道徳的かつ美学的な価値を付与したおかげで、その容貌はいっそう明確に描写されるようになった。この同性愛者と自慰者は、近代の急激な変化がもたらした国民主義（ナショナリズム）と市民的価値観（リスペクタビリティ）に対する脅威の重要なシンボルとなった。

国民主義（ナショナリズム）は、歴史、自然、永遠の美という永続的な諸力に自らの理想を繋ぎ止めようとして、創造性の源を前工業化時代の価値に求めた。市民階級がおおいにその創造に寄与した近代性（モダニティ）は、いまや安定に対する脅威と目された。正常と異常の二元論は、すでに美学と医学の概念に翻訳されていたが、さらに新たな次元が開かれた。それは、人工的なものに対する純粋なもの、発育阻害に対する有機的発展という概念だった。

一九世紀以降、国民主義（ナショナリズム）と市民的価値観（リスペクタビリティ）を守ろうとした人々は、人工的で不安な時代の中核と目された大都市の脅威に晒されていると感じていた。そうした都会は、人間を根無し草にし、疎外と放逸な性的情熱に導くと考えられていた。さらに、都会には極端な贅沢と貧困があり、それが性的逸脱を犯す温床となると言われた。カスパーはこうした議論を引いて、イタリア諸都市に男色（ソドミー）が蔓延する（と、彼は主張した）理由を説明した。[★38] 彼はまた、ドイツにおいてもまったく同様に「官能的な南方と規律ある北方」という紋切り型の対抗図式を受け入れた。しばらく後に、やはり法医学の専門家アロイス・ガイゲルも、大都市が悪徳を助長させるのだと指摘した。[★39] 同性愛をめぐる訴訟事件がロンドンの新聞で報じられたとき、聖書に出てくる都市ソドムとゴモラのアナロジーが必ずと言っていいほど引かれていた。[★40]「都会のジャングル」の奥深くにある暗黒と秘密は、同性愛とマスターベーションの温床であると大抵は考えられた。性的逸脱は再び陰謀、暗黒、隠し事と結びつけられた。自然に恵まれた村や小都市には、悪徳が育つような暗黒の淵は存在せず、時間の激流の外にある永遠の価値を象徴していた。ここに国民的なものと男らしさは、安住の地を見出した。というのも、ここではまだ健全で幸福な過去を思い出すことができたからである。都会は、ユダヤ人、犯罪者、精神異常者、同性愛者などのアウトサイダーにとって心休まる場であり、田園はそこを故郷とする人々の安住の地だった。一九世紀の中産階級が等しく抱いていたそうした考えを、第三帝国期には親衛隊長ハインリヒ・ヒムラー［一九〇〇―四五年］が、ほとんど一言一句違えずに復唱することになった。[★41] いやしくもステレオタイプや神話たるもの、信じるに足る真実が中核になくてはならなかった。ベルリンやロンドンのような大都市に同性愛者のサブカルチャーが実際に存在していたことは、多くの読者が新聞から——あるいは純潔運動の宣伝から——学んだとおりであった。同性愛者の権利を主張した指導者マグヌス・ヒルシュフェルト［一八六八—一九三五年。一九一九年ベルリン性科学研究所を設立］が『ベルリンの第三の性』（一九〇四年）のなかで引用している印象的な調査に、ベルリンの同性愛者がしばしば訪れるクラブ、レストラン、ホテル、そして浴場の目録がある。本来、ヒルシュフェルトは、その常連客の上品な振る舞いを証明する目的で、この調査を引用していた。★42 ヒルシュフェルト自身の著作は、ボヘミアンやダンスホールなどの環境を探訪した『大都市の記録（グロスシュタット・ドクメンテ）』と名づけられたシリーズの一冊だった。ベルリンは、名望ある社会の周縁あるいは外部に生活する人々すべてに心休まる場所として提示されていた。

ベルリンの医者であり性科学の先駆者でもあったイヴァン・ブロッホ［一八七二—一九二二年］は、影響力を持ったその著作『現代の性生活』（一九〇六年）で、現代世界に入ろうとしたとき人々に発せられる「振動（シュヴィングンゲン）」について書いたが、舞踏場、ダンスホール、キャバレーなど、ただ暇つぶしのためだけに存在する大都市の誘惑を列挙し、売春宿と五十歩百歩の代物だと評した。★43 禁制のセクシュアリティと都会の結合関係は、こうして二〇世紀に持ち込まれた。ブロッホにとって、性的不節制を避けるために必要な精神的強さには、しっかり根を下ろし、ゆったりとくつろいだ感覚が欠かせなかった。つまり、正しく機能する精神が、性欲を制御するとされた。★44 一方、同性愛とマスターベーションは近代的なものによって助長されたが、ブロッホは長らく多くの先人同様、どちらも主として誘惑に負けた者が身につける趣味であると信じていた。★45

性的異常は、田園の豊穣な土地から完全に切り離された結果とされたように、ますます異質性の文脈で考えられるようになってきた。それゆえ、国民を敵から守るためには正常と異常との境界線が厳密に引かれねばならないと、国民主義者は感じていた。一九世紀後半には、国民主義者の異常者に対する憎悪は、ダーウィニズム思想によって増幅された。そうした思想は、ちょうど医学理論家が疑似科学的に性的厳格さを正当化したように、人間社会を管理するのに応用できると考えられた。ダーウィン［一八〇九―八二年］が動物界に見出した自然淘汰は、遺伝性疾患や道徳的脆弱さを免れた健全な国民的有機体に有利に作用するとされた。最も単純なレベルでは、それは生殖行為への専念を意味した。医学雑誌『ランセット』は、一八七〇年に避妊法の実用が議論されたとき、以下の理由から反対した。「生存競争においては、健全な有機体である多産な国民が、夫婦間の自慰行為に耽っている国民を押しのけ飲み込んでしまうに違いないからである」★46。しかし、さらに重要なことには、最適者だけが生き残るのであれば、堕落行為を根絶できるか否かに人口増加が左右されることになった。というのも、堕落行為は男性の精力を失わせ、肉体疾患をもたらし、意志力を弱めるからである。イヴァン・ブロッホが、意志力を強化することで

「倒錯者」の治癒は可能だと考えたのは、典型的であった。[47] また、アロイス・ガイゲルは同性愛に関する叙述の中で、勤勉で自由な国民は、生存競争において道徳的純潔を奨励しなくてはならないと主張していた。[48]

同性愛者にいっそうの自由を与えることを唱えていた人々でさえ、同性愛者にも国民の生存競争に役立つ肉体的かつ精神的特徴があり、また尊敬されるべき男らしさがあると見なす必要性を感じていた。後で述べることだが、同性愛者の権利要求の先駆者ベネディクト・フリートレンダー［一八六六―一九〇八年。動物学者・哲学者］でさえ、同性愛の合法化は人種の戦争遂行能力に打撃を与えるという説は否定されなくてはならないと感じていた。同性愛の自由を拡大することはドイツの軍事力を損なうか否かに関して、第一次大戦のはるか以前から、活発な論戦が行われていた。[49] だが、官能性や女々しさに対抗して男らしさの理想を維持することが、国民の健康にとって不可欠であるという点では、誰もが同意していた。リヒャルト・フォン・クラフト－エビングは、自慰者を「臆病な自信喪失者」と呼び、国民生活における道徳的退廃期は常に女々しさ、官能性、享楽を伴うときっぱり断言した。[50]

ブロッホは、マスターベーションも度を超さないなら是としたが、それでも社会に対する潜在的脅威であると見なしていた。ブロッホによれば、自慰者は孤独で内気になり、青年の自然な情熱を失うし、その神経質さは心臓を損なう恐れがある。「マスターベーションの克服は、利他主義のための闘いである」[51]。マスターベーションはあらゆる性的倒錯の土台であり、自慰者に言えることは、同時に同性愛者についても言えるとされた。手短に言えば、そうした男女は国民共同体にとって危険な存在であった。

生産的でない性行為に対する国民主義者の攻撃は、しばしば健康に訴えるばかりか工業化時代のプラグマティズムにも訴える議論に基づいていた。すでにマスターベーションはティソによって非難されていたが、一つにはマスターベーションが「必要なき欲求」――何ら有益な目的に役立たない欲求[52]――だからであった。その対極にあったのは、社会と国家の健康に必要な、目的のはっきりとした男らしい行為であった。ルイ・フィリップ統治時代のあるフランス人医師は、マスターベーションで精子を無駄にすることは窓からお金を投げ捨てるようなものだと論じた[53]。

目的の堅実さとか、道徳的かつ身体的な健康といった観点から見た国民的生存競争という考え方とともに、男らしさのアンチテーゼとして「退廃」という概念が出現した。その嚆矢としては、一八五七年にフランスの精神病学者ベネディクト・オーギュスタン・モレル［一八〇九―七三年］が、彼の言う「道徳的かつ肉体的な害毒」で男女が破滅する過程の医学的名称として「退廃」を定式化した。モレルのいう「規範からの逸脱」は、飲酒やアヘン吸引のような中毒によって、またマラリアのような衰弱性の疾病によって、あるいは社会的環境、神経症気質、病んだ道徳能力、先天的な心身的虚弱によって引き起こされる可能性があった。通常はこうした害毒のいくつかが同時に現れ、絶え間のない退廃のプロセスが始まるとされた。[★54] モレルは「退廃」という語に医学的意味を与えたが、それは「創世記」についての彼の解釈に由来したものだった。堕落以前のアダムは理想的人間、つまり人類の理想規準だった。しかし、楽園から転落した結果、人類はもはや天候、食物、害毒、疾病といった外的影響、つまり人間を理想型から遠ざけることになる環境要因から逃れることはできなくなった。かつて存在した模範から見て、人類は退廃してしまっていた。[★55] アウトサイダーを診断する過程に特徴的なことだが、主観的信条に基づく一連の思考が医学知識へと変換された。

マックス・ノルダウ［一八四九―一九二三年。シオニズム運動を指導したユダヤ系作家］は、彼自身医師であり、医学概念としての「退廃」を一般に広めた中心人物である。その著作『退廃（エントアルトゥング）』（一八九二年）で、彼は正常と異常、すなわち進歩をもたらす市民的美徳と、個人、家族、国民共同体の絶滅を招く悪徳との区別を鮮明にするために、この医学概念を使った。ノルダウによれば、「健康的な衝動と病的な衝動を区別し、後者と戦うことが求められている」。どんな欲望であれそれが正当かどうかは、社会規範に照らして判断されねばならない。「社会を危険に晒す行為は、法律にも慣習にも反するものである。法律と慣習は、社会にとって何が有益で何が有害かに関する現時点での社会通念の縮図に他ならない」。[★56] ゆえに、一時的な社会規範であれ、それに背くことは「厭わしき不道徳」であった。
★57

　同性愛についてノルダウの明確な言及はないものの、あらゆる性的逸脱が社会を危う
くすると考えていたのは確実である。そうした逸脱を犯す者がアウトサイダーであった。
彼らの顔面や頭蓋骨の非対称は、精神機能の平衡異常を反映しているのだ、とされていた。
ノルダウが神経の消耗と自己規律の欠如をことさら重大視した背景には、時間の新しい
速度に対する不安があった。蒸気と電気が人々の生活を根底から覆し、また鉄道旅行が神
経組織を破壊してしまった、と彼は書いている。しかし、強靭な神経と明晰な頭脳をもち、
刻苦勉励し幻想や空想を厳しく制限する人々、まさに男らしさにこそふさわしい特徴を持
った人々が、退廃との闘争に勝利を収めるであろうとされた。他方、退廃した者は、歪ん
だ肉体をしているから一目でそれとわかった。かくして、異常な外見的特徴を指摘する上
★59
で、また個人の堕落行為を社会問題とする上で、法医学は退廃という概念からいっそう大
きな権威を与えられた。一九世紀末になると、すでに一世紀以上前から存在してきた異常
者に対する世間の評価は、ダーウィニズムと退廃概念によってますます厳しいものになっ
た。
★58

　本書の後半で詳細に検討するが、ヨーロッパの人種主義も退廃と男らしさの概念を採用
した。ここでは、性的「退廃者」の典型的な描写が、同じ不安を抱かせる「劣等人種」に
ほとんどそのまま転用されたことを指摘しておかなくてはなるまい。また、こうした劣等
人種は道徳意識に欠け、自己規律などと無縁な人間として表現された。黒人、そしてユダ

ヤ人は、過剰な性欲、すなわち愛情を情欲に変える「女性的な官能性」を備えており、男らしさをまったく欠いているとされた。ちょうど同性愛者が総じて女々しいと考えられていたように、集団としてのユダヤ人は、女性的特性を示すと言われていた。大自然の治癒力から遠ざけられ、ギリシャ世界とは異質な、暗く陰気な路地裏の落とし子である、このアウトサイダーたちは秘密の陰謀に関与していると考えられていた。[★60]

かくして異常性は、人種的用語にも医学用語にも翻訳された。マルセル・プルーストは、ユダヤ系の母を持った同性愛者であったが、『失われた時を求めて』(一九一三—二七年)で次のように書いている。同性愛者はユダヤ人同様、迫害者によって道徳的かつ肉体的なあらゆる人種的特徴を与えられた。[★61] そして実際、ユダヤ人も同性愛者も自分たちが「兄弟の一人」であると感じており、自らの集団に属する仲間を直観的に認識している、とプルーストは信じていた。[★62] また、彼は同性愛を「不治」の病いと考えていた。ちょうど、プルースト自身が同性愛者の外観を頽廃的かつ女性的に描写したように、『失われた時を求めて』には、迫害される者が迫害者に協力する雰囲気が溢れている。プルーストが自らの「秘密の悪徳」を憎んでいたこと、女性的と言われることへの憤怒、彼の男らしさを疑った別の同性愛者との決闘、これらすべては、プルーストがこの「呪われし人種」から何とか逃げ出そうとしていたことを示している。[★63] こうした反応は、同性愛者の間では珍しくなかった。

自己嫌悪は、ユダヤ人にも同じくお馴染みのものだった。それは体制内に入り込もうとしたアウトサイダーが、自分には何の落ち度も思い当たらないのに、扉に鍵がかかっていることに気づいたときに示す反応であった。彼らは、正常でありたいのにいつの間にか異常性の罠にはまっており、その悪徳が物珍しさの魅力を保つ限りでだけ、黙認されていた。『失われた時を求めて』に登場するユダヤ人スワンは、エキゾチックな人物としてゲルマント公爵家で歓迎されたが、それはスワンがドレフュス擁護派となり、彼らの政治的社会的地位を脅かすような存在となるまでのことだった。

二　新しい性科学

一九世紀においては、同性愛の医学的ステレオタイプが同性愛者を確定していた。同性愛者のいわゆる異常性は、もはや個人的な性行為に限定されず、その心理気質、容貌、肉体構造の一部とされた。同性愛概念は抽象化し、市民的価値観（リスペクタビリティ）のアンチテーゼとなっていた。しかし、医学者は、同性愛者の個別事例を研究することで、その科学性を主張していた。結果的には、こうした科学性の主張は、同性愛そのものに関する医師の再考を促した。彼らは、一九世紀を通じて同僚の間に浸透していた道徳的偏見を克服しようとしていたのである。二〇世紀への転換期には、新しい科学としての性科学が登場し、法医学の侍女とはもはや見なされなくなっていた。そうした医学的調査は、同性愛について再考を促すことになった。すなわち、医学は正常性の範囲を狭めたというより、異常と見なされる行為と規範的行為との境界線を緩めることに貢献したといえよう。

ウィーンの医師イヴァン・ブロッホの同性愛に対する態度の変更は、性科学と社会一般の同性愛者観がどれほど異なっていたかを示している。当初、同性愛についての調査を広げる以前のブロッホは、同性愛とは悪しき見本――髪を伸ばし互いにキスする連中――によって助長された後天的な趣味であるという伝統的信念を抱いていた。ブロッホは、オスカー・ワイルドに対する糾弾に加わり、男性の友情にエロティックな感覚があってはならないと主張していた。[★64] 同性愛者に対する彼の敵意は、一九〇三年にはまだ揺るぎなきものだったが、一九〇六年までにはアンビヴァレントなものになっていた。依然として退廃を体現する者がいるとしても、今や同性愛者のほとんどは社会の正当な構成員として受け入れられるべきだ、とされた。つまり、同性愛の遺伝的素質を持って生まれた先天的同性愛者は、異常というより正常であって、社会にも国家にも受け入れられるべきとされた。だが、この性的な悪趣味を後天的に身につけた同性愛者――ブロッホはこれを「疑似同性愛者」と呼んだ――は、「ふしだらな鶏姦者(ヴュストリンクスペデラステン)」であり、依然として近代性(モダニティ)の不安と過剰を具現するものであった。[★65] 同性愛者を真性と疑似に区別することは、同性愛の合法化を試みながら正常性と異常性のカテゴリーを温存しようとする一つの方法であった。

リヒャルト・フォン・クラフト＝エビングは、世紀転換期においておそらく最も名高い性科学者だが、同じような態度の変化を示している。同性愛はマゾヒズムやサディズムとは大して違わない病気なのだから、同性愛者は肉体的な退廃の徴候によって認知できる、とかつて彼は主張していた。そのため、彼は当時最も急進的な性改革者であるマグヌス・ヒルシュフェルトによって攻撃された。[66]クラフト＝エビングは、有名な『性的精神病質』（一八七七年）において、人間の本能に対する絶えざる闘争が遂行されねばならないと述べている。また、性欲過剰は神経の緊張を促し、大都市は家庭や国民の衰退を招来したが、それらすべてがこの一九世紀に一般化した気運であるとも述べている。[67]しかし、時の経過とともに研究を重ねたクラフト＝エビングは、同性愛をいくらか大目に見てもよいと思うようになっていた。一九〇一年、彼は、マグヌス・ヒルシュフェルト発行の雑誌で自分のライフワークの要約をした。その雑誌は性改革を目的とするものであり、そこへの寄稿自体が確かにある意図を持っていた。彼は、同性愛者に性的逸脱の責任があるわけではない[68]と述べた。同性愛は、自然の法則に反するものであり退廃の一形態ではあるが、知的な優秀さや高度に発達した精神力と両立可能だとされた。同性愛を後天的に身につける者もいるが、それ以外の者にとっては身体的機能不全であり、その患者が受けるべきは同情であって嘲笑ではない、と述べている。[69]
ハヴロック・エリスは、さらに率直な立場をとった。ハンス・ブリューアー［一八八八

―一九五五年」は、次章で扱うドイツ青年運動と男性社会の理論家であるが、エリスは彼と同じく、同性愛は男性のエネルギーを私的な事象から公的な事象へ振り向けることで（結局、同性愛者は妻も家庭も持てないのだから）、人間の文明化を可能にしたと信じた。同性愛者は自らの性欲を通常の社会の前でひけらかすべきではないが、それでも保護はされるべきではあると主張した。というのも、同性愛者が普通の人間よりも重要な価値を持つことさえありうるからであった（もっとも、エリスもまた家庭生活の称賛に言を惜しまなかったのだが）。肝心なのは、性的行為は私的な問題であり、公的な判断に委ねるものではないとエリスが考えていたことである。[★70]だが、興味深いことに、エリスもジョン・アディントン・シモンズ［一八四〇―一八九三年］との共同執筆には躊躇があった。なぜなら、シモンズの公然たる同性愛が共著『性的倒錯』［一八九七年、シモンズ没後にエリスによって出版された］での科学的主張を傷つける可能性があったからであり、またエリス自身は異常なセクシュアリティに居心地の悪さを感じていたからでもあった。[★71]

ジークムント・フロイト［一八五六―一九三九年］は、こうした性科学者グループの一員であった。彼は性科学者の研究を熟知しており、彼自身の精神分析理論にはその影響が見られる。フロイトは慣例だったラテン語を用いずに性行為を記述したが、同時代人たちは、この単純・詳細・適切な記述方法に特に衝撃を受けた。[★72]しかしフロイトは、男性同性愛にせよレスビアニズムにせよ、それに正当性を与えるつもりは毛頭なかった。男女の境界を行き交う自由は、子供時代、あるいは社会の原始的段階、歴史のごく初期においてだけ許される、とフロイトは書いている。成人が生活において男女の境界をさまようのは、退行的とされた。[★73]成熟とは、性的な目標を限定し明確化すること、すなわち、異性愛を意味した。フロイトは、男性、女性と対等な権利を主張すべき「第三の性」が存在するというヒルシュフェルトの主張を退けたし、また、男性の肉体に女性の魂が宿るというクラフト＝エビングの構図も採用しなかった。それでもフロイトは、先天性の同性愛があることを認めており、同性愛者を犯罪者として起訴することには反対していた。[★74]

それにもかかわらず、医学理論に基づくフロイトの厳格な判断が同情によって和らげられることはなかった。同性愛者は病気であり、近代文化の維持にも発展にも彼らは不要な存在だった。一九〇八年のフロイトの記述によれば、文明は本能の自制の上に成り立っており、そうした自制に個人を導くのは、主にエロティックな根源を持った家族感情であった。[★75]同性愛に対するフロイトの態度には、男女を既存の社会に適応させ、社会的不満に対処しようという彼の試み――第一次大戦後ますます差し迫ったものとなる取り組み――が反映されていた。

最も率直な性科学者マグヌス・ヒルシュフェルトは、同性愛を男性と女性の中間に位置する「第三の性」として扱った。それゆえ、彼の主張によれば、同性愛とは自然かつ合法的な変異種であり、また同性愛者の外観も行動も正常であり、異常であるかのごとく扱わ

れるべきではなかった。また、ヒルシュフェルトは、同性愛に真性と疑似の区別もつけなかった。[★76]

ブロッホ、エリス、ヒルシュフェルト、そしてフロイトにしても、同時代の作法や道徳へは完全な信頼を寄せていたにもかかわらず、彼らは同性愛の議論に変化をもたらした。彼らは、同性愛者は精神異常者かデカダンであるという主張に異議を申し立て、極端に厳格な道徳規範のせいで同性愛者は正常で生産的な生活を送れなくなっているのだと主張した。しかし、性科学者が同性愛者の生産的な生活を記述する場合、それはほとんど芸術か文学への貢献に限定されていた。唯美主義者としての同性愛者は、「世紀末（ファン・ド・スィエクル）」に深い印象を残した。その印象はイギリスのオスカー・ワイルド、あるいはドイツのオイレンブルク伯フィリップ［一八四七―一九二一年］に集約されていた。オイレンブルク伯爵は、皇帝ヴィルヘルム二世との同性愛スキャンダルに巻き込まれるまでは宮廷で作曲とピアノ演奏を行っていた。同性愛者の知的な卓越性は認められていたが、その事実を証明するためにブロッホのような医師たちが作成したリストに含まれていたのは、ほとんどが芸術家、詩人、哲学者だった。そこに政治家はほとんど、そして将軍や企業経営者はまったく含まれていなかった。つまり、行動的な男性は含まれていなかったのである。[★77]

依然として同性愛者の男らしさは、ほとんど否定されていた。つまり、クラフト＝エビングが主張したように、同性愛者は男の肉体に女の魂を宿していたのだろうか？[★78] 確かに、同性愛と精神衰弱を結びつけるのは間違いであるという認定はすでに広まっていた。先天的同性愛が病気を蔓延させるとは、もはや考えられなくなっていた。同性愛者には、たとえ男らしくはなくても、名誉ある社会的地位が与えられていた。しかし、こうした性科学者の善意にもかかわらず、同性愛者は男らしさが決定的役割を果たす社会から孤立した人間、すなわちアウトサイダーであり続けた。実際には、性科学者の唱えた同性愛者の地位の向上でさえ、医学界の道徳的偏見に影響を及ぼすようになるには長い時間を要した。その偏見は、さらに半世紀のあいだは依然として広く残されることになったのである。

三　同性愛者・ユダヤ人・デカダン派

社会規範にどうにか順応して社会的評価の獲得を目指したアウトサイダーたちは、あたかも模倣しようとする者の前に現れるかのように、我々に社会の鏡像を示してくれる。しかも、その鏡像は、彼らと市民的価値観（リスペクタビリティ）とのせめぎ合いによって鮮明化されていた。もちろん、すべてのアウトサイダーが一般市民（インサイダー）になろうとしたわけではなかった。しかし、順応を試みたアウトサイダーは、国民主義（ナショナリズム）と市民社会にとって男らしさが持った意味について、我々の理解を深めてくれるだろう。

とりわけ、同性愛者は自らの節度ある性欲を主張することによって、乱交というステレオタイプを打ち消そうとした。同性愛者間の性欲は「正常」な社会のそれ以上には強迫観念となっていないと、一九〇四年ベルリンの同性愛者の実態調査においてマグヌス・ヒルシュフェルトは繰り返し指摘している。[★79]性的純潔の追求は、何といっても、市民的価値観（リスペクタビリティ）の中心的要請だったのであり、同性愛の擁護者ほぼ全員が結局はそれを支持していた。また同性愛の擁護者たちは、雄々しさのイメージも伝達しようと努めた。アンドレ・ジッド〔一八六九―一九五一年〕は、一九二四年、選ばれた少数の読者のみを対象とした『コリドン』で、自分に似た少年愛者を描いている。「私が彼らの肉体的外見にこだわるとしても、それは身のこなしがよいかどうか、男らしいかどうかに関心があるからにすぎない」[★80]。重要なことは、同性愛体験が快楽と幸福をもたらしうる――例えば『背徳者』（一九〇二年）の主人公ミシェルがアラブ人少年バシールに出会ったときのように[★81]――と公的に主張した、おそらく最初の作家によって、この台詞が書かれたことである。

同性愛者は、自らの男らしさを証明しようとして、さまざまな戦略を採用した。自分たちは友愛精神によって最高の兵士たりうると、彼らはしばしば主張した。このことを証明すると考えられたのは、愛し合う男性がともに戦った古代ギリシャの戦闘であった。ベネディクト・フリートレンダーは、軍隊が十分機能するためには同性愛が不可欠であると論じている。同性愛者にはセクシュアリティを超越できる独特な能力があり、そのため同性愛者は特に男らしいのだ、と彼は主張した。[★82]彼の著書『ウラニオス・エロスのルネサンス』（一九〇四年）は、男らしさと市民的価値観（リスペクタビリティ）の規範的定義すべてを受け入れている。こうした議論はフリートレンダー一人のものではなかったが、人種主義を採用することで、彼はこうした軍事的価値の礼賛をさらに一歩進めた。同性愛者への攻撃は、アーリア人の力強さと自覚を掘り崩そうと決意したユダヤ人によって主導されていると彼は書いた。[★83] フリートレンダー自身ユダヤ人であったにもかかわらず、オイゲン・デューリング［一八三三―一九二一年］が社会主義者から最も暴力的な人種主義者の一人となって以後の友人として有名である。[★84] 人種主義は、国民主義（ナショナリズム）の高次な形態であった。まだドイツの国民主義者の間では人種主義が支配的な考え方とは決してなっていなかったにもかかわらず、人種主義を受け入れることで、自分が社会的承認を受けるためにできうるすべてのことをやっている、とフリートレンダーは考えていたのかもしれない。あるアウトサイダーが、他の者を犠牲にして自らの社会への入場切符を買収しようとする光景は、十分にありふれたものである。フリートレンダーにとって、社会が同性愛者のために作り上げたステレオタイプを担うべき者は、ユダヤ人であった。このように規範強固な社会から二重に閉め出されていた者は、特に難しい立ち場にあり、フリートレンダーのような人々は、受け入れられるための努力を二倍も求められていた。また、同性愛者かつユダヤ人である他の人々、すなわちマグヌス・ヒルシュフェルトのような者は、熱烈な人権の唱道者となった。半ユダヤ人であり同性愛者でもあったマルセル・プルーストは、同性愛者シャルリュス男爵よりもユダヤ人スワンに対してより親近感を抱いていたようである。

ユダヤ人もまた、社会への参入を望んだし、その規範を熱心に受け入れてもいた。ユダヤ人は、自分たちが市民的価値観（リスペクタビリティ）と男らしさへ傾倒していることを強調することによって、社会が彼らに押し付けたアウトサイダーの烙印から逃れようと努めていた。ドイツ・ユダヤ人は、彼らがドイツの市民たることを証明するためのみならず、英雄的資質と男性的態度を喧伝するためにも、ドイツの行う戦争への参加を熱烈に想起した。こうした試みのハイライトは、一八九八年の第二回シオニスト会議におけるマックス・ノルダウの呼びかけであった。彼は、青白い顔で胸板の薄い「コーヒーハウスのユダヤ人」に対し「逞しきユダヤ人」の創造を呼びかけた。後に、彼は「我らが逞しき新ユダヤ人」が自らの祖先の英雄的資質を回復するだろうという希望を表明している。[★85]シオニストも同化主義者も、男らしさの同じ理想を共有していた。だが、ユダヤ人が、自らの社会参入を促進するために他者に対して人種主義の武器を用いることは決してなかった。[★86]彼らは人種的迫害の何たるかを体験していたばかりでなく、どうしたところで自分たちがアーリア人種の一員であるなどと主張できなかったからである。同性愛者の大半は、このような特殊な迫害の体験がなかったし、彼らは望むならば、ゲルマン民族のアイデンティティを抱くことができたのである。

市民的評価を獲得するために人種主義を利用することは、一八九六年から一九三一年までアドルフ・ブラント［一八七四―一九四五年］によって出版されたドイツ最初の同性愛雑誌『主体者（デア・アイゲネ）』［図10］の一貫した主題だった。第一次大戦まではたかだか二、三千の読者を誇るのみだったこの雑誌だが、ヴァイマル共和国期にはその月刊発行部数は約十五万にまで跳ね上がっていた。[★87] 一九二六年にこの雑誌が『人種と美（ラッセ・ウント・シェーンハイト）』という付録冊子を出版する以前にも、ゲルマン的主題は、ゲルマン的自然を背景に撮影された青少年の裸体写真をはじめとして、掲載された小説の多くにも漲っていた。ブラント自身が書いた「超人」と題された詩は、男らしさを称え、女々しさを糾弾しているが、そこには反セム主義的な当てこすりも含まれていた。その当てこすりは明らかに、この詩人が同性愛者の権利を求める運動の指導権をめぐって、ユダヤ人のマグヌス・ヒルシュフェルトと反目していたためである。[★88]

図10：『主体者：男性文化の雑誌』第11巻８号表紙。

ブラントは、同性愛者に対するヒルシュフェルトの医学的アプローチに反対していた。ブラントによれば、同性愛者は奇形的な「第三の性」などではなく、男らしさの精華だった。つまり、『主体者（デア・アイゲネ）』は、美しさと完璧さのギリシャ的な理想の復興を唱えていた。[★89] ブラントは性的純潔を強調し、

「男性的愛は、あらゆる文化的活動における重要な要素である」と見なしていた。[90] 奇妙なことに、社会的承認を求めた『主体者(デア・アイゲネ)』の闘争は、ヴァイマル体制の寛容――この雑誌の成功を許した、まさしくその寛容――に対する糾弾で頂点に達した。『主体者(デア・アイゲネ)』は国民主義的右翼を支持し、ドイツはその男性的純潔に輝いて再び興隆し、戦後世界の道徳的腐敗に終止符を打つであろう、と主張した。[91] ナチ党がブラントを迫害しなかったのは、こうした政治的右翼への支持に敬意を表してのことだったのだろうか。[92] 後で論じるように、同性愛は必然的に「男性国家(メナーシュタット)」(男らしさの表現としての国家)を破壊するというハインリヒ・ヒムラーの考え方が広まると、最終的にナチ党はこの脅威を始末することを決定した。[93]

人種主義を退けた同性愛擁護者の中にさえも、ある種の男性至上主義が広がっていた。その例はドイツのみならず、国民主義(ナショナリズム)と人種主義がそれほど緊密に結合していなかったイギリスにも見られた。探検家リチャード・バートン卿［一八二一―九〇年］自身、同性愛者であったのはほぼ確実だが、一八八〇年代に『アラビアン・ナイト』を英訳したとき、満足感を込めてこう記している。「東洋において、男性は男らしい尺度を尊び」、西洋諸国に等しく見出せる博愛主義的で似非人道主義的な行動によって堕落させられてはいない。[94] 後述するが、「アラビアのロレンス」こと、T・E・ロレンス［一八八八―一九三五年］は、雄々しく見える東洋と女々しい西洋について同様の対比を描き出した。[95] さらにもう一つ例を引くなら、サキという名で知られる人気作家ヘクター・ヒュー・マンロー［一八七〇―

一九一六年」も、やはり同性愛者だったのだが、ユダヤ人と女々しい男性に対する社会の偏見を是認していた。また彼は、「赤い血の流れる少年であればほとんど誰しもが、どんな形であれ、初恋のための戦争を経験している」と主張した。[★96] 彼自身、四〇歳を越えていたにもかかわらず第一次大戦時に志願入隊し、前線で戦死している。

こうした社会の増幅された鏡像は、悲劇的な自己嫌悪を映し出し、既存の規範から逸脱した者に対して社会が加える圧力の存在を立証している。だが現実に、こうした試みは、同性愛者が社会的承認を勝ち取る上で何の役にも立っていなかった。しかし、実際には秘密の乱交を理由に社会から締め出されていた同性愛者は、そうすることでバートンやマンローのように、正常の仮面を被り続けていたのである。

しかし、同化を目指した同性愛者の取り組みが見られた、まさにこの「世紀末（ファン・ド・スィエクル）」には、市民的価値観（リスペクタビリティ）に真っ向から反対する前衛的な作家や芸術家の反乱も起こっていた。また、中産階級の若い世代にも、それに匹敵する反抗が存在した。それは次章で触れるが、それほど広範囲に及ぶものではなかった。ここで問題とするのは、むしろ受動的なプロテストである。それは、芸術に傾倒した男女の、自らの幻想への耽溺であり、感覚的生活への引き籠りであり、芸術的な美の絶え間ない追求であった。そのような美は、人間のものであれ物質のものであれ、時として強烈にエロティックな雰囲気を放った。こうした芸術家や作家は「頽廃（デカダンス）」という言葉を、彼らの誇りの徴（しるし）、また運動の看板とした。デカダンスは社会の支配的価値の転換にどうしても必要な第一歩であると彼らは考えていた。このデカダン的環境にあって初めて、自分のアイデンティティを否定することなく一つの文化様式に溶け込む機会を得た男性同性愛者やレスビアンたちも存在した。オスカー・ワイルドも、フランスのレスビアン作家ルネ・ヴィヴィアン［一八七七―一九〇九年］も、そこに居心地の良さを見出していた。ジョリス＝カルル・ユイスマンス［一八四八―一九〇七年］やシャルル・ボードレール［一八二一―六七年］のような作家が体現した生活様式に、人々はある種の聖域を垣間見た。そこは、芳香が炷きこめられ、燭台の明かりに照らされた静かな部屋であり、人間美と造形美のエロティックな夢に満たされていた。名誉ある市民社会への同化を拒絶することで、デカダン派は自分たちが未来のほぼ完璧な社会を代表する者であると宣言した。その未来社会では、もはや男らしさや雄々しさの崇拝は珍奇なものとなるだろう、とされていた。

オスカー・ワイルドが冗談で彼の友人たちと『テレニー、あるいはメダルの裏側』（一八九三年私費出版）という、ほとんどポルノグラフィックな同性愛小説の共同執筆をすることにしたとき、彼らは主人公テレニーに「神々しいほどの容姿」と「若さと活力と男らしさ」を与えたが、また同時に頽廃的な舞台状況を用意していた。★97 テレニーの部屋のエキゾチックな装飾が事細かに列挙されたが、その閉ざされた扉の背後で彼は、自身の奇怪で華やかな趣味と好色な性癖に耽るのだった。舞台はフランスに設定されていたが、実際、これはユイスマンスとボードレールに魅了されて書かれた小説だった。だが、この小説は、テレニーの生き方とそれに不釣り合いな外見によって、同性愛者がデカダンスに感じていたアンビヴァレンスを色濃く反映していた。テレニーの生き方は、敵意に満ちた社会に対し個人のアイデンティティを確認する要素としてデカダンスが必要だと指摘しているが、他方で彼の外見は、男らしさへの執着を反映していた。この小説では「軟弱で女々しい男の吐き気を催させる顔」が非難されていた。★98

テレニーの高度に洗練された芸術的な感受性は、デカダン世界を構成する同性愛者と芸術家の同盟関係を表現していた。「同性愛は、芸術家の高貴なる病である」と作家テオフィル・ゴーティエ［一八一一―七二年］は宣言したし、一八九八年、より冷静なクラフト－エビングも「同性愛者のデカダンス」と芸術的感受性の関係は医学的に証明されたと書いている。★99同性愛は、デカダンス概念の中心要素である高度な感受性の徴とされた。デカダン派は「人間はより洗練され、よりたおやかに、より神々しくなってゆくのだ」と主張するのを常としていた。★100

「世紀末（ファン・ド・スィエクル）」の新しい芸術様式である「気だるい物憂い青春」のイメージ［図11］は、柔らかく緩やかな線を持ち、アール・ヌーヴォーあるいはユーゲントシュティール［図12］と呼ばれたが、男らしいというよりは女々しいものであった。『ドリアン・グレイの肖像』（一八九一年）でオスカー・ワイルドが雄弁に語ったように、老熟は避けられねばならなかったが、死は究極の官能的体験であり、完全燃焼した人生の必然的なクライマックスであった。デカダンの象徴である、一輪の薔薇を持った瀕死の少年の姿は、青春の気だるい美を究極の官能的体験と結びつけた。確信的なデカダン派にとって、高度な感受性は衰退する生命力の副産物であり、それに伴って過激かつ斬新な状況、人工的な刺激、強烈な神経的興奮への渇望が生じた。★101 こうしたサブカルチャーの人々が、青白き頬と貧弱な肉体を持った審美的な純潔の信奉者だと言われれば、それはそうかもしれない。こうした環

(上)図11：アール・ヌーヴォーの青春イメージ。パンコーク作（1896年）。
(下)図12：『ユーゲント』1905年第16号表紙。プファフ／ハウスタイン作。

境では、レスビアンや男性同性愛者は同じ趣味を持つ仲間の共同体を見つけることもできたし、男らしさの理想を受け入れず、正常性の存在そのものに異議を申し立てることによって、同性愛者のステレオタイプを超越することもできた。

だが、こうしたデカダンスの反応は、おおかたフランスとイギリスに限られていた。あるイギリスの同性愛者グループは、第一次大戦後にデカダンスの復興を試みてさえいる。★102

一方ドイツでは、表現主義者たちとトーマス・マンの『ブッデンブローク家の人々』(一九〇一年)にいくぶんそうした傾向が見受けられるものの、ワイルド、ビアズリー、ボードレール並みの唱道者はほとんど現れなかった。この国において、文化的対立の焦点は、親や学校の教える作法や道徳に対して反抗する青年へと移行していった。だが、この青年反乱は、イギリスやフランスの芸術家と作家ほど深刻でもなければ冷笑的でもなかった。一九〇一年にベルリン近郊の学生の間で始まったドイツ青年運動は、すぐにほぼ全ドイツに広まった。当初それは、大人の監視なしに青少年が自由に田園を徒歩旅行し、彼ら独自の生活様式の創出を可能にする結社にすぎなかった。この運動に参加した十代の青少年は皆一様に裕福な中産階級の子弟であったが、冒険と気晴らしを求めるうちに、やがて青年運動は政治化し、「青年自身」を超える目的を持っていると考えるようになった。年長の同志や大人の指導者は、自然と国民の中に「純潔なるもの」を追求するという目的を提示した。すなわち、ドイツの国民意識に新たな刺激を与える男性エリートたることが宣言された。伝統的な組織力では同一目標に向けて集団を統合することはできない、と青年運動の理論家は考えた。真の友愛を生み出すため、伝統的な組織力ではなく、男性的エロスの力が呼び起こされた。友愛は、国民的刷新が芽生える細胞と考えられていた。★103 青年運動は、男性同盟（メナーブント）、すなわち男子の共同体であり、女子が青年運動内で自らの別組織を創ることが許されたのは、かなり後になってのことだった。

運動の指導者は都会の青年だったが、彼らは根源的自然の峻厳さと気高さに感銘を受け、強く鍛えられた肉体と感情を賛美した。そうした特徴こそ、この運動全体に浸透し、その男らしさと肉体美の理想の造形に寄与したものであった。★104 この青年たちは本能を強調し、肉体的接触をありのままに楽しんだ。つまり、青年運動の体験者が語るとおり、手に手をとって、あるいは腕を絡め合いながら、はしゃぎ回り、歩き回った。★105 こうした男らしさの理想は、青年運動の文学において明確に表現され、洗練された。青年運動周辺の雑誌によれば、男らしさのドイツ的理想とは、自己抑制を行うこと、スポーツや競技でベストを尽くせるよう肉体を鍛錬すること、女性に対しては騎士として振る舞うことを意味していた。一方で、青春の盛りに自然が与えてくれた最大の贈り物である、自らのセクシュアリティを濫費することは許されなかった。★106 こうした理想は、その名も『先遣隊（フォアトゥルップ）』という有力な雑誌の表紙を毎号飾った、腰衣を纏っただけの様式化された男性像に具現されていた［図13］。このステレオタイプが近代的な「醜い人間」と対置されていたことは、象徴的であった。疾病、放蕩、偽善的生活様式、偏狭な専門主義によって歪められた、このアウトサイダーのステレオタイプは、ゲルマン的な男らしさの引き立て役であった。[107]

ドイツ青年運動の信奉者は、市民生活のいわゆる人工性に対して、自らの「純潔」の価値を持ち出した。彼らは自由意志に発するが凝集力ある共同体の枠内で、またさらに重要な国民主義（ナショナリズム）において、道徳的かつ肉体的な健康を要求した。また、彼らは自らの友愛に、汚れを知らぬゲルマン的風景に、そして内的経験としての国民に、自己存在の根源を見出した。他方、デカダンスの擁護者は、健康、根源、自然などを嫌悪すると主張したが、こ

図13：『先遣隊』1919年表紙。ドイツ青年運動と密接に結びついたこの雑誌のサブタイトルは本来「現代ドイツ精神のための隔月刊誌」であった。その方が第一次大戦後に採用されたサブタイトル「現代人のためのドイツ雑誌」よりもふさわしい。愛国主義、絶対禁酒主義、婚前の性的禁欲を強調し、ドイツ青年の再生を試みた雑誌である。

の二つの運動は一つの重要な態度を共有していた。両者はともに、一九世紀末における身体の再発見に貢献し、身体の感覚と機能の新たなる歓喜を分け合った。そのため、両グループは、恥の感覚と肉体機能に関する秘密主義を含む市民的価値観（リスペクタビリティ）に対して異議を申し立てた。しかしながら、ここでも両者には根深い相違があった。男性の裸体は、ドイツ青年運動にとっては男らしさの宿る神殿だったのに対し、大抵のデカダン派にとってはほとんど女性的な官能性を体現していた。

「世紀末（ファン・ド・スィエクル）」における身体の再発見は、百年前に市民的価値観（リスペクタビリティ）が結晶化して以後、それが直面した最も深刻な難題だった。なかでも青年の異議申し立ては、おそらく市民社会にとって一層厄介なものだっただろう。デカダン派の芸術家や作家は、所詮アウトサイダーの徒党であり、「堕落人」という特異な例にすぎない。しかし、反抗青年はその世代のエリート、つまり中産階級の子弟と見なされていた。彼らは自分たちが健康であり堕落していないと思っていたし、自らの生活を国民国家の領域で秩序あるものに再構築しようとしていた。だが、当然のことながら、彼らが肉体に示した愛着は、中産階級の価値観にとって極めて大きな脅威であった。特に、裸での沐浴やスポーツ、さらに太陽崇拝を唱えた、いわゆる生活改良運動との関連では、その脅威は深刻だった。

青年運動による身体の再発見は、真の男らしさの名において行われた。ヴィンケルマン自身のホモエロティシズム、ギリシャ彫刻の裸体、そして国民的ステレオタイプの雄々しさ、これらすべてにずっと存在していた含意が引き出されたことは、特に驚くべきことであった。正常と異常を分かつ壁は、依然そびえ立っていた。しかし、壁は激しく揺すぶられ、その扉が再びしっかりと閉ざされることは決してなかったのである。

第三章　身体の再発見

一　裸体主義・生活改良・青年運動

デカダンス運動の作家や芸術家は、市民社会の規範に対抗して自らのアイデンティティを表現しようとした。それと同時に、ドイツでもイギリスでも市民的価値観(リスペクタビリティ)に対するもう一つ別の異議申し立てが澎湃(ほうはい)として唱えられた。この異議申し立ては、近代主義者(モダニスト)の反乱というより、むしろ自らの身体を再発見した男女の反乱であった。それは、近代生活の人工性に対する純粋性の探求の一部であり、また近代性と拮抗する「汚れなき自然」観を構成していた。その唱道者たちは、世間の望みどおりに肉体を隠すことを拒絶し、それどころか太陽の治癒力と自然のリズムに肉体を委ねようとした。自然への欲求、あるいは自然の称揚は、市民階級の切実な衝動であった。しかし、市民的価値観(リスペクタビリティ)に対する異議申し立て

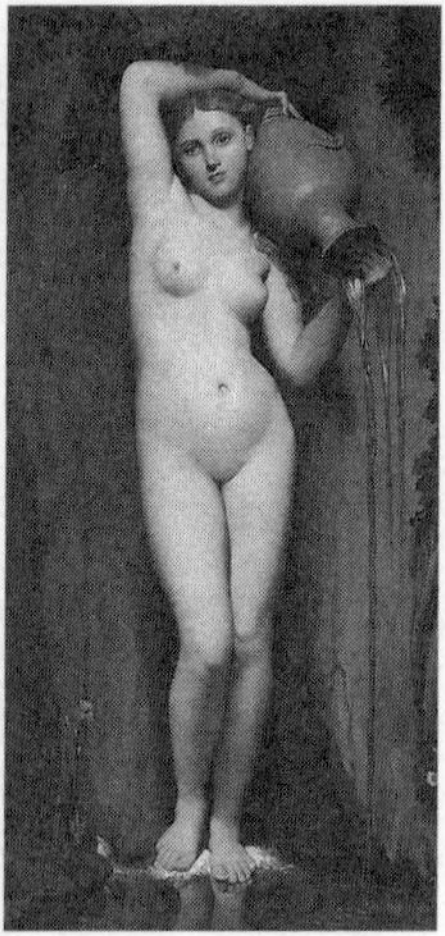

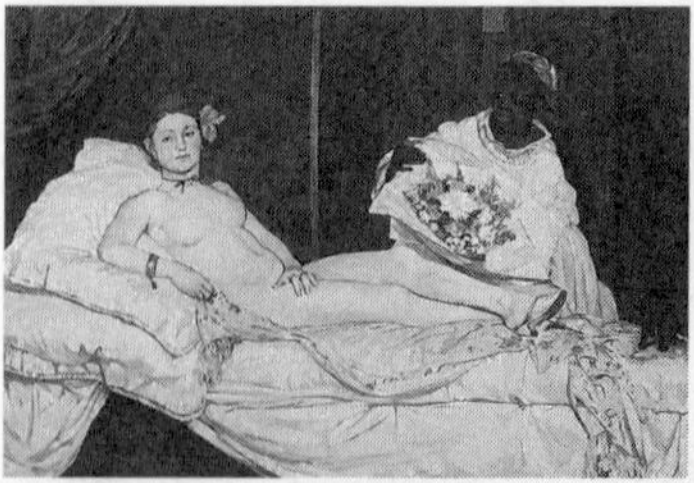

(右)図14：新古典主義の巨匠ジャン・オーギュスト・ドミニク・アングル作「泉」(1856年)。
(左上)図15：印象派の開祖エドゥアール・マネ作「オランピア」(1863年)。
(左下)図16：新理想主義ハンス・フォン・マレー作「ヘスペリデス」(1855年)。

のため、今やこの反旗は市民階級自体に向けられていた。この反乱指導者の大半は若者であり、反乱は書籍雑誌の枠を超えて、青年運動、スポーツ、そして最後にはまったく新しい国民意識に息吹きを与えることになった。

この新しい世代の反乱者たちが「世紀末（ファン・ド・スイエクル）」に再発見した身体は、デカダン派に蔓延していた新しい官能性と異なっていたが、またジャン・オーギュスト・ドミニク・アングル［一七八〇―一八六七年。図14］やエドゥアール・マネ［一八三二―八三年。図15］、あるいはハンス・フォン・マレー［一八三七―八七年。図16］によって描かれたリアルな裸体画の印象からも離れていた。そうした女性ヌードは官能的で誘惑的だが、現実味がない、つまり、公式的には賛嘆されるが彼女の個性の一部とは見なされないようなポーズで描かれていた。こうした「枠組み（フレーミング）」は恍惚の瞬間を絵画や写真に切り取るために使われたが、この瞬間とそのポーズは、リアリティから妙にかけ離れたままだった。ゲルト・マッテンクロットは、詩人シュテファン・ゲオルゲ［一八六八―一九三三年］が自己の人格にまつわる神話をどのように織り上げていったかを明らかにしている。それは慎重にポーズを取って様式化された写真の流布によっていた。その写真には巨匠特有の近寄り難い印象が焼き付けられていた[★1]［図25］。女性ヌード、例えばギュスターヴ・クールベ［一八一九―七七年］の作品［図17］などには男性のイマジネーションをそそるものがあり、絵葉書がその機能を奪い取るまで、多くの石版画とともに一種のポルノグラフィとして供されていたと

図17：ギュスターヴ・クールベ作「眠り」（1866年）。トルコの高官カリル・ベイの注文により制作された、別名「怠惰と放蕩」。

思われる。身体の再発見は市民的価値観（リスペクタビリティ）に対する深刻な異議申し立てとなったが、それは支配的な道徳観と対立する「純粋さ」への憧れの一端であり、官能性を煽るものとは見なされなかった。それゆえ、市民階級の子供たちは、人前での上品さと秘められた姦淫を併せ持った旧世代を偽善者として糾弾した。この偽善は身体に対する羞恥心や裸体に対する不安によって象徴され、それこそ市民的価値観（リスペクタビリティ）の核心的要素と見なされてきたが、今や人為的で不自然なものと烙印を押されてしまった。

身体の再発見への衝動は、とりわけドイツで強烈だった。すでに一九世紀初頭、ドイツの体操家は身体運動が自由にできる特別な制服を着用していた。同時代の人々は、こうした制服を市民的価値観（リスペクタビリティ）に基づく諸規範を脅かすものと見ていたが、その着用は古代ギリシャの競技選手とのアナロジーによって肉体美に訴えることでしばしば弁護された[★2]。ギリシャが引き合いに出されたことは、ヴィンケルマンが論じた裸体彫刻がすでに中産階級の一員にとって尊敬に価するものに数えられていたことを想起させる。実際、一九世紀末に身体を再発見した人々は、官能性と性衝動をことごとく削ぎ落とした肉体美の例としてギリシャの手本を引用し続けた。時代はずっと下って、ヴァイマル共和国期ドイツの一裁判官は、猥褻と見なされた写真を前にして「私自身がもし裸体を見たいなら、ギリシャ彫刻を買ったであろうに」と被告人を諭したものである。彼の見解では、写真では人間の姿に精神的深みを読み取ることができないとされていた。[★3] 本書の後半で国民社会主義のイコノグラフィーにおける「絵画に対する」彫刻の優位を議論するまで、このことを心に留めておいていただきたい。

ギリシャは自然と不可分に結びついていた。自然でありたいという衝動、汚れなき情景に我を忘れて溶け込みたいという欲求は、性欲から身体を解放すると考えられていた。実際、ギリシャと自然を同時に言及するのが、裸体主義者(ヌーディスト)の著作では通例だった。一九世紀末以降、ギリシャと自然は、生命力ある人間的な裸体を容認する方向に結びついた。実践的なレベルでは、すでにドイツ青年運動は体操家の古い諸組織とともに田園の徒歩旅行と体操練習を結びつけ始めていた。[★4] 体操家は国民的ステレオタイプの原型だったのであり、その男らしさと道徳意識は無垢なる自然とギリシャの美を反映したものとして人々に受け取られた。

一九世紀前半まで太陽は健康に悪いと見なされてきた。[★5] それにもかかわらず、太陽と光と国民的再生のアナロジーは、その当時でさえドイツには存在していた。ドイツ人とイギリス人のステレオタイプである金髪碧眼は、そうした理想の反映であった。★6 だが、一九世紀中葉には成立していた「太陽と光の文化」——裸体主義はドイツでは最初そう呼ばれた——は、一八九〇年代までは一般に知られてはいなかった。一九世紀末には、太陽による再生が絶え間なく追い求められた。そのため、ヴィンケルマンが一世紀前に賛嘆したギリシャ彫刻の理想的な白さとは対照的に、日焼けした肉体が特に美しいものと考えられた。ついに、太陽は大いなる治癒力として受け入れられ、日光浴は結核治療の一部となった。今や羞恥心のため太陽から肉体を隠すのは、道徳的、精神的な病の徴候であり、また支配階級が人間の自然本能を抑圧した陰謀の痕跡である、と決めつけられた。★7

裸体主義は、ドイツにおける広汎な「生活改良」運動の一部であった。「生活改良」運動は、いわゆる真の生命力を回復しようという試みであり、菜食主義や反アルコール主義、自然療法、土壌改良、田園都市の提唱などによって人間と社会を刷新しようとしていた。都会は風俗壊乱と道徳荒廃の温床として糾弾され、肉体的疾病ほかすでに言及したあらゆる問題を引き起こす原因とされた。★8 裸体を上品なものにしたいという願望は絶えず存在したが、生活改良の一環である裸体主義運動の成長は写真術の発達と連動していた。だがもちろん、写真は同時にポルノグラフィの主要メディアともなっていった。裸体主義に対する攻撃は、主に運動の主張を広めるべく男女の裸体写真を満載した機関誌に向けられた。ここにおいて生活改良の唱道者たちは、彼らの裸体像と人間の劣情に迎合する写真の区別を明示せよという圧力に絶えず晒されていた。

その圧力から逃れる術が自然に求められたのは、生身の人間をシンボルにまで彫琢することができなかったためである。確かに古代ギリシャは理想化された肉体美のイメージを提供し続けていた。しかし、第一次大戦後のドイツにおける生活改造思想の普及に貢献した『美と力への道』(一九二五年)のような大ヒット映画も冒頭シーンこそギリシャの競技場だったが、それ以後のシーンでは体操練習が自然を背景に行われていた[図18]。「純粋

(上)図18：Ufa 制作の文化映画[Kulturfilm]『美と力への道』(1925年)より「朝」のシーン。
(下)図19：ルートヴィヒ・ファーレンクローク作「聖なる時間」(1912年)。この絵から、どのようにして裸体主義、生活改良運動、自然崇拝がゲルマン的新宗教へ取り込まれたかが理解できよう。

なもの」こそ、生活改造運動で裸体が持った決定的な意味であり、この点において自然がギリシャを圧倒していた。それゆえ、自然による裸体の「枠組み（フレーミング）」が最終的に重要だったので、裸体主義運動初期の一機関誌に掲載された「裸体と写真」に関する論文（一九〇三年）では、裸体であることと脱衣した肉体が区別された。後者は写真の対象にすぎないが、前者は「聖なる神秘」であり「創造の栄光」であった。ただ衣服を着ていないというのとは異なる裸体性は、自然の清純で敬虔な観想のうちに表現されるべきものであった★9［図19］。

裸体主義運動の一指導者が述べているように、裸体は汚れなき自然を背景にして観賞されるからこそ人々に受け入れられた★10。草原、庭園あるいは大海原を背にした、すなわち「本源的で、永遠の生命を持ち、常に束縛のない」★11自然という枠組みと演出の典型的な例は、第一次大戦直後に雑誌『歓喜（フロイデ）』に掲載された裸体少女の写真である。その少女は純潔無垢のシンボルである草花に囲まれていたが、そうしたシンボルについては市民的価値観（リスペクタビリティ）の世界における女性の地位を論じる第五章でもう一度言及しよう。この写真のキャプションは「魔法の開花」と付けられていた。本文では次のように述べられている。「真に美しい肉体は、その純潔ゆえに裸体であることを忘れさせる。なぜなら外見の美しさは内なる精神の純潔を示しているからである」★12。そうした純潔は裸体を精神的原理にまで高めるだろうという希望が、ここで語られている。ここで実際に必要なコミュニケーション手段は写真であった。美しい肉体は芸術作品であるという理念は、青年運動の初期雑誌の一つ『美（シェーンハイト）』（一九〇三年）にも見出せる［図20］。「美しい肉体の持ち主は誰であれ、その肉体を所有していない。その肉体は万人のものである」[★13]。

ここでも太陽崇拝が役割を演じていた。だが、裸体主義運動の歩みをその開始から概観したある著作では、単なる日光浴は不適当だとして退けられている[★14]。むしろ、太陽はスポーツで肉体を鍛えるためにこそ使われなければならなかった［図21］。ポーズをとったヌ

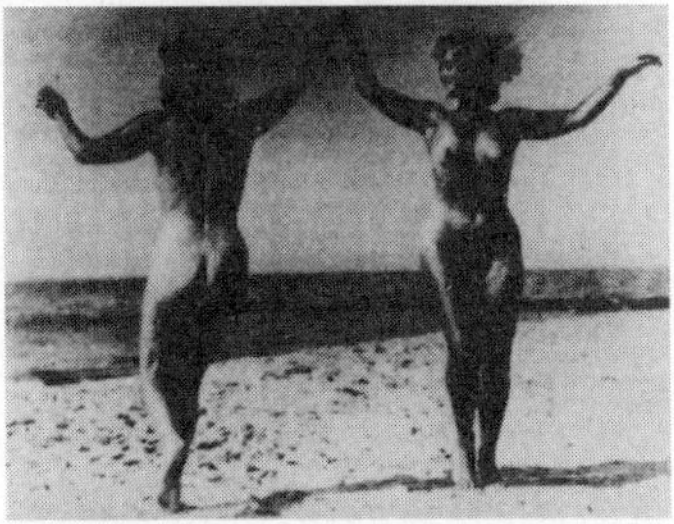

(上)図20：「健全な女性＝健康な民族！」を掲げた裸体主義雑誌『美』[Schönheit] 1927年表紙。
(下)図21：「活動的裸体」（W・ブルクハルト『身体的歓喜の勝利』1940年より）。ナチ党は裸体主義を禁止したが、動く裸体、スポーツする裸体を撮った写真は許可した。

ード写真は、その枠組みにもかかわらず、猥褻写真に危険なほど似ているように思われたので、たとえ強い日差しを浴びて自然の中で撮影されていたとしても、そうしたヌードとポルノグラフィーに使われるヌードモデルの差異については議論が絶えなかった。たいへん興味深いことに、その解決策として体裁の良い光沢紙の利用も提案された。上質紙の利用は、煩悩を刺激することなく女性ヌードの芸術的価値を高めるだろう、というわけだ。★15 運動の出発点から一九二〇年代末までドイツの裸体主義運動を悩ませ続けたヌードの枠組みをめぐる論議は、芸術とポルノグラフィーを分ける最大の違いは何かという問題を提起した。この問題は決して十分には解決されず、一九二〇年代末になっても裁判所はその違いの定義で苦労していた。

しかし、適切な自然を背景に強い日差しを浴びた肉体を描写すれば、肉体は美と力と性的純潔のシンボルに当然変容するだろうという立場を、裸体主義の雑誌や機関誌のほとんどが採っていた。二〇世紀初頭に青年運動の周辺にいた芸術家たちは、陽光溢れる裸体画に殺到し、それを自然のシンボルで埋め尽くした。青年運動で人気があった画家フィドゥス（フーゴ・ヘッペナー）［一八六八―一九四八年］［図22・23］は、裸体に対する自らの愛着を太陽に照らされた少年少女の容姿によって表現した［図22・23］。その少年少女は、しばしばこの芸術家の神智学思想を象徴する草花に縁取られていた。こうした理想は第一次大戦によって強化されることになったのであり、死と破壊の只中において、裸体・太陽・水は、清潔・美しさ・無垢の象徴となった。ドイツ屈指のベストセラー戦争小説、ヴァルター・フレックスの『二つの世界の間の遍歴者』(一九一七年)では、主人公エルンスト・ヴルヒェが水から上がり陽光の降り注ぐ景色の中に現れると、彼の純潔と壮健が顕現する。ヴルヒェが「水を滴らせ、太陽と青春に輝き、繊細な純潔さを湛えて」戦友の前に立ち現れたとき、「画家がいればよかったのに」と戦友の一人は叫んだ。[★16] フレックスのいう「二つの世界」とは青年運動と戦争の世界であり、それはヴルヒェの容姿によって架橋されていた。[★17]
イギリスでも戦時中に水と日光が重要なシンボルになったことは、第六章で論及したい。
太陽と自然のメタファーによって、肉体の再発見と国民的ステレオタイプは結びつけら

(上)図22:フィドゥス作「光の祈禱」(1913年)。自由ドイツ青年大会のポスター画。
(下)図23:フィドゥス作「総統」(1941年)。フィドゥスは第三帝国時代も多くの作品を残している。

れた。国民的ステレオタイプは、青天白日の賛美とギリシャの模範とが混じり合って誕生した。すなわち金髪、碧眼、白い肌はイギリスでもドイツでも優越人種の特徴と見なされた。このステレオタイプは一九世紀を通じて仕上げられ、一種の国民的合意に支えられた第一次大戦中に全面開花した。イギリスのルパート・ブルック〔図24〕、ドイツのフレックスの主人公エルンスト・ヴルヒェは、どの細部をとってもこのステレオタイプと一致していた。二人は牧歌的な人物でもあり、その姿はその国民を具象化していた。[★18] 国民は前工業化時代のシンボルによって表現されたが、それはこうしたシンボルが近代性の付属物には備わっていない不易性を示すからであった。都会の「人工的」な街路や住宅建造物よりも、生まれ故郷の大空、山岳、峡谷、草花こそが、国民と民族の万古不易な存在を保証したのである。

図24：ルパート・ブルックの肖像写真。戦病死直前の1915年撮影。

国民的シンボル体系と裸体を取り巻く道具立てが一致するのは、決して偶然ではなかった。生活改良運動の一部には政治的左翼や平和主義に共鳴する勢力もあったが、国民主義的勢力は比較を絶するほど大きな影響力を持っていた。労働者の裸体主義運動も、かなりの構成員を擁していたが、さまざまな左翼組織に分裂していた。彼らは肉体を束縛から解き放つことをプロレタリアート解放の一要素と見ていた。[19]しかし、それと真っ向から対立する取り組みが政治的右翼によって行われていた。つまり、裸体は人種の再生を推し進め、社会的不和を調停し、その性格と資質に従って民族(フォルク)に等級をつける、とされた。また、裸体主義者が好色な下心を持っていると非難される理由はなく、そうした下心のある魂なき頽廃的な男女が悪いのだ、と最も有力な裸体主義提唱者が二〇世紀初頭に書いている。[20]一方に「根無し草」性と唯物主義、他方に真の精神性を対置して、裸体主義の文献はその差異を際立たせた。裸体主義運動のある公式歴史書は、第一次大戦後に芸術が官能的悦楽に陥った責任を戦時利得者、成り金、いかさま師に帰している。[21]近代性(モダニティ)の根底にあった唯物主義は、ポルノグラフィーから裸体主義を分かつ道徳性において敵視された。裸体主義の唱道者は、夫婦間の性行為もエロティックな歓びで満たされるべきではなく、もっぱら出産目的で行われるべきだと主張した。こうした考え方は、身体が再発見されるはるか以前から民族派(フェルキッシュ)右翼に不可欠のものであった。

裸体主義運動の創始者の一人であり大戦前には運動内の右派指導者であったリヒャルト・ウンゲヴィッターは、こうした民族(フェルキッシュ)的傾向を体現している。彼によれば、裸体主義運動こそ退廃と革命的脅威に終止符を打つドイツの人種的エリートの出現を促すものであった。ちょうど外国人が国内から駆逐されねばならないように、「異物」も体内から除去されねばならなかった。それゆえに、菜食主義が推奨され、喫煙と飲酒が禁止された。ウンゲヴィッターは医師に対して軽蔑以外の感情を持っていなかったが、それは医師がそうした生活改良を受け入れないばかりか、産児制限という手段を使ってドイツの没落に手を貸していたからであった。産児制限はよこしまな性欲の暴発を煽り立て、それが両親から子供へと伝えられ、ついには憔悴から人々を死に至らしめる、とされた。よこしまな性愛には、出産よりも快楽のために行われる男女の性交とともにマスターベーションも含まれていた。[★22] 実際、雑誌『美（シェーンハイト）』はマスターベーションの恐るべき帰結である筋肉の脆弱化と意志の薄弱化を読者に警告していた。マスターベーションは依然として男らしさの宿敵だった。キリスト教もまた上品ぶった態度ゆえにウンゲヴィッターから敵視された。もしドイツ女性が裸のドイツ男性を見ることが許されるなら、彼女たちがエキゾチックな異人種ごときに色情を催すことなどないだろう、というのだ。[★23] こうした考え方は突飛なもののように思えるかもしれないが、裸体主義運動全体に流布していた信念を究極の形で反映していた。裸体主義者の思想と空想に絶えず内在していた危険性である性的情熱に対して防波堤を形成するために、市民的価値観（リスペクタビリティ）と国民主義（ナショナリズム）が結びつけられた。

もう一人の裸体主義唱道者ハインリヒ・プードル［一八六五―一九四三年］は、可能であれば、さらに過激な要求をした。彼は世紀転換期に急進的右翼サークルに加わり、ユダヤ人に対する物理的暴力の行使――まだ当時は民族派（フェルキッシュ）の要求としても一般的ではなかった

――を唱えるまでになった。[24] プードルは裸体主義とポルノグラフィの混同に抗議するために「裸体文化（ナクトクルトゥア）」という言葉を一九〇八年に自ら創出したのだと主張した。彼によれば、大都市で、つまり劇場の中や人工の明かりの下で裸体となるのは、ただ官能をくすぐるにすぎない。裸体主義の文化が存在しうるのは、家庭内のプライバシーの中か、日差しが照りつける自然の中のいずれかであった。このような方法でこそ、裸体はその道徳的目的を満たすとされた。[25] 支持者の誰かが同性愛にはまったり、彼の表現を使えば、裸体文化（ナクトクルトゥア）と閨房文化（ナハトクルトゥア）と混同したりすれば、プードルは激怒した。まったき純潔な心持ちで裸体を体験するには、トルストイのように心底高貴な人物でなければならないと、彼は書いている。[26] そうした人物がわずかなりとも見出しうるとすれば、それはもっぱら右翼民族派（フェルキッシュ）の内でいるとされた。第一次大戦後におけるプードルの後継者はハンス・ズーレン［一八八五―一九七二年］であったが、彼もまた人種主義者であり、アーリア人の肉体をより美しくするために裸体主義と体操をしっかり接合しようと試みた。ファシズムとセクシュアリティについて論じる第八章で、もう一度ズーレンは登場することになる[27]【図60】（三三二頁）。

今やセクシュアリティをめぐる事態は一変していた。プードルにとって、男性の肉欲を掻き立てるのは、裸の女性ではなく着衣の女性であった。肉体を覆い隠すのは、性欲をそそるためであり、市民的な服装が不品行を招来したとされた。[28] 近代的な服装が肉体的欠陥を隠したために、正しい結婚相手を見つけるのが難しくなったと、『先遣隊（フォアトウルップ）』は一九一三年に書いている。[29]健康な相手の選択こそ、人種と国民の将来にとって死活問題であると考えられた。それと明らかに矛盾するのだが、生活改良運動の少女たちは肉体を覆った活動的な「改良服」をよく着用していた。体を締め付ける衣服への反対は、その意図とは逆の効果をもたらした。少女の肉体がすっぽり覆われねばならなかったのは、彼女がアーリア人種の貞節な母になるからというよりも、コルセットへの反撥からであった。コルセットは、上品な淑女の必需品だったが、今や窮屈ではき心地が悪いため不健康であると見なされるに至った。青年運動は軽快でもっと機能的な服装を提起したが、それは裸体主義と生活改良の運動でも採用された。[30]こうしたゆったりした軽快な服装は女性の肉体をすっぽり覆ったが、それはまた女性ファッションの絶え間ない変化への反撥の象徴ともなっていた。女性ファッションもまた都会生活の要素であり、またそれゆえに人工的なものと目されていた。そのため、こうした改良服が健康な相手を見つけだすのをますます困難にするだろうという事実は無視された。それはおそらく女性の裸体主義が改良服と連携していたためであろう。実際、女性ヌードは生活改良雑誌の定番であり続けた。そうした雑誌は、概して少年にも、神が造り給うたままの姿——ドイツ人となったギリシャ青年——を見せるよう奨励した。だが、裸体主義運動が正常と異常の区別を維持しようと絶え間なく努力したことに、同性愛と肉欲に対するプードルの不安が示されている。また、そこにも世間で尊敬されることを求めた裸体主義運動の苦心の跡が見て取れよう。

プードルのような人々は、裸体主義をその運動の基底にあった市民的価値観（リスペクタビリティ）と融合させる試みの実例を示している。この試みに関与した多くの人々にとって、自然と国民的神秘性との結合は、性欲と官能を超越しようとする運動の強化に役立つものだった。一九世紀の国民主義（ナショナリズム）は、裸体主義や生活改良運動をはじめ、人々を熱狂に導いた多くの社会的、経済的、文化的な諸運動を取り込んでいた。その結果、裸体を際立たせ、新しい種類の不易性を自然に与えた諸勢力を国民国家は強化した。ちょうど国民主義（ナショナリズム）が女性の姿をした国民シンボル——マリアンヌ、ゲルマーニア、プロイセン王妃ルイーゼについては第五章で論じる——から現実的かつ潜在的な官能性を奪い去ったように、市民的価値観（リスペクタビリティ）への脅威は身体の再発見から剝ぎ取られていた[★31]。

ドイツ青年運動は、身体の再発見を重要な新しいリアリティの構成要素とするのに、最も貢献した組織の一つであった。青年運動の目標は、自然に密着した生活を営み、純粋な友愛を発展させ、肉体の再発見のうちに新鮮な歓びを見出すことであった。だが、何よりも重要なことは、こうした生活様式が新生ドイツを求める流れに加わったことである。新生ドイツは、偽善や欺瞞と無関係で、内面性を志向しており、自然と友愛と肉体美によって象徴されていた。

青年運動は真の共同体を追い求め始めたが、それはあたかもそのメンバーが山野を漂浪したのに似ていた。それによって彼らは都会で失ってしまったように思えた内なる感性を再発見しようとしたのだ。青少年たちは日光浴や裸での水泳にいそしみ、鍛え上げられた赤銅色の肉体が、青年運動における男性美の理想に加えられた。ここでもギリシャの手本が参照され、人工性に対して自然性が押し出された。ここには恥じらいなどありえず、「裸体は、また真実である」[★32]と表現された。こうした教義に、ドイツ青年運動は心身の統一が達成されなくてはならないという主張を加えた。彼らは自分たちが両親の世界から疎外されていると感じており、生活の全局面を包み込む共同体的共感という救済を求めていた。

青年運動を分析した研究において、男性社会の態度の核心にある性愛は何度か指摘されてきた。男性社会は最初は女性を排除し、やがてまったくもってしぶしぶと女性を受け入れた。青年運動での自分の体験の上に『男性社会における性愛の役割』(一九一七年)をものしたハンス・ブリューアーによれば、同性愛者だけが人間的な共同体と国家をつくり、家族を超えるとともに家族を補完する結合の原理を体現していた。同性愛者のリビドー・エネルギーは、ブリューアーが承認した唯一の結合である男性共同体の中で満たされた。ブリューアーは青年運動の指導者や参加者がしばしば同性愛行為をしていると考えていたが、それは彼にとってどうでもよいことであった。彼の考えでは、同性愛とは精神的な原理、すなわち英雄的勇気、指導力、共同体的調和の象徴であったからである[★33]。だが、一三歳から一九歳までの青少年の徒歩旅行にその模範を求めることには、確かに無理があるように思える。ブリューアー的な思考へのジークムント・フロイトの影響は明白であり、性欲は生活の全局面を基礎づけるものとされていた。もしもフロイトが愛情と性欲、精神と肉体の違いを識別し損なったとして非難されたとすれば[★34]、また青年運動もしばしばそうした区別を曖昧にしていた。というのも、青年運動は完全に整った家、つまりすべてを包み込む共同体を切望していたからである。

その高邁な目的にもかかわらず、当初特に裸での水泳やスポーツ、あるいはダンスまでもが運動の枠を超えて広まったときには、ドイツ青年運動は市民的価値観(リスペクタビリティ)を脅かすものと見なされた。いくつかの最も指導的なグループから少女が排除されていたことは、同性愛の嫌疑に信憑性を与えた。すでにプードルは彼の支持者の間に同性愛者が侵入したことに遺憾の意を表明していた。また、「アルトヴァンダーフォーゲル」(元祖ワンダーフォーゲルの一分派)が一九一一年に同性愛スキャンダルで揺さぶられたとき、青年運動全体にも危機感が漲っていた。この告発は富裕なヘッセンの農場主ヴィルヘルム・ヤンセンに向けられた。というのも、ヤンセンは数多くの若者の友人にして聴聞僧役となったので、他の指導者の妬みを買ってしまったからである。ヤンセンと彼の仲間はギリシャ的美の理想の顕現を男性の肉体に見出し、例えば裸の沐浴を青年運動に持ち込んだように、ある種の裸体崇拝を生み出した。[★35] ヤンセンは「アルトヴァンダーフォーゲル」から追い出された後、何人かの支持者と小さい同志団を結成し、自らの青年理念に従って、友情による集団精神

の修養に専念した。もっとも、一部の者にとっては、その友情が性愛に欠けることはなかったけれども。[★36]

しかし、いわゆるヤンセン事件は、裸体主義や生活改良運動から取り入れた慣例を友愛に結びつけた男性集団が同性愛の汚名を被る可能性もなくはなかったことを明らかにした点で重要だった。だとすれば、こうした運動のすべてが同性愛に対する不安に悩まされていたという事実の前では、ヤンセンに対する告発やブリューアーの記述が正しいかどうかといった問題はほとんど意味を持たないであろう。[★37]

初期青年運動のもっぱら男性的な性格と肉体の再発見が結びつくと、ホモエロティシズム（同性への愛情）の、さらにはホモセクシュアリティ（同性への性欲）の不安を高めた。自然と自らの肉体を市民生活の偽善性と人工性から取り戻そうとした人々は、また共感による真の共同体に安息の地を見出そうとしていた。彼らが国民国家をそうした共同体と認識し始めたとき、国民国家は彼らが新しい官能性を精神化するのを助け、新たな発見を古い市民的価値観（リスペクタビリティ）に組み込むのを促した。

それゆえ、青年運動の参加者たちは、裸体主義者や生活改良主義者と同じく、自分たちの関係から制御不能になるかもしれないエロティシズムを剝ぎ取り、それに代わるより高邁な目的に彼らの共感の共同体を向けようとしていた。彼らは前世代が行った軍事力の誇示よりも、より純粋に精神的な愛国主義を追求した。ゲルマン的自然とゲルマン魂が、男同士の友情が好色に滑り落ちるのを阻止するものとされた。ブリューアーの著作やヤンセンの性的破戒疑惑にもかかわらず、青年運動はその登場以来、禁欲主義的であった。どんなものであれ、よこしまな性衝動は、少年少女を共同体への奉仕から、また彼らの真の内的本質の発展から逸脱させると見なされていた。それゆえ、自分本位の欲望が友愛の精神を圧倒することがないように、婚前の純潔と早婚が奨励されていた。★38 旧世代と同じく、青年運動も道徳意識の衰退に心を痛めていたのである。

二　預言者としての詩人——ゲオルゲ・サークル

青年運動が「純粋な」国民という夢に微睡(まどろ)んでいた同じころ、別の方向から国民的再生の追求が開始されていた。それも、いずれにせよホモエロティシズムに満ちた男性同盟(メナーブント)であり、そうした情感も青年運動ほど隠蔽されていなかった。シュテファン・ゲオルゲは第一級のドイツ知識人を彼のサークルに引き寄せた。直観的預言者としての詩人とは、「世紀末(ファン・ド・スィエクル)」の新しい概念ではなかった。すでにフリードリヒ・ニーチェ［一八四四—一九〇〇年］やリヒャルト・ヴァグナー［一八一三—八三年］やガブリエーレ・ダヌンツィオ［一八六三—一九三八年］のような人物は、国民的変革にも至る人格的再生の預言者を自認していた。この主張を理解するためには、その背景として絶え間ないロマン主義的衝動と非合理的な人間存在の新たな強調に目を向けねばならない。実際、一九〇四年以来、ゲオルゲとそのサークルは自然の純潔への回帰を求めていたが、それは青年運動に似ていなくもなかった。太古の力を称揚する傾向が彼らにはあったが、そうした熱狂はギリシャにかつて存在したような男性美がドイツを救済するだろうという信念によって和らげられていた。ゲオルゲはますますヘレニズム文化の賛美にのめり込んでいったので、彼の作品は結局のところある種の均整と調和を取り戻していた。彼は自然に背を向け、自らのサークル内に没入して、肉体的かつ精神的な美の再生を信じるに至った。[★39]

シュテファン・ゲオルゲは、精神の美しさは肉体の美しさに反映されると信じた。若くしてゲオルゲは、身体の美に生気なき知を対置し始めた。[★40] そうした美の息吹きはゲオルゲにとって、マクシミーン［一八八八―一九〇四年。本名マクシミリアン・クローンベルガー］という少年として現れた。彼はこの少年をほとんど現人神として自分の信奉者に紹介した。この少年の早世の後、一九〇五年、マクシミーンの神話は英雄的な青春のシンボルとなり、ゲオルゲはこれを来るべき「秘密のドイツ」と呼んだ。マクシミーンの死によって、ゲオルゲの使命感は強められた。最も有名な彼の連作詩集『第七の輪』（一九〇七年）においては、ことのほか終末論的な調べが響いている。救済は差し迫った事態のうちにあり、それは預言者の指導の下にエリートによって指し示される、とされた。この詩集はゲオルゲの名声を高め、たとえゲオルゲのいうエリートがほとんど戦争や戦闘に向いていなかったとしても、多くの志願兵が希望と献身の源泉としてこの本を携えて第一次大戦に従軍した。
彼の弟子は、ほとんどその容姿によって選ばれた。後年、ゲオルゲはハイデルベルクの自宅の窓の後ろに座り、彼の理想を反映しているように見える容貌や体型を持った青年をサークルに入れようと目を凝らしたものである。そうした弟子たちは服従を誓い、享楽や放縦を退け純潔で質素な生活を送ることを約束した。★41 むろん、ゲオルゲはサークルに君臨しており、彼の動静を秘密で包む神秘的な指導力を発揮していた。この詩人は崇高さと遥かなる視線を身につけていたので、その写真は聖人画が持つような雰囲気を帯びていた★42［図25］。

図25：シュテファン・ゲオルゲの肖像写真（ミュラー＝ヒルスドルフ・スタジオ撮影）。ゲーテ風のポーズをとり、遠近感を演出した。

シュテファン・ゲオルゲがドイツ語圏の大詩人たることは疑うべくもない。しかし、その詩は祭祀（カルト）であり、ゲオルゲの言葉で言えば「直参貴族（デア・ウンミッテルバーレ・アーデル）」、すなわち国民国家（ボディー・ポリティック）における聖堂騎士団員である同志を魅了するのが目的であった。この騎士団の使命は、時満ちて心身の美から「帝国(ライヒ)」が再生するまで、「秘密のドイツ」を守護することであった。英雄時代が到来するとき、ドイツ人はその偉人たちを思い起こし、彼らの模範に従うだろう。★43 新しい指導者——しばしば皇帝(カイザー)と書かれた——は、少年マクシミーンのような生きた美のシンボルである弟子たちに取り巻かれるだろう。その他のドイツ民衆は自己規律化に励み、喜んで奉仕するであろう。二〇世紀初頭、ゲオルゲ・サークルはギリシャ的要素と異教的要素を混ぜ合わせ、ディオニュソス祭を祝い、「血の輝き」を語っていた。しかし、結局は(すでに論じたように)、理想的な男性の美と調和を持ったギリシャ的要素が優勢となった。

ゲオルゲの弟子たちは唯物主義と醜悪さが自分たちの周囲をすっかり取り囲んでいると見なしていたので、新ロマン主義と非合理主義への退却、すなわち預言者である詩人の崇拝と美による贖罪の力への撤退に拍車がかかった。ガブリエーレ・ダヌンツィオは二〇世紀の幕開けに際して、こう書いている。「イタリアの運命は美の宿命と不可分である。美の生母はイタリアである」。★44 新たに来るべき国民にとって、青写真を作成する必要などなかった。ゲオルゲとダヌンツィオだけが、預言による救済を信じていたというわけではない。もしドイツ人が芸術家だけになり、アーリア人種の魂を見出すなら、万事が良くなると宣言する人々は、政治的右翼陣営にも存在した。結局、こうした国民的復興の本質的に曖昧な概念は、ファシズムによって採用された。それは未来に向けた実行可能な計画よりも、神話とシンボルに基礎づけられていたのである。ダヌンツィオはイタリア・ファシズムが自己イメージを提示した儀礼や式典の多くに影響を及ぼした。だから、ナチ党がゲオルゲを利用できると考えるのはあながち誤りではなかった。しかし、卑俗な大衆運動など、ゲオルゲにとっては「秘密のドイツ」を守護するために選ばれた貴族の敵であることを、ナチ党は忘れていたのである。

シュテファン・ゲオルゲの影響を広めたのは、ドイツの将来を憂い、自らをその男性美によって選ばれたエリートと見なしたがっていた知識人、学者、文筆家たちであった。神秘の帳（とばり）に包まれたゲオルゲの崇高な指導力が必要不可欠な中心と秩序を生み出すのだ、と彼らは考えていた。ゲオルゲの弟子には、ハイデルベルクのユダヤ系文芸学者フリードリヒ・グンドルフ「一八八〇―一九三一年」や一九四四年にヒトラー暗殺を企て失敗することになるクラウス・シェンク・フォン・シュタウフェンベルク「一九〇七―四四年」など多様な人々がいた。だがまた、ナチ党に協力した哲学者エルンスト・ベルトラム「一八八四―一九五七年」もゲオルゲの弟子であった。ゲオルゲ自身はゲッベルスの帝国文芸院総裁を務めることを拒否する旨をユダヤ人の弟子に託して、自ら望んで第三帝国からスイスに亡命し、一九三三年一二月四日に没した。[★45]

たとえ男性同士の友愛が持つ革新力が青年運動によって称揚されていたとしても、また預言者としての詩人が当時よく知られていたとしても、それでもゲオルゲ・サークルは例外的な現象を呈していた。ここではホモエロティシズムは国民的刷新の原動力であり、それは確かに身体の再発見の最も驚くべき帰結の一つであった。ホモエロティシズムと国民主義（ナショナリズム）はこれほど単純明瞭に結びつき、まったく公然と人目に晒されることはないだろう。この場合、ホモエロティシズム（同性への愛情）はホモセクシュアリティ（同性への性欲）とは明確に区別されねばならない。ゲオルゲの崇高さ、その詩的エクスタシー、さらにマクシミーンを中心に据えた初期の集団祝祭さえ、性的欲望の昇華として解釈可能である。ゲオルゲ・サークルに女性の居場所はなかったし、彼が弟子の結婚を心底から許すことはなかった。奇妙なことだが、シュテファン・ゲオルゲとそのサークルについて書いた人々のほとんどが、その明瞭なホモエロティシズムを重要視せず、ゲオルゲの詩作やギリシャへの愛着に関心を集中してきた。そのこと自体、国民的英雄としてのホモエロティックな男性がどのように扱われたかを示す興味深い事例であろう。

だが、この場合、市民的価値観（リスペクタビリティ）による古典の浄化は十分には成功していなかった。ゲオルゲの立場は、ヴィンケルマン以後のドイツにおけるギリシャ彫刻の信奉者たちよりもヴィンケルマンそのものに近かった。「秘密のドイツ」を救済できる選ばれた少数者を結びつける生身のエロスとしてギリシャ美を強調することにより、彼のエリート概念は、国民主義（ナショナリズム）と市民的価値観（リスペクタビリティ）の提携を破壊する恐れがあった。

ゲオルゲのエリートたちは、何であれデカダンスの汚名を拒絶した。実際、彼らの形式の調和、表現の明晰さ、国民的目的への献身は、デカダンス運動には見られない要素だった。また、ガブリエーレ・ダヌンツィオの神秘的なエクスタシーや奔放な性愛とも、彼らは無縁だった。[★46] ダヌンツィオの歓喜溢れるイタリア国民主義（ナショナリズム）と、真のドイツの幕を上げようとする一心不乱な彼らの試みとは対照的であった。だが、ゲオルゲ・サークルにも芝居じみたところや気どったところは多々あった。この巨匠その人がゲーテのような衣裳で写真に映ることを好んだし、揺らめく光線が巨匠の顔に奇妙な影を落とすこともしばしばあった。このサークルでは仮装は好んで行われたし、ぎこちない大仰な言葉遣い――詩歌のみならず、しばしば話し言葉としても使われた――が、デカダンスの要素によって呼び起こされる人工性の印象を強めていた。それにもかかわらず、ダヌンツィオやオスカー・ワイルドのようには、デカダンスが彼らの外観を決定づけることはなかった。

身体の再発見はドイツでは骨抜きにされて、国民、自然、あるいはギリシャ美の調和と均整といった不易な諸力に取り込まれてしまった。だが二〇世紀初頭には、「表現主義者」とゆるやかに分類される若い芸術家や作家の集団が、青年運動やゲオルゲ・サークルと比べて、まったく無規律に自分たちの個人的情熱や本能を表現しようとした。存立の確かなものなど世界に何一つないと彼らは主張し、「すべてを運動のうちにおいて把握する」[★47]ことを欲した[図26]。とりわけ表現主義は、「安定した社会は情熱を眠らせる」[★48]というニーチェの警句を真面目に受け取った前衛（アヴァンギャルド）による新しい経験の絶え間ない追求であった。それゆえ、フランク・ヴェーデキント［一八六四―一九一八年］は、その戯曲『春の

図26：「ヴィグマンの踊り」（1926年）。表現主義者エルンスト・ルートヴィヒ・キルヒナー（1880-1938年）の作品は第三帝国下の頽廃美術展に数多く出展された。

めざめ』（一八九一年）において、学生たちにあらゆる性行為を体験させた。すなわちマスターベーション、異性間の乱交、短いエピソードだが少年同士の同性愛行為さえ登場した。他の作家たちは、全ブルジョワの抹殺を要求したが、それは自分たちの父親への当てつけだったし、実際、父殺しの戯曲をものする者もいた。それは、市民的価値観（リスペクタビリティ）とそれが体現するすべてに対する大規模な猛攻撃を意味した。

　だが、彼らもニーチェ的なエクスタシーを保持しえなかった。第一次大戦後、表現主義者の多くは、情熱と本能を強調する社会主義あるいは極右勢力に逃げ込んだ。なるほど、一九一四年には表現主義者の四分の三が三〇歳以下だったけれども、今や彼らも年を取っていたのである。★49 それでも、特に絵画と映画の領域では、ヴァイマル共和国期にも躍動力を保った者もいた。だが、性的解放を求める運動領域には、ほとんど誰も残っていなかった。

三　イギリス個人主義とドイツ共同体主義

イギリスでは、身体の再発見がドイツで起こったように青年反乱や国民的刷新への試みと連動することはなかった。だがその代わり、その再発見は既存エリートや文学的感受性に影響を与えた。同時に、ホモエロティックな経験はほとんど個人的なものとされ、未来の救済を決定づける何らかの神秘的力が美しい肉体に委ねられていると見なされることはなかった。

イギリスは、ドイツほど身体の再発見を必要としていなかった。ホモエロティックな主題はすでに他のどこよりも表面化しており、パブリック・スクールの男子教育で助長され、オックスフォード大学やケンブリッジ大学に引き継がれた。英国男性のホモエロティシズムの制御に役立つような生活改善や裸体主義や青年運動はほとんど存在しなかった。一八七〇年代以降一貫して、ドイツにはなかったホモエロティックな詩作の伝統が存在していた。[★50]この伝統はいかなる運動にも属さず、極めて個人的な経験としてあった。確かに、ドイツと同じようなイメージをそこに読み取れるかもしれない。例えば、フレデリック・ウイリアム・ロルフ［一八六〇―一九一三年］の『沐浴する少年のバラード』（一八九〇年）では、「薔薇色に日焼けした、裸の純白な少年」が、まるで冷水のような「金色に輝く落日の陽光」を浴びるシーンがあった。[51] しかし、その少年が兵士となった第一次大戦中に初めて、こうした詩歌は国民的な響きに応えるべく、イギリス文芸の主潮流に近づいていった。ドイツと異なりイギリスでは、美しい男性が国民や国民的景色のシンボルとはならず、それはただ個人的な文芸的感受性に委ねられていた。

イギリスでも一九世紀末の一〇年間、裸体は自然回帰運動の構成要素となった。だが、裸体主義は組織化されず、例えばエドワード・カーペンター［一八四四―一九二九年］のような人物によって唱導された。彼はユートピア的社会主義者であり実践的同性愛者であり、自然を通じて真の人間共同体に回帰することを要求していた。裸体はカーペンターの思想において重要な役割を演じたが、その裸体は「純粋」のみならず公正な社会なら当然である「平等」のシンボルでもあった。「人間は没落すべく着衣し、上昇すべく脱衣する」と、彼は『文明、その原因と治癒』（一八八九年）で書いている。新たな「エデンの園」へ入るためには、「数世紀来の着物を脱ぎ、ミイラの包帯をはずす」ことが不可欠だった。太陽に晒されれば、精神も肉体も清らかに燦然と光り輝く、というのだ。[52]

さらに、ドイツではハインリヒ・プードルも裸体主義者も、また生活改造運動であれ青年運動であれ、すべて政治的には右翼に傾きがちであったが、カーペンターは社会主義者であった。裸体とは、彼が「個人再生の福音」と呼んだもののシンボルであり、それこそ社会的経済的改良の出発点であり、同性愛者に対する差別に終止符を打つものでもあった。[53]

当時にあってカーペンターの影響力は僅かであったが、裸の身体への自らの関心を表明し始めた人々は他にもいた。名望ある王立美術院会員ヘンリー・テュークは、沐浴する裸の少年を好んで描いた。その姿は理想化され、あからさまな性欲から一見隔たってはいたけれども。[★54]ホモエロティックな経験として裸の肉体に新たに見出された歓喜を不器用に隠した一連の絵画と詩歌も存在している。青年の美しさと田園詩が結びつくのは明らかであった。というのも、その連想こそホモエロティックな詩歌のテーマをこれまで提供してきたわけであり、まったく同じように第一次大戦中のイギリスとドイツで多くのいわゆる「沐浴する兵士の詩」が作られたからである。[★55]

青春、裸体、陽光の三要素は、例えば戦争英雄ルパート・ブルックの「全体的な陽気さ」において、イギリス人を魅了し続けることとなった。[★56]当時、イギリスとドイツの国民的ステレオタイプはほとんど一致していたはずである。しかし、イギリス人は、特に第一次大戦後、理論がどう実践に移されるかを見るためにドイツに注目した。裸体の海水浴場はイギリスにもあったが、運動の一部でも理論の表現でもなかった。詩人スティーヴン・スペンダー［一九〇九―九五年］は、第一次大戦が残した傷跡を癒すのに役立ったドイツの最重要な社会的力である太陽について賛辞を呈した。彼が嬉々として説明したのは、少年の肌がマホガニーのような深い赤褐色になるまで日に焼くことができる屋外プールであった。[★57]また、戦間期イギリスの青年作家について研究したマーチン・グリーンは、その著

図27：「ウェリントン公記念碑」（1822年）。ナポレオン戦争で鹵獲したフランス軍の砲身を溶かして作られた全裸像への風刺画。

作に『太陽の子供たち』のタイトルを当てている。この作家たちは自らのホモエロティシズム、さらにはホモセクシュアリティさえも文学的感受性に昇華させたのである。★58

ドイツの国民主義（ナショナリズム）と比べれば、肉体の再発見を市民的価値観（リスペクタビリティ）に飼い慣らす試みにおいて、イギリスの国民主義（ナショナリズム）が果たした役割は小さい。イギリスの上流パブリック・スクールで徳目として教えられた男らしさの理想によれば、男らしさとは性的要素のないものと定義された。つまり、情熱は精神と肉体の自律によって抑制されなくてはならなかった。ここでは福音主義と国民主義（ナショナリズム）の影響が混じり合っていた。第二次大戦まで礼拝堂は学校生活のほぼ中心に位置しており、イギリス人の紳士はまた自動的にキリスト教徒の紳士でもあった。その上、イギリスでは少なくとも第一次大戦まで最初のうちは肉体の外観にさほど重きが置かれなかった。容姿ではなく適切な振る舞いが問題とされていた。実際のところ、ギリシャの影響はドイツと同じくイギリスでも作用していた。一八二二年にウェリントン公［一七六九―一八五二年］の記念碑がイギリス女性の基金によりハイド・

パークに建立され、この最も尊敬を集めた紳士が（裸の）アキレスとして表現されたときも、ロンドンの公衆はショックを受けたというよりも面白がっていた［図27］。第一次大戦後、ルパート・ブルックの墓を見下ろすように巨大な青年裸像がギリシャのスキュロス島に建てられたときも[★59]、反応は同じだった。

だが、身体の再発見は文学理解に影響を与え、社会に対する個人の反抗のはけ口として機能した。支配的な市民的価値観（リスペクタビリティ）に対する異議申し立てはイギリスではまったく個人的であり、しかも一定限度に留まっていた。おそらく男性美は自然に統合されることによって、その官能性が削除されていた。戦争勃発によって初めて、そうした男性美はイギリスの国民的ステレオタイプを定義づける要素となったといえよう。

ドイツでは、それとは対照的に男性美を国民的ステレオタイプに投影することで、裸体はその威力の大半を獲得した。国民社会主義が裸体にどれほど執心したか、また同時に市民的価値観（リスペクタビリティ）を保持しようとしたかは、第八章で論じよう[★60]。身体の再発見は因習的な行儀作法や道徳に対する「世紀末（ファン・ド・スィエクル）」の反乱を伴っていたが、国民主義（ナショナリズム）はそこからセクシュアリティを削ぎ落とすのにふさわしい理想を提供した。正常と異常、健全と病気の区別を維持する機能が変わることはなかった。

近代国民主義（ナショナリズム）のダイナミズムは、男らしさの理想の上に打ち立てられた。国民主義（ナショナリズム）は女性的な理想も打ち出したが、それはほとんど受け身的であり、国民の不変の精神力を象徴していた。国民主義（ナショナリズム）は、エネルギーに満ちた生命組織体としての男性的結束、すなわち男性同盟（メナーブント）を奨励する傾向があった。だが、男性同盟（メナーブント）はその本質からして国民が保持すべき市民的価値観（リスペクタビリティ）を危険に晒していた。こうした男同士の絆は、「世紀末（ファン・ド・スィエクル）」における身体の再発見によって新たに活気づけられてきた。男性的エロスは近代国民主義（ナショナリズム）を絶えず悩ませる傾向を帯びていたのである。

国民主義（ナショナリズム）と市民的価値観（リスペクタビリティ）を構成する核心である、男らしさの理想についてはすでに分析してきた。その理想は行動力の原理として、またセクシュアリティと官能性を超越した美の規準として役立った。しかし、国民主義（ナショナリズム）と市民的価値観（リスペクタビリティ）を支えるためには、この男らしさの理想は個人的なものから社会および国家の属性へと移し変えられなくてはならなかった。近代ドイツ国民主義（ナショナリズム）は、自らの存立基盤をもっぱら男性共同体に見出していた。それゆえ、男同士の人間関係が重要な関心事となった。友情の歴史がこうした関係の中核にあり、それが男性同盟（メナーブント）――国家のような高次の権威の要請に基づく結社というより、共感に基づく結社――の友愛を定義づけた。こうした男性同盟（メナーブント）については、戦時に軍旗に馳せ参じた義勇兵から体操家や青年運動の初期参加者まで、すでに前章で言及した。友情の理想は、そうした組織すべてを特徴づけた。しかし、友情概念の変化からは、男らしさの具体的な投影のみならず、人間関係の推移、それと国民主義（ナショナリズム）と市民的価値観（リスペクタビリティ）の関係についても多くのことがわかるだろう。とりわけ友情と国民主義（ナショナリズム）の相互作用を分析すれば、社会と国家の中で個人が自己決定と自己表現のためにどのくらい自由空間を確保できたかが明らかになるであろう。

第四章

友情と国民主義（ナショナリズム）

一　市民的価値観（リスペクタビリティ）としての友情

セクシュアリティの歴史は、人間関係の歴史、特に友情の歴史と不可分である。男性と女性の相互関係、また男性同士、女性同士の関係は、自らのセクシュアリティを明確化するのに役立ったが、またそうした関係は国民主義（ナショナリズム）と市民的価値観（リスペクタビリティ）の影響下に置かれることになった。ルソーは、国民的制度が、民族の天分、性格、趣味、習慣に形を与えると書いたが、このように国民的制度に賛辞が呈されたのは、友人を選ぶときに示される趣味がそこに含まれているためであった。

啓蒙時代に強調されたのは、個人主義と人間関係の自主性であった。しかし、結果として国民主義（ナショナリズム）と市民的価値観（リスペクタビリティ）はそうした自主性を制限すべく機能した。男性も女性も自由に友達を選ぶことは許されなかった。ちょうど、性本能のままに振る舞うことが許されなかったのと同じであった。規範が作られ、遵守されねばならなかった。実際、それは社会構造そのものに関わる重大問題と見なされていた。アルフレッド・コバンによれば、文化と政治が国民国家に囲い込まれるにつれて、人権もその独占的に所有するところとなり、個人とその権利は色あせ始めた。[★1] 国民国家がしばしば分裂状態だった忠誠の対象から全体を包括する原理へと変質したことを、フランス革命は明らかにした。また、フランス革命戦争はこの過程を西欧と中欧において加速化させた。すでに述べたように、この戦争で国民主義（ナショナリズム）は道徳的刷新の追求と結びつき、その結果、国民主義（ナショナリズム）の地盤と影響力は拡大された。

女性の友情の分析は次章に残して、ここでは男性の友情に目を向けてみよう。一八世紀を通じて男性の友情は文化的エリートの生活で重要な役割を演じてきたが、一九世紀以降それはますます社会や政治に影響を及ぼすものとなっていった。国民主義（ナショナリズム）は男性社会と特に親和的であり、女性に対する男性支配を正当化する市民的価値観（リスペクタビリティ）の概念とも結びついていた。男性の友情は、国民主義（ナショナリズム）の表層にも絶えず漂っていたホモエロティシズムを帯びていた。ここで、ホモエロティシズム（同性への愛情）とホモセクシュアリティ（同性への性欲）の区別についてもう一度強調しておかねばならないだろう。特にイギリスでは、男性間の性的交わりのなかに友情の論理的帰結を見出す人々もいたが、それはごく少数にすぎなかった。[2]それにしても、友情の理想からエロティシズムを遠ざけるのは難しかった。なぜなら、エロティシズムが性的純潔の追求と結びつくことも珍しいことではなかったからである。ホモエロティシズムはプラトニック・ラブを鼓舞する可能性があるにせよ、ホモセクシュアリティは人間の下劣な本能の具体例と見なされた。それにもかかわらず、ホモエロティシズムとホモセクシュアリティの間には決して厳密な境界線が引かれたわけではなく、一般にはホモエロティシズムも社会的に承認された規範を脅かし、それに異議を申し立てるものと考えられていた。

個人的な友情の理想を最も高らかに訴えた国は、ドイツであった。一つの理由としては、そうしたドイツ人の盟約がおそらく、失われた国民的統一性の代償として、またその統一性を再び見出す試みのよすがとして供せられていたからであろう。後述するように、一般にドイツにおける友情崇拝は、躍動的な愛国主義と結びついていた。[3]フランス革命期において、ドイツ人は不朽の友情の模範を示していると称賛されていた。一八世紀には、ドイツ男性の友情崇拝が文字通り出現したが、その友情は「平等の至高形態」、すなわち互いに自立した意志に根ざしていた。この友情の理念は、一人ひとりの友人が人格的に自立しており、その多様な人格が相互浸透することを、強調していた。友情は、啓蒙主義に不可欠な平等の理想を具現するものと考えられた。人間性と正義が信奉されるところには平等がなくてはならない、とディドロが有名な『百科全書』で述べている。[4]一方、イギリスの

『スペクテイター』［一七一〇年代にロンドンで発行された日刊新聞］によれば、友人とは互いの尊敬と称賛を前提として幸福を高め合うものであった。★5 友人間で使われる「兄弟」という言葉自体が、支配・被支配という考え方を排除していた。

一八世紀ドイツの友情崇拝は、ルネッサンス以降のいかなる詩人・文筆家集団においてもその類例を見出し難いものであった。この友情の崇拝者には、あらゆるタイプの知識人——文筆家はもとより人文主義神学者、政府官吏に至るまで——が含まれていた。彼らは互いの作品を朗読し合い、思想に磨きをかけるために集った。例えば、一七世紀ケーニヒスベルクの詩人ジーモン・ダッハ［一六〇五—五九年］を中心としたサークルでは、記念すべき機会さえあれば互いに頌歌を捧げ合い、困ったときにも互いに支え合っていた。★6

こうした初期の友人関係には、一八世紀の友情崇拝にあった親密性と感傷性が欠けていた。一八世紀の親愛の情を示すジェスチャーは今日では大袈裟に思えるし、その詩作も記念すべき機会に行われたというよりも、およそあらゆる機会をとらえて行われた。愛の詩も、過度の感傷に満ち溢れていた。しかし、一九世紀後半の友情理解とは違って、彼らが行う抱擁やキスなどの愛情表現にホモエロティシズムの嫌疑が及ぶことはなかった。この感傷癖のいくぶんかは、敬虔主義の情緒的雰囲気によるのだが、また啓蒙主義の冷淡な理神論、あるいはキリスト教的迷信と見なされたものを埋め合わせる、一種の代替宗教として交際が求められたことによっていた。小説家クリスチャン・フュルヒテゴット・ゲラート［一七一五―六九年］はその『スウェーデンのG伯爵夫人の生涯』（一七四七―四八年）において、友情を感傷的だがエロティシズムとは無関係なものとして描いている。長い間姿を消していた男友達の帰還にG伯爵と夫人は歓喜し、この三人は互いに抱擁し合った。ゲラートは次のように記述している。「こうした友情は天上の喜びをもたらし、一瞬の目配せ、一回のキスによって、戸惑いなく感性の世界が魔法のように現出するのだ」[★7]。抱擁しキスし合う友人たちは欲望を伝えているのではなく、反対に自分たちが情熱を制御できることを示していたのである。

一八世紀には、男性間の友情に含まれる愛情を、男女間の愛情と区別する努力が続けられた。官能よりも理性に基づく男性間の友情は、異性間の愛情よりも優れていると考えられた。また、社会的規範を示すのは男性であったから、女性間の友情はあまり真面目には受け取られなかった。骨相学という新しい通俗科学は、男女間の友情はありえても女性間での友情はありえないことを脳の研究から証明しようとしたが、そこには世間一般の意識が反映されていた[★8]。男性の友情は情熱を制御できるものとされたが、一八世紀になるとこの長所は男女間の友情にも引き移された。一七四七年出版の一小説は、愛する女性があらゆる性欲を放棄して修道女になったとき、初めて主人公がその女性に真の愛情を覚えるというあらすじだった[★9]。ルソーの『小説エロイーズ』（一七六一年）も、愛情を友情に変えるよう男女に訴えかけていた。シュレーゲルの『ルツィンデ』（一七九九年）も、同じ主題を扱っている。すなわち、男性間の関係も男女関係も性的欲望ではなく友情によるものでなくてはならないとされた。恋愛と結婚に際して情熱を戒めたサミュエル・リチャードソンの小説は、ここでも強い影響力を発揮した。「結婚は、官能よりも友情に基礎づけられる」が、彼の信念であった。[★10]

女性はこうしてセクシュアリティを引き剝がされ、男性の世界に溶け込んだ。しかし、こうした一八世紀の統合は男女間の平等を高めこそすれ、後に生じたような女性の従属には至らなかった。つまり、男性の世界を模倣した一九世紀の女性たちは、一八世紀の知的エリートからは正当に評価されたであろうが、もはや胡散臭く見られるようになっていた。次章で再度論じるが、男っぽい少女やおてんば娘はたちまち女らしさを取り戻し、市民的美徳に男性が抱く理念のシンボルとしての、あるいは男性の欲望の対象としての女性がそれに取って代わった。[★11]

こうした事例は、友人間で愛情を確認するための大仰な身振りや感傷的な詩歌にもかかわらず、一八世紀の人間関係を象徴した友情の理念がどれほどセクシュアリティを削ぎ落とそうとしたか、またどれほど情熱を制御しようと努めたか、を示すには十分であろう。男性のエロティシズムが持つ危険性が、官能を超越しようという企てに一役買っていた。ドイツの友情崇拝は、個人というよりも集団によって表明されていた。いわゆる「友情同盟（フロイントシャフツブント）」は、友情によって互いに結びついた共感の共同体であり、第三章で論じた後年のドイツ青年運動の絆とそれほど異なったものではなかった。だが、友情同盟のメンバーはほとんど結婚しており、その詩歌は友人への愛情と同様に女性への愛情も謳い上げていた。例えば、詩人ルートヴィヒ・グライム［一七一九―一八〇三年］は、機会さえあれば友人にキスするので周囲から控えめにたしなめられていたが、彼のファンタジー表現は徹底して異性愛的であった。[★12] 友情同盟は構成員の生活を支配していたようであり、しばしば「聖なる柏」の下で友情を固める宣誓さえも行われた。[★13]

そうした同盟（ブント）は、ロマン主義と合理性が融け合ううちに統合的な機能を発揮した。それこそ家柄や身分という社会構造を超えた共感の共同体であり、市民的自覚と市民的価値観（リスペクタビリティ）が成立する上で、この共同体は決定的な役割を果たした。

一八世紀の友情崇拝は、性的情熱の制御とドイツ愛国主義（パトリオティズム）への傾倒に支えられていた。愛国主義は個々人の感情を支配してはいなかったが、ここにおいて国民主義（ナシヨナリズム）と市民的価値観（リスペクタビリティ）は結合した。一九世紀の全体統合的な国民主義（ナシヨナリズム）は、一八世紀の愛国主義にただ潜在的にのみ存在したにすぎなかった。詩人ルートヴィッヒ・グライムは「友情の聖堂」こそ人生に意味を与える唯一の力であると主張しながら、軍歌を作詞し祖国への愛を賛美していた。[★14] 最も名高い友情同盟の一つ、ゲッティンゲン森林同盟（ゲッティンガー・ハイン）の同志たちは、個人的な友情を理想化する一方で、古代ゲルマンの慣習を復活させようとしていた。こうした友情同盟は、「個人の尊重」と「国民の賛美」が矛盾しようとは夢にも思っていなかった。

まだ当時、国民的統一国家が、他の結社に代わって独占的な忠誠を要求するまでには至っていなかった。国家というものは、まだ個人の自由の下に位置づけられていたのである。トーマス・アプトは、その著『祖国のために死ぬこと』(一七六一年)でこう書いている。「私は自らの自由意志により、自ら選んだ国のために、我が身を喜んで捧げるつもりだが、それは国民国家が市民一人ひとりに最大の自由をもたらすがゆえである」[★15]。アプトはプロイセンを賛美したが、それは国民的神秘主義に基づくものでなかったことは明らかである。国民的神秘主義では、個人を国民的義務に付かせるために、個人や友人サークルの上に国民は超然としていた。兵士と公民の区別をアプトが拒否したことは、個人の国家に対する彼の態度をよく示している。公民という身分が優先され、「全員が公民である」とされた[★16]。しかし、啓蒙主義は友情と個性という自らの理想を掘り崩しがちであった。自分の忠誠心と帰属意識を小さな集団に向けるべきか、大きな集団に向けるべきかという問題をめぐる論争は、国民主義(ナショナリズム)と市民的価値観(リスペクタビリティ)が自主的な人間関係に対して最終的に優位を確立する道を整えた点で重要な意味を持った。国民主義(ナショナリズム)と市民的価値観(リスペクタビリティ)の優位は、男性のセクシュアリティをはじめ多くの人間的情熱の制御と軌道修正を可能にしたのである。

二　友情崇拝から国民崇拝へ

一八世紀の通俗哲学者であるクリスティアン・ガルヴェ［一七四二―九八年］にとっては、友情同盟はもはや十分な避難所を提供するものではなくなっていたが、彼はなおも個人的なものと国民的なものの間に均衡を見出そうと努めていた。一七九五年に彼は次のように書き留めている。「祖国愛は家族や友人への愛情とよく似た感情に発しているに違いない。そして、おそらく、こうした感情のどれか一つが支配的であることはないだろう」。このようなアナロジーを使ってはいたが、故郷、地元、隣人に狭く「限定された愛国主義」を彼は非難している。親密性がなお「大切」であることに変わりはなかったが、同時にガルヴェは手頃な規模の市民社会の利点を犠牲にしても国民国家に重きを置くよう、読者に求めた。その中で人は互いに平等になれるとされたのである。[★17] ブランデルブルクやシュレージエンの人々にプロイセン人となるようにガルヴェが力説したのは、万人が追求しなくてはならない理性と人間的完成という啓蒙の理想に由来していた。[★18] それと異なる目的あるいは展望など、ここにはありえなかった。つまり、普遍的な完成を目指すためには、国民という大きな単位の方が、地方的あるいは地域的な忠誠心よりましであった。こうした主張は一九世紀後半の全体的な国民主義（ナショナリズム）を支持するものではなかった。むしろガルヴェは、ある意味では人間関係の拘束をより緩やかに保つことを望んでいたが、個性の多様性は普遍的人間性の名において平準化されてしまった。

国民自体が目標とされたのではなく、それは普遍的な人間性、すなわち世界市民に至る一歩にすぎなかった。一八〇一年、プロイセン国王フリードリヒ・ヴィルヘルム二世［一七四四―九七年］の誕生日に述べられた説教は典型的であり、祖国への愛は全人類への愛の前提として不可欠であると主張されていた。[19]もっとも、こうした意見は時の経過とともに薄れていってしまった。哲学者モーゼス・メンデルスゾーン［一七二九―八六年］は自らの生涯で目にした出来事を簡潔に書き残しているが、一七六一年に国民的自負心に関する本を次のように書評している。国民的自負心は個人的矜持と同じく自己愛に基づいているが、国民的自負心は自分たちの先人や同輩公民の優秀さに目を奪われており、「我々の自己完成の追求」に向けられていない。[20]愛国主義と個人主義の共存は、問題を孕んでいたとはいえ、メンデルスゾーンがその書評を書いたときには、なお生気に富んでいた。また、啓蒙主義の矛盾した傾向にもかかわらず、国民国家が祖国と友人を自ら選ぶ公民の自由を組み伏せ公民に君臨するのに貢献したのは、啓蒙主義ではなかった。

こうした国民国家の勝利に決定的な役割を演じたのは、大衆政治への要求、工業化の開始とともに、敬虔主義と国民解放戦争（ナポレオン戦争）であった。諸国民の生活を決定した国民解放戦争は、ドイツでは長らく語り継がれた。プロイセンとオーストリアを一八〇五年アウステルリッツの会戦で下したナポレオンは、輝かしい軍事的勝利を続けドイツを蹂躙した。ナポレオンのモスクワ退却を合図に、一八一三年プロイセンに率いられたドイツ民族は反旗を翻した。同年のライプチヒ諸国民戦争でフランスを打破したプロイセンが勝ち取った展望は、一八一四年のウィーン会議において再び放棄されねばならなかった。旧体制（アンシャン・レジーム）が国民的統一の願いを打ち消したためである。だが、ナポレオン占領期に準備された解放戦争は、多数分立した小国家にいたドイツ人の多くに共通の体験をもたらした。それは参加と熱狂を呼び覚まし、無目的に思える人生を過ごしていた多くの人々に目標を与えることになった。

　解放戦争の感激、その神話とシンボルは、その成果が惨めであればなおさら、次世代の心を燃え上がらせることになった。詩人マックス・フォン・シェンケンドルフ［一七八三―一八一七年］はその最も名高い軍歌『ドイツの復活祭』で次のような論調を打ち出した。国民の復興を目指す男子の闘争は、個人的なものに優先されるべし。★21 テオドア・ケルナーが『いざ楽しき披露宴に』を歌ったときも、彼の情熱はいかなる特定の個人に向けられたものでもなく、「ドイツの兄弟たち」の共同体、すなわち祖国ドイツに向けられていた。★22 個人に対する祖国の至高性は、王統に象徴される国家への欲求というより、「民族（フォルク）」という集団意識への個々人の欲求に基づいていた。（かつてイギリスのエリザベス一世が言い放ったように）国王や女王は概して臣民の魂に胸を開こうとはしなかったが、近代国家はその臣民のために道徳的な目標を用意していた。だが、その見返りとして国家は修道士や尼僧が教会に示すような献身を国民に要求した。実際、国民崇拝と宗教礼拝の、あるいは戦死と殉教の一定不変の類似性は、個人に次のように訴えていると考えられた。「汝の情熱と欲求を国民国家の指導に委ねよ、自己犠牲と自己抑制を実行せよ」[★23]。すでに述べたように、セクシュアリティは同化と統制のために国民国家に委ねられねばならない情熱の本質的要素と考えられていた。

一八一三年のケルナーの『呼びかけ（アウフルーフ）』では、解放戦争は聖戦と呼ばれた。それは、古き専制君主によって破壊された正義と道徳と美徳と信仰と良心を取り戻すべき聖戦であった。フォン・シェンケルドルフによって『国民軍の歌（ラントシュトゥルム・リート）』が同じ時期に作られたが、そこでも軍旗は謙譲と友情と自制を象徴したものと見なされていた[★24]。こうして道徳的な厳格さは、国民的アイデンティティ追求の一部となっていった。祖国は内面化され、ドイツ精神の中に吸収され、情熱が解き放たれんとしていた。もう一度ケルナーの言葉を引けば、「強靭な精神は、すべての聖なるもののために燃え上がる。祖国は神の器であり、人間とキリスト教的宇宙の媒介である」[★25]。

こうした祖国の内面化は敬虔主義、すなわち、内的な宗教精神の強調によって推し進められた。その内的な宗教精神は、祖国の名において顕現するとされた。ユリウス・メーザーは一七七四年にこう書いている。「目に見える祖国を愛さない者が、いかにして目に見えぬ天上のイェルサレムを愛することができようか」[★26]。フリードリヒ・カール・フォン・モーザー「一七二三―九八年」によって、真の敬虔は、真理と祖国に帰依する個人の聖別に結びつけられた。宗教的真理と祖国は、「兄弟」「姉妹」の世界の規範となった。その規範に従って敬虔主義者の秘密集会が構成され、誰と交際すべきかが決定された。この友人サークルは、自らの活動の自由を制限する信仰システムに従属していた。

　こうして、敬虔主義は宗教と愛国主義の統一体を鍛え上げることに成功した。この統一により、人間関係から目的の自主性が剥奪されることで、人間関係は神聖化された。ロベルト・ミンダーの研究で明らかにされたように、敬虔主義によって思考の範囲は狭められたのである。一九世紀への世紀転換期にドイツ理想主義を打ち立てた作家や思想家には、ルター派の牧師館で育った者が多かった。そこでは精神的なものの重要性が強調され、公的な大義のために規律の存在は当然視され、権威に対して疑問が呈せられてはならなかった。[★27]

　事実、敬虔主義と解放戦争はすでにドイツに深く浸透していた革命的伝統を強化した。イギリス革命やフランス革命に対応するような自前の革命経験をドイツは持たなかったが、それでも中世以来の独特な革命理念が信奉されていた。この黙示録的歴史観は、やがて新たな黎明を迎えるという希望、あるいは神の御代に先立つ天罰をくぐり抜け、人の世の無常に終止符を打つという希望を人々に与えていた。パラケルスス［一四九三―一五四一年］とヤーコプ・ベーメ［一五七五―一六二四年］はこうした「秘密の革命（ハイムリッヒェ・レヴォルツィオン）」の中心的な預言者であった。この黙示録的伝統こそ、一九世紀中頃にヴィルヘルム・ヴァイトリング［一八〇八―七一年］と彼の共産主義者同盟を鼓舞したものであり、またエルンスト・ブロッホ［一八八五―一九七七年］も第一次大戦後その著『トーマス・ミュンツァー』（一九二一年）で左翼陣営のためにこの「秘密の革命」を利用しようと試みた。[28]

しかし、逆説的だが、この革命観はドイツ統一運動に加担するうちに、右翼陣営を強化していった。この黙示録的直観の核心である神と自然との聖なる統一は、永遠に現前するユートピアである民族（フォルク）の理想によって具現化された。ゲルマン的連続性というものが存在し、それが終末において顕現し、時間を静止させ、死を止揚するとされた。敬虔主義の影響と国民解放戦争の挫折とともに、このゲルマン的革命観が常に歴史に影を落としていた。ここでは確かにロマン主義が重要な役割を演じたが、同じく政治的経済的要因も無視できない。それはドイツにおける社会的発展、工業的発展を最初は妨げ、その後加速させることになった。ドイツ人の国民意識は自己陶酔に陥ったが、それは愛国主義と自主的な人間関係を結んでいた絆がまさに切れようとしていたことを意味する。その決裂は第一次大戦の数年後までどうにか回避されたが、公民権という古い理念にとっては凶兆を感じさせる国民的勢力が今やドイツで台頭してきた。一八世紀に友情が個人にとっての避難所となったこのドイツで、[29]今や国民的理想がさまざまな社会的圧力からの安息所となり始めていた。もはや国民は、「同輩中の第一人者（プリムス・インテル・パレス）」として、また多様な帰属意識にふさわしい避難所として、友人サークルと共存することに満足しなくなってしまった。

国民的理想が自主的な人間関係を破壊しようとし始めたとき、友情崇拝も別の方向から攻撃に晒されていた。友人同士の抱擁やキス、詩歌の愛好は、しだいに疑惑の目をもって見られるようになっていった。市民的価値観（リスペクタビリティ）からの攻撃は強烈であり、友情と好色の峻別が今や決定的に重要なものになった。男性同士のキスや抱擁は「男らしく」あらねばならず、異性間の魅力を連想させるものは何としても避けなくてはならなかった。友情に付随しうるいかなる性的な情感も抹消する必要があり、うわべの下にホモエロティックな情愛が隠されているならなおのこと、その化け物を何としても退治しなくてはならないと人々は感じていた。劇作家ハインリヒ・フォン・クライストの生涯は、このことを示す興味深い事例である。友人に以下の手紙を書いているように、クライストの同性愛的嗜好はほとんど疑いようもないものであった。「……君はギリシャ時代を我が胸中に蘇らせたのだ。最愛なる若者よ、君と一緒に眠れたらどんなにか」[★30]。しかし同時に、クライストが飽くことなく繰り返したのは、「美徳の実践のみが幸福に至る」という言葉だった。その上、彼は女性と接する場合いつも冷静であり、男友達に注ぎ込んだ熱狂的な感傷など皆無であったが、結婚の約束はしていた[★31]。クライストは男性の友情に性的な語彙を使う傾向があったが、自らのホモエロティックな嗜好とは葛藤を演じていた。彼は自分の感情の正体にほとんど気づいていなかったのかもしれない。彼はマスターベーションがもたらす結果に絶えず脅えていた。そのことは、この秘められた背徳が精神障害をもたらすというティソの理論が世間一般に受け入れられていたことを明白に示している[★32]。あるいは、少年期に身につけたホモエロティックな習慣に精神を集中できず動揺する自分をクライストは責め苛んでいたのかもしれない。ほとんど自制できないホモエロティシズムのために、彼が不幸であり抑鬱に悩まされたことは確実である。もちろん、彼が三〇代前半で自殺「人妻とピストル心中」したことを、性的な欲求不満だけに帰することはできないであろう。彼は完全主義者であったから、最後の年の人格的かつ芸術的な屈辱が彼の決断に影響を与えたとみてもまちがいあるまい[★33]。

だが、本書の議論にとっては、性欲を昇華させたいという気持ちよりもいっそう重要なのは次の事実である。特に、解放戦争で軍旗の下に馳せ参じた人々は、崇高な大義のために我が身を捧げたいという強烈な欲求を抱いていた。クライスト自身、個人的な問題を超越した目的のために命を投げ出そうとしたし、こうした死こそ最も意義深い生きた証であると考えていた。クライストなら解放戦争と第一次大戦中に唱えられた次のようなスローガンに同意したであろう。「戦闘での散華のみが価値を創造し、空虚な人生に意味を与える」[★34]。ドイツのために死ぬというクライストの願いはかなえられなかったが、まさに人生の幕を引こうとする友人と自分の死を結びつけることで、自殺をより意味のあるものにしようとした。結局、クライストはそうした伴侶としてヘンリエッテ・フォーゲルを見出した。彼女は不治の病に苦しんでいた。クライストのこうした悲劇的な生涯は、友情の危険性のみならず、また自らの命を超え人間関係も昇華させ高次な大義に身を投じたいという衝動をよく表している。

　それにしても、クライストの苦悩はかなり普遍的な重要性を持っており、人々が友情をセクシュアリティから、また個性から切り離すことを不可欠と感じていたことを示している。これはまた、国民主義（ナショナリズム）と市民的価値観（リスペクタビリティ）の目標でもあり、それまでまったく自明とされた友情の徴（しるし）が少しずつ疑惑の目で見られ始めた。例えば、一八二〇年代以降になると男友達を描いた絵画は茫漠とした存在感のないものになった。つまり、グループを形成したり、手を握り合ったり、なにがしか友情の仕種をする友人たちではなく、個人の集合が描かれた。[★35] ユリウス・シュノル・フォン・カロルスフェルト作『ダビデとヨナタン』（一八五三年）は手を握り合った二人の男性を描いており、ダビデの肩にヨナタンは寄り掛かっている。しかし、筆遣いの感傷的な雰囲気によって、僅かばかりの身体接触もまったくエロティックには見えない［図28］。友人の容姿は形而上化されてしまい、カスパー・ダーフィット・フリードリヒ作『月を眺める二人の男』（一八二〇年頃）では友人たちの顔すら見えない［図29］。友情がほとんど宗教的な純潔や献身の行為となるに及んで、一八世紀的友情の感傷性は時代遅れになっていった。一八一〇年、打ち捨てられたローマの修道院に住みつきナザレ派と呼ばれたドイツ人画家の集団は、宗教絵画の復興を目的とした友情同盟（フロイントシャフツブント）であった［図35］（一九一頁）（この友人集団については、次章でもう一度触れることになろう）。

図28：「ダビデとヨナタン」（1853年）。ユリウス・シュノル・フォン・カロルスフェルト作。

図29：カスパー・ダーフィット・フリードリヒ作「月を眺める二人の男」（1820年頃）。

エロティックな要素を友情から取り払って友情を清めようとする企ては、一九世紀にも絶え間なく繰り返された。一九世紀後半に詩人カール・グッコウ［一八一一―七八年］は、もはや結婚において見出しえない愛に憧れ、その愛を友人関係において見出そうとした。だが、彼が望んだのは、自分の友人が「男らしさという熱烈な情感」を尊び、感傷性などを払拭することであった。[★36]同じ頃、性科学者イヴァン・ブロッホは男性間の友情が軽視されるのを嘆き悲しみ、「同性愛の疑いをかけられることなく男性同士がお互いへの愛情を口にできる」ことを望んだ。[★37]二〇世紀初頭に文学者アレクサンダー・フォン・グライヒェン＝ルスヴルム［一八六五―一九四七年］は次のように書いている。「ギリシャの哲学者は、若さを称賛したけれども、精神と霊魂の均衡を乱すものとして官能性を糾弾した。友情は雄々しく堅実で安らぎを与える理想であった。男性性の概念は、性愛への熱中も含む情熱を超越できる能力を表現するものになった」。さらに続けて、こう書いている。「哲学が男性的であればあるほど、友情により大きな価値が見出され、哲学が女性的であればあるほど、ますます感性に依存するようになる」。[★38]

男性性の概念を使って友情から官能的なものを削ぎ落とす試みは、今後も続けられるだろう。結局、男らしいということは、情熱の制御能力を意味するようになった。親密な友人同士でさえ距離を取らねばならなかった。「世紀末（ファン・ド・スィエクル）」には、これまでほとんど黙殺され無害なものとされてきた女性間の情熱的な友情がレスビアニズムと疑われるようになった。サミュエル・リチャードソンでさえ貞淑な女主人公パミラを自分の召使いと同衾させるのに何とも思わなかったし、一八世紀オックスフォードの男子学生はしばしば同じベッドで寝たものだが、この習慣は今や疑惑を呼ぶ不穏当なものと考えられた。[39]市民的価値観（リスペクタビリティ）が確立してくると、男性の国民的ステレオタイプは潜在的な官能性を浮かび上がらせたが、それは雄々しさと象徴的機能によって都合よく制限されていた。戦士であれ、ギリシャの神であれ、若きジークフリートであれ、理想的なドイツ人は、裸体で描かれることが多かった。このステレオタイプは外見の容姿、すなわち男性美の重要性が増してきたことを例証する。しかし、それは男性間での親密な身振りが非難されるようになったのとまったく同時であった。友人の肉体や顔の外観は、一八世紀の友情崇拝やその愛情表現において何の役割も演じていなかったが、今やますます重要性を帯び始めた。それまで以上に視覚中心的な時代が到来したのであり、それは国民的シンボルによってのみならず、古典的理想美を基準として人間を分類する観相学や人類学のような科学の影響によっても明らかになった。[40]

政治的シンボル表現は、大衆が政治過程に参入しようとするとき決定的な重要性を持つようになった。一八世紀のギリシャ復興は美醜の規準を確定し、いわゆる見栄えのする古典的容姿が、身体的外観を度外視した親近感や冷静な理性に取って代わった。詩人ルートヴィヒ・グライムを中心とするサークルは「身体形のシンボリズム」（一八五三年刊行のカール・グスタフ・カールス［一七八九―一八六九年］の著作タイトルで使われた概念）をまったく知らなかった。しかし、こうしたシンボル表現は国民的アイデンティティの特徴になっていった。詩人フリードリヒ・ゴットリープ・クロプシュトックは男性美を自らが描くドイツ的英雄の特徴として強調し[★41]、解放戦争時に創設された体操家協会は国民的ステレオタイプの生成を体現していた。この男性美は雄々しさの表現にも成功したが、同時に古典的な調和と均整によって情熱を静める安息感を醸し出した。二〇世紀初頭にはドイツ児童保護連盟が「立派な体格に身持ちの悪い特性が宿ることは稀である」[★42]と宣言するまでになった。個人的なアイデンティティが国民への帰属意識によって規定されたのみならず、身体美の国民的理想が個々人の外観にも反映された。人間関係は肉体的にも精神的にも統制されたのである。

小さな友人サークルは、より戦闘的な同盟（ブント）に道を譲り、人間関係は他のより大きく活動的な利害関係の一部となった。個性を反映するものが人間から国民に変わり、世界は諸国民、すなわち尊重されるべき各々の個性を持った国民から構成された。「あらゆる民族（フォルク）は平等であり、各民族は太陽の下に各々その処を得て、一国民による他国民の支配は拒否される」。これこそ一九世紀前半のドイツ国民主義（ナショナリズム）の根本理解であった。もっとも、後になると支配欲と攻撃性が色濃くなってきたけれども、この理解は生き続けていた。その国民自体の内部では平等が行き渡るとされた。すなわち、国民は共感の共同体であり、いわば自然な人間的結合とされた。しかし、この共同体は国民によって形成されており、個人的な差異を調停するために国民の支持する真実が歪められてはならないと考えられていた。グライムにとって友情の核心を構成するものであり、アプトにとっては愛国主義の必須要素であった自由意志の発揚は、こうして個人から国民へ重心を移していった。一般には、今や「同盟(ブント)」という言葉は友人集団ではなく、国民的刷新の使命をもって結束した集団に使われるようになった。元来「同盟(ブント)」というものは囲い込まれた一区画の土地を意味していた。だが、今やその障壁は有刺鉄線を張った、いっそう威圧的なものになり、国民的な神話、シンボル、外見を共有する者だけが参入を認められた。[★43]

一九世紀初頭には、小さな集団が解体され、より大きな結社の中へ組み込まれていた。こうした結社の多くは、愛国主義を個人主義、あるいは世界市民主義とさえも同一視する一八世紀啓蒙の伝統を持ち続けていた。だが、一部の結社はイギリスを模範とした共同体利益のために働く愛国主義的協会であった。[★44] フランスのプロイセン占領と解放戦争の結果、「同盟(ブント)」は生活態度全般を方向づける新たな宗教としての国民主義(ナシヨナリズム)を体得してゆき、いっそう攻撃的なものになっていった。体操家同盟(トゥルナーブント)(一八一〇年)、学生組合(フェアビンドゥング)(一八一一年)、アルントの「ドイツ協会(ドイチャー・フェライン)」(一八一四年)は一様に「心情の発作」に身をまかせた。ドイツ統一闘争の推進力であった体操家運動と学生組合運動の創始者フリードリヒ・ルートヴィヒ・ヤーンは次のように書いている。「人はちょうど家庭の一員であるように、一つの祖国に属さねばならず、その生活を真に愛さねばならない」[45]。彼の『ドイツ民族精神（ドイチエス・フォルクストウム）』（一八一七年）は、国民主義（ナシヨナリズム）と市民的理想である家庭生活、夫婦間の貞操を結びつけた。実際、戦闘に備えて訓練する体操家に求められたのは、無精、官能的快楽、無軌道な性的情熱などいわゆる若気の過ちを避けることであった。

ヤーンやアルントが唱えた「同盟（ブント）」は、個人の向上心を民族の理想へと方向づけた。また、美の概念は国民的ステレオタイプの概念となった。このステレオタイプは、すでに言及したギリシャ復興の特徴と並んで、解放戦争に由来する特徴を持っていた。戦闘態勢にある堅固かつ強靭な男性肉体の崇拝、すなわち男性性の崇拝が、友情崇拝に取って代わるべく名乗りをあげた。実際、ヤーンがデザインした制服によって体操家の体型が可視化されたように、ここにおいて肉体と精神の統一は決定的に重要であった[46]。国民的ステレオタイプである男性美の国民的理想は、一方では情熱を抑制したが、同時に攻撃的な男性性を象徴化した。すなわち、「同盟（ブント）」の理想は、友情から国民主義（ナシヨナリズム）へ進化したのである。

容姿の美しさと男性性を結びつけた先駆者は、クリストフ・マイナース［一七四七―一八一〇年］のような一八世紀の人類学者であった。彼はコーカサス系人種白色人種の黒人に対する優秀性を証明しようとして、コーカサス系の容姿の美しさ、秩序と節度を求める感覚を称賛した。こうした理想は、黒人の特徴と見なされた利己主義、羞恥心の欠如、官能性との戦いの中心に位置するとされた[47]。男らしさは容姿の美の一部であり、それは男性美、均整、中庸というギリシャ的規範を意味していたが、しかし同じく自由への愛や勇気も象徴していた。骨相学者と観相学者も似たような考え方をしていた。こうした一八世紀の新科学は、男らしさの理論を謳い上げたが、その理想は美のギリシャ的概念のみならず、均整、中庸、逆境での勇気といった美徳に基づいていた。とりわけ、こうした美徳は当時高く称賛されており、新しい道徳体系の勝利と密接に結びついていた。

フリードリヒ・ゴットリープ・クロプシュトックはドイツ国民主義（ナショナリズム）の中心的な宣伝者となった。彼は一八世紀的な友情崇拝から国民主義（ナショナリズム）と男らしさの理想への推移を体現していたといえよう。最初、彼は友情崇拝によって自分の孤独感を克服しようと試みた。彼の有名な頌詩『ヴィンゴルフ』（一七四七年）は互いに自らの個性や特質を認め合った友人たちとの再会を言祝（ことほ）いでいる。しかし、クロプシュトックはこの友人サークルを「ゲルマンの吟唱詩人」と自称する神聖なエリート集団になるまで拡大し続けた。[★48] そんなわけで彼が一七五〇年ルートヴィヒ・グライムに「この世には個人的な友情に勝る何ものもない」と書き送ったときには、アンビヴァレントな気持ちであったに違いあるまい。[★49] 命令にも服従にも無縁な友情が、グライム自身の生活世界を特徴づけていた。だがクロプシュトックにとって、そうした友情は国民の兵役義務に加わるまで、常に超克され続けた。彼の戯曲『ヘルマンの戦い』（一七六九年）は、ゲルマンの族長アルミニウスがローマ軍団を打ち破った戦闘を扱ったものだが、そこでは友人サークルに代えて英雄神話が賛美された。『ヴィンゴルフ』ではゲルマンの吟唱詩人は友情を謳い上げたが、『ヘルマンの戦い』では若き戦士がこう叫んでいる。「我々は、もはや吟唱詩人に甘んじることはできない。出撃だ、いざ戦わん！　友人同士が戦場でともに戦い、並んで死ぬという太古の風習は宿命なのだ。母や妻、許嫁よりも愛しく、血気盛んな一人息子よりもっと大切な祖国に、すべてを従属させねばならない」[★50]。ここでの男らしさとは、いかにして祖国のために死ぬかを理解することであった。一方、グライムは、軍歌を作詞したにもかかわらず、戦闘を歓喜するより友人とワインを愛せよと、兵士に説いていた[★51]。

つまり、啓蒙主義の理想が消え去ったわけではないのだが、それはクロプシュトックの国民主義(ナショナリズム)にあっさり同化されてしまった。ドイツ統一への闘争は自然法を守る戦いである、と彼は主張した。この自然法は一八世紀のそれと同じ内容を保持しており、理性の要求と人間性への愛を基盤としていた。しかし、グライムの啓蒙主義とは異なって、こうした理想は戦闘の激烈な騒音、民族(フォルク)とその血統の排他性に支配されていた[★52]。

ここにおいて変化は明白であった。それを『ドイツ国民に告ぐ』（一八〇八年）で明確に表現したのは、愛国主義者となった哲学者J・G・フィヒテ［一七六二―一八一四年］であった。曰く、祖国愛が信仰体系に組み込まれていない限り、人は自分自身をも自分以外の何ものかをも愛することなどできない。真の愛は無常なるものには定まらず、不易にして永遠なるものに宿るべし[★53]。こうして個人的な関係は、宇宙的秩序そのものの反映である国民という全体の中に溶解された。それはちょうど、男らしさが個人的な空間から国民的義務の空間へ止揚されたのと同じであった。ドイツにおける友情と国民主義（ナショナリズム）の展開の結果、後者は前者を従属させることになったのである。

　解放戦争に端を発したドイツ国民主義（ナショナリズム）を拒絶した人々は、若干の自由主義者や社会主義者と同じく、その勝利に心を動かされることはなかった。多くの人々にとって、友情がいつも自主的なものであることは自明であった。しかし、本書が目指すのは、国民主義（ナショナリズム）と市民的価値観（リスペクタビリティ）の協調関係、すなわちセクシュアリティの正常といわゆる異常を確定し制御するとき、この両者が演じる役割分担の分析である。友情の理想を吸収した国民主義（ナショナリズム）は強大化し、市民社会との協調によりさらに大きな効果をあげることができた。この協調の目的は、市民的価値観（リスペクタビリティ）を支持し、「神経過敏」な時代の手綱をとり、性的情熱を抑制することであった。そのためには、ちょうど友情からエロティシズムが削ぎ落とされねばならなかったように、国民はセクシュアリティに超克していなくてはならなかった。つまり、男性間の愛情は互いの上にではなく国民の上に投影されねばならなかった。かくして、ホモエロティックな誘惑は克服されることになった。この情熱を超克するためにだけ、国民的ステレオタイプはホモエロティックな欲望を自ら引き受けて、そうした超克のシンボルとなった。

三　イギリス紳士の場合

これまでドイツに焦点を絞ってきたが、イギリスの友情との比較史は次の二点をより鮮明に浮き上がらせる。一つは国民主義（ナショナリズム）と市民的価値観（リスペクタビリティ）の関係であり、もう一つは友情によって象徴される人間関係の自主性である。イギリスでもドイツでも市民的価値観（リスペクタビリティ）は地歩を占めており、両国は大きな類似性を有していたが、その国民主義（ナショナリズム）は多くの点で異なっていた。イギリスは、はるか昔に統一を達成しており、国民的統一を目指した闘争にエネルギーを振り向ける必要はなかった。それゆえ、理想化された友情のうちに潜むホモエロティシズムは、ドイツほど厳しく制限されることはなかった。ドイツ人は男性「同盟（ブント）」を経験したが、イギリスの支配階級は学齢期を自主的な男性社会で過ごした。そこでは、女性との接触はほとんど例外的であった。イギリスの上流階級の子弟の多くは、寄宿学校とオックスフォード大学あるいはケンブリッジ大学において親密な男性間の友情を体験したが、こうした教育システムはドイツには存在しなかった。ドイツでは中等学校も大学も学生を寄宿させず、学生を外界から遮断することはなかった。ドイツの教育は全体として、いかに容赦なく強化されていようとも、学習を通じて人格を陶冶し規律化を進めるように設計されていた。他方、典型的なイギリスのパブリック・スクールは、次代の支配層の性格を形成するために、国家と社会のミクロコスモスを提供するものとされていた。[★54]ドイツにおける友情と国民主義（ナショナリズム）を論じる際に、前節では国民統一闘争に没頭した大人たちに議論を留めたが、イギリスでは友情と男性社会の理念形成に寄与した要素として青年の教育から始めなくてはなるまい。

格式ある学校の中世的環境で、あるいはオックスフォードやケンブリッジの尖塔を仰いで、互いに認め合った友人が小さなグループを作るという光景は、多くのイギリス紳士にとって教育期間が終わった後も長らく鮮明に脳裏に焼き付いていた。この友情が生涯に及ぶ同性愛行為の出発点となる者もいくらかはいたが、大半の者にとっては異性との交渉に踏み出す重要な一歩であり、寄宿学校と大学以来の友人サークルは生涯にわたって維持される傾向があった。[★55]この特色ある持続的な体験は、一九世紀前半のパブリック・スクール改革によって生み出された。この改革は、道徳や作法に絶大な影響を与えた宗教復興であるイギリス福音主義に基づいていた。ここでもイギリスとドイツの相違は大きかった。それは、イギリス支配階級が青春を過ごした雰囲気の違いだけではなく、ドイツ敬虔主義とイギリス福音主義の相違に基づいていた。イギリス福音主義は、パブリック・スクールはもちろん、国民の態度全般に影響を与えた。

イギリスにおいて福音主義の伝統は生き続け、一九世紀に学校と社会を変革しようとする人々はこれを利用することができた。ドイツではルター派の敬虔主義が内面性の強調によって権威に対する受動的態度を助長したが、イギリスでは福音主義が行動的なキリスト教信仰によって独自なダイナミズムを生成した。両者の違いは、現世に直面して引き籠るか、あるいは積極的に参入していくかにあった。多くのドイツ人の青年期を支配したルター派の家庭は公共的な問題に目を閉ざしていたが、イギリスの学校と大学で形成された「キリスト教的紳士」は支配階級として公共的生活で積極的な模範を示すよう期待されていた。福音主義は、上流階級の教育――すなわちそうした青年たちが通過する閉鎖的な男性社会――に直接的な影響を与えていた。

「神を敬い、よく学べ」[56]は、一九世紀前半にトーマス・アーノルド〔一七九五―一八四二年〕がパブリック・スクール改革を進めるべく掲げた原則であった。それまでパブリック・スクールは悪徳の温床であったが、今こそキリスト教的紳士を育てねばならないと主張された。説教壇での訓戒、厳格な規律、道徳や作法の引き締めによって、この改革は達成されるはずであった。こうして改革された学校は「性的強制収容所」[57]と呼ばれたが、それはまったく理由のないことではなかった。教師はマスターベーションに対する非妥協的な聖戦を指揮していたが、同性愛への懸念も絶えず存在していた。ウェリントン校の校長W・E・ベンソンは寄宿舎の小部屋に有刺鉄線を張り巡らすのに時間を費やしたし、大半の学校で少年たちは互いに一人になることを妨げられた。[58]イギリスのパブリック・スクールに関する最も評価の高い著作『エリック、一歩また一歩』（一八五八年）において、神学者フレデリック・W・ファラー［一八三一―一九〇三年］は、エリックが徐々に誘惑と非行に負けてしまう様子を描いている。最初、彼は不敬な言葉を、やがて喫煙、続いて飲酒と盗癖を身につける。しかし、最終的に彼はそれ以上の誘惑に抵抗し、早すぎる死でもって罪を贖う。その直後の説教で校長は少年たちにこう述べている。「エリックが堕落したとき彼のために嘆き悲しみましたが、彼が改悛し幸福に死んだ今となっては悲しみはありません。功名の夢は消え去り、情熱の炎は消えました。死は悪徳の誘惑へのふさわしい解決策なのです」。ファラーはマスターベーションや同性愛を遠回しな表現でほのめかしたにすぎない。そのような事柄はむしろ医学書に委ねるのが一番とされた。

パブリック・スクール史を扱った最近の歴史家は、学校が熱中した性的純潔主義を洗練した筆致で次のようにまとめている。「男らしさとは罪を押し殺すことであり、最悪の罪は性欲である。それゆえ、男らしさとは、あらゆる性欲を押さえることである」[★59]。マイケル・キャンベルは注目すべき現代生徒の回想録である、その著『主は忘れ賜いし』（一九六七年）において、校長に次のごとく言わしめている。「青年は道徳意識より先に感性を発達させる。だから道徳意識を伸ばして発達を均衡させることを両親に請け合うのが、学校の責務である」[★60]。つまり、この「感情の温室」（少年同士の友情をキャンベルはこう記した）の中では、あらゆる優しさが羞恥心を引き起こすことになった[★61]。すなわち、友情を結ぼうとするとき罪の意識に襲われる、そうした同性愛的経験を持った少年を、学校は生み出したのである。

社会とパブリック・スクールの公的立場を反映する人々にとって、その理想は大事をなすべく運命づけられている少年時代のものであった。一八四〇年代に父親の青春時代に触れて、キリスト教的紳士とはいかにあるべきかを定義し、領地を治め大英帝国と全イギリス人に模範を示すべしと書いたのは、レジナルド・ファラーであった。紳士は見開かれた熱い眼差し、彫りの深い顔立ち、しなやかにウェーブのかかった髪を持っているものとされた（ここに登場する一般的なステレオタイプは当時のドイツにおけるそれと酷似していた）。だがとりわけ、紳士は「純潔を守り、正義をなせ。しからばついには平安を見出さん」をモットーとする、汚れなき処女のごとく清純な少年でなくてはならなかった。★62 こうして市民的価値観（リスペクタビリティ）と外見は、アーノルドたちが国家のミクロコスモスと見なしたパブリック・スクールにおいて結びつけられていた。

自己制御は、服従と指揮の方法を学ばねばならないイギリス支配階級の養成において決定的に重要と見なされた。（大学入学直前の）第六学年生は学校を支配し規律を強制した。他方、新入生は第六学年生のために「雑用奉仕」、すなわち彼らの召使いとして言いなりにならなくてはならなかった。自己制御はリーダーシップにも絶対不可欠な要素であった。牧師チャールズ・キングズレー［一八一九―七五年］はその大英帝国小説『いざ、西方へ！』（一八五五年）において、次のように要請している。「汝自身に対して勇敢たれ。汝の妄想と煩悩を義務の名において克服せよ。自分自身を支配できない者が、どうして自分の仲間や自分の運命を支配できようか」[★63]。規律と自己制御は、レジナルド・ファラーが描いた生徒の理想型を作り出すと期待された。こうした規律と管理は集団への忠誠心によって強化されたが、それは生徒が生活する学校の寄宿舎から始まった。彼らは他の寄宿舎に対抗して寄宿舎グループを作ったが、そのグループはケンブリッジ大学やオックスフォード大学でも維持され、国民の統治にまで及んだ。グループへの忠誠心は凝集力ある支配階級を形成すると見なされた。実際、それによって政府内のみならず知識人、文筆家、詩人の間にも新しいエリートが生み出された。友情の理想は同窓生同士の信頼にも組み込まれ、一生を通じて実践されるべきものとなった。『トム・ブラウンの学校生活』(一八五七年)の主人公アーサーはこう主張している。真の英国少年は自分自身のためにではなく、自分のチームが勝つために競争するのである、と[★64]。

こうした教育を受けて、パブリック・スクールの卒業生は国内のみならず大英帝国をも舞台として権力を行使する能力を試された。実際、生徒たちの読み物の主人公はインド連隊に加わるために旅立つことが多かった。帝国が実在することで、自己制御、規律、集団への忠誠を実践することが正当化された。また帝国の実在は性的欲求不満のはけ口としても好ましいことが明らかになった。ロナルド・ハイアムの研究は、大英帝国のダイナミズムとして作用した性的エネルギーの役割を示し、どの程度まで大英帝国が解決されていない性的緊張のはけ口となったかを明らかにした。[★65]帝国は、並外れて男性的なものであった。チャールズ・ゴードン［一八三三―一八五年］、セシル・ローズ［一八五三―一九〇二年］、H・H・キッチナー［一八五〇―一九一六年］など多くの有名な植民地総督は独身者であり、海外でも学校時代と同じような男性社会の中で生活を続け、なおもキリスト教的紳士の美徳を体現しようと努めていた。ハルトゥーム［スーダンの首都］の反乱軍の手にかかり死に直面した夜にチャールズ・ゴードン将軍が神にどう願ったか、ロビン・モーム［一九一六―一八一年］はその光景を想像力豊かに再現している。将軍は、若い兵士の姿をした性的誘惑と戦う勇気を与え賜え、と神に求めていたのである。[★66]こうした帝国の支配者たちは、熱烈な男性的友情の信奉者であった。確かに、多くの（おそらくほとんどの）支配者は、現地の女性を侍らせて自らを慰めた。それでも、男性の友情は帝国統治において重要な役割を演じていた。

詩人ラドヤード・キプリング［一八六五―一九三六年］は、南アフリカのヨハネスブルクにいる友人に次のように書き送っている。「君の家で見た清潔な白人青年たちでいっぱいの光景は、何ものにもまして私を元気づけてくれた」。[★67]キプリング自身はそれほど友情にふさわしい天分に恵まれていたわけではないが、彼が熱烈に信奉した規律によって鍛え上げられた青年たちをここで見出した。[★68]この見栄えのする容姿と美徳の結合というステレオタイプは、帝国を築き上げ維持することに成功したセシル・ローズ、チャールズ・ゴードン、あるいはアルフレッド・ミルナー卿［一八五四―一九二五年］のような多くの人士の称賛を呼び起こした。こうした称賛と集団への忠誠心においてホモエロティシズムは、いかに義務と美徳の概念に昇華されていたとしても、確かに重要な役割を演じていた。大英帝国は、国民主義（ナショナリズム）と市民的価値観（リスペクタビリティ）が十分な発展を遂げるにふさわしい環境を提供したのである。

だが、イギリス本国でも、また明らかに帝国領の大半でも、男性的友情はドイツの場合のように目的の自主性を奪われることも、方向転換させられることも、より高い理想に吸収されることもなかった。それゆえホモエロティシズムを抑えるのもドイツより困難であった。美徳が悪徳と絡み合うのは普通だった。ここで取り上げたパブリック・スクールの理想は、その現実と突き合わせてみなければならない。シリル・コノリー［一九〇三―七四年］は、第一次大戦中のイートン校を舞台としたパブリック・スクールに関する最良の自伝の一つで、次のように書いている。同性愛は「我らのエデンの園がそれを中心にゆらゆらと回っている禁断の木」であったが、パブリック・スクール教育の最終成果は多くの場合「よくあるタイプ、すなわちイギリスの童貞[★69]」であった。詩人であり古典学者であったA・E・ハウスマン［一八五九―一九三六年］は同性愛者であったが、同時代のオックスフォード大学を回顧してこう書き留めている。この大学は「ピューリタニズムと古代ギリシャの肉欲的な自由奔放の間で引き裂かれた時代に、恍惚状態で投げ出されていた[★70]」。

男性世界の理想は、少年向け週刊誌や大衆的冒険小説に広く普及されていた。そのヒーローたちは、必ずしも性的なものから切り離されていたわけではなかった。[★71]例えば、ジョン・バカン［一八七五―一九四〇年］は、作中の悪役を特徴づけようとするときはいつでも、その「男性性」に疑惑を投じた。それゆえ、『緑のマント』（一九一六年）に登場するドイツ人フォン・シュトゥム男爵は、あらゆる機会を狙って主人公を亡き者にしようとするのだが、彼は「柔らかく繊細なもの」に対して「倒錯的な嗜好」を持っていた。彼が同性愛者であるということは、ドイツ人の無愛想で野蛮な人格の構成要素としてほのめかされていた。バカンやザパー［一八八八―一九三七年。本名ヘルマン・キリル・マクニール］の大衆小説に登場する女性は、実際には男性であった。バカンにとって、まさしく「スポーツマン」という言葉は、たとえ格好のよい少女に称賛すべく使われたとしても、ジェンダー上の「女性」ではあり得なかった。[★72]多くの少年にとって本国か帝国領での兵役を意味した国民主義（ナショナリズム）は、生徒が読む冒険小説の世界では、イギリス人少女に狼藉をはたらこうとしたという理由でバルパライソ［チリ中部の太平洋岸の都市］の「スペイン系の」バーテンを拷問にかけたり、ユダヤ人宝石泥棒を縛り首にすることであった。[★73]それと同じく、少年週刊誌や一九世紀のコマ割漫画において悪役は、最も「女々しく」振る舞うイタリア人かポルトガル人であった。[★74]南欧人が悪役だったのは、彼らがあらゆる男らしさの美徳の基本である自制心を欠いていたからであった。ドイツにおいては、トーマス・マンのような作家が、南欧人はピューリタン的北欧人にとって危険な官能性を持つと見なすことで、それと同じ考え方を表現した。

男性的な美徳――堅忍不抜、スパルタ的生活様式、フェアプレー、義務の遂行――は、上流階級の教育の核心であった。男性的行動とは、チームに加わることであり、集団や郷土へ忠誠心を示すことであった。ある批評家が指摘したように、「バカンやザパーは愛情を得意としていなかった。彼らは友情について書いたのである」[★75]。女性は周辺的な存在であり、一九一九年にオックスフォードとケンブリッジへ女子が入学したとはいっても、男子と隔離されたパブリック・スクールに通ったように、女子カレッジに制限されていた(共学は第一次大戦後から浸透してきたが、つい最近までパブリック・スクールで勝利を収めることはなかった)。

同じような男性性の観念は、それが支配的になることはなかったけれども、フランスの教育にも僅かながら存在した。アンリ・ド・モンテルランが『少年たち』(一九六九年)で第一次大戦前の様子を活写している教会系の学校は、イギリスのパブリック・スクールと似ていなくもなかった。ここでも上級生による下級生の庇護が慣例であり、それは青春の情熱に行き着いた。しかし、この特殊な学校は二〇世紀の初頭においても自由主義的であった。すなわち、自慰者が追及されることはなかったし、それどころか、マスターベーションの防止を宗教の主要任務と位置づけた司祭の大著を、校長である修道院長は物笑いの種にした。[76]この修道院長は熱心に純潔を唱えてはいたけれども、少年二人の親密な友情に目くじらを立てるわけでもなかった。[77]これとは対照的に、イギリスの校長はマスターベーションに対しても、快楽のための過度に親密な少年の友情に対しても警戒怠りなかった。モンテルラン自身、この男性社会とそのホモエロティシズムに影響され、男性性の探求に取り憑かれて残された人生を過ごすこととなった。他の多くのフランス男性も同じように反応したかもしれないが、それにしてもイギリスの男性社会はその排他性において独特なものであり続けた。

同様な男性性の理念は、ヨーロッパ全般において支配的であった。その理念は教育によって叩き込まれ、性役割の動揺が秩序ある中産階級社会を破壊するかもしれないという絶え間ない不安によって強化された。典型的な事例は、一八七七年に有名なドイツの性科学者リヒャルト・フォン・クラフト＝エビングが、両性具有者から彼自身が確認できなかった両性性を取り去ろうとしたことである。彼の考えでは、両性具有者は生物学的構造がどうあれ、いわゆる女性的特徴を持っていた。両性具有者は金銭を扱ったり社会的責任を担ったりはできないが化粧品や装飾的小物を偏愛する「大きな子供」であり、女性同様、学力も忍耐力もないとされた。[78]男らしさの理想が性の錯乱によって薄められてはならないというクラフト＝エビングの信念は、広汎に共有されていた。

こうしたイギリス人エリートの多くが慣れ親しんだ男性社会によって、イギリスにおけ

図30：『キャバレー』（1971年）。監督ボブ・フォッシー。

る友情の展開は方向づけられていた。だが、ごく少数の人々は、同性愛を友情の論理的極致と見なした。これに該当するのは、オスカー・ワイルドとその取り巻きたちである。それからいくぶん後の一九〇四年、ロウズ・ディキンソン［一八六二―一九三二年。ケンブリッジ大学歴史学講師］は、善の意味の研究で友情を最重要なものと見なしたが、この友情はおおむね同性愛的であった。[★79] ウィスタン・オーデン［一九〇七―七三年。オックスフォード大学詩学教授］やクリストファー・イシャウッド［一九〇四―八六年。ケンブリッジ大学卒業後、ベルリンに滞在した詩人。ミュージカル『キャバレー』［図30］の原作者］にとっては第一次大戦後でも、一緒にベッドに入ることが友情の論理的到達点であった。[★80] 一方、第一次大戦後のベルリンでは「友情」という言葉は男性同性愛者あるいはレスビアンのクラブや雑誌の隠語として使われることが多かった。以上は思いつくままに挙げた例であり、それぞれがどれほど典型的なものであったか論証すべくもないが、同性愛体験が友情の理想に不可欠であると考えた者がいたことは確実である。それどころかもっと過激な者もいた。エドワード・カーペンター［一八一九―九二年。『草の葉』で知られるアメリカの詩人」の例を引いて、兄弟愛あるいは友愛に基づく自由と民主主義について書いたとき、同性間の愛は兄弟間で可能な絆として重要視された。カーペンターはケンブリッジの友人たちが新しい社会の中核を形成するだろうと期待していたのであろう。カーペンターのユートピアには肉体への羞恥心は存在せず、性本能の抑圧もまた存在しなかった。[81]

ドイツの場合、同性愛をより良い社会の基盤とする、これによく似た理念は世紀転換期のドイツ青年運動に見出すことができる。ハンス・ブリューアーの『男性共同体における性愛の役割』（一九一二年）は、すでに触れた青年運動への彼の理解に基づいて書かれたが、同性愛者は最も社会的創造性を持つ個人として称賛されていた。同性愛者は性的エネルギーを自分の家族に向ける必要がないので、そのエネルギーを共同体の絆を強めるために使えるとされた。[82] ブリューアーは、同性愛関係を新しい社会の基本とはしなかったカーペンターよりも排他的、戦闘的であった。また、ブリューアーの「同盟（ブント）」は国民主義的（ナショナリズム）かつ反セム主義的であり、カーペンターの理想主義的社会主義とは真っ向から対立していた。国民主義（ナショナリズム）と同性愛の結びつきは、ここにおいて重要である。すでに論じてきたように、ドイツの国民主義（ナショナリズム）は一方ではセクシュアリティを自らの勢力圏に引き込むことによって超克しようと試みたが、しかし他方でまさにこの超克の試みが男性同盟（メナーブント）においてエロティックな態度をしばしば助長することにもなった。「同盟（ブント）」をあらゆる真性国家の起源と考えたドイツ人たちは、男性間の厳粛な愛であるエロスの力をしばしば引き合いに出した。★83 しかし、また彼らは同性愛からその厳粛な愛を分離することを急いだ。ブリューアーは、そうしたセクシュアリティを仕上げることには無関心であったが、この点では標準的というよりは例外的であった。その上、イギリスで例えばブルームズベリ・グループ［作家V&L・ウルフ夫妻、哲学者B・ラッセルや経済学者J・M・ケインズなどを中心とした知識人集団］のメンバーがそうであったように、友人間で許容されなくてはならない奇行として同性愛が気安く認められることはドイツでは決してなかった。

しかしイギリスでもドイツと同じく一九世紀末頃、同性愛に対する法律は強化された。ドイツにクルップ・スキャンダル（一九〇二年）、貴族と皇帝側近が同性愛で告発されたハルデン＝モルトケ＝オイレンブルク・スキャンダル（一九〇六年）があれば、イギリスにはクリーヴランド街スキャンダル（一八八九―九〇年）とオスカー・ワイルド裁判があった。クリーヴランド街スキャンダルには一流貴族、同性愛者の淫売業者、おそらくプリンス・オブ・ウェールズ［皇太子］の息子も巻き込まれた。一流人士の名が挙がり、もみ消しの非難を浴びることを政府が恐れたため、この事件が結果としてオスカー・ワイルド裁判を煽り立てた。★84 ワイルド裁判の後、同性愛と国民的退廃と異常性は密接に結びつけられるようになった。長髪で片眼鏡（モノクル）をつけ粋な服装というでたちをしていれば、通りがかりの人々に「やあ、オスカー！」と声かけられたことだろう。★85 エドワード・カーペンターは次のように書き付けている。「オスカー・ワイルドのような事件が二、三あれば、今日まだある友愛の自由が深く傷つけられ、人種に永続的な不利益をもたらすことに気づくだろう」。[86]

ジョン・グレイ［一八六六―一九三四年］とアンドレ・ラファロヴィッチという二人の親友がカトリックに避難所を求めたのも、ワイルド裁判の成りゆきという側面もあった。一人は聖職者となり、もう一人も教会に身を寄せたが、この二人の関係は親密だったが月並みなものであった。二人とも文学者であり、ホモエロティックな文芸とローマおよびイギリスのカトリック教会の間にあった繋がりの一端を示している。また、カトリック教会が純粋かつ純潔な友情の最大の支持者であるというラファロヴィッチの主張に与する者もいた。[87] イギリスで友情の目的の自主性を相当まで保持することを可能にしてきた個人主義は、危機に瀕していた。市民的価値観（リスペクタビリティ）がその支配力を強化する徴候は絶えずあった。だが、それにもかかわらず、その市民的価値観（リスペクタビリティ）は統合的な国民主義（ナショナリズム）の支持を欠いていた。

イギリスとドイツは、その多岐にわたる相違にもかかわらず、両国とも同じく市民的価値観（リスペクタビリティ）が勝利を収め、また男らしさの理想、さらには国民的ステレオタイプさえもが共通していた。また、レジナルド・ファラーの理想的生徒像と理想的ドイツ人像の間にほとんど差異は見出せない。二つの理想像はともに市民的価値観（リスペクタビリティ）の追求にふさわしく、社会が機能するために不可欠と考えられた正常と異常の区別をその外観において具現していた。男色（ソドミー）

と国民的破滅の連想はまだ鮮明に残っており、また退廃の不安と出生率低下についても同じことが言えた。確かにドイツでもイギリスでも国民的優越感の標的となったのは、とりわけ「情緒の制御不能者」であった。イギリスのコミック本や少年雑誌、ドイツの小説類では、浅黒いスペイン人、ポルトガル人、イタリア人、ユダヤ人が、制御不能な情熱のゆえに糾弾されていた。まさに外観からして質実剛健、才色兼備とは対照的なステレオタイプを持った劣等民族が想定されることによって、両国の国民主義は美徳と正義との同盟関係を強化したのである[★88]。

　本章で論じた相違点も類似点も、セクシュアリティを制御する上で、また国民主義と市民的価値観の提携を強化しあるいは弱体化する上で重要な意味を持った。友情の歴史は、ドイツとイギリスで国民主義がセクシュアリティを超克してゆくプロセスを比較することの有効性を具体的に提示している。その男性社会が、共同の大義に身を捧げる友人の「同盟」であろうと、またあらゆる国家の起源、あるいはただ個人的好みだけを基盤とする友人サークルであっても、友情の歴史は一九世紀と二〇世紀における男性社会の優位性を強調する。社会的政治的な力として、こうした男性の友情が重要であったことは、いくら評価しても過大評価することはあるまい。友情は近代男性に安息地と避難所を提供した。だが、ホモエロティシズムを胸に秘めていたにもかかわらず、こうしたドイツ人やイギリス人のほとんどは良き夫や家庭人として異性愛を営んでいた。もちろん、イギリスの支配階級とドイツの同性愛者において誘惑は容易に抑えられたというわけではなかったけれども。男性間の友情に初めから内在するエロティシズムは、正常なセクシュアリティと併存していた。

国民主義（ナショナリズム）と市民的価値観（リスペクタビリティ）は、女性の役割も規定した。女性の役割の規定方法の違いは、市民社会における正常性と異常性の定義に直接影響を与えている。

第五章　どんな女性？

一　国民的女性シンボル――マリアンヌ・ゲルマーニア・ブリタニア

国民主義（ナショナリズム）は、男性の友情と共同体に対する憧憬を取り込んでいたが、一八二〇年代には女性性の新しい理想も自家薬籠中のものとしていた。それはゲルマーニア、ブリタニア、マリアンヌのような国民を表現する女性シンボルを創り上げることで強化された。こうしたシンボルは、市民的価値観（リスペクタビリティ）と国民国家的目的の集合的理解を具現していた。この新しい主題に視覚的かつ文芸的な広がりを与えるために、ロマン主義芸術が動員された。国民主義（ナショナリズム）とそれに自己同一化した社会は、自らの道義目的を誇示するために純潔で慎ましい女性の模範を利用した。その過程で、一九世紀にはあらゆる社会階級に浸透した市民的価値観（リスペクタビリティ）の理想は確固たるものとなった。

女性は理想化されたとしても、同時に自らの役割をしっかり割り当てられてしまった。その理想を裏切った女性は、社会と国民への脅威、すなわち女性が支えるべき体制秩序を脅かすものと見なされた。だから、革命を体現する女性は根深い憎悪に晒され、それは既存体制が男性革命家に抱いた侮蔑をほとんど上回っていた。自由と革命のシンボルとしての女性、いわゆる「闘うマリアンヌ」は、上品さや安定性という「女性的」価値と齟齬をきたしていたので、急速に手なずけられるか引退させられた。

男性と女性の区別がますます厳密に定義されるようになると、例えば、以前は人間的統一性の象徴として称えられていた両性具有（アンドロギュノス）などは忌み嫌われるようになった。またレスビアニズムを許容することもはなはだ難しくなった。女性の性愛表現としてのレスビアニズムは、一九世紀を通じて無視されたままだった。単に「その名を口にするのが憚られる愛」であったのではなく、「レスビアン」という呼称さえなかったのである。だが、二〇世紀初頭にレスビアンが憎悪の対象となったときには、男性同性愛に向けられた憎悪よりなお一層激しかったように思われる。

それにもかかわらず、ほとんどのレスビアンはデカダン派の挑発的な姿勢を遠ざけた。後で触れるように、ほとんどのレスビアンは、社会の基準や評価を根本的に受け入れていると自己弁護した。フェミニストでさえ市民的価値観（リスペクタビリティ）を支持していたのだ。女性の果たすべき役割はますます制限されるようになったが、女性が自由を象徴する機会はまだ残されていた。

フランス大革命は、自由の女性シンボルとして「マリアンヌ」を流布させた。革命的な図像には上品な服装で厳粛に座っているマリアンヌが描かれたこともままあったが、活動的な半裸の若い女性として登場するのが普通だった。典型的なのは、膝下の足を露出する丈の短いガウンを纏っているマリアンヌである。革命が共和国、そしてナポレオン帝国へと収束してゆくと、慎重に着飾った淑女がそれと対照的なお転婆娘を圧倒してしまった。[★1]正確に言えば、革命的自由のシンボルとしての女性がそうやすやすとお払い箱となったわけではない。一八三〇年七月革命でウジェーヌ・ドラクロワの「民衆を導く自由」[図2](二六頁)において彼女はもう一度蘇った。引き裂かれた旗を持って、何とも下品な身なりで彼女は先頭に立っていた。だが、マリアンヌが国民的シンボルとして体制化すると、国民はその革命の翼を切り落としてしまった。一八四八年新たに産声をあげた第二共和国は、共和国にふさわしいアレゴリー表現を決定するための公開コンペを催した。[★2]その結果、自由・平等・友愛の革命的シンボルに取り巻かれていたとはいえ、マリアンヌは安定感を伝えるために鎮座していなければならないと決められた[★3][図3](二六頁)。一八七〇年普仏戦争時にギュスターヴ・ドレ[一八三二―八三年]がドラクロワの構図を真似て市民軍を導く女性の「共和国」[図31]を描いたときでも、彼女は着飾っていた。[★4]政治的左翼陣営では、半裸のマリアンヌを描いた石版画や印刷物が、特定の事件にとらわれず革命のメタファーとして流布し続けた★5［図32］。けれども、革命的なマリアンヌは、上品なマリアンヌと互して競うべくもなかった。

フランスの女性シンボルは着飾っていたが、最終的には裸体そのものが市民的価値観（リスペクタビリティ）に取り込まれ、その官能性は掻き消された。このプロセスをよく示しているのは、雄々しきドイツを象徴することになった男性裸体像である。また、国民社会主義下でしばしば女性の理想を具現した女性裸体像も同様である［図33］。こうした裸体像は、まるで透き通るほど白く滑らかな肉体を持っており、よそよそしく神のごとき姿で固定されていた。ドラ

(上)図31：ギュスターヴ・ドレ作「ラ・マルセイエーズ」(1870年)。
(下)図32：オノレ・ドーミエ作「共和国」(1848年)。二月革命後の絵画コンクールに出品された。

クロワの描く、躍動し、表情豊かで、極めて人間味のあるマリアンヌとは、似ても似つかなかった。フランスの国民的イメージにおいて、ギリシャ彫刻の伝統はそれほど大きな役割を演じなかったのである。

マリアンヌはまだ幼かった大革命期においてさえ、男性の理想とはまるで異なる女性の理想に順応同化する徴候を示していた。このプロセスを示す良い例は、マリアンヌの発想の源であり直系祖先にあたるジャコバン派の「理性の女神」である。理性を彫像や演劇で女神として表現することは、女性を男性に導かれねばならない弱々しく非論理的な生き物と見なす態度から著しく異なっていた。だが、同時代の証言によれば、女神が半裸であろ

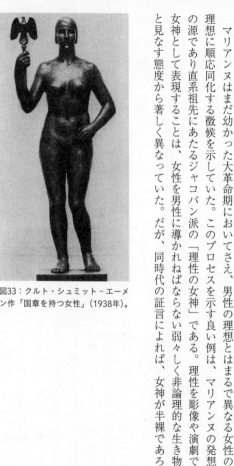

図33：クルト・シュミット－エーメン作「国章を持つ女性」(1938年)。

うが、あるいはチュイルリー宮殿にあるロベスピエールの理性の女神像のように民衆にワインを飲ませるために豊かな乳房を晒していようが、いずれにしても通常その女神はその「男性的」な知性よりも女性的な性的魅力によって群衆の忠誠を確保していた。地方においては、こうした祭典は各村落で最も美しい娘たちから女神を選出する美人コンテストにしばしば似通っていた。[★6]理性の女神は、古代ローマの神性の顕現であるといわれていたが、もっと宗教的な性格からしてノートルダム大聖堂を含めフランスのいくつかの教会にある乙女マリア像の代替物であった。それにもかかわらず、人々を魅了したのは、常に彼女の美貌と女性的情熱であった。それゆえ、たとえ情熱が高貴な目的に注がれていたとしても、女性が情熱的な被造物であることに変わりはなかった。

女性の姿で表現された「理性」を目にして憤慨した男たちもいた。男性性のみが迷信の軛から逃れる気力と強靭さをもたらしうるのだ、と彼らは主張した。[★7]啓蒙主義の「集大成」であるゴットホルト・エフライム・レッシング［一七二九―八一年］の有名な韻文戯曲『賢者ナータン』（一七七九年）においては、理性も迷信もほとんど男女均等に振り分けられていた。しかし、それでもおそらくスルタンの妹を例外として、真の知性を体現するのは男性とされていた。ほとんど同じ頃、モーツァルト［一七五六―九一年］の「魔笛」のために書かれたエマヌエル・シカーネダー［一七五一―一八一二年］の台本にはフリーメーソンの儀式が描かれているが、フリーメーソンにとって理性を体現するのが男性であることは自明だった。良心の呵責なき「夜の女王」は、女性が戒めとしなくてはならない例であり、いかなる指導性や独立の要求といえども女性は放棄すべきとされていた。女性の伝統的な属性がマリアンヌに回復されたので、もはやマリアンヌは革命的思考を人々に喚起しなくなってしまった。「闘うマリアンヌ」は「国民のマリアンヌ」となったのである。一八三一年、パリの展覧会で詩人ハインリヒ・ハイネ［一七九七―一八五六年］がドラクロワの絵画を見たときは、まだこの「街頭のヴィーナス」、すなわち荒ぶる人民の意志を象徴しているこの売春婦に心をときめかすことができた。★8 だが、裸体までも脱政治化されてしまうのには、わずかの時間しか要しなかった。革命前の旧体制(アンシャンレジーム)下と同じように、ヴィーナスは美と快楽の女神となった。★9 この女性は依然として情熱的であったが、もはやその情熱は革命の大義に向けられてはいなかった。彼女の務めは、かつてと同様、既存体制の秩序を護持するために、その情熱と美貌と裸体を捧げることになった。国民的シンボルとして、マリアンヌ自身はもはや情熱的な乙女ではなく民族の母となったのである。

イギリスもドイツも、フランス革命芸術に影響を与えた古典ローマの復興を経験しなかった。この両国を支配したギリシャ的伝統では、正装したアテネ像のみが知られていた。さらに重要なのは、両国ともフランス革命に対して戦争を挑み、次のような結論を引き出したことである。フランスという背徳的な国民において「美徳と悪徳は逆転していた」。★10

革命に対するそうした反動によって、ドイツ敬虔主義とイギリス福音主義の道徳的厳格さは強化された。サミュエル・リチャードソンがいうように、女性は清純かつ控えめで、その思想でも行動でもあらゆる面で花嫁の純潔の手本とならねばならない、とされた。[★11]

ドイツでは、「革命」像でさえ決してドラクロワの烈女に似ることはなかった。「革命」像は白いドレスを纏ったブロンドの乙女として登場するのが普通だった。ドイツ労働者運動はブロンドの乙女を使って革命を象徴することになおご執心であると、ある社会主義者が嘆いたのは二〇世紀初めのことであった。[★12] 革命的お転婆娘は、労働者運動そのものと一緒に市民的価値観（リスペクタビリティ）のうちに飼い慣らされてしまっていた。

マリアンヌと違って、ゲルマーニアの起源は革命に発するものではない。この点において、ゲルマーニアは将来性ある女性だった。というのも、このタイプの女性は、マリアンヌやブリタニアの姿を取っていようと、あるいはバヴァリアのような地域的シンボルであれ、あらゆる国民主義者の思慕の対象となるはずだったからである。ヨーロッパの中産階級にとって、こうした女性の国民的シンボルは社会の規範、国民の健全性の守護者であった。ゲルマーニア自体は、おそらくドイツ以外の国民的シンボルにいかなる直接的影響も及ぼさなかったであろう。だが、他の女性的シンボルとの類似性は明らかであり、国民主義（ナショナリズム）の一般史、および男女の社会的役割の統制にシンボルが果たした機能を考える上で重要である。

古代ローマにおいて、ゲルマーニアは憂いに満ちた囚われ人として描かれていた。しかし、ドイツ皇帝の下でゲルマーニアは王冠と剣と盾を持った威厳ある姿となった。こうして近代における中世的形姿のゲルマーニア［図7］（四三頁）は、今日に至るまで残ることになった。実際のところ、艱難辛苦の三〇年戦争期には「落ちぶれたゲルマーニア（ゲルマーニア・デゲネランス）」として知られたが、国民解放戦争期には紛れもない崇拝対象となっていた★13。

ゲルマーニアの果たした役割は、マリアンヌのそれとはまるで異なっていた。ゲルマーニアが指導者になるなどありえないことであり、積極的に戦闘に加わることもなかった。彼女は花婿——つまり統一ドイツ——の到来を待つ花嫁にたとえられたし、あるいは民族の慈母と見なされた。また、その「純粋な心」はシンデレラの胸で高鳴った心と似てなくもなかった。「勝利のゲルマーニア（ゲルマーニア・ヴィクトリオウス）」は、ドラクロワの「自由」といかなる類似性も持っていなかった。彼女は苦境にある国民国家の落ち着いたシンボルであった。確かに、時代が下ってヴィルヘルム帝政期になると、ゲルマーニア像は兜と鎧を身に纏（まと）うことになったが、彼女が攻撃している姿は稀であり、むしろ、やむを得ぬ犠牲を払って義務を遂行する家族や国家の守護者として登場した★14［図34］。

一九世紀初期にドイツの女性イメージは、カトリック復興によって強烈な影響を受けた。一八一〇年、ローマに住み込んだドイツ画家の集団は、宗教画の伝統をもとにドイツ絵画の復興を試みた。彼らは中世画家の守護聖人であった福音記述者にちなんで、「ルカ同（ルーカスブ）

盟」と自称した。だが、ローマの人々は彼らの修道院的生活とそのキリスト教的題材から「ナザレ派」というあだ名をつけた。その絵画は、かなりの部分ラファエロ［一四八三―一五二〇年］の宗教的表現から着想を得ていた［図35］。彼らは目覚しい成功を収め、後にオーストリアとドイツの芸術アカデミーで幅を利かすようになった。また同時に、その絵画は大衆的消費のために複製されていった。★15

図34：「戦時中のドイツ女性」。第一次大戦中に志願看護婦バイエルン委員会が作成した絵はがき。このゲルマーニアは、国民シンボルとして受け身的なイメージを保持している。

ナザレ派は、まさにロマン主義的宗教復興期の通俗芸術に影響を与えた。その上、フィリップ・ファイト［一七九三―一八七七年。カトリックに改宗したユダヤ系画家］の『キリスト教精神によるドイツ芸術入門』（一八三四―三六年）のように、キリスト教的テーマとゲルマン的テーマを結びつけた。決定的な時点で彼らは台頭するドイツの国民意識の要求に応えたのであり、その絵画は国民的復興を祝福する宗教的次元を切り開いた。ゲルマン的風景を背にして描かれた、青ざめたキリストやラファエロ風の聖母など、一九世紀ドイツの宗教的国民芸術の感傷性は、そのかなりの部分がナザレ派の作品に由来する。同じように、この画家たちはゲルマーニアの外観に影響を与えた。フィリップ・ファイトの幻想的な「ゲルマーニア」（一八三五年）は、皇帝の外衣を纏って聖なる柏の樹下に座り、剣を膝上に、帝冠を横に置いている★16［図7］（四三頁）。この「ゲルマーニア」は、統一ドイツの統治形態を議論した一八四八年フランクフルト国民議会で議長席の上に掛けられていた★17［異説あり］。

図35：「イタリアとゲルマーニア」(1828年)。ナザレ派の「司祭」と呼ばれたヨハン・フリードリヒ・オーヴァーベックの作品。右がゲルマーニア。生身の女性ではなく、美のシンボルとして理念化されている。

国民的シンボルとしてのゲルマーニアと同じ展開は、生身のモデルであるプロイセン王妃ルイーゼにおいても見られた。王妃は、背徳的なフランスに対する戦争における純潔女性の象徴であった。プロイセン国王フリードリヒ・ヴィルヘルム三世の妻である王妃は、一八〇六年フランス軍の侵攻に先立ってプロイセンを脱し、一八一〇年彼女の早すぎる死の直前に再びプロイセンに戻ってきた。彼女はプロイセンを窮状から救うべく積極的に政治活動に関与していた。この「ドイツ女性の誉れ」はいわば生身のゲルマーニアとなり、国民的シンボルとしての影響力は、それを裏づけることは難しいとしても、確かなものであった。亡き王妃を中心として文字通りの崇拝が生まれ、彼女の愛国心と信仰心はいわゆる女性の伝統的徳目と同一視された。一八八〇年にベルリンの中央公園ティアーガルテンに建てられた記念碑のように、彼女は満開の花に囲まれて描き出された。死後はもちろん生前から、この活動的な女性は天使の姿に変身し、およそ国民的シンボルなるものの本質である不易性を獲得していた。[★18]

王妃ルイーゼのデスマスクは、乙女マリアに似せて造形され［図1］（二五頁）、一九世紀末までにはヴィルヘルム王子を抱いた若き王妃像は、いわゆる「プロイセンのマドンナ」へと形式化されていった［図8］（四四頁）。没後すぐに、マドンナによく似た顔つきで十字架を握った王妃像が多くのコインや細密画に出現した。[★19] 有名な王妃の半身像をつくったプロイセン芸術アカデミー学長ゴットフリート・シャドウ［一七六四―一八五〇年］は、ナザレ派と密接な関係にあった。[★20] こうして意識的に創出された国民的キリスト教神話は、一世紀以上の長きにわたって人気を維持することとなった。

解放戦争を通じて、王妃はプロイセン再興のシンボルとなった。その必要性が絶えず叫ばれていた生身の王政シンボルによって、まさにナザレ派的手法でカトリックの宗教絵画表現（乙女マリアが常に具現してきた未来への希望）と国民への愛情が融合された。ゲルマーニアは、これほど直接的にはキリスト教的伝統を反映できなかった。かくして、敬虔なプロテスタントの王妃は、カトリックのイメージに変換された。ナザレ派流に甘美で感傷的に通俗化されたイメージは、プロテスタントのプロイセンにおいてさえ不易性をもたらした。[★21]解放戦争の勝利は、プロイセンの守護聖人である王妃ルイーゼのおかげと考えられた。セダンの戦いの前夜、当時プロイセン国王でやがて第二帝政の初代皇帝となる彼女の息子は、プロイセン軍の上にその祝福を降ろし賜え、と彼女の墓前で祈りを捧げた。[★22]この例によって死者の崇拝はヴィクトリア朝イギリスと同じようにヴィルヘルム期ドイツでも一般的だったことがわかる。王妃の記念碑がティアーガルテンに建てられたとき、彼女の顔は再び聖母像を模して製作された。この記念碑が民衆の寄付金によって建てられたことは、衰えることのない王妃の人気の証となる。大変な人気を博していた『ベルリン画報(ベルリナー・イルストリールテ)』は、一八九九年新年号で「一九世紀で最も意義深い女性」の名前をその読者に尋ねている。[★23]王妃ルイーゼが第一位であり、イギリスのヴィクトリア女王が続いていた。後で触れるように、ナチ党も第二次大戦中は、国民の名誉が危機に瀕したとき女性が取るべき行動の手本として王妃ルイーゼに立ち戻った。[★24]

王妃の素朴さと清純さ、いやそれどころか神聖さも、その家庭生活と結びついていた[図36]。死の床においてさえ、彼女は廷臣たちではなく、いつものようにただ夫と子供たちに見守られていた。[★25]その上、一七九六年に作られた最も人気のある国王一家の版画の一

図36：「子供たちに囲まれた王妃ルイーゼ」（1808年）。絵はがきとして石版画で複製された。家庭的でロマンティックな田園風景は、ゲーテ『若きヴェルテルの悩み』（1774年）で子供たちに囲まれたシャルロッテの面影を強くとどめている。

つでは、国王と王妃と子供たちが共に、心地よい落ち着いた雰囲気の中でまったく市民的な夕べを過ごしている様子が描かれていた。★26 この国王一家のブルジョワ化は、中産階級が達成した勝利の特徴をよく示している。それは権力あるいは権威でさえなく、生活様式によって成し遂げられた勝利であった。確かに、家庭生活こそ市民的価値観（リスペクタビリティ）の中心的要素であった。王妃ルイーゼは政治に介入したけれども、結婚と家事に満足を見出していたのだとされた。彼女の死に際して神学者フリードリヒ・シュライエルマッハー［一七六八―一八三四年］は、会衆にこう説教した。ルイーゼは政治的に勇敢であったが、決して男女の分を踏み外すことはなかった★27、と。解放戦争の真っ只中で、国民主義（ナショナリズム）と市民的価値観（リスペクタビリティ）はこうして結びつき、女性の控えめで受け身的な役割が正当化された。

家庭生活やゲルマーニアの中世的背景のこうしたシンボル表現は、革命への情熱ではちきれんばかりの「パリっ子」の原型である、ドラクロワのマリアンヌの傍らにいた街頭の悪たれ少年とはまるでかけ離れていた。かつて革命を賛美した詩人フェルディナント・フライリヒラート［一八一〇―七六年。マルクスとともに『新ライン新聞』に執筆しロンドンに亡命した］も、ゲルマーニアに未完成のケルン大聖堂のレプリカを冠として戴かせる詩を謳ったとき、国民的シンボルとしての女性という馴染みのテーマに回帰していた。その未完成の大聖堂は、国民的統一を完遂する使命を全ドイツ人に思い起こさせるものであった★28。

ミュンヘンのバヴァリア女神像のような地域的シンボルも、過去に思いを寄せていた。バヴァリアは、熊の毛皮を纏い、柏葉の冠で飾られた。こうしたゲルマン的シンボルは、高尚かつ荘厳、神聖かつ強壮なもののすべてを示すとされていた［図37］。ゲルマーニア同様、彼女も受動的な存在であり、トイトブルクの森に剣を掲げて立つアルミニウスの攻撃的な記念碑とは対照的であった。「ゲルマーニアは何を表現しているのか?」、一九世紀末に芸術史家コルネリウス・グルリット［一八五〇―一九三八年］が自問自答している。「いくつかの説明的なシンボルを除けば、ゲルマーニアはバヴァリアやヴュルテンベルギアやアウストリアと変わらない、かなり格幅のよい女性像である★29」。加えていえば、その性格に

図37：「バヴァリア像」（1850年）。ルートヴィヒ・シュヴァーンターラー彫像。

おいて王妃ルイーゼとも区別できないものでもあろう。

　こうしたすべての国民的・地域的シンボルは、女性の役割を固定し、市民社会が認める男女の区別を、つまるところ正常と異常の区別をいっそう強化するのに役立った。女性にとって「家庭で秩序と平穏を守ることが、外見容姿よりも夫を引きつけておく良い方法である」[★30]と一九世紀初頭に言われたとおりに、国民的シンボルとしての女性は安寧秩序を具現化していた。すなわち、女性は市民的価値観（リスペクタビリティ）を体現しており、人民の保護者や防衛者であっても、国民的シンボルは女性、母性として、また男性の活動的な世界で郷愁を湛える伝統の管理人として、伝統的役割に同化していた。

　イギリスにおけるブリタニア［図38］は、フランスのマリアンヌやドイツのゲルマーニアほど重要ではなかった。より一般的なシンボルは、愛想よく堅実で自信と精気に満ちたジョン・ブル［図39］だった。ブリタニアが近代史上で初登場したのがいつか正確なことはわからないが、一七世紀後半、チャールズ二世の治下［一六六〇―八五年］にブリタニアは半ペニー貨やペニー貨に姿を現し、そこに百年以上もとどまることになった。[★31]ゲルマーニアがドイツ解放戦争中に新たに息を吹き返したのと同じく、ブリタニアもフランス革命とナポレオンに対するイギリスの戦争において新たな人気を獲得した。スペインによるイギリス通商妨害に対する抗議として一七四〇年に出版された詩人ジェームズ・トムソン［一七〇〇―四八年］の『ブリタニアよ、統べたまえ』は、「愛国協会（ロイヤル・アソシエーションズ）」の注文で一七九三年再刊された。というのも、この詩でブリテン人は決して奴隷にはならないと誓われていたからである。[32] ブリタニアはジャコバン派やナポレオンのような専制者に敵対する者であり、自由のシンボルであった。この意味では、専制に対する戦争を呼びかけることのなかったゲルマーニアよりもマリアンヌに似ていた。ジェームズ・ゴフの詩『ブリタニア』（一七六七年）は、「悪徳が王位を簒奪した」奔放で享楽的なフランスと対比して、ブリタニアを勤勉と倹約のシンボルにも祀りあげた。ゴフのブリタニアはフランスに攻撃を加えているが、究極的には、彼女は戦争や軍事行動ではなく、悪徳と闘うイギリスの美徳を体現していた。[33] この意味ではブリタニアは、対フランス戦争に向けて国民道徳の刷新に

図38：「ブリタニア」（『パンチ』1887年10月15日号）。カナダ横断鉄道開通によりイギリス領土だけを通って大西洋と太平洋がつながったことを祝福している。

図39：「ジョン・ブル（左）」（『パンチ』1848年３月14日号）。右は「ヤンキー」（アメリカ）。

貢献したゲルマーニアとよく似ていた。時あたかもイギリスとドイツは、それぞれ福音主義と敬虔主義の「第二次宗教改革」を経たばかりであった。フランスは革命的であり、しかもカトリックであるため、プロテスタントの目には致命的な組み合わせに映っていた。

初期のブリタニアは槍と盾をもって現れることもあったが、普通は三つ又矛「ギリシャ神話では海神ポセイドンの標章」と盾を持って描かれ、イギリス国民全体というよりもその海軍力を象徴していた。「ブリタニアは海上を支配する」とされたが、その支配は武力に拠っていなかった。ゴフの詩にもかかわらず、ブリタニアはゲルマーニアほど攻撃的でなく、物静かに力を湛えて座っているのが普通だった。彼女は時空を超えた古典的性格を持っており、普通はモダンなヴィクトリア朝風の衣裳を着て描かれたジョン・ブルとは違っていた。

あらゆるシンボルがそうであるが、国民を具現した女性像は永遠の力を表象していた。それが纏った古代の鎧兜と中世の衣裳において、視線は過去に向けられていた。前工業化時代を映した女性シンボルが連想させたのは、近代性（モダニティ）に対比された一種の道徳的厳格や純真無垢さであった。すなわち悪徳の温床としての大都市の対極にある牧歌的な永遠の楽園イメージだった。

女性的美徳が社会に道徳的目標を保持させる一方、男性は兵士であり、理論を実践に変える英雄の姿をしていた。ドイツでは、裸体と英雄崇拝はギリシャ的伝統によって結びつけられていた。象徴的なドイツ戦士は（ゲルマーニアとは違って）半裸ないし全裸で表現された。一八九九年にミュンヘン近郊のシュタルンベルク湖畔に建立されたビスマルク記念碑の浅浮き彫りでは、男性図像と女性図像の主題提示方法の違いが際立っており、女性は男性戦士が勝ち取った平和の満喫を象徴していた[★34]［図40］。確かに重要なことは、陸海軍の威武を誇る国民が熱誠と忠勇の「軍国的美徳」を女性と分け合うのはふさわしくないと見なされたことである。しかし、国民主義（ナショナリズム）は女性のために専用の台座を築き上げた。そこに配されたものこそ、戦死者を天堂ヴァルハラに導くヴァルキューレ［北欧神話の戦いの女神］であり、ゲルマーニアであった。一九一四年のポスターには、敵と対峙する部隊の上空遥か輝く雲間に浮かぶゲルマーニアも登場した[★35]［図41］。とすると、ゲルマーニアは戦闘体験を持つ乙女ヴァルキューレの後継者だったのだろうか？　マイヤー『百科事典』の一八九〇年増補版はゲルマーニアに関して、賢母の特徴とともに、そうした由来を記載しているが[★36]、実際のところ母であり守護聖人であるゲルマーニアは、たとえ鎧を纏っていたとしても、決して攻撃的でなく、雄々しくもなかった。

女性に関する限り、ロマン主義運動は啓蒙主義の解放的理念の掘り崩しに寄与したし、市民社会での分業体制と連動していた。未知にして永遠なるものを具体的な対象に見出そうというロマン主義の傾向に棹さして、シュレーゲルやノヴァーリス［一七七二―一八〇一年］は美しい女性のエロティシズムを不可視の神性、あるいは天上天下の調和を顕す徴候と見なし、この秘密こそ解き明かされねばならないと考えた。[37] つまり、演劇が舞台で繰り広げられているときでも、舞台裏を見ることが必要とされていた。こうした理想主義は、世界の象徴的な観察を助長し、この観察では女性が中心的な対象となった。女性は国民的理想を表現したのと同様、ロマン主義的ユートピアも体現していた。もっとも、国民的理想とロマン主義的ユートピアは互いに触れ合い作用し合っていた。一九世紀前半に女性解放の後退が起こり、啓蒙期に獲得された僅かばかりの成果も見失われてしまったが、それはまさしくこうした女性の理想化の結果であった。

(上)図40：テオドア・フィッシャー設計「ビスマルク記念碑」(1899年)。
(下)図41：「整然と」(『ユーゲント』1914年第45号)。フェルディナント・シュテーガー作。

女性は、ロマン主義者にとって大変重要な意味を持った花のシンボル表現に組み込まれていた。ロマン主義者は花を低俗な情熱ではなく気高い天性に訴える純粋かつ真剣な愛として思い描いた。[★38]ドイツ詩人ノヴァーリスの隠喩的創作である「青い花」は、一九世紀ロマン主義的ユートピアの象徴となった。ノヴァーリスが夢想する「青い花」は救済の象徴であり、あらゆる神秘的な美しさの中にいつも溶け込んでおり、人が掴もうとしても永遠にすり抜けてしまうものであった。だが、その花びらが開いたとき、出現したのはノヴァーリスの主人公ハインリヒ・フォン・オフターディンゲン(一八〇二年に出版された同名の小説タイトル、邦訳名『青い花』)の妻となる、美貌と自然の魅力を湛えた女性マティルデの「天上の顔」であった。青色は、乙女マリアのマントの青、空の青、水の青であった。「青い花」の淑女は、永遠の証、今という時から隔絶した万古不易の証明となった。中世風あるいは古典古代の衣裳を纏った女性が現代に背を向けたように、ロマン主義のユートピアは理想化された工業化以前の国民イメージを強化した。

花は、ノヴァーリスの表現を使えば、自然の精霊の奏でる音であり、秘密に包まれた「緑なす愛の敷物」であった。とりわけ薔薇は、処女性の象徴であった。[★39]ラファエロのマドンナのごとく女性を理想化して見せたナザレ派の絵画において、乙女マリアは薔薇に埋もれていた。プロイセン王妃ルイーゼは「王の薔薇(ケーニッヒスローゼ)」と呼ばれることもあった。[★40]こうしてロマン主義化された女性は、その官能性を奪い取られたように見える。ナザレ派が芸術における裸体を糾弾したことは、象徴的であった。彼らが裸体の男性聖人を描いたとしても、その肉体は控えめに描かれ霊妙なものになっていたが、女性像は着衣が普通だった。フィリップ・ファイトの場合、肖像を飾った衣裳の裏に身体に対する軽蔑の念が隠されていた。二〇世紀初頭にファイトを称讃した批評家でさえ、衣裳の襞と表面の描出におけるファイトの熟練を絶賛することで埋め合わせたが、この事実は認めざるをえなかった。[41]

しかし、ナザレ派的な女性の理想はドイツに限定されたものではなかった。ラファエロのマドンナはイギリスでも乙女の純潔のメタファーであり、一九世紀前半を通じてマドンナ風の髪型が流行していた。[42]女性の描き方と宗教的想念による国民文化の再活性化の試みにおいて、ナザレ派は幾人かのラファエル前派に影響を与えていた。ラファエロ前派も女性を美の教会におけるマドンナと見なしていた。[43]薔薇は、もちろんここでは「イギリスの薔薇」だが、女性のあるべき理想のすべて、すなわち純真、貞節、慈愛のシンボルであった。

こうしてイギリスとドイツでの国民的かつ道徳的な復興は、視覚化が進む時代の芸術表現を見出した。女性が健全な世界を体現できたのは、一つには女性はまだそれほど現実世界に巻き込まれておらず、浮足立った時代に時を止めていたからであろう。背徳的なフランスに反攻すべく、ドイツ解放戦争の詩人が国民統一とゲルマン的道徳の再生を謳い上げたとき、女性は近代化によってまだ堕落していない国民を象徴していたのである。

二　少女戦士と両性具有

解放戦争は、ドイツにおける国民主義（ナショナリズム）と女性の市民的価値観（リスペクタビリティ）の融合を促進したが、また男性性の理想も強化した。男性性の理想は、軍旗の下に馳せ参じた「義勇軍（フライコール）」、あるいは体操家協会や学生組合運動のような組織に体現されていた。男女間の区別はより鮮明になり、男女各々にふさわしい役割がより明確に定義された。真に男らしい男性という称賛を呼び起こすために、あたかも女性は静的で不変のシンボルへ変化したかのごとく見なされた。「神は女子をか弱く造り賜い、しかして男子の雅量にその保護を委ね賜えり」★44と『アイヴァンホー』（一八二〇年）のレベッカは述べている。

男たちは女子に手を差し伸べて守っただけではなく、あえて男子の領分を侵そうとする少数の女たちを取り込んだ。やがて少女であることが露見する若き志願兵という女主人公の設定は、解放戦争から二〇世紀まで文学と伝説において人気を博していた。男性戦士たちは、少なからぬ女性が彼らの模範を魅力的で抗い難いものと感じたのだと自惚れていた。こうした女性が戦果を台座の上で待ち受けるのでなく、戦場に下りてきたとしても、あながちそれが男女間の区別を曖昧にするものと見なされたわけではなかった。例えば、『一八〇七―一八一五年の戦役におけるドイツ烈女（ヒロイン）』（一九一二年）と題された本は、こうした男装戦士への関心が継続していたことを示している。従軍看護婦のことを書いた本かと思うかもしれないが、そこでは国民解放戦争で闘うために少年に変装した一七人もの少女の存在が語られている。こうした屈強で決然たる女性たちが英雄的行為や不屈の闘志という「男性的」資質を示したとき、彼女たちはただ「男らしい」とのみ表現された。★[45]いずれにしても、こうした女性たちはごく僅かであり、その存在が逆に規則の存在を証明する例外にすぎなかった。めでたく最後には、彼女たちの本当の性が露見するのが常であり、彼女たちは家庭に戻され、不平を漏らすことなく定められた役割に復帰したのである。こうした愛国的な少女戦士は、フランス革命期とナポレオン戦争期には、フランスでもドイツでも見出された。しかし、純粋に女性的な理想は、相変わらず英雄的なものではなかった。★[46]ナポレオン戦争期の愛国主義を回顧して、ドイツの婦道が称賛されるとき、利用される有効なイメージは、戦場の尼僧、盾を持った乙女、男性指導者を待望する天使であり、近代的軍隊で小銃や大砲を打ち放つ少女戦士とはかけ離れていた。★[47]

スポーツ活動も男性の領分と考えられており、十分な運動能力を持つ女性は、男性的概念で評価された。イギリスでもドイツでも、女子運動選手は「ボーイッシュ（クナーベンハフト）」な少女、あるいは「完全に健康で男性的」な少女とさえ呼ばれることが多かった。★[48]第一次大戦後、戦争の積極性と男性性を保持するために、フランスで小説家アンリ・ド・モンテルランのような人々がスポーツに期待を寄せると、ボーイッシュな女性が人気を集めるようになった。★[49]

男性側への女性の取り込みは、男女に割り当てられた役割上の差異を埋めるほど強力ではなかった。というのも、男たちは男性世界に越境してくる女性にいつも危惧を抱いていたからである。彼女たちは、自立した精神態度を持つ「近代女性」と見なされたが、少なくとも小説や伝説においては、近代女性の脅威は消し去られ、男女間の伝統的な区別が勝利を収めていた。女性であることが発覚した解放戦争期の騎兵は、部隊を去って、彼女の伝統的役割を引き受けたし、女子スポーツ選手も遅かれ早かれ、家庭と母性を優先する女らしさを示した。しかし、男性の領分を侵し、市民的価値観(リスペクタビリティ)の理想に異議を申し立てる女性の脅威を消し去ることは、現実生活において一層難しいことが判明した。（結局はエロティックな刺激として利用されるかもしれない）女子スポーツ選手あるいは少女戦士を度外視したとしても、男性性に付随すべき英雄的精神を示さず男の衣裳や振る舞いを模倣するだけなら、そうした「男っぽい」女性は変態として糾弾された。また、レスビアンの場合のように、元来のジェンダーの役割が回復されるハッピーエンドの展望が見出せない場合、そうした男っぽい女性は社会的脅威と目された。

しかし、少女のように感じやすく純朴な男性も、かつては流行していた。[50] ある種の女性性は「世紀末(ファン・ド・スィエクル)」の「燃え上がる青春」の叙述に忍び込み、第一次大戦の塹壕文学において開花した。第一次大戦で亡くなりイギリス青年のシンボルとなった詩人ルパート・ブルックは、熱烈に雄々しく、しかし心優しく、人生に傷つきやすかった。前線の背後で沐浴している裸体兵士の光景、すなわち純潔、優美、無防備なイメージは、英独両国において人々の想像力を掻き立てた。すでに前章で触れたように、こうした沐浴する兵士を謳った詩は、イギリスの同性愛詩に先例があったとはいえ、ただ単に純潔の、すなわち「無垢な青春」のメタファーであった。[★51] こうした文脈で女性的特徴を持つ者として男子を描いても、めったには同性愛と関連づけられることはなかった。いずれにしろ、ボーイッシュな女性の方が重要であり、そのイメージの方が少女じみた少年のイメージよりも広汎に流布していた。

　こうしたジェンダーの役割の溝を埋める傾向に対するアンビヴァレントな賛同も個別的な事例としては存在したが、両性具有、あるいはしばしばそう呼ばれたヘルマプロディートス［図42］への偏見によって輝きを奪われた。すでに言及した両性具有者の運命は、世界を秩序づけるためにジェンダー区分が果たした重要な役割を明らかにする。このカオスに瀕しているように見える世界を、市民的価値観（リスペクタビリティ）を強調しつつ保持しようとしたのが、国民主義（ナショナリズム）であった。

　一九世紀初頭のシンボル表現において、両性具有は精神と物質の統一を意味しており、友愛および人類の原理的な性善と清浄を表象していた。[★52] ロマン主義運動の初期においてなお、両性具有は、いかなる具体的なリアリティとも結びつかない抽象的な理念に留まっていた。例えば、ノヴァーリスはそれを調和のシンボルと見なした。現実の世界は無価値であるという、この詩人の確信がそこに反映されていた。彼は心情の世界、すなわち青い花が咲き乱れる幻想の世界に好んで引き籠った。[★53] 劇作家フリードリヒ・フォン・シラーや言語学者ヴィルヘルム・フォン・フンボルト［一七六七―一八三五年］のような人物も、人類史上最も高尚な存在と信じられていたJ・J・ヴィンケルマンのギリシャ古典美の様式に倣って、理想化した両性具有を描き出した。ヴィンケルマンの説くギリシャ青年像が持つ柔和で円やかな四肢と傾斜のある臀部は、彼らには男性性と女性性の結合物のように思われた。[★54] 最終的には、ヴィンケルマンのギリシャ的理想は柔和な輪郭を失って、男性性と明確に結びつくようになったが、彼が唱えた美の両性具有的理想が受け入れたので、彼の同性愛は無視された。

図42：「ヘルマプロディートス」。ヘルメスとアプロディーテーの間に生まれた両性具有の美少年（ポンペイ壁画）。

一九世紀以前において、「両性具有から形而上学的意味を除いた」半陰陽《ヘルマフロディズム》（雌雄同体）に対する人々の態度はもっとアンビヴァレントだった。例えば、ガブリエル・ド・フォワニーは、その著『ジャック・サデューの冒険』（一六二九年）においてオーストラリアの理想郷に半陰陽人を住まわせた。彼らは裸で過ごし、性も欲もなく、二人だけの関係を他に優先させることなく、真に愛し合うとされた。だが、彼らの中で生活しているフォワニーの主人公が、自らの性にふさわしいあらゆる衝動を備えた男性であることは最後で明らかになる。半陰陽はまやかしであり、内実なきフィクションであった。フォワニーのユートピアでは、半陰陽人を少年と少女に分け、正常化しようと試みられた。一八世紀になっても、半陰陽人は自ら怪物と見なして自己再生産をやめたのだと信じる人々がいた。[★55] 結局は、初期ロマン主義者の賛美ではなく、この立場こそが勝利を収めた。工業化、都市化が進展し、コミュニケーションが加速化するに従って、神秘主義的統一性よりも秩序の維持が重要になっていった。解放された情熱の夢想が中産階級社会を破壊しないように、国民主義（ナショナリズム）は厳密なジェンダーの理想を示さなくてはならなかった。

それゆえ、ユートピア的理想としての両性具有は、まったく異質で驚くほど現実的なイメージによって置き換えられた。両性具有への新たな不安は女性に投影され、一九世紀半ばまでには攻撃的でほとんど男性的な「宿命の妖婦（ファム・ファタル）」が通俗文芸においてお馴染みのものとなった。文化史家マリオ・プラーツ［一八九六―一九八二年］は、当時人気のあった三文小説で描かれたような、美しくも冷酷な女性を次のように叙述した。「男性的」性格を備えた彼女たちは、強情かつ傲慢、また移り気であった、[★56] と。市民的価値観（リスペクタビリティ）に付随する欲求不満の反映である男性の性的不安は、両性具有的女性に投影された。フランスのロマン主義者ゴーティエは、彼の「宿命の妖婦（フェム・ファタル）」であるクレオパトラについて、「性的な人肉嗜食（カニバリズム）は彼女の独擅場である」★[57]と一八四五年に書いている。クレオパトラは自分の愛人を何人も殺し、その中にはまさに成就できない恋ゆえに彼女に魅せられた一青年も含まれていたとされた。

両性具有は「世紀末（ファン・ド・スィエクル）」までには性的にも道徳的にも曖昧な怪物と見なされるようになり、★[58]マゾヒスト、サディスト、男女の同性愛者といった「アウトサイダー」としばしば同一視された。男女の同性愛者や服装倒錯者を弁護した性科学者マグヌス・ヒルシュフェルトでさえ結局のところ、調和を欠いて見えるために両性具有を非難している。★[59]ギリシャ人やローマ人は両性具有を美しいと考えたが、近代科学者はもはやそれに同意することはできなかった。今や両性具有者は不格好な奇形（フリーク）と見なされた。そうはいっても、同性愛者を弁護するために完全調和のシンボルとして古い両性具有イメージを復興させようとした人々も確かに存在した。というのも、そうした人々にとって、少女の肉体と男性性器を持った優美な青年は、猛烈に男性的な権力シンボルを中和するものであった。★[60]しかし総じて言えば、正常と異常の区別は保持され、生物学上の怪物である両性具有者に幸福な結末が用意されることはなかった。自らの身体を再発見し支配的な道徳や作法を批判する人々の猛攻に対抗すべく、市民的価値観（リスペクタビリティ）が強化されねばならなかった。

当時イギリスでは、既存の社会を嘲るために、挿絵画家オーブリー・ビアズリーが両性

図43：A・ビアズリー作「クライマックス」（1893年）。オスカー・ワイルド『サロメ』のイラスト。

具有の「野蛮で異常な官能[★61]」を利用した。ビアズリーが一八九四年にオスカー・ワイルドの『サロメ』のイラストを描いたとき、その残虐な女性は両性具有かつ「宿命の妖婦（ファム・ファタル）」であるとされた［図43］。彼女を拒んだ洗者聖ヨハネの差し出された首を抱いて踊り、その生気のない唇にキスをするとき、サロメは伝統的な女らしさの理想を打ち負かし、奇怪な男＝女の理想に歓喜した。両性具有によって象徴された脅威は、性科学者が次のような事実を明らかにしたとき、いっそう深刻なものとなった。すなわち、男性と女性のセクシュアリティは完全に区別できるものではなく、すべての個人はその両方の要素を兼ね備えているとされた。まさに科学自体が男性性について男性が抱く最大の悪夢を拡大して見せたといえよう。

三　レスビアンと男性同性愛者

両性具有の没落は、ちょうど一九世紀末にレスビアニズムへの態度が変化したのと一致している。男性同性愛と同じく、それは今や疾病と見なされ、それゆえジェンダーの区別を脅かすものとされた。ほとんど一九世紀を通じて、女性間の親交は男性間の親密な関係に付随した疑惑とは総じて無関係であった。「同性への魅力は女性より男性で強力である」とヴォルテールは書いている。[62] しかし、一七九六年にディドロ［一七一三―八四年］が小説『修道女』（一七九六年）において描いたのは、無垢なヒロインを堕落させようとするレスビアンの邪悪な修道院長であった。確かに、この小説の攻撃の筆鋒は反レスビアニズムというよりも反宗教に向けられていたのだが、それでもレスビアンのステレオタイプとして精神的かつ道徳的な不安定性が提示されている。だが、女性間の肉体的な触れ合いは、一九世紀芸術の正統的なテーマであった。二人の女性が互いの乳房を愛撫し合っているクールベ［一八一九―七七年。フランスの写実主義の画家］の作品『眠り』（一八六六年）［図17］（一〇四頁）は、彼の描いたレスビアン場面のほんの一例にすぎない。こうした場面の多くは神話風にカムフラージュされていた。また、人々が受容しやすくするために、似たような作品を寓意的な言葉で絵解きする画家もいた。[63] しかし、こうした官能的な女性描写は何といっても男性の性欲を掻き立てることを目的としていた。つまり、例の恐るべき「男っぽい」宿命の妖婦（フェム・ファタル）とは何の繋がりもなかった。フランスで売られた石版画においては、レスビアンのシーンは異性間のポルノグラフィと同じくらい微に入り細を穿って描かれた。一方で、例えばイギリスの風刺画家トーマス・ローランドソン［一七五六―一八

二七年」の『驚かされた女性カップル』（一八〇三年）には、男性的想像力が加わる余地はほとんどなかった。[★64]

このようにレスビアニズムを画題とすることは、写真の時代となっても続けられていたが、一八六九年にドイツの神経学者カール・ヴェストファール［一八三三―九〇年］の「先天的性倒錯」に関する萌芽的研究が発表されるや、にわかに顰蹙を買うことになった。この研究により、女性間の友情は正常行動／異常行動という医学的カテゴリーに押し込まれた。その結果として、男装した女性が精神病院で見出されることになった。[★65]両性具有の女性と性的交渉を持つと男盛りの男性は不全麻痺になりやすいという説が、一八九五年になっても専門医師に信じられていた。実際のところ、ある種の麻痺は梅毒に起因するものであったが、それは精神異常と分類されていた。[★66]他の「性的異常」ともすでに結びつけられていた「不徳の致す病」というお馴染みの因果関係が、いまやレスビアニズムにも適用されるようになった。可決されなかったとはいえ、一九〇九年には初めてレスビアン行為も同性愛として処罰対象とするドイツ刑法の改正が提案された。[★67]

男性同性愛者と同じく、レスビアンは男女の区別を危うくするものであったので、社会の根幹を揺さぶった。実際、女性の役割が家族と国民の守護聖人であり母親であるとされていた以上、レスビアンは男性同性愛者よりいっそう強力な社会的脅威になりえた。女性イメージの中心には母性があり、女性はマドンナのように純潔にして同時に生みの母たるものと考えられていた。ブルジョワ家族の長たる父親も理想化されていたとはいえ、父性は男性イメージにとってさほど重要ではなかった。ギリシャ青年のイメージに拠った男性の理想は、前章で論じたように、男性共同体たる男性同盟（メナーブント）に内在していた。クラフト＝エビングが晩年に男性同性愛者に示したような同情をレスビアンに対しては一切寄せなかったことは意味深長である。彼の考えでは、レスビアンとは女の体に男の魂を宿らしたものであった。多くの専門医師仲間と同じく彼も、性的異常が人格の倫理的、審美的、社会的な発達を規定すると信じていたことを思い起こすなら、事態はいっそう深刻であった。[68] 一九世紀末になると、市民的価値観（リスペクタビリティ）による女性への締め付け強化が計られた。そうした締め付けの強化が、女権拡張運動の開始と同時であり、また男女の同性愛者が公然と自分たちのアイデンティティを慎重に主張し始めた時期と重なるのは、単なる偶然ではなかった。

一八七〇年以前ではヨーロッパ小説におけるレスビアンの登場人物もそれほど不吉なものではなかった。だが、この時期を境にしてレスビアンの存在は道徳的かつ医学的な問題となった。[69] 例えばオレノ・ド・バルザック［一七九九―一八五〇年］の『金色の瞳の少女』（一八三五年）においては、レスビアニズムはなるほど是認されていたわけではないとしても、その現象は無慈悲と愚劣さと放埒に彩られたパリ生活の新たな一要素と見なされたにすぎなかった。[70] 当時一般には、レスビアンのステレオタイプは男性同性愛者のステレオタイプに比べれば、はるかに魅力的なものであった。ゴーティエの『モーパン嬢』（一八三五年）において、女の体に男の魂を持ち、男女かまわず性交するヒロインは高い身長、広い肩幅、締まった臀部に加えて、完璧な優美さと乗馬やフェンシングの卓越した技能を備えていた。このヒロインは、疲労し病弱で目を充血させた相方の男性同性愛者とはまるで異なっていた。モーパン嬢を典型とするタイプも「世紀末（ファン・ド・スィエクル）」文学に依然として登場してはいたものの、もっとあからさまに男っぽいレスビアンの前で徐々に輝きを失っていった。★71 そうした男っぽいレスビアンは、かつて少女戦士がしたように男性社会におもねることがなかったのみならず、その脅威となった。以前のレスビアン的性格は両性愛的（バイセクシュアル）に表現されることが多かったが、今度は異性には冷淡になりがちであるとされた。その上、男性同性愛者と同じように、レスビアンは性欲過剰、すなわち情熱の制御不能を体現していた。★72

一部のレスビアンが自己弁護を行うこともあったが、彼女たちは市民の認識に直接異議を申し立てず、むしろ既存社会の中に居場所を求めようしていた。男性同性愛者と同じく、あるいはユダヤ人のような他のマイノリティとも同様に、彼女たちは体制側の規準や価値判断を受け入れることで自らの否定的ステレオタイプを振り払おうと試みた。彼女たちが持つとされた男性性を自己防衛に利用しようとした場合、レスビアンはいつも男性優位の考え方を受け入れた。すなわち、「いったい純粋に女性的に思考する女性が、（レスビアンのように）活力、意欲、明確な意志を持つことなどあるだろうか？」[★73]。この主張は、「熱血男子たる同性愛者こそ最良の兵士たりうる」と説いたフリートレンダーの男性同性愛弁護論とよく似ている。

性欲過剰に対して市民が抱く恐怖心を逆用する、レスビアンのいま一つの主張は次のようなものであった。レスビアンは性的感覚とは無関係な純粋かつ高貴な友情を体現する、[★74]と。この主張は効果的だったかもしれない。二〇世紀初頭に、女性解放運動を不健全かつ不自然と見なし、レスビアニズムを罵倒したヴィルヘルム・ハマーという医師がいたが、[★75]その彼でさえ同性間の愛情は男女間の愛情よりも持続的であると信じていた。[★76]この性愛と愛情という区別は、男性的友情の理想にとっても決定的であったが、国民主義(ナショナリズム)と市民的価値観(リスペクタビリティ)のイデオロギーにおける信仰箇条に相当するものであった。性愛と愛情の区別のおかげで、中産階級の女性を理想化しつつ売春婦にエロティックな感情を投影することが可能になったのである。[★77]

レスビアンの中には、この性愛と愛情という区別をさらに展開した者もいた。つまり、男たちが自分勝手にでっち上げた男性性をあえて否定して、支配的社会の粗雑な男性性と自らが信じる女性的な純潔性を対比したのである。レスビアン同士で性的関係を持つが、それは不純で情熱過多な男女間の交わりとは異なると、彼女たちは告白した。おそらく二〇世紀初頭の最も重要なレスビアン作家であるルネ・ヴィヴィアンは、異性間性交を女性抑圧を目的とする男性の手段として糾弾した。性的な純潔は美の一面であり、その崇拝は彼女の全作品に浸透していた。妊娠は「性差のないスリムな肉体」の歪曲と彼女は考えた。[★78]ずっと後になって、フランスの女流作家コレット［一八七三—一九五四年］は、『純潔と不純』（一九三二年）でルネ・ヴィヴィアンの「まったく自然でプラトニックな性向」について書いている。[★79]いかなるレスビアン的愛情も純潔であるというのであれば別だろうが、こうした純潔性はヴィヴィアンの自殺に至るナタリー・バーニーとの激しい恋愛事件を見ると眉唾に思えよう。

四　デカダン派とレスビアン

ボードレールの影響を受けたルネ・ヴィヴィアンの作品は、デカダンスの雰囲気を漂わせている。実際、そこにはギュスターヴ・フローベール［一八二一—八〇年］が「崩壊」として描いたものを見ることができる。「この崩壊は、日常的に意識生活を異常なまで誇張することで人間の精神に生じた」[★80]。これは既存秩序への同化を促すものというよりも、その糾弾として読めるものである。自己主張した男女同性愛者の多くは、「世紀末（ファン・ド・スイエクル）」のデカダンスに同調したが、それはすでに論じたような社会規範を受け入れることで自己防衛した同性愛者たちとは対照的であった。コレットはヴィヴィアンの出入りしたレスビアン・サークルを夜遊び、薄明かりの部屋、賭事、官能的遊惰への耽溺として描写した。[★81]このデカダンスの姿態は、正常性と異常性という市民的ステレオタイプを採用し、それを逆転させたものであった。挿絵画家オーブリー・ビアズリーは『愛の鏡』（一八九五年）で、彼が得た確信に基づいて中産階級的結婚の歴史から、あらゆる性的倒錯の目録を作った［図44］。彼についていえば、蔑まれていた両性具有者たちとの付き合いに慰めを求めた。[★82]そこでは、美徳が単に打破すべき抑圧となったように、既存の諸規範は転倒されていた。

図44：A・ビアズリー作「愛の鏡」（1895年）。M・A・ラファロヴィッチの詩集『糸と小径』の口絵のイラスト。ただし使用されず。

一九一三年に文化史家オットー・ハルナック［一八五七―一九一四年］がデカダンスという言葉が肯定的な含意で使われているのを聞いて驚いたという事実があったとしても、[★83]男女同性愛者が自己の存在を受け入れる行程としてのデカダンスがフランスやイギリスよりドイツで重要であったと証明することはできない。例えば、普通ドイツのレスビアン小説では、肉体的純潔ではなく精神的純潔を強調する古風なやり方でレスビアニズムを受け入れやすくすることが好まれた。そうはいっても、ドイツのレスビアン小説にもデカダンスのテーマが入り込んでいるものがなくはなかった。[★84]

デカダン現象は、世紀転換期のブルジョワ青年反乱、また身体の再発見と時期を同じくしていた。しかし、ドイツ青年運動や生活改善運動は、自分たち独自の男らしさ、誠実さ、素朴さ、そして「真の」国民主義（ナショナリズム）による復古に目標を定めていたので、デカダンスを拒絶した。デカダンス自身の挑発のために国民主義（ナショナリズム）がそれを受け入れることなどいっそう困難だった。この前衛芸術家（アヴァンギャルド）の脅威は、ただ単に物事の慣習的秩序を転倒させるというだけでなく、実際に男女間の境界を曖昧にすることでもあった。国民主義（ナショナリズム）は最初から青春の賛美を取り入れていたが、「世紀末（ファン・ド・スィエクル）」のデカダンスはさらに進んで思春期を崇拝し、青年反乱を称揚した。フランスの前衛詩人アルフレッド・ジャリ［一八七三―一九〇七年］は笑劇『ユビュ王』（一八九六年）で男子生徒の目を通じて世界を覗き、思春期のもどかしさに重ね合わせて性的解放という彼ら自身の切望を表現した。寄宿学校での同性間の恋愛事件は、思春期の一断面を共感を込めて描いたイギリスやドイツの文芸作品ではお馴染みの素材になっていた。[★85] しかし、この共感は悲劇的結末を伴うのが普通だった。すなわち、レスビアンも男性同性愛者も結末で自殺することが多かった。早世というテーマ、あるいは年長者の無遠慮な趣味や振る舞いによって破滅させられた繊細な若者というイメージは、デカダン派の感受性に含まれていた。消耗というテーマも同じ範疇に属するが、それは絶え間ない刺激の追求、また現代生活の狂気じみたテンポに合わせたことの結果であった。多くの男女同性愛者が感じたはずの絶望や、対等に接してくれる異性愛者集団に近づくことでその絶望から脱したいという欲求は、こうしたデカダン派のテーマに共鳴した。

だが、依然として一般の人々は「デカダンス」という言葉で「文明と国民の没落」を思い起こした。ローマ市民の文弱化と快楽主義と放蕩によって、ローマ帝国は消滅したのではなかったか？★86 デカダン派はどんなに魅力的であったとしても、国民を弱体化させ国民から健全な子女を奪い取る非愛国主義者と目された。それゆえ、同性愛の男女ともにほとんどは自らの男らしさや女らしさを強調し本当の情熱を抑えることで上流社会に参入する道を選んだ。デカダンスという告発を堂々と受け入れた少数の同性愛者は、成長の拒否や思春期への執着を美の崇拝と結びつけることで、市民社会から身を隠そうとするのが普通だった。この現象はドイツ青年運動の指導者層にも見られたが、第一次大戦後のイギリス上流階級出身の同性愛者でいっそう顕著な傾向だった。

男性同性愛者よりレスビアンの方がデカダンスを受容したように見えるが、その理由はおそらく男性同性愛者の方が社会の要求どおりに説得力ある男性性を誇示することを容易と感じたためであろう。確信的なデカダン女性は、大都会の虚飾の下で膿にまみれたエキゾチックな世界の住人という通俗的なレスビアン理解を強化するのに寄与した。その理解は男装の麗人、女の体に宿った男の魂というレスビアン・イメージとも一致するものであった。こうしてデカダンスは、否定的な陰画を示すことで、ジェンダーを差異化する伝統的態度を事実上強化したといえようか。

五　母性主義フェミニズム

小規模なデカダン派運動に比べて、二〇世紀への転換期に始まったフェミニスト運動は性的および政治的な解放を引き起こす潜勢力の大きさで際立っていた。実際、この運動内部には、家族の枠を超えたセクシュアリティのあり方を積極的に正当化する者も存在した。しかし、セックスに関する限り、大多数のフェミニストは保守的であり、政治的な諸権利と性の自由は切り離されていた。イギリスにもドイツにも存在したフェミニストとピューリタンの同盟関係は、伝統的態度に変革を求める兆しがあればなんであれ潰しにかかった。この戦略的同盟が運動に認めた範囲は市民的価値観（リスペクタビリティ）の枠内であり、それによってある種の女性的自尊心を打ち立てることを可能にした。ドイツ・フェミニズム運動における急進派の指導者ミンナ・カウアー［一八四二―一九二二年］は、一八九六年、次のように表明している。「男女同権の承認が必要なものとされるだけでなく、秩序と作法と道徳を維持するために望ましいと見なされるように、国家と社会を啓発することが我々の義務であると確信する」[★87]。イヴァン・ブロッホの学術的著作『この時代の性生活』を発禁に追い込んだ「国民覚醒協会（ナショナル・ヴィジランス・アソシエーション）」に名を連ねた多くのイギリス人フェミニスト指導者をカウアーは模範例として挙げることができた[★88]。また、フェミニズムと純潔は、国民的な動員態勢にも結びついた。出生率の低下は売春や不倫やポルノに蝕まれた現代家族の脆弱さが原因であると批判するとき、フェミニストは多数派に与していた[★89]。

フェミニズム運動もレスビアンや男性同性愛者のような他の「アウトサイダー」と姿勢を同じくしていたのである。確かに、デカダン派運動に加わり最大限に利用した者もいたにはいたが、多くは市民的価値観（リスペクタビリティ）を保守しており、それを女性の幸福、人種あるいは国民の福祉にとって死活的なものと考えた。例えば、すでに第二章で言及したように、『主体者（デア・アイゲネ）』の編集者アドルフ・ブラントは寛容が第一次大戦後ドイツの道徳的再生を妨げているとして、ヴァイマル共和国の寛容に不同意を表明した[★90]。社会からはあらゆる規範の破壊者と目された人々においても、彼らが掘り崩すとされた作法と道徳をまるごと受け入れ、自らに自由をもたらすはずの寛容を拒絶した者は少なくなかった。

イギリスとドイツでは、売春婦の待遇に対する反発からフェミニストの市民的価値観（リスペクタビリティ）への傾倒はますます促進された。とりわけ、当局が衛生の名において（男性によって実施される）屈辱的な性器検査を受けるよう通達したことは、女性全体の名誉を傷つけるものと考えられた。男性に対して同種の性病検査がまったく求められなかった以上、それは男女に対する二重標準（ダブルスタンダード）の公的な承認を意味した。ドイツとイギリスのフェミニストは、強制的身体検査の廃止運動を女性の尊厳と権利のための闘争と位置づけた。フェミニストにとって、売春婦の扱われ方や搾取状況は女性に対する男性の態度の象徴となっていった。それゆえ、その運動が単なる検査廃止を超えて売春そのものへの反対に発展するのは論理的に当然のことであった。検査廃止が達成されれば、廃止運動のフェミニスト的文脈は消えてしまったが、それに続いて純潔な社会を求める聖戦が浮上した。[★91]女権拡張の主張からあらゆる堕落行為に対する聖戦への移行により、フェミニスト運動は市民的価値観（リスペクタビリティ）と国民主義（ナショナリズム）と協調することができた。このアウトサイダーがもう一度体制に取り込まれたことで、支配的な規範は新たな力を得ることになった。こうした聖戦は個人の私生活へ国家と国民が介入することを正当化し、個人的関係全般にわたる国民国家の支配を強化することになった。

ドイツ・フェミニスト運動の多数派は、女性性の支配的なステレオタイプを採用していた。社会は「女性に特有な能力」すなわち「女性の純愛とでも言うべきもの」を必要としており、道徳の後見人として女性は教育と救貧の責任を引き受けねばならないとされた。[★92]女性参政権[★93]も「母性的な影響力」の公的活動を認めるもので、女性政治家を認めるものではなかった。女性運動の多数派にとっては、政治に超然とし続ける努力が大切であり、

「国民が最優先」という断言によって政党論議は一蹴された。★94

　重要なことは、自らを解放した女性たちが、女性の伝統的役割を追認することによって、市民的価値観（リスペクタビリティ）へのいかなる攻撃であれ阻止すべく全力を尽くしたことである。「世紀末（ファン・ド・スィエクル）」にあらゆる階層で愛読されたE・マルリット［一八二五―八七年。本名はフリーデリケ・ヘンリエッテ・クリスティアーネ・オイゲニエ・ヨーン］のように政治的にはリベラルな女流作家でさえ、「すべてがそのところを得ている」市民的生活の暖かい住まいに引き籠ることを唱えていた。そもそも国民福祉は、女性が伝統的役割を演じる家族生活――マルリットから引用すれば「高貴なドイツ的家庭生活」――の安定に拠っていた。★95 もう一人のベストセラー作家ナタリー・フォン・エシュストゥルート［一八六〇―一九三九年］は、幸福とは世間から家庭の内懐に退くことであり、それこそ「一九世紀には理解されないような」事実と語っている。★96 こうした女性たちは、異なる民族や国民の間での寛容と相互理解を呼びかけるときでさえ、自分たちは「昔ながらの美徳」を守っているのだと主張した。市民的価値観（リスペクタビリティ）が論じ始められると、寛容は終わる、と思うのだが。

　こうした女流作家は市民的家庭生活、市民的価値観（リスペクタビリティ）、国民主義（ナショナリズム）から彼女たちの夢物語のカンバスを織り上げた。シンデレラはその「純真な心」によって栄達したのである。ビジネスは軽蔑されていたので、シンデレラはお金を稼いだりはしなかった。だが、富があることは蔑まれていたわけではないので、シンデレラは結婚したのである。現代の騎士が自らのお姫さまを守るという構図は相変わらずであった。こうした夢物語の世界は、二〇世紀に入っても依然としてドイツ通俗読み物の本質的要素であった。ヘートヴィヒ・クルツ＝マーラー「一八六七―一九五〇年」は、マルリット流の伝統を第一次大戦以後も守り続け、ドイツで空前のベストセラー作家に登り詰めた。一九一〇年から一九四一年の間に彼女の著書は三千万部も売れたのである。[★97] 彼女の恋愛小説は家族の堅い絆を強調し、「静粛で気品ある慎み」を示すよう女性に説いていた。彼女自身は第三帝国への協力を拒否して大変な勇気を示した（ナチ党も彼女の本をあえて禁止する気はなかった）。しかし、彼女のヒロインが職業の継続か主婦生活かを選択するときには、「素敵でかわいいティンカーベル」は結婚に満足を見出したと書いて躊躇（ためら）うことがなかった。[★98] こうしたベストセラーでは国民主義（ナショナリズム）は抑制されているが、市民的価値観（リスペクタビリティ）を繋ぎ止め支える役目を果たしていた。クルツ＝マーラーによる一連の恋愛小説もそうだが、国民主義（ナショナリズム）が物語の背景を規定するのはいつものことであった。すなわち、中世都市、特別な意味を持つドイツの森や城である。[★99] ここで国民主義（ナショナリズム）はあらゆるドイツ的なものを賛美するため、というよりも生活にふさわしい態度を守るべく機能した。

ロマン主義は一九世紀末までに新ロマン主義となったが、その過程でロマン主義はその反逆的な激情を喪失した。後に残ったのは、現実世界からの幻想世界への逃避であった。そこは時間が止まっている世界、未来よりも過去が志向される世界であった。ノヴァーリスの青い花が開くとマティルデの顔が現れたように、女性はこの新しい幻想の中心に位置しており、美と純潔と古き良き美徳からなる失われた世界を象徴していた。つまり、この女性は一九世紀全体を通じて模倣されたナザレ派絵画のマドンナであり、通俗文学におけるシンデレラであった。

国民を示す女性シンボルは、この幻想の反映であった。それは、ちょうど「国民」そのものが健全かつ幸福な世界のイメージの反映であったのと同じである。「異常性」の擁護もデカダンスも、この幻想に息吹きを与え続ける神話のシンボルを侵すことはできなかった。ドイツであれ他のどこであれ、フェミニスト運動の多数派はこの幻想を受け入れ、その魅力に身を任せようとしていた。啓蒙期を通じて達成された微々たる解放に取って代わった女性の反解放は、いずれにせよ第一次世界大戦までにはその凱歌を挙げることになった。国民国家は中産階級女性を家庭外の活動的生活から遠ざけ、不穏な時代に触れさせずにおこうとした。つまり、竜を退治する者、すなわち信仰の守護者たることは男性に割り当てられた。男らしさと男性社会の賛美は、女性の理想化を伴っていた。「汝ら古き時代の作法、道徳、信仰、良心を取り戻さん」★100。解放戦争で苦境に立つ同胞にテオドア・ケルナーが詩に謳った約束は実現された。いわゆる「一九一四年世代」が戦闘に突入したとき、国民的純潔の神話は生き生きと蘇った。

第六章　戦争と青年と美しさ

第一次大戦は前章まで述べてきた諸潮流を加速させ、戦後世界に流し込んだ。そうした潮流は抵抗にぶつかり始めていた。しかし、戦争の心的外傷（トラウマ）の中で、国民主義（ナショナリズム）は青春崇拝、男性美の感受性と同志愛、すなわち男らしさのステレオタイプを強化した。危険視されていた官能的で同性愛的な含意もすべて削ぎ落とされたように思われた。

戦争は男らしさへの誘惑であった。一九二〇年代後半にクリストファー・イシャウッドは、戦争を体験し損なった恥の意識にイギリス人作家たちは苛まれているのだ、と書き残している。[★1]戦争こそ、「おまえは本当に男なのか？」という問いを提起する武勇と成熟と勇気の試練だと見なされた。[★2]自分たちこそが機を逸した経験の大きさを痛感するようになった世代だと、ジョージ・オーウェル［一九〇三―五〇年］は書いている。すなわち、「経験し損なった以上、自分を一人前の男とは言い難いと感じたのだ」[★3]。同じ時期のドイツ青年も、自分の男らしさを証明する機会を逃してしまったことに悩まされた。リアルな死体や負傷を隠して戦闘シーンのみをうまく示した戦争写真入りの通俗本に戦後の青年は夢中になり、次のことを学んだ。すなわち、敗戦にもかかわらず、自分自身と祖国の未来に確信を抱いている質実剛健なドイツ人を鍛え上げたものこそ戦争なのだ。[★4]戦中戦後を通じて書物や絵画の中で理想化された女性像は、あるいは銃後を守りあるいは負傷者を看護する「守護天使」であった［図34］（一九〇頁）。しかし戦時体験の語りにおいて女性は、塹壕の戦友のもとに帰っていく兵士の性的欲求を満たす売春婦の役割も演じた。[★5]

確かに戦後は、敗戦国ドイツよりも戦勝国イギリスにおいて、戦争を拒絶し、戦争による男らしさへの誘惑を無視する者が多かった。しかし、そうした状況にあったイギリスの文芸エリートにおいても、詩人、小説家であったシットウェル姉弟［姉イーディス：一八八七―一九六四年、弟オズバート：一八九二―一九六九年、弟サシェベレル：一八九七―一九八八年］のようにファシズムを称賛し始める者も少なくなかった。「きっかけさえあれば自分だってファシストになっていたかもしれない」とクリストファー・イシャウッドは書き残している。[★6]戦争の揺り返しで、「世紀末（ファン・ド・スィエクル）」を彩ったデカダンスが、いくつかのサークルで新たな活力を取り戻した。だが、塹壕の戦友愛を通じて浸透した男性性への執着は、大波となって戦後世界に押し寄せた。それを拒絶することは可能だったとしても、無視することは不可能だった。

戦争体験の神話と数百万の兵士が体験した戦争の現実は区別して論じなければならない。

塹壕や戦場で実際に兵士が感じたことを、再現することはできない。兵士の本当の感情を厳密に確定する世論調査などないのだから。フランスで、戦時期の戦友愛の意味に関する二、三の研究が現れたが、それとても取るに足らないサンプルに基づく調査にすぎない。兵士のうちで比較的小規模なグループだけが戦争の意味について思うところを表現してきた。彼らの多くは、戦場に殺到した一九一四年世代の義勇兵たる作家だった。とすれば、民衆の大半が戦争を歓迎したというのも疑わしい。最も詳細なフランスの研究では、民衆が歓迎したとは言えないことが示されている。[★7] 戦争勃発に際してイタリア人の多くが示した反応では、避け難い事態に直面したときに現れるある種の諦観が支配的であった。[★8] しかし、一九一四年世代に結びついた国民主義（ナショナリズム）が主に大学生や中産階級の一部に限られたとしても、[★9] ことによると大多数の住民が抱いていたかもしれない消極的で諦観に傾いた態度を超克しうる躍動（エラン）を国民主義（ナショナリズム）は持っていた。

大半が将校となる志願兵によって創られた戦争体験の神話は、戦後世界にかなりの影響を及ぼした。なぜそうなったのかを理解するのは、それほど難しいことではない。著書『崩壊の歳月』（一九七四年）で数千通の兵士の手紙を分析した歴史家ビル・ガメージは、神話を魅力的なものにする矛盾した気持ちを次のように要約している。それは、すなわち、戦争の恐怖は忘れたいが、その体験こそ自分たちの人生の頂点であることを知っていた復員軍人たちの葛藤である。[★10] 神話は恐怖をうまく忘却させ、栄誉を言祝（ことほ）いだのである。塹壕の中で鍛えられた若き男気の高揚を前にして、死傷者の面影はおぼろになっていった。一九一四年世代の開戦時における軍旗への殺到は、多様な動機から引き起こされたが、男性性の追求は全員に共通していた。「当時、早熟で才走りすぎていた我々青年は、もはや魂を持っていなかった。……だが、この八月一日（開戦日）は、……生命の大きさと力強さを身をもって引き受ける道を指し示してくれたのである」[★11]。

これは、志願兵の一人であったヒトラーがハンス・ツェーバーライン［一八九五―一九六四年］の小説『ドイツへの信念』（一九三一年）に寄せた序文の言葉である。志願兵たちは「文明の人工性を除去して純朴の自然となる」ことによって、自らの男らしさを再確認したように感じたのである。彼らは堕落した世界から身を引いて、男子たる力を誇りとする雄々しき新世界を打ち立てようとしていた[★12]。こうした言説は即、次のような医学用語に翻訳された。過度に洗練された、虚弱で女々しい社会の「病気」は、力強き「健康」に取って代わられるべきである、と。一九一四年世代は反市民的感情の強烈さにおいて、親世代の社会に反発した「世紀末（ファン・ド・スィエクル）」の中産階級子弟と同じであった。だが今や、その理想化された選択肢は、デカダンスではなく男らしさに見出された。

戦争は人生における例外状況へ、すなわち冒険への憧憬を満たし、市民社会の制約や責任から男性を解放した。「兵士のみが自由である」と謳われたフリードリヒ・フォン・シラーの詩は、第一次大戦中のドイツにおいてなお人口に膾炙していたし、イギリスにおいてもダグラス・リードがこう書いている。「戦争の何たるかを私は知らない。私はそれを自由と綴ってきた」[★13]。

詩人ルパート・ブルックは、表現能力のある多くのインテリ青年にとって戦争が何であったかを次のように要約しているが、それはイギリスだけに当てはまるものではない。戦争志願者は「旧弊にうんざりした」世界から逃れて、「清らかな水に飛び込む」水泳選手のごとくだった、と。これこそ、原初的なエネルギーと男らしさを賛美する一九一四年世代に典型的なものとして、エリック・リードが正しく表現した「近代からの飛翔」である[★14]。また、このような逃避はアルカディア、すなわち無垢なる自然の理想郷へ回帰することを意味していた。ブルックが使った水泳選手のメタファーは、もう一度、沐浴する兵士の頌詩を思い起こさせる。ブルック自身、次のような言葉で描写されている。「金髪なびかす、若きアポロ、戦場の傍らに、夢見たたずむ。人生の冗漫なる儚さに堂々として構えるところなし」[★15]。戦いのうちなる人生は、もはや儚きものにあらず、意義深きものであった。ドイツにおいても、沐浴する兵士の頌詩は、腐敗した社会の対極にある純潔のメタファーであり、美しくも傷つきやすい男性性の賛美であった。

だが、戦争において男らしさと男性の友情におけるエロティックな要素がはっきりと表面化してしまうと、この要素を削ぎ落とすことが緊急課題となった。ここでもう一度、ルパート・ブルックは例として引用できる。戦争以前ですら、煩悩なき友情を選んで恋愛を退けることで、彼はエロティックな衝動を克服しようと努めていた。ブルックにとって、「清潔」とは「セクシュアリティの浄化」を意味した。同性愛者と思われるかもしれないという恐怖とも相俟って、彼は肉体的愛に対してピューリタン的な不信を抱いていた[16]。ブルックのような青年にとってみれば、戦争によって男性的なものは「卑俗」な本能を超越する絶対原理へと理想化された。ドイツの場合、最初の志願兵たちが教会で祝福されたとき、こうした超越の感覚は公認された。「この瞬間、我々は聖別されたのだ[17]」。

図45：学生組合の正装をしたヴァルター・フレックス。

国民的大義は、人間の性的欲動とそのエロティシズムをあたかも取り込んだかのごとく思われた。エルンスト・ユンガーは、兵士たちがセックスについて語り始めるといつも地下壕を抜け出した。国民的一体感と犠牲者は泥で汚されてはならなかったからである。戦争が自己中心主義への解毒剤であるとは、今でもよく耳にする[18]。個人の私的な幻想や情熱の存在は許されざるものとされた。ドイツの英霊、ヴァルター・フレックス［図45］の前線墓碑となった木の十字架に刻まれた銘は、そうした教訓を告げている。「プロイセンの旗への忠誠を誓った者は、もはや自分のものと呼びうる何ものも所有しない[19]」。自分の持つものすべてを専有するときにのみ、人間は自己の本性を意識できると、ヘーゲルのような一九世紀の思想家は断じた。しかし、今や国民国家が人間を専有し、その人生に意義と目標を与えることになった。戦時中に「清純な愛」を謳い上げたイギリス詩人は、ウィルフレット・オーエン［一八九三―一九一八年］一人ではなかった。オーエンのような同性愛者にとって、個性を犠牲に供することは、「異常性」のレッテルを張られないための防御策であった。もしも異常と見なされれば、彼の男性性や兵士らしい挙措は疑問視されたであろう。それゆえ、戦争は多くの志願兵からすれば性的本能を超克し、攻撃本能や闘争本能を高める個人的かつ国民的な再生の契機と見なされた。現実はまったく別ものだったとしても、それは戦争体験の神話にとってほとんど意味を持たなかった。というのも、兵士が歌いながら前線まで行進した歌詞が卑猥なものであることも稀ではなかったからである。例えばイギリスでは、有名なプロテスタントの賛美歌の旋律にのせて猥褻な歌詞が歌われていた。★20

それにもかかわらず、自信に満ち喜んで献身する純粋な性格を持った新しいタイプの人間が戦争体験から生まれたと言われた。ドイツのヴァルター・フレックスとイギリスのルパート・ブルック［図24］（一一二頁）に象徴されるこの新人類は、実際のところ戦争によって若返った古い国民的ステレオタイプに他ならなかった。こうした理想型と両作家の現実の人柄がどれほど乖離していたとしても、神話が彼らによって織り上げられるのは避け

図46：1914年の学徒志願兵エルンスト・ヴルヒェ。

難い宿命だった。ブルックの詩は諳（そら）んじて引用するにふさわしく、同じことはヴァルター・フレックスの簡潔で力強く情感溢れる物語についても当てはまった。両者とも都会を嫌悪し田園を愛したが、それは国民が抱く前工業化時代の自己イメージに合致していた。フレックスがドイツ青年運動の出身であるのは典型的と言える。彼こそ純粋な民族（フォルク）の追求と戦争体験とを繋ぐ生身の絆であった。フレックスの『二つの世界の間の遍歴者』（一九一七年）とブルックの一九一四年のソネットが映し出したのは、今まさに青年が表現すべきことのすべてであった。すなわち、「世紀末（ファン・ド・スィエクル）」の反逆ではなく、国民的過去、無垢なる自然、人格の美しさ、性的純潔への崇敬と、祖国への献身、そうした模範であった。

『二つの世界の間の遍歴者』の主人公である、フレックスの友人ヴルヒェ〔図46〕はそうした青年を具現していた。彼のモットー「清くあれ、成熟せよ」は青年運動に由来するものので、道徳的清潔を含意していた。フレックスが書いているように「ヴルヒェ自身、心身ともに清潔」であり、「清潔、機敏、秩序のうちに喜びを見出すように部下の兵士たちを教育していた」。フレックスに関して言えば、彼がそこにいるだけで兵士たちは野卑な冗談に興じるのを止めてしまった。[★21]とはいっても、フレックスがブルックと同じように肉体的愛に神経質な態度を示したとか、彼が同性愛の嫌疑をかけられて苦悩したといった証拠は存在しない。にもかかわらず、精神的清潔の前提条件である性的純潔は、戦争が求める犠牲に不可欠な要素であるとフレックスも考えていた。

ヴルヒェは「悦ばしき静謐」の象徴であり、それはウィンストン・チャーチル［一八七四―一九六五年］がルパート・ブルックへの追悼文で強調した「精神と肉体の調和」と同じだった。エドワード・マーシュ［一八七二―一九五三年］が『回顧録』で書いているように、ブルックは一緒にいると心が落ち着く人間だった。[★22]フレックスもブルックも決して前衛芸術家ではなかった。それどころか、理解しやすい作品を書く伝統的な作家であった。その上、彼らの神話が創られたのが戦況が思わしくなくなった時期であることも、とりわけ重要であろう。ブルックの詩が現れたのは、イギリスで速やかな勝利の確信に代わって見通しの効かない疲労感が顕在化したときであったし、フレックスの本が刊行されたのは西部戦線でドイツが守勢に転じたときであった。

ヴルヒェとブルックについては、肉体的外観は精神の反映であると言われた。これは生身の人間が国民的ステレオタイプの大理石彫刻に変貌する上で決定的なことであった。この二人は伝統的な国民的理想を象徴することになった。彼らの美しさは斬新でも新奇でもなく、それどころかすでに論じた若きジークフリートやギリシャの神々のような国民的ステレオタイプに多少手を加えたものにすぎなかった。つまり、均整のとれた姿勢で、物静かだが雄々しく、エロティシズムさえなくもなかった。『二つの世界の間の遍歴者』にはヴルヒェの肉体描写が随所に存在する。曰く、澄んだ瞳、はにかんだ微笑、しなやかな肉体、誇りに満ちた首筋、整った顎と口。彼の容姿や声色や気性を言い表すのに、「澄んだ」と「清らかな」という形容詞が絶え間なく使われた。また、ルパート・ブルックも、その容姿に言及せずに彼を論ずることなどほとんど考えられない。フランシス・コーンフォード［一八七四—一九四三年］の「金髪なびかす、若きアポロ」は、およそ皮肉をこめて書かれたものだとしても、ブルックの「輝き」は誰もが強調したことである。ルパート・ブルック伝説の創出に大きく寄与したエドワード・マーシュの回顧録は、ブルックの調和のとれた気質や美しさを描き出すべく格別に配慮しているが、現実はいくぶん異なっていたことは明らかである。どちらかといえばブルックを嫌っていた女流作家ヴァージニア・ウルフ［一八八二—一九四一年］によれば、彼は嫉妬深く陰気であり、情緒も不安定であった。[★23] 一九一五年に刊行された全詩集に添えられた肖像では、彼の渋目の美貌はほとんど女性的であった。だが、重要なのは神話であった。ここでもまた、ブルックとヴルヒェの健康さ、快活さ、雄々しさ、調和のとれた気質が輝くような容姿に反映していたという点で、両者は酷似していた。

こうした心身の諸特徴は、神話において、自然や純粋な前工業化時代のメタファーと結びつけられ、国民主義を万古不易の力として正当化するのに重要な役割を果たした。ヴルヒェとフレックスが塹壕を離れて休息をとるとき、二人はともに森を逍遥するか、川縁の草に身を横たえて時を過ごしたものだった。彼らの沐浴を謳い上げた叙情的な章句がいくつか創作されている。目に浮かぶのは、草原、太陽、青空であり、飛沫をあげて水に飛び込むヴルヒェたち兵士の裸体、陽の光に透けて輝く肉体である。「神の永遠なる美と太陽は、……神々しい若人を守る盾として輝いた」。戦闘の騒音から離れ、燦然たる自然の只中で裸身を晒す、このヴルヒェのイメージは、フレックスにとって生涯で最も貴重な体験であった。[★24] エロティックかつ牧歌的なるものの象徴として、沐浴する裸体兵士を眺める場面はイギリスの戦争回顧録のほとんどすべてに登場した、とポール・ファッセルは述べている。[★25] イギリスではホモエロティックな詩人がこうしたジャンルを作り上げたが、ドイツではヴィンケルマンのギリシャ的男性性の理想に育まれた国民的ステレオタイプのエロティシズムはすでに馴染みのものであった。

ブルックは、陽光のメタファーによって自然に結びつけられたが、また彼の健康的な容姿や人柄、長期のタヒチ滞在、「まったく個性的で人を当惑させる」庭園のあるグラントチェスター牧師館への愛着によっても自然が連想された。彼の詩『グラントチェスターの古い牧師館』では、泳ぎ手の裸体を包む清らかな水が謳い上げられ、彼の作品の中核である清潔のイメージがまたもや喚起されている。また、『イギリス未公認の薔薇』のように、彼は花のシンボリズムも用いた。[26]すでに触れたように、花のメタファーはドイツロマン主義の本質的要素であったが、イギリスでも同様で、戦時中はとりわけ重要だった。花は暖かい家庭の団欒のシンボルであり、転変常なき戦争の只中に永遠の相を象徴していた。大英帝国墓所委員会はフランドル地域の英国戦士墓地にイギリスの花を植える意義をことのほか強調した。花と故郷の連想の強さ――また国民的イメージの中核であるこのシンボルの重要さ――は、古典学者フレデリック・ケニヨン卿［一八六三―一九五二年。大英博物館長など歴任］が一九一八年に委員会へ提出した報告書で簡潔に要約されている。「自分の郷土の教会墓地を思い起こせるように、（土壌に合う限り）イギリスのイチイ［常緑樹で老大樹にまで成長することから不滅の象徴としてイギリスの教会墓地によく植えられた］を植樹すべきことは言うまでもない」。[27]ルパート・ブルックの最も有名な詩句において、イギリスは「見知らぬ原野の一角、それ永遠のイギリスなり」と謳われた。[28]それはロンドンやバーミンガムではなくグラントチェスターであり、工業化以前の牧歌的なシンボルがちりばめられていた。

一九一五年、ルパート・ブルックがガリポリ遠征の途上サキュロス島で病没したとき、スタンリー・カッソンは次のように論評した。このギリシャの島で英雄アキレウスが青年期を過ごしたこと、この島の質実剛健な羊飼いたちが凡庸なギリシャの都市生活者に対して愛すべき対照をなしていることを考えると、この地こそがブルックの死地にふさわしかった、と。ブルックの記念碑が一九三一年この島で落成されたが、神聖な海を臨むホメーロスの裸体を彷彿とさせる詩人にはブロンズ製の青年裸像こそふさわしいとされた。[★29] 自然、裸体、海原が一丸となって、そうした神話のエロティシズムと純潔を同時に具現していた。清潔と陽光は裸体からセクシュアリティを削ぎ落とし、ただ賛美すべき美しさだけが残された。

また、裸体は自由のシンボルでもあった。アラビアでの戦争体験を描いて多くの読者を獲得した『知恵の七柱』（一九二二年）で、T・E・ロレンスはこう主張した。鎧のように厚く覆われた着衣の下にある人間本性を砂漠の生活は暴き出す、と。荒涼たる砂漠に身を晒す人間は、生命の根源的な力と向き合って生活する。すなわち「何事につけ気取ることなく男同士で生活していた」[★30]。ここで女性は何の意味も持たなかった。互いの清潔な肉体をゆだね合い、アラブの若者は性的必要を仲間うちで満たした。彼らは「自由への情熱の官能的な相乗効果が暗闇のなかに潜んでいる」[★31]のを見出したのだ。ロレンスにとって、この文脈での同性愛は自然、無垢、清潔を意味しており、砂漠の戦友意識に不可欠な要素だった。また、男らしさの発露としても、同性愛は独立と自由を求めるアラブの闘争の本質的要素であると、ロレンスは確信していた。そこには明らかにヨーロッパとの比較が含まれていた。ヨーロッパの市民的価値観（リスペクタビリティ）の伝統は、不義の情熱を制御するために法外なエネルギーの投入を必要としていた。

だが、アラブでの清潔は肉欲を排除しないし、自然もエロティックな要素を裸体から一掃しない。この自然はグラントチェスターの感傷的な庭園でも、塹壕の後方に思い描かれた爽やかな陽光降り注ぐ草原や湖沼でもなく、ありのままの自然、人間の原初的本能と調和する自然であった。もっとも、ドイツではそうした自然の定義は未知のものではなく、戦時中には自然で原始的なものが連想されることもままあった。一九一七年に小説家ヘルマン・レンスはこう書いている。「文化とは何ぞや？　文明とはいかなる意味を持つのか？　自然の躍動を覆っている薄っぺらい化粧張りに他ならず、裂け目ができて弾け出るのを自然は待っているのだ」[★32]。また、塹壕を飛び出し敵陣に突入する突撃兵（シュトゥルムゾルダーテン）についてのエルンスト・ユンガーの描写も、原初的情動を誉め称えていた。「憤怒のために、わが目は悲痛の涙を絞り出された。……ただ太古の本能だけに身をあずけていた」[★33]。しかし、ドイツにおいて、ありのままの自然が市民的価値観（リスペクタビリティ）を侵食することは決してなかった。個人は至上の国民的大義に挺身していたので、情熱のやり場を性的満足に求めるまでもなかったのである。つまるところ、ロレンスは自分の性的幻想を砂漠とそのエロティックな住民に投影していたのである。

『知恵の七柱』が博した絶大な人気は、泥だらけのフランドル戦線とはかけ離れ、見渡す限りの広大な砂漠で展開された冒険物語という特徴に拠っている。だが、ロレンスの本には、イギリス人をはじめヨーロッパ諸国民の多くが共有した性的幻想でアラビアが演じた役割も反映されていた。おそらく、この本は歴史というよりも神話として読まれていた。ロレンスは本当のところアラブ人が好きではなかったが、工業化社会を魅了し続けた様式――すなわち自由のメタファーとしての砂漠――への追憶の中にアラブ人を持ち出した。新しい高貴なる野蛮人として、アラブ人の習俗は因襲に捕らわれないものであり、アラブ人特有の環境においては異常なものが清潔なものとなった。イギリスでは男も女も多くがアラビアの物語から幻想的気分を膨らませており、騎士道と奔放な性愛の最後の面影をアラブ人に見ていた。それより一五〇年さかのぼると、エドワード・ギボンが『ローマ帝国衰亡史』で、アラブ人は自然の特権を喪失することなく、ある程度まで社会の恩恵を享受したと書いていた。[★34] ロレンスの恩師でありイギリスの権益を中東まで広げるのに大きく貢献した考古学者デイヴィッド・ジョージ・ホガース［一八六二―一九二七年］は次のように述べている。「アラブ人はあらゆるロマンティックで無軌道な肉体的本能に訴えてきた」。[★35] こうした幻想は、鬱屈した情動と性的欲求不満を抱えた上品なイギリス人にどれほど鮮烈であっただろうか！

フランス人もアラブ人をこのように見たであろうが、アラブ世界に十分な接触経験を持たないドイツ人は自分たちの幻想をアメリカ・インディアンに投影していた。近代ドイツ屈指の大衆読み物作家カール・マイ［一八四二―一九一二年］は、インディアンやドイツ人の主人公たちが狩猟生活をする北米の大平原を、「文明人がわが家と呼ぶ監獄」[★36] と対比した。このように、西欧的な国民的ステレオタイプに基づく雄々しく美しい男性は、故郷から用心深く距離を取ることで、政治と道徳の隘路から脱する術を見出した。ロレンスの主人公である首長ファイサルは男性美の理想を具現しており、ヴルヒェやブルックの男性美とよく似ていた。彼は石柱のように上背がありスマートで、奥ゆかしく活力もあり、典雅な歩きといい、頭や肩の仕草といい王者の風格が漂っていた。彼は思慮の人というより行動の人であった。[★37]ブルックやヴルヒェの場合とくに重要だった安らぎを与える静謐が彼には欠けていたとしても、彼の気まぐれさを見れば、自らの情熱をごまかす必要や作為性と無縁だったことはすぐわかった。ブルック、ヴルヒェ、ファイサルが示した原理的な理想はよく似ており、いずれも肉体的美しさと指導力を含んでいた。だが、ブルックとヴルヒェはエロティシズムを超克していると見なされたが、ファイサルとその住民の間でそれが隠し立てされることはなかった。ロレンスが指摘した砂漠と自由の類似性は、その論理的帰結として国民的ステレオタイプのホモエロティックな含意を浮き上がらせた。

イギリスやドイツの国民的ステレオタイプの場合も、男性同士が互いの美貌や愛情を強調するときには、エロティシズムが表面化していた。ドナルド・ハンキー著『武器をとる学徒』(一九一六年)でも、その主人公たちはひときわ見目麗しく描写され、こう付言された。「我々は彼を愛していた。究極のところ、愛よりも強いものが存在しようか」。[★38]ドイツの戦記文学も主人公のほとんどに美貌と愛すべき資質を与えていたが、それはギリシャを模範とした青年裸像を供えた多くの英霊記念碑でブロンズや大理石によって具体的に表現された。エロティックな関心は、変わることのない自然とキリスト教精神と国民性に包摂されることで、少なくとも理論上は無害なものとされていた。戦争記念碑として、こうしたギリシャ青年は、自らの裸体を超越した不朽性のシンボルに固められた［図47・48］。

ドイツとイギリスで神話がよく似た形態をとったということは、この神話が両国共通の必要性を満たしたことを示している。しかし、フレックスとブルックの差異もまた重要である。とりわけ、戦争そのものの性格、つまり実際の殺人行為に対する両者の対照的な反応は注目に価する。フレックスとヴルヒェが新緑の草原で日光浴をしていたとき、ヴルヒェは戦闘の美しさを満喫するために突撃兵になりたいと語った。彼はフレックスに自分の剣を示してこう述べている。「何て美しいんだ。ね、君もそう思うだろ？」[★39]。感傷的な性格と人間的な残忍さは、美しい青年の中で一つになって

図47：「ボン大学の第一次大戦英霊記念碑」(1918年以降)。この記念碑には裸体シンボルの利用が見て取れる。その「男らしいポーズ」をゲルマーニアのポーズと比べてみよ。

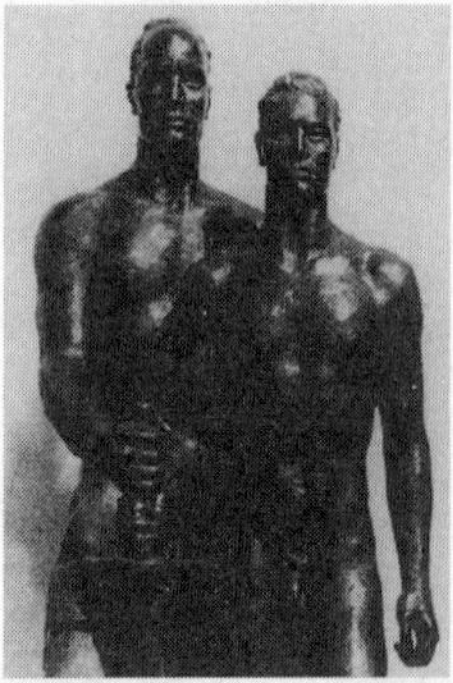

図48：ゲオルク・コルベ作「シュトラールズントの第一次大戦記念碑」（1935年）。第三帝国の自己表現として重要な彫像の典型である。英雄的な青年の伝統的イメージが継承されている。

いた。ドイツ敗戦の間際ですら、そうだった。これに対して、ルパート・ブルックは決して兵士の生業を賛美しなかった。エドワード・マーシュの回想録によれば、ブルックは戦争勃発時の熱狂も欠いていたようだ。ガリポリで戦闘参加を待つ段になって、彼も少しずつだが愛国主義者然としてきた。彼は戦闘で歓喜にむせぶことも、戦争の「美しさ」を称賛することも一度としてなかった。

ブルックはイギリスの文芸エリートに属していた。戦前、彼は権威——それには母親の権威も含まれるが——に反発し、変化を求める若者として、イギリスを離れてヨーロッパ、アメリカ、南洋地域を旅行した。この事実は、彼の神話が形成される際にも決して隠し立てされなかった。実際、彼のかなり洗練された物腰、広い旅行体験、文学的趣味によって、彼のイメージにイギリスで尊敬を集める上流階級の特徴が添えられた。他方、フレックスは決して権威を疑わなかったし、旅行によって家族や友人から逃れようともしなかった。ビスマルク家の子供たちの家庭教師となるのも、彼にとっては至極当然のことであった。

フレックスにはブルックにない責任の重圧が加わっていた。だからフレックスの場合、自己否定とは無縁であり、高い目標から一瞬たりとも抜け出せなかった。ブルックとフレックスの対照は、二人の母国で、あるいは少なくとも代表的な人々の間で支配的な態度の差異を典型的に示している。

この相違は、両人が価値を認めた過去の伝統にも及んでいる。ブルックは古代ギリシャの例を好んで引用したが、[40]フレックスはドイツ敬虔主義の伝統に傾倒していた。フレックスは神学部学生として、空前の戦争体験に向き合うのに役立つキリスト教的情感の実例を引き出すことができた。そこに死と復活、啓示と奉献のイメージを見出すことは容易だった。戦争を論じるに際して、フレックスはキリストの殉難と復活を嬉々として引用し決して飽きることがなかった。ヴルヒェも神学部の学生であり、彼の美しさ、魂の清らかさは「信仰上の春」に擬せられた。[41]彼が肌身離さず持っていたのは、ゲーテの著作やニーチェの『ツァラトゥストラ』とともに新約聖書であった。フレックスの立場はドイツ国民主義者(ナショナリスト)で支配的な伝統に属していた。すでに論じたように、かつて詩人たちは対ナポレオン解放戦争を「ドイツの復活祭」になぞらえた。「時間を超越したものだけに、価値がある」[42]のであり、そうした時間の超越性はここにおいて強烈な敬虔主義的伝統と結びついた。ドイツ国民は神の器であった。自らの命を国民的栄誉に捧げた者はキリストの受難に倣ったのであり、その復活は約束されていた。ゲーテとニーチェについて言えば、彼らは動揺する現状に超越する絶対的価値を求めた理想主義的哲学者と見なされていた。『二つの世界の間の遍歴者』の理想主義的傾向は、異教的ギリシャ、ロシア・バレー劇、前衛的詩歌に向けられたブルックの玄人的嗜好とは甚だしく隔たっていた。ブルックの詩に多い軽快な雰囲気と比べて、フレックスの作品に見られる頑な（かたく）なまでの生真面目さは、敬虔主義に由来していた。ここには異なる二つの国民主義（ナショナリズム）が見出せる。国民統合の長い歴史と日の沈まぬ帝国版図に基づく自信に溢れたイギリス型と、新たに統一され世界強国への野望に目覚めたドイツ型の国民主義（ナショナリズム）である。

容赦ない戦争の機械化、人間と機械の相互作用によって、とりわけドイツでは戦士の新たなステレオタイプがその姿を現し始めた。それは広く浸透していた前工業化時代のイメージから離れて、この機械化を称賛するものであった。兵士そのものが一つの機械として描かれるようになったのである。エルンスト・ユンガーは石に刻まれたような顔を持ち、引き締まった筋肉質の「新しい男性種族（ノイエ・ラッセ・フォン・メネルン）」[★43]について書いている。こうした兵士は草原に身を横たえることも他の兵士の沐浴を見つめることもなく、グラントチェスターの牧師館で気を休めることもなかった。熾烈な戦争を乗り切るために万古不易の自然を黙想することなど彼らには不要だった。というのも、戦闘は彼らの実存の一部であったからである。「ローマ軍団や中世ドイツの傭兵団など自らの祖先のように、……戦争は彼らの血肉となっていた」と書かれている。そうした機械人間(マシーネンメンシュ)は戦闘の中で感情を解き放ち、血に酔いしれ怒りに狂った。この兵士たちによって、男らしさは自らの限界を乗り超える、とユンガーは確信していた。[★44]

そうした超越は、セクシュアリティの抑圧ではなくその方向転換を意味していた。突撃兵が敵と遭遇したとき、彼らは「男性的なエロティシズムではちきれんばかりであった」。[★45]カール・プリュムの注釈によると、ユンガーは戦闘を描くのにあからさまな性的語彙を使っている。フランス兵やイギリス兵の白い肉に銃剣を突き立てるときのエクスタシーの感覚は、オルガスムに対比された。戦闘が終わると、醒めた新米の突撃兵は塹壕の「乱れたベッド」を後にした。[★46]こうした攻撃性は性本能の欲動に煽られていた。つまり、ユンガーの突撃兵は、戦闘中の敵にも、戦闘の後の女性もまったく同じ仕方で、その性的欲求を満たすことができた。

フランツ・シャウヴェッカー［一八九〇―一九六四年］の著作も同様に戦争と性本能の関係を示している。ユンガーにとってもシャウヴェッカーにとっても、戦争は性的抑制からの解放を意味していた。[★47]この解放はおとぎ話の中のアラビアではなく、伝統的ヨーロッパからは切断されてはいるものの、やはり自らの現実世界のことであった。一九一四年世代が戦争の中に追い求めた自由は、予測もできなかった方向に駆り立てられた。道徳的かつ人格的な純潔の追求が多くの志願兵を奮い立たせたが、それは肉食動物の本能を解き放つことになってしまった。生存欲求は、戦闘での残虐行為によって満たされることになった。

剣の美しさを称えるとき、ヴルヒェは自分の残虐な一面を晒け出したが、本来は戦闘の喧噪の真っ只中より自然の優しさに安らぎを見出す人間だった。ロレンスのアラブ人は高貴な野蛮人であったが、その性欲は攻撃性と残虐性によって刺激される必要などなかった。ユンガーの突撃兵は、戦後の復員を拒否してドイツ東部国境防衛のために戦った兵士の先駆けであった。自らを「軍旗なき兵士」と呼んだ彼らは、自らの伝記によれば、誰からも見捨てられていた。だが現実には、こうした「義勇軍（フライコール）」は正規軍とほぼ同様に組織されていた。[★48] それにもかかわらず、平和がもたらした混沌と無秩序における戦時中の戦友愛へのノスタルジー、また市民社会の束縛から逃れたいという持続的な欲求を、「義勇軍」神話は満足させた。最終的には、この神話の構成要素は、ナチ親衛隊に加わった外国人志願兵を惹きつけたものでもあった。血の純潔と新ヨーロッパのための騎士団員として、自分たちは法律に、いや国民にさえも超然とした新しい人種なのだ、と彼らは考えた。[★49] ユンガーの突撃兵の場合と同じく、彼らの男性同盟（メナーブント）から排除された者はすべてモノにすぎなかった。このモノの中には、女性、ユダヤ人、スラブ民族が含まれていた。この青年たちはそのセクシュアリティを敵への攻撃に導くことで、予想された脅威から市民的価値観（リスペクタビリティ）をいま一度救い出した。それにもかかわらず、国民的シンボルとされたのは、こうした新しい人種ではなくヴルヒェやブルックのような「伝統的な」青年だった。

どんなに英雄的であり崇高であったにせよ、これまで論じてきた理想的青年像は個人的なものとしてではなく集団的体験の構成要素として思い描かれていた。ブルックやフレックスは決して一個人として存在したのではなかった。彼らはともに戦う戦友愛の観点から見て「等しき者の内の第一人者」だったにすぎない。だが、ユンガーの突撃兵は全体を表現するために個人が選び出されたとしても、集合的存在を投影したものだった。ここにおいて、神話は現実に近づいていた。なぜなら、ほとんどの兵士が戦時中に何らかの戦友愛を現実に体験したからである。戦友愛の理念が戦争体験の神話の最も影響力ある要素に数えられるようになったことも驚くにはあたらない。

「戦争が男同士の純粋な触れ合いを回復したのだ。わざとらしさ、ぎこちなさはすべて振るい落とされた」[50]と、言われた。多くの青年にとって、塹壕の戦友愛は最初の共同体体験であった。それは、生き残ろうとするなら、各々が仲間に手を貸さねばならない共同体であり、将校と兵士の間でさえある程度の平等が存在した共同体であった。前線の小隊は、一人ひとりが仲間の福利に貢献する限りで各構成員の福利を保証する福祉国家のミニチュア版に擬せられてきた。[51]確かに、自らの責務を果たさない者、あるいは不躾で直截な仲間意識に溶け込めない者などアウトサイダーはいつでも存在した。作家フランツ・シャウヴェッカーが部隊でいじめを受けたのは、彼がインテリで、さらに重要なことは、華奢な体格をしていたためであった。だが、こうした自らの体験にもかかわらず、シャウヴェッカーは戦後において戦友愛神話の熱烈な唱道者となったのである。[52]

この神話において、前線での戦友愛は戦争による道徳的高揚の具体的成果とされた。愛他主義に基づき、また自分の人格を集団の人格へと昇華させることによって、一人ひとりが自分の卑しい情欲を払い清めるとされた。利己的な性欲動は、共同体全体への関心に取り込まれてしまった。フランチェスコ・サポリ［一八九〇―一九六四年］はイタリアで最初に塹壕戦を扱った小説『塹壕』（一九一七年）で次のように書いている。[53] 戦友の間では痛みさえ同質であったので、彼は涙を流さず傷に耐える力を見出したのだ。とりわけドイツでは、戦友愛は代議制統治の民主主義よりもっと純粋な民主主義を持った、心身ともに清潔な新しい国民が成長する胚葉と見なされた。「塹壕の中で平等はごく自然に生まれた」[54]という文句はよく知られている。

戦友愛の神話は主に将校たちによって創られたので、そこには兵士への感傷的な思い込みが相当含まれていた。というのは、上流階級出身者の多くは塹壕で初めて、いわゆる下層階級と接したからである。事実、「自然な平等性」がヒエラルキーを排したわけではなかった。それどころか、階級横断的な共同体においては、いわゆる「自然の指導力」が前提とされていた。行動で証を立てた、男らしい美徳と逞しい容姿を持った者だけが、指導者の地位を引き受けた。指導者のカリスマ性において肉体的外観が果たした役割にも、抑えようのないホモエロティックな要素が含まれていた。例えば、あるイタリア兵は次のように書いている。彼の大尉は「若く、上背があり見目麗しかった」[55]。ヴルヒェが兵士の心を把握できた主な理由は、彼が眉目秀麗で上品だったためである。

例えばイギリス版のフレックスとヴルヒェである、詩人ジークフリード・サスーン［一八八六―一九六七年］とディック・ティルトウッドの関係のように、将校の間でよく芽生えた緊密で打ち解けた友情においても、凛々しい容貌、高潔さを湛える表情とともにホモエロティックな要素が作用していた。[★56]金髪、どのようにして戦争がエドガー・グレイ・ドウとの友情を「美しい全生涯のもの」としたかは、アーネスト・レイモンド［一八八八―一九七四年］が述べている。[★57]もし戦争がなかったなら、学校卒業後二人は別の道を歩んでいたであろう。戦争中、そのような親密な付き合いは実際的な機能を果たし、しばしば互いに援護し合う関係として現れた。[★58]こうした友情は詩でも散文でも長らく光彩を放ち続けたが、片方が戦死した場合は、なおさらだった。年老いていく者にとって、戦死した戦友が自分自身の失われた青春のシンボルになることもあった。

女性でさえ戦友愛に水を差すことはできなかった。戦争回想録と戦記小説は次のようなエピソードで溢れている。自分の部隊が戦闘に突入すると、即座に前線へ復帰するために、賜暇中の兵士は恋人に別れを告げに行った。「前線復帰命令を受けていようとなかろうと、私の心はいつも戦場の仲間とともにあるのだ」[★59]。前線に戻った兵士は昨日までの恋人への、あるいは後方にいる売春婦への愛着など実際に感じないものだ、とユンガーは書いている。[★60]女性と真剣に付き合うことができなくなるのではないかという不安はあったが、塹壕の戦友たちに混じっての危険な生活が過剰なエネルギーの手っ取り早いはけ口となった。『友情(ディ・フロイントシャフト)』と題されて戦後出版されたドイツの右翼的小説で、ある兵士が戦友に婚約を破棄するよう迫っている場面は、まさに典型的である。「花嫁を娶る兵士だって、とんでもない。……身も心も賭けて戦わねばならないときに、ありえないことだ。女にかかずらっている場合ではない」。戦後、この戦友たちは二人とも同じ女性に恋をした。一方がもう一方を出し抜いたのだが、彼ら二人の友情が揺らぐことはなかった。★61 最も著名なフランス人戦争作家ローラン・ドルジュレス［一八八六―一九七三年］の『死者の召喚』（一九二三年）を読めば、以下のような結論に達しよう。すなわち、最も危険な敵は背後にいたのであり、それは戦時利得者どもだけでなく、前線の夫を裏切った女たちであったのだ、と。

実際には、兵士の願望と幻想の中に女性は出没したが、戦友愛の神話はこの女性像を馴染みのある一九世紀的カテゴリー――性欲の対象か、あるいは純潔で献身的な聖母のイメージ――に押し込めた。そのイメージを別の言葉で表現すれば、従軍慰安婦と野戦看護婦といえよう。性的妄想は戦時宣伝において大きな役割を演じた［図49］。敵兵による婦女暴行のイラストが大量に作られた。また、猥褻な絵はがきも流行したが、その妄想は敵に投影されていたので検閲を免れた。その敵兵は排泄物にまみれたものとして描かれ、その性器も含めて肉体が晒されていた。★62

図49：「この狂った野獣を撃退せよ！」(1918年アメリカ)。

戦友愛の賛美が男性同盟（メナーブント）の古い理想を新たな極点にまで引き上げたように、それはまた男性的エロティシズムへの不安も蘇らせた。もはや友情の仕種や情感が一八世紀のようにさりげないものではなくなった今、そうした不安はいっそう大きくなった。実際、そうした仕種や情感は明らかに男らしくないものとみなされ、ホモエロティシズムはもちろんホモセクシュアリティさえもおぞましく思い起こさせた。

この戦友愛の理想が戦後世界に持ち込まれたとき、エロティシズムの痕跡を払い清めようとする努力は、グロテスクな形をとることも珍しくなかった。通俗三文作家ルドルフ・ヘルツォーク［一八六九—一九三四年］は、その小説『戦友』（一九二二年）において、兵士たちに「男らしい接吻」を交わさせているが、主要登場人物一人ひとりに恋人をあてがうことに多大な労力をついやしていた。だが、この「未来の花嫁たち」は小説の中で何の役割も演じていない。彼女たちは、男の友情が社会で尊敬されるための小道具にすぎなかった。

塹壕は男たちが肝胆相照らしえた場所であり、男らしい振る舞いの学校であった、と第三帝国期に書かれた研究は結論づけている。

共同体的体験は、名誉と義務と勤労への献身を含んでいたとされた。[63]だが、戦場——長らく恐怖、闘争、混沌が支配した場所——での戦友愛は、現実に戦後世界で市民的価値観（リスペクタビリティ）への学校と目され、そこで男らしい物腰や道徳を身につける最後の課程が学ばれた、といえるのだろうか？

　男らしさと戦友愛の理想は、平時へ転用された。極端な例だが、アンリ・ド・モンテルランはスポーツを平時での戦争継続、男らしさを賭けた最良の試練と見なした。彼の『オリンピック選手』（一九二四年）では、サッカーチームが戦時中の分隊にたとえられ、男子の友愛は好んで性的情熱と比べられた。モンテルランは、古典ギリシャによって体現されたような男性肉体の崇高な美しさ——青春の特権である美しさ——に心酔していた。[64]だが、モンテルランは国民主義者（ナショナリスト）ではなかったし、国民に武器を取れと要求することもなかった。[65]むしろ、彼にとって戦争はそのヒロイズムと肉体美とともに真に男性的な生活様式をもたらす可能性を具現していた。モンテルランが同性愛者であったことは、ほとんど疑う余地がないように思える。彼は極力その事実を隠そうとして、競技場であれ戦場であれ、理想的な男性同盟（メナーブント）に隠れ家を探し求めていた。[66]

　このパンテオンに女性の占める場所はなかった。もっとも、女性がスポーツに優れていれば別だが、その場合、彼女の容姿や態度は男性として描かれ、そこでは女体の曲線は失われていた。女性は元来、ただ愚かで従順な性欲の対象にすぎないものとされた。[67]スポーツと戦争を同一視したのはモンテルランだけではなかった。例えば、イギリスの左翼詩人W・H・オーデン［一九〇七―七三年］の初期の詩にも、戦争イメージは学校競技のイメージに無意識のまま溶け込んでいた。[★68]パブリック・スクールの男性社会は、戦争の男性性と溶け合っていた。

映画というニュー・メディアは、特にドイツでは男らしさの理想に独自の刻印を与えた。戦後すぐに押し寄せた一連の山岳映画において、ルイス・トレンカー［一八九二―一九九〇年］やレニ・リーフェンシュタール［一九〇二―二〇〇三年］のようなスターは山岳を征するために、自分の肉体の強靭さと美しさを活用した［図50］。登山とは、「永遠なる一片（かけら）」を摑むため、身体が万古不易のものを追い求めるスポーツである。[★69]未踏峰、透き通った空気と水、純白な氷河がそこで象徴しているのは、敗戦、経済的混乱、革命に見舞われたドイツの再生であった。山岳映画が公然と国民主義的（ナショナリズム）メッセージを唱えたわけではないとしても、その含意は十分明らかであった。すなわち、強く雄々しく清廉な国民国家が再建されるだろう、とされた。人気映画『美と力への道』（一九二五年）も同じメッッ

図50：レニ・リーフェンシュタール主演の山岳映画『モンブランの嵐』（1930年）。アーノルド・ファンク監督。

セージを持っていた。ほとんど全裸の青年が古代の競技場で競技練習をしているオープニングのシーンで、ナレーターは「ギリシャの理想は徳と美を結合させた」と言挙げる。同時に、そうした徳と美が国民の力に不可欠なことを、この映画は明らかにしている。身体が今一たび再発見されたので、現代の衣裳は窮屈で不体裁だと糾弾されている。この映画の結論は分かりやすいものである。過去においては、肉体へ十分に気を配る唯一の手段は軍事訓練だった。「今日、国民の強さを示すのは、軍事教練ではなくスポーツである」。

かくして、戦争は国民主義(ナショナリズム)と市民的価値観(リスペクタビリティ)の絆を再確認し強化した。加えて戦争は、官能的でありながら性欲をそぎ落し男性ステレオタイプを鍛え上げ、また他の人間関係に優越する友情の形式として男同士の戦友愛を持ち上げた。しかしまた、戦争は変化ももたらした。例えば、イタリア青年の中にはよりいっそうの性的解放を叫ぶ者もいた。その要求には、速やかな離婚、女性の同権、さらに婚姻制度の廃止まで含まれていた。[★70] ヴァイマル共和国期のベルリンではどんなセクシュアリティであれ許容されていたという証拠を示す文書の必要はないだろう。だが、ドイツやフランスと同様イギリスでも、戦争体験の神話を構成する男らしさの理想を懐かしがる人々が、広く存在した。少なくとも彼らの中の一部は、あらゆる戦争を拒否し、三〇年代には左翼運動や反ファシズム運動を支持した人々であった。彼らによれば、男性にはもはや偉業を成し遂げる機会はないが、強健かつ禁欲的であり互いの信義を重んじることはできるとされた。[★71] こうして市民的秩序は温存されたのであり、実際、秩序の存続が疑問視されることは決してなかった。

男らしさの理想は、平等とともにヒエラルキーを強調し、個人と国民が再生する道を示し、影響力ある前工業化時代のシンボルを使用した。そのため、その理想は比較考量する限り左翼よりも右翼に役立った。熟練工や小口預金者の集団に変貌していた労働者階級は、こうした枠組みから抜け落ちていた。彼らにとって国民的なヒエラルキーに適合するのは、戦争で歩兵の役割を引き受けるのと同じくらい容易なことであった。左翼に関して言えば、自らの平和主義やコスモポリタン的傾向とまったく相容れない戦争体験の神話に直面するともうお手上げ状態だった。★72 しかも、市民社会を規定する役割を果たしている市民的価値観（リスペクタビリティ）の理想を丸ごと受け入れ続けることに左翼が躊躇（ためら）うことはほとんどなかった。

左翼と右翼が市民的価値観（リスペクタビリティ）の理想をともに分かち合っていたとしても、それを極限まで押し上げたのは右翼であった。国民が権力と強さを求める権利への右翼の確信的な傾倒は、国民主義（ナショナリズム）と市民的価値観（リスペクタビリティ）の提携を強化するのに貢献した。彼らには市民社会と国民国家への脅威が、戦後になって増大したように見えた。戦争から平和への移行は、ただ政治的、社会的危機のみならず道徳的な破局をもたらすと考えられた。かくも長い歳月にわたって有能な男性が不在であった結果として、あるいは元前線兵士たちが市民社会の作法や道徳を攻撃することで銃後への軽蔑を示せたように、男性も女性も戦時の耐乏生活の埋め合わせを求めていたからなのだろう。その上、ロシア革命の、すなわちボルシェヴィズムの脅威が、不道徳への煽動として登場してきた。それはちょうど、一世紀前のフランス革命と同じように批判された。だが、革命で道徳体系に根本的な変化をもたらす可能性を持った性的自由の実験が行われたのは短期間であり、その後ボルシェヴィズムはヨーロッパの右翼顔負けの熱心さで市民的価値観(リスペクタビリティ)のまさしく手本となった。フランス革命と同様に、ロシア革命は上流階級の不安の象徴となったが、その際、ロシアの現実は考慮されなかった。

戦後、いわゆる「不道徳の大波」に対する戦いは、イギリスを含めヨーロッパ全土で遂行された。多くのイギリス人にとって、ロンドンは悪徳の都、新ゴモラであり、ドイツ人のほとんどはヴァイマル共和国の相対的な寛容をデカダンスの徴候と見なした。デカダンスと敗北から脱して「ドイツの道」を見出すべく、ドイツが国民的で道徳的な救済に向けて宿命的な特有の道を歩み始めたのは、まさにこの戦中戦後期であった。戦時中、すべての国民国家は国民統合を要求したし、順応を拒む者に疑惑の目を向けていた。しかし、この時期からドイツではユダヤ系住民という特定集団に多くの人々の敵意が向けられ始めた。だが、ユダヤ系住民は社会的規範を率先して支持し、自らに課せられた戦争の負担を進んで引き受けた人々であった。ドイツ最高司令部が迅速な勝利のチャンスを逃すや否や、ドイツ青年運動内部でいわゆる「ユダヤ人問題」が論議され始めた。さらに不吉なことには、どのくらいのユダヤ人が前線で従軍しているかを確定するための公式調査が一九一六年に開始された。その調査は言外に、ユダヤ人がどのくらい兵役義務を忌避しているかを問うものであった。キリスト教徒の戦友と肩を並べて戦っていたユダヤ人兵士にとって、この選別がどれほどショッキングだったかを想像することは容易であろう。ユダヤ系の戦友たちはアウトサイダーの烙印を押されたのだ。しかも、調査結果は一度も公開されなかったので、徴兵忌避の疑惑は煽られることになった。[★73]結局、戦後ユダヤ人はドイツの退役軍人組織への加入を拒否され、ユダヤ人の独自組織を創らざるを得なかった。それはイギリスやフランスでの経験とはひどく異なっていた。このユダヤ人の孤立化は、敗戦への恐怖、後には平和への騒然たる移行がもたらした不安の反映であった。少なからざるドイツ人が国民主義的右翼を疑惑の眼差しで、いや嫌悪感さえもって見ていたとしても、そうしたユダヤ人の扱い方は、戦後世界でドイツ特有の救済の道が至るべきものの前兆をなしていた。

新生ヴァイマル共和国の特異な自由と寛容にもかかわらず、イギリスやフランスと比較すべくもない困難な戦後状況の主導権は左翼よりも右翼に握られていた。敗戦、革命、反革命と続く衝撃により、国民的かつ道徳的な復興が不可欠であると人々は考えた。同時に、ヴァイマル期のベルリンではドイツ右翼の道徳的立場に挑発が行われていた。例えば、男性同性愛とレスビアニズムは夜のベルリンならどこでも目にすることができた。ゲイ・バーの店数は一九一四年の四〇軒から一九二九年には約八〇軒にまで増加した。同時に、禁断の女性同性愛の隠れ家を覗きたいという人々は多くのレスビアン・バーを選り取り見取りだったし、トーマス・クック社によるベルリンのパックツアーにはこうしたナイトクラブの見物が組み込まれていた。[★74] 共和国はポルノグラフィー取締り法を成立させたが、その施行は中途半端なものであった。ナチ党はこの法律を撤廃しないと決め、市民的価値観（リスペクタビリティ）を堅持するために彼ら独特の容赦ない方法に切り替えた。問題だったのは、男性同性愛者やレスビアンのサブカルチャーが単に存在するということより、公然と人目に晒されていたことだった。というのも、そうしたカルチャーはパリやロンドンにも存在したが、ベルリンでこそ容易に見物でき、写真に撮れ、記事で描かれていた。それゆえ、クリストファー・イシャウッドはベルリンを同性愛者が自由で満たされた人生を謳歌できる都市と見なすことができた［図30］（一七四頁）。この道徳上の異議申し立ては、右翼、究極的には国民社会主義に火種を供給したものであり、過少評価されてはならない。ベルリンの高級住宅地にうごめく富裕なユダヤ人や同性愛者集団と対照的に、街頭行進する若いナチ党員が清楚で品行方正に見えたという理由からヒトラーに投票した人々は、アルベルト・シュペーア［一九〇五―八一年。第三帝国の軍需大臣など歴任］の母親以外にもかなり存在したはずである。

ドイツの政治的右翼は、崩れつつある市民的価値観（リスペクタビリティ）を保持し、同時に国民に敗戦への復讐を準備させるために、人種主義を呼びかけた。人種主義には長い歴史があり、当時まではドイツよりもフランスが指導的役割を演じてきた。だが今やドイツで人種主義は、過激な政治的右翼も「名望ある」国民主義的諸政党も実践した大衆政治の一環として台頭してきた。これこそ、敗戦と戦後世界の危機から回復するためにドイツがとった「特有の道」の本質であった。人種主義とセクシュアリティの結合それ自体は、本書ですでに何度か言及した、正常と異常を区別しようという試みをさらに極端にしたものであった。つまり、心身の特徴の全範囲にわたって異質者（アウトサイダー）と同胞（インサイダー）の性質を明確に定義しようとしたものであった。こうして、国民主義（ナショナリズム）と市民的価値観（リスペクタビリティ）の提携に、人種主義が加わったとき、その同盟関係は絶頂に向って進んでいたのである。

第七章

血と性――アウトサイダーの役割

一　人種主義と都市文化

市民的価値観（リスペクタビリティ）とともに国民主義（ナショナリズム）は、近代社会で男性と女性に抱かれる認識が成立する上で決定的な役割を演じた。人種主義は、国民主義（ナショナリズム）の歴史的かつ視覚的な推進力を強化した。つまり、人種主義は優秀人種と劣等人種のステレオタイプを強調したが、同時に人種の優秀性や劣等性を未来永劫にわたり決定するのは、その人種に特有な歴史であるとされていた。人種主義は、昂進した国民主義（ナショナリズム）であった。民族間の相違はもはや偶然の変異とは見なされず、不変かつ固有なものとされた。さまざまな形態をとる人種主義が、いつも同じ発想に由来したわけでも同じ結論に至るわけでもなかったが、絶対的な支配を要求する方向に国民主義（ナショナリズム）を助長するのは常であった。昂進した国民主義（ナショナリズム）として、人種主義は市民的価値（リスペクタビリ

図51：「誘惑者としてのユダヤ人」。反セム主義ポスター（1920年）。

観を支えていた。それが強調したのは、悪徳と美徳の区別、つまり社会が定めた規則に基づく正常と異常の明確な境界の必要性であった。この人種主義が絶頂に達するのは戦間期だが、一九世紀中葉以後すでにその影響は感じられるようになっていた。

人種主義とセクシュアリティの結びつきは、まさしく直接的であった。人種主義は、国民主義（ナショナリズム）と市民的価値観（リスペクタビリティ）の提携関係にすでに内在していた傾向を極限にまでもっていった。一八世紀にヨーロッパの人種主義が登場して以来、黒人には性的情熱を自制する能力が欠如しているらしいという記述が存在した。というのは人類学者、あるいは国民的ステレオタイプを精緻に仕上げた人々が、高貴な野蛮人を革命的群衆（サンキュロット）のイメージに変身させていたからである。彼らは恥を知らず、混乱状態の中に生き、自律能力を欠いていた。ヒトラーがウィーンで反セム主義運動に身を投じる決意をするはるか以前から、ユダヤ人は好色であると考えられていた。恥知らずで実務に長けた冷酷な、売春制度と白人奴隷制の支配人であるユダヤ人［図51］がアーリア娘を捕まえようと待ち受けているのを目撃した、とヒトラーは述べている。[1]情欲を張らせた「劣等人種」は、人種主義の定番であったが、また「アウトサイダー」に特徴的とされた価値倒錯の一種でもあった。「アウトサイダー」は社会的脅威であったが、同時にその存在そのものが社会の行動規範を確定していた。人種主義はアウトサイダーに烙印を押し、可能な限り彼らを当然のごとく劣等人種に数え上げた。アウトサイダーを社会と国民の健康を脅かす伝染病の保菌者と見なすことなど容易だった。とりわけ、人種主義はごみあさり(スカベンジャー)のイデオロギーだったので、ブルジョワ的ヨーロッパの不安と希望を旗印にして膨れ上がった。

個々の人種主義者は劣等人種についてさまざまな記述をしたとしても、あらゆるアウトサイダーに共通な特徴とされたのは情熱を自制する能力の欠如だった。黒人は責任能力がなく、ユダヤ人は精神を持っていないとされた。一八九二年のパンフレットで図解して示されたように、ユダヤ人の道徳性は下半身に存するとされた。[2]精神異常者、同性愛者、犯罪常習者は等しく自制能力を欠いており、そのため社会を根底から揺るがすものとされた。こうして、市民社会の価値規範から外れている者すべてが「忌まわしい人種」に一括された。小説家マルセル・プルーストはユダヤ人と同性愛者をそう呼んだが、[3]さらに犯罪常習者と精神異常者をこれに加えねばならないだろう。

人種主義のステレオタイプは、適切な作法や道徳に順応できなかった人々すべてに投影された。サンダー・L・ギルマンは簡潔にこう表現している。「誰かが『ユダヤ人のようだ』とか『気狂いのようだ』という言い方は、視覚的なステレオタイプを反映している。それは文化が『他者』のために恣意的な諸特徴を寄せ集めてつくり出したものである」[4]。外見によるステレオタイプ化は視覚中心のイデオロギーである人種主義の基本であった。落ち着きのなさと無精という「動態観相学」[5]によって映し出されたアウトサイダーの肉体的精神的特徴は、社会の不安を反映していた。

ドイツの窃盗犯の言葉遣いと習慣を記述した『ドイツのならず者』(一八五八年)をものした警察官吏フリードリヒ・クリスチャン・ベネディクト・アヴェ-ラレマン[一八〇九-一九一二年]は、次のような事実を指摘している。以前に描かれた犯罪者の肖像は甚だしく歪められた表情と肉体の奇形部を示していたが、実際のところ犯罪者と善男善女を外見から識別することはできなかった[6]。これと同じ所見を彼はユダヤ人、精神異常者、あるいはいわゆる性的倒錯者についても述べることができたであろう。もしアウトサイダーの外観が見苦しく、不作法に振る舞うのであれば、その脅威はかなり減じられたであろう。なぜなら、彼らはより容易に識別され管理されたからである。

人種主義は正常なものと異常なものの明確な区別を強調した。すでに本書で言及したが、異常なものは容姿や振る舞いについて社会が持つ予断と偏見をさらに強力に固定するのに使われた。異常なものの視覚化において「消耗」が重要な役割を演じたが、それは社会が必要とし高く評価した青年の活力の対極にあった。ユダヤ人といわゆる性的倒錯者は、虚弱で死の影を帯びたもの、早い老化の犠牲者として描かれることが多かった。例えば、ドイツの演劇であれバルザックの小説であれ、ユダヤ人はほとんどいつも老人として登場した。一方でアルトゥル・ショーペンハウアー［一七八八—一八六〇年］によって「同性愛は老人の務めである」と主張された。それによって自然は老人が子供を作ろうとするのを防ぐのだ、とされた。★7 少なくともドイツの演劇においては、この老人のステレオタイプによってユダヤ人イメージから家庭的なものが奪い取られた。一九世紀になって初めて成長したユダヤの息子役が舞台に登場したのだが、もしユダヤ人の子供役でも登場していれば、孤独なユダヤ人というステレオタイプは根底から破壊されていたかもしれなかった。かくして老人としてのユダヤ人は市民的生活への参入を拒否され、同性愛者の孤立は当然のこととされた。オスカー・ワイルドが社会を諷刺して「邪悪なものは、いつも年老いて醜い」★8と言い放ったとき、いつもながらことの核心を衝いていた。

一九世紀にはほとんどすべての堕落行為の出発点とされたマスターベーションは、肉体のおぞましい奇形化と神経の完全消耗を引き起こすことになっていた。パリのベルトラン蠟人形館では、こうした先入観を視覚化して展示していた。ここに集団引率されたパリの学童たちが目を釘付けにしたのは、断末魔に喘ぐ若い自慰者の蠟人形であり、また性病に冒された無惨な人形、「色欲錯乱状態」で四肢の一部を切り落とした青年の姿であった。★9 あらゆる性欲過剰は不具か死病に至る、とされていた。同じような形式で一九世紀中葉のアンブロワーズ・タルデューも同性愛者を描いたが、そこでも同性愛者の病んで消耗した肉体が暴き出されていた。[★10] 処罰するか社会から排除するために、アウトサイダーは明確に識別されねばならなかった。それに応じて、同性愛者は法律によって有罪とされ（そのステレオタイプ形成で法医学が演じた重要な役割を思い起こそう）、精神異常者は施設に閉じこめられ、ユダヤ人は隔離された。

消耗は神経質を意味しており、ユダヤ人も同性愛者も精神異常者も絶えず動きまわるものとして描写された。一八八〇年代にフランスの精神科医ジャン・マルタン・シャルコー［一八二五―九三年］によって広く紹介されたヒステリー患者の肖像画は、[★11] あらゆる歪みと捻れを伴っていたのだが、精神異常者のみならず神経質な人々の行動の見方をかなりの程度決定づけた。この肖像画は神経システムの消耗に関する一九世紀の医学所見によっても裏づけられていた。当時、医師たちは「鉄道神経症」について語り、その衰弱原因をマックス・ノルダウは生活を滅茶苦茶にした蒸気と電気に見出していた。[★12] 疲労とは道徳的かつ肉体的な疾患であり、虚弱性や意志薄弱の証であった。それが消耗した脳から生まれる官能的錯乱の原因であるとされたのは、一九世紀末に小説家ジョリス・カルル・ユイスマンスが書いたとおりである。[★13] ユイスマンス自身でもある、デカダンス運動のアンチヒーロー［『さかしま』（一八八四年）の主人公デ・ゼッサント］は、意志の欠如と若々しい活力の拒絶によって特徴づけられていた。ふつうデカダンスのこうした人物描写には、高ぶった感受性と平穏な生活に我慢できない神経過敏が含まれた。このデカダンスは工業化時代の圧迫によっていっそう危険なものになったのであり、それゆえ急激な変化の只中における安定性は特に重要視された。

その上、人種主義者や多くの医師の目からすれば、規範の逸脱は近代性（モダニティ）への耽溺によって引き起こされていた。いわゆる疾病はもう一つ別の疾病を誘発させると考えられることが多かった。つまり、アウトサイダーは何重にも病気であるに違いないとされた。イヴァン・ブロッホは「近代性の振動」が同性愛を引き起こすと信じていたし、もう一人の性学者アルベルト・モルは、精神疾患は同性愛者の血筋で広がると主張した。★14 神経質はしばしばユダヤ人特有の病と見なされたし、エドゥアール・ドリュモン［一八四四―一九一七年］のような反セム主義者の主張によれば、それゆえにユダヤ人の間では精神異常者の比率が高いのだとされた。たぶんユダヤ人と精神疾患の連想は、医療現場とは関係のない別の伝統によっても助長されていた。啓蒙の絶頂期においてさえ、キリスト教からユダヤ教に改宗したプロイセンのある自治体官吏は「おそらく精神疾患を患ったのだろう」と言われた。★15 自発的に社交を絶てば、精神疾患の疑いがかけられたし、出自や性的嗜好によってある人が排除されたとすれば、彼が精神的に不安定であることを意味していた。一八六四年にドイツで最初に同性愛者への迫害に終止符を打つべしと声を大にして要求したカール・ハインリヒ・ウルリヒス［一八二五―九五年］は、プロイセンの法医学教科書で精神異常と明記されていた。[★16]ウルリヒスのような人々は「性的な奇形」とされ、古い「珍品陳列室」に取って代わった一連の書物で浮浪者、犯罪者、宗教的変わり者と一括りにして記述されることが多かった。精神異常という非難はこうしたアウトサイダーに集中的に向けられたが、人種主義はこれをうまく活用した。こうしたステレオタイプを人種主義は劣等人種に投影し、もしも優秀人種の間に同じような連中が見出されたなら（どうせ、こうしたアウトサイダーのほとんどがアーリア人である可能性が高いのだが）、それはどんな犠牲を払ってでも阻止しなくてはならない退廃現象と見なされた。

こうした「アウトサイダー」の巣窟こそ、同性愛に関してすでに論じたのと同様、大都会であった。一九世紀末までに都市は何であれ不自然な事象のメタファーとなっていた。バルザックやユジェーヌ・シュー［一八〇四―五七年。『パリの秘密』一八四二―四三年、『さまよえるユダヤ人』一八四九年など］をはじめとする一九世紀の通俗小説は、すでに都会の人工性、純粋な生命力からの断絶を強調していた。バルザックは、永遠なものは何一つなくすべてがかりそめにすぎない都会の喧噪の中で生じる肉体的かつ精神的な退廃を描いている。多くのパリっ子が（蠟人形館の人形に似てなくもない）生きた死体、すなわち「見るもおぞましき人間」のように見えるのは、何ら驚くに価しないとされている。その著『ニューヨーク炎症』（一九〇一年）でアメリカの医師ジョン・ハーヴェイ・ガードナー［一八五六―一九三三年］は、大都市で生活することに起因する、彼の表現によれば「特殊な炎症」である伝染病を発見した。彼はその症候を「神経質とあらゆる筋肉運動の制御不全」[★17]に見出した。ここでも医学的診断はひどく主観的なイメージにとらわれてしまうと、そのイメージに科学の不変性を付与してしまった。ここでも人種主義は、一九世紀前半に市民的価値観（リスペクタビリティ）が健康と病気に関わる問題になって以来の――本書で辿ってきた――プロセスをうまく利用した。

正常なものは、自然の不易で純粋な力との触れ合いを求めるとされた。市民階級に吹き込まれた定住志向は、市民階級が出現した元来の立場と矛盾していた。市民は自らが創り出した人格を持たないモンスター、すなわち、豪壮な街路と建築物、匿名の大衆に不安を感じていた。それゆえ、市民階級はある次元で歴史的連続性を探し求めた。つまり、市庁舎にはゴチック様式の大聖堂が、個人の邸宅にはルネッサンス様式の宮殿が模倣されねばならなかった。だが、いつもカオスの瀬戸際にある世界に対して人間が支配を強化できたのは、何といっても純粋性と不易性を象徴する自然の治癒力のおかげだった。こうした自然の活用は一九世紀に広がったが、工業化と都市化の加速とともに、あるいは男女がそれぞれの絆を保持するために「永遠の一片（かけら）」に触れたいという欲求の高まりとともに、いっそう一般化していった。

国民主義（ナショナリズム）、人種主義、市民社会はどれも、自然の不易性を分かち持つべく、自然に自らの根拠を求めた。プルーストは、まる一日の乗馬をし、山に登り、雪の上で寝た後に、同性愛を自己矯正した友人について物語を書いている。★18 ここで起こったことは、おそらく清朗な自然の治癒力による緊張感の払拭であり、若々しい活力による消耗の克服であった。「自然は悪習を知らない」のであり、この文脈からすると「動物界に同性愛は存在するかどうか」という性科学者たちの論争に出くわしたとしても、さほど奇妙には思えないであろう。そのような動物がいるならば自然の汚点となるだろうとされた。だが実際、動物界に同性愛が存在することが判明すると、同性愛者たちは市民的価値観(リスペクタビリティ)に対する反証を手に入れることになった。★19

大都市には陰謀が渦巻いていると想像され、社会に敵意を抱く人々と大都市の不道徳な環境の因果関係が求められた。一九世紀を通じて不道徳と陰謀には密接な相関関係があった。すでに触れたように、フランス革命期に、ドイツ人はフランス人が道徳性を喪失したと非難したし、イギリス人の中にはもっと想像力を逞しくして、フランス人がドーヴァー海峡を越えてダンサーを送り込み、その淫らな身ぶりでイギリス国民を堕落させようとすると主張した者もいた。★20 プルーストは同性愛をフリーメーソン的感情と呼んだが、彼らは正統的なフリーメーソンより強力で、もっと広がっており、それほど怪しくは見えないと考えた。第一次大戦の直前、マクシミリアン・ハルデン［一八六一―一九二七年。政治雑誌『未来』を刊行して親ビスマルクの立場からヴィルヘルム二世を批判したジャーナリスト］はドイツ帝国政府内部で蠢くとされた同性愛者の陰謀について、次のような言葉で描写している。もっとも、これはユダヤ人に関するどんな人種主義パンフレットからでも引き出せる類のものであった。「この種族の面々はいたるところに見出せる。宮廷に、陸海軍の指揮系統に、芸術家のアトリエに、大新聞の編集室に……商人、教育者、裁判官の中にも、共通の敵に対して彼らは全員結束している」[★21]。社会を腐敗させるための同性愛者の陰謀は、全世界的なユダヤ人の陰謀と同時進行した。ユダヤ人も同性愛者も彼らの敵の目には、「国家内国家」と映っていた。だが、ステレオタイプが人種主義の独創でないのと同様、陰謀論も人種主義の発明ではなかった。人種主義は、劣等人種と「人種的退廃」を結びつけるもう一つの要素として陰謀論を使ったにすぎなかった。

　市民的秩序の転覆を謀る人々は、若さ、活力、美しさの「理想型」――正真正銘のドイツ人やイギリス人――に対する「反対型(アンチ・タイプ)」を体現していた。真実の美は、いわゆる「劣情や唯物的事象」に真っ向から対立していた。完全な美、そうした美と性的交渉を持ちたいという欲望、この間には架橋できない裂け目が存在すると、一八九六年刊行のラファロヴィッチの著作に書かれていた[★22]。ちょうど同じ頃、イギリスの芸術批評家ウォルター・ペイターは次のように論評している。すでにヴィンケルマンが書いているとおり、ギリシャ彫刻の全き白さはその裸体から官能性を削ぎ落としている[★23]、と。ちょうど美しさ自体が道徳と精神の優越性の証であったように、官能性なき人間の美しさ、それこそ市民的価値観(リスペクタビリティ)の基本的要求であった。肉体美に関するこの上品ぶった概念を、ニーチェは精彩なく馬鹿

図52：ミュンヘン大学の第一次大戦記念碑「ドリュフォロス像」。現在は、槍をはずされて大学本部館ホールに置かれている。

げたものと酷評した。そして、その官能性を丸ごと、また欲望もどこへ向いていようとすべて合わせて、身体を崇拝するようにニーチェは要求した。しかし、「およそ美しい魂が出来損ないの肉体に宿ることがあると信じるなど、まったくもって狂気の沙汰」[★24]と書くとき、同時にニーチェも市民的価値観（リスペクタビリティ）の原理的前提の一つを共有していた。たとえニーチェが「超人」イメージによって上品なヌードを超克しようと試みたとしても、彼もまたギリシャ彫刻の魅力の虜になっていた。一九世紀末にある芸術家が描いた「超人」は、威風堂々たる裸体に天使の翼を備えており、その足下には学者の衣裳をまとった小人たちが取り巻いていた。ニーチェ自身は肉体への愛を表明していたにもかかわらず、「巨人ニーチェ」の偉容に付随するシンボルによって、この作品には清純な情感が漂っていた。[★25]

ヴァルター・フレックスやルパート・ブルックのような国民的英雄の姿であれ、古代ギリシャの彫刻家ポリュクレイトスによる「ドリュフォロス像」［人体均整美の標準とされた、槍を担ぐ青年像］の模造品であるミュンヘン大学の戦争記念碑［図52］であれ、人間の自

(上左)図53：1936年ベルリン・オリンピック記録映画『オリンピア』(1938年)。レニ・リーフェンシュタール監督。第一部「民族の祭典」より。
(上右)図54：同前。
(下)図55：『オリンピア』第二部「美の祭典」冒頭。

己制御を象徴する美の理想は、自然の浄化力を補強した。男らしさの理想を強化する自然のシンボリズムは、本書全体のテーマであった。かなり後のことだが、レニ・リーフェンシュタールは美と自然の関係をいま一度、総括してみせた。彼女が撮った一九三六年ベルリンオリンピックの記録映画の第二部『美の祭典』では、自然美の影像に身体のショットが挿入されていた[★26]〔図53・54・55〕。これは、若々しく、剛健で、活気に満ち、純潔な、すなわち、男らしさの極致であった。既存秩序の根底にあるステレオタイプに支えられて、アーリア人の理想型を喧伝する人種主義の基盤は揺るぎないものであった。

ここで美しく、自然と調和できるとされたのは、健全なるものと正常なるものだけであった。精力的で溌剌とした同性愛者を思い描くことなどできないように、美しきユダヤ人など形容矛盾と考えられた。もっとも、ウォルター・スコットの『アイヴァンホー』(一八二〇年)が読まれ、性的刺激の要素としてエロティックで神秘的なものが求められたため、相変わらず美しきユダヤ女は人々の想像力を捕らえて離さなかったのではあるけれども。ヨハン・ヤーコプ・シュートは、大きな影響力を持った著作『ユダヤ人の特異性』(一七一五年)でこう述べている。百人のユダヤ人の誰一人として、汚点なきもの、醜い造作なきものはいない、と[★27]。この所見は人種主義が最も頻繁に繰り返した主張となった。アウシュヴィッツ収容所の医師ヨーゼフ・メンゲレ博士は、世間一般の美の規準に適っているような若いユダヤ人を調査した。その調査は人種主義が必要とする不細工な特徴を発見するためでもあったので、えび足や遺伝疾患の疑いに出くわすとメンゲレは笑みを浮かべた。[★28]人種主義によって、正常なものと異常なものの区別はその論理的帰結へと駆り立てられた。医学がその成立以来、市民的価値観（リスペクタビリティ）の規準を正統化してきたように、今度は人種主義を医学的に支持しようとする医師が現れた。パウル・メビウス博士は人種的信仰告白の論文で「およそ健全な人類なら、すらりとよく伸びた肢体をもっており、その顔は決して醜くない」[★29]と謳い上げた。それを聞くと、「邪悪なる者はいつも醜い」というオスカー・ワイルドの痛烈な皮肉が思い出されるであろう。だが、監獄に入ったのはオスカー・ワイルドの方であり、社会が望んだ自己イメージを代弁したのは、メビウス博士だったのではないだろうか。

二　反セム主義と同性愛

以上分析してきたアウトサイダーの類似点にもかかわらず、彼らが完全に同一視されていたわけではなかった。ドイツで人種主義が権力を握ったとき、社会が彼らに向ける視線の差異によってその命運は分けられることになった。ユダヤ人と同性愛者への社会的認識の相違点は、両者に向けられた不妊性という告発において極めて明瞭になる。一九世紀の出生率減少を考えると、これは深刻な告発であり、ユダヤ人も同性愛者も社会と国民を弱体化させるとされた。国民国家から未来の兵士と労働者を奪い去るとして同性愛者が告発されたのは驚くべきことではない。通常、ユダヤ人自身は同性愛者として告発されたわけではない。むしろ、良家の子女に狙いを定めた制御できない性欲を持つ者として、敵対者はユダヤ人を思い描いた。ユダヤ人はその情欲によって「国民の母」を汚し、健全な子孫の出生を妨げると考えられた。加えて、ユダヤ人は産児制限――すなわちアーリア民族を絶滅させるもう一つの手段――の発明者として告発された。人種主義者による避妊の糾弾は、何もドイツに限ったことではなかった。イギリスの社会主義者シドニー・ウェッブ［一八五九―一九四七年］は次のように警告していた。出生率の低下が阻止できないとすれば、イギリス国民はアイルランド人とユダヤ人の手に落ちるであろう[★30]。

ユダヤ人自身が同性愛であるとして非難されることは稀であったが、ドイツでの文化的支配を確立するためにユダヤ人が同性愛を広めたのだと考えられた。この主張は、異常な外観と行動を象徴するデカダンスにナチ党員が抱いた強迫観念によって一般に広められた。しかし、すでに以前からマックス・ノルダウのような医師によってもデカダンスは退廃と同一視されてきた。ノルダウは現代芸術の特徴は神経の破損か眼球の歪みによると考えていた。いずれにせよ、オスカー・ワイルドのような人物やヴァイマル期ベルリンの緩やかな風紀から連想して、同性愛が退廃の一因と目されるのは無理のないことであった。止め（とど）のひと押しが人種主義であった。例えば、親衛隊機関紙『黒色軍団（ダス・シュヴァルツェ・コール）』は次のように書いている。自然への感謝をまったく欠いているため、「異質な連中はすべて」創造的ではあり得ない。それゆえ、男子における創造性のすべてを破壊し、その男らしさを掘り崩すために、ユダヤ人と同性愛者は手を取り合って活動しているとされた。[★31]

ここにおいて、市民的価値観（リスペクタビリティ）と創造性は同じものとされていた。性的倒錯に対する具体的な非難のほとんどはユダヤ人に向けられたものではなかったが、アウトサイダーは今一度ステレオタイプ化された。ステレオタイプにはもちろん例外はあったが、その例外が通例として立証困難な関係性の証拠とされたので、それだけにますます熱狂的に活用された。なかでも、ユダヤ人の性科学者であり、二〇世紀初頭以来ずっと同性愛者解放運動の指導的人物であったマグヌス・ヒルシュフェルトは絶えず攻撃対象とされるようになった。彼自身の名前と彼が一九一九年に設立した性科学研究所の名前は、性的倒錯のメタファーとして、またヴァイマル期ベルリンで惹起された市民的価値観（リスペクタビリティ）への脅威のシンボルとして使われた。性科学研究所は性病、衛生、結婚など性の問題全般の研究に携わっていた。しかし、最も人目を惹いたのは、半陰陽並びに同性愛に関する重点的な医学研究であり、加えて同性愛者に対するカウンセリング・センターとしての機能であった。ヒルシュフェルトは友人と同棲していたとはいえ、自分が同性愛者であることを彼自身は一度も公然とは認めてはいなかった。ジークムント・フロイトが彼を好ましくない軟弱者と言ったのは、彼が同性愛者とうわさされていたからであった。[★32]

ヒルシュフェルトの研究所のまさしく先駆的な仕事は、ごく少数の自由主義者にのみ認められていたが、ドイツの人種主義者はそこに都合の良い標的を見出して喜んだ。ヒルシュフェルトと並んで、しばしばサディスト、同性愛者のレッテルを貼られたのは、ヴァルター・ラーテナウ［一八六七―一九二二年。AEG社長、共和国外相］であった。彼は第一次大戦中とその直後のドイツの公共圏で最も著名なユダヤ人であった。しかし、驚くべきことに、こうした性的告発は彼に向けられたあらゆる罵詈雑言の中では些事の類であった。ラーテナウの性的嗜好の噂は当時すでに周知のことではあったが、彼自身が同性愛の権利を公然と主張することは一度もなかった。彼は自分の感情を押し隠してはいたが、金髪のゲルマン人を称賛し、若い友人と長々と語り合うのを好んだ。だが、今日まで未公刊となっている金髪青年ヴィルヘルム・シュヴァナー――人種主義者でユダヤ人排斥論者――との情熱的な文通によってのみ、彼の抑圧されたセクシュアリティを我々は何とか垣間見ることができる。[★33]

それにしても、ユダヤ人が社会に危害をもたらすと考えられたのは、彼らが同性愛者だと見なされたからではなく、むしろ異性への邪（よこしま）な欲求を持っているとされたためであった。なぜ人種主義は、ユダヤ人を悪徳の環で締め上げるために、同性愛という事例を利用しなかったのであろうか。ユダヤ人こそ、思い浮かぶ限りあらゆる犯罪の名において告発され、自分の情熱を制御できず、狂気に染まっているアウトサイダーではなかったか。だが、神話というものは、どれほど不明瞭であってもリアリティを伝えねばならない。ドイツ演劇で供せられた「老いた孤独なユダヤ人」というステレオタイプを反セム主義者が保持していたとしても、ユダヤ人の家庭生活も無視することはできなかった。そのため、ユダヤ的家庭生活は多くの反セム主義者によって羨望されていた。[★34] ヴィルヘルム期ドイツで最も有名な反セム主義者アドルフ・シュテッカー［一八三五―一九〇九年。宮廷説教師］は、キリスト教とドイツ人の道徳を掘り崩すとしてユダヤ人を攻撃したが、同時にユダヤ人の生活の中心が家庭にあることは認めていた。[★35] 精神異常者や同性愛者のような他のアウトサイダーとは異なって、ユダヤ人は市民が持つべき期待された美徳の多くを体現していたので、人種主義者を困惑させていた。しかし、人種主義者の主張によれば、ユダヤ人自身の間での家庭生活は安泰だが、それは非ユダヤ人の家庭生活へは破壊的に作用した。アウトサイダーは誠実な家庭的人間であったとしても、なお既存社会にとっては脅威であった。ユダヤ人が市民生活へうまく同化したことに起因するこの難問は、ドイツ人市民とユダヤ人市民の人種主義的区別によって解消された。同性愛者の場合は、こうした同化による問題は最初から生じなかった。この問題はあらゆる反セム主義的、人種主義的文献において重要であったが、ユダヤ人と同性愛者の認知に際して原理的な相違とはならなかった。

ユダヤ人と同性愛者に関する医学上の位置づけが、この二種類のアウトサイダーの相違を定義する際に特別重要だった。というのは、すでに論じたように、当時の医師は市民的(リスペクタ)

価値観の監視者たろうとしていた。同性愛者と同じように、ユダヤ人は一九世紀を通じて医学的議論の対象となっていた。すでに触れたが、ユダヤ人は情性疾患、特に神経質症と神経衰弱症にかかりやすいと考えられていた。パリの有名な精神科医でフロイトの先生にあたるジャン・マルタン・シャルコーは、ユダヤ人は神経システムが先天的に弱いので情性疾患にかかりやすいと考えたし、クラフト＝エビングはこの神経症の原因をユダヤ人社会の閉鎖性の結果である近親交配に求めた。さらに、こうしたユダヤ的な病が宗教的ファナティシズムと強烈な官能性をもたらすのだと、クラフト＝エビングは述べている[★36]。

こうして、ユダヤ人の属性とされた性欲過剰に医学的解説が加えられた。こうした医師たち、なかんずくシャルコーは、女性がヒステリーの発作に悩むのは男性より神経システムがかなり弱いからであるとも信じていた。この点においては、学識ある医師たちも、女性的特徴をユダヤ人に投影したオットー・ヴァイニンガー——すぐ後で論じるが、人種主義者で自己嫌悪のユダヤ人——の意見と一致した。男らしさはここでも正常性を意味することになった。つまり、社会が高い評価を与える心身の自律と調和を男らしさは具現していた。男性的でないものは幾分なりとも病的であるに違いないとされていた。

ユダヤ人に関する医学的分析は、ユダヤ人のステレオタイプを正当化した。人種主義者はこうした科学による正当化をうまく活用して、次のように表明した。神経質はユダヤ人という人種に不可分な要素なので、彼らが回復する見込みはないのだ、と。クラフト＝エビングやシャルコーは、「ユダヤ的病」を絶対的なものではなく一つの素因と慎重に判断し、その治癒は可能であると主張した。しかし、人種主義において、健全なユダヤ人は形容矛盾であった。アウトサイダーは、市民的価値観（リスペクタビリティ）を脅かす不安定性と根無し草性と非男性性を体現するものとして最終的に確定されねばならなかった。

それにもかかわらず、ユダヤ人の医学的ステレオタイプ化は標準的というより例外的であった。ユダヤ人に向けられた多くの他の論点と比べれば、それは副次的なものにすぎなかったからである。他方で、同性愛者にとってみれば、医学的研究は第一義的な重要性を持っていた。彼らは逃れようのない分析対象となっていた。世間に広まった医療知識によると、（一九世紀末までに先天的な同性愛の存在が認められるようになったけれども）とりわけ同性愛は病気であり、マスターベーションや悪例に感化されて罹る他の病気と同じだった。たとえそうであっても、ユダヤ人には快復の見込みがない一方で、同性愛者はほとんどが快復可能であるとされた。ここでも人種主義者はジレンマに直面した。同性愛者が国民の健康を害するとしても、そのほとんどはアーリア人であったからである。

一九三七年、親衛隊機関紙『黒色軍団』は、同性愛者全体の二パーセントだけが先天性であると主張していた。しかし、医学理論によれば同性愛は伝染病のように拡大し、その二パーセントが堕落させるドイツ人は二〇〇万と推定される。先天性の同性愛者は絶滅されねばならないが、それ以外の膨大な同性愛者は重労働によって治癒できるとされていた。

『黒色軍団』は、この多数者を本人が望めば正常に戻れる怠け者あるいは利己的人間と見なしていた。[★37] 精神病者と同性愛者それぞれの医学的カテゴリーにおいて、一九世紀における両者の扱われ方はかなり似かよっていた。情動の制御を確立すれば精神病者も正常な表情を取り戻すだろうと考えられていたので、重労働をこなす能力が、結局、ナチの安楽死から精神障害者を救う上で決定的な役割を演じた。[★38] もちろん、ユダヤ人は非生産的で、まじめな仕事はできないと見なされ、快復不能と評価された。

ナチ党は同性愛者に自己改造のチャンスを与えたが、もし彼らがそれを拒めば、あるいは従うことができなければ、ユダヤ人同様、抹殺されねばならなかった。多数の同性愛者と少数のユダヤ人が最終的に生き残ったとしても、次の事実を忘れてはならない。ほとんどのユダヤ人は、構成員名簿を備え制度化された宗教共同体の一員であった。他方で同性愛者は、法医学の努力にもかかわらず認定の難しさは明らかだった。ナチ党はいくつかの断片的な同性愛者リストを利用できた。それはマグヌス・ヒルシュフェルト発行の『性の中間形態年報』に財政援助者として記載された名前から判明したものであり、まったく同性愛でない人々も含まれていた。結局のところ、小さな誤差よりも均一化するステレオタイプが重要だったのである。

もっともらしい論理で同性愛者に向けられたジェンダーを攪乱するという重大な告発は、またユダヤ人にも向けられた。男女間の分業が市民的価値観（リスペクタビリティ）の維持にとってどれほど重要であったかについてはすでに論じたが、ここでは人種主義が市民社会の常識を再強化した。一九世紀の末になると、次のような人種主義の信仰告白に出くわすのも珍しくなくなった。「女性が女らしくなればなるほど、男性が男らしくなればなるほど、家庭生活が親密になればなるほど、社会と国家は健全になるのだ」[★39]。ヒステリーの傾向をユダヤ人は女性と共有していると信じる医師もいた一方で、すでに触れたように、人種主義者の共通認識ではユダヤ人は女性の性に攻撃的かつ挑発的であり、キリスト教徒の娘の堕落を狙っているとされた。だが、ユダヤ人の男性的攻撃性が想定されていたにもかかわらず、ユダヤ人を標的としたジェンダーの攪乱者という告発も修正されずに残された。告発が実際的なレベルから理論的なレベルに引き上げられたにすぎない。つまり、ユダヤ人に男らしさが欠けているのは、彼らが神経質で、情熱を制御できず、女性を売り買いできる商品として扱うことから明白とされた。また、魂の欠如したユダヤ的唯物主義は、愛情と愛欲、美と官能の識別を不可能にしたとされた。ここでも、男らしさの特徴は市民社会の理想と一致した。すなわち、この特徴は市民社会の作法と道徳を体現し、正常と異常を峻別する美と力の理想を象徴する役割を果たした。

オットー・ヴァイニンガーの『性と性格』(一九〇三年)は、二〇世紀で最も影響力を持った人種主義的著作の一つであり、アドルフ・ヒトラーをはじめとする人種主義者の判断に深い影響を与えた。ジェンダーの特徴が彼の主要な論拠となっており、ヴァイニンガーは子供の両性愛に関するフロイトの概念を受け入れたのみならず、さらにあらゆる人間は自らの内に男性的要素と女性的要素を含んでいると主張した。しかし、彼は男性的なものと女性的なものを峻別し、それぞれ非常に異なった特徴を割り当てた。彼にとって、女性はいつも性愛のことばかり考えている存在であったが、しかるに男性は社交、戦闘、論争の術を熟知しており、つまり科学、通商、宗教、芸術を理解していた。[★40] 女性は決して精神的に成熟せず、終生、落ち着きのない子供のままである、と彼は書いている。彼によれば、たとえユダヤ人が性交で男性として振る舞ったとしても、ユダヤ人には女性的性格が圧倒的であった。ヴァイニンガーの結論は次のようになる。真の男性にとって、セクシュアリティの役割はあまり重要ではない。道徳的に高尚であればあるほど、人間の意識でセクシュアリティが占める領域は小さくなるだろう。女性もユダヤ人も道徳意識を持っておらず、ただ性的情熱だけを知っている。[★41]

ヴァイニンガーは、女性イメージから魅力、女らしさ、母性の特徴を取り払い、もっぱら情熱や感情からできた被造物に留め置いた。女性のヒステリー治療に携わった医師は、伝統的な女らしい理想に反対したわけではなかったし、実際、女性の快復を願い、女性患者に自らの尊厳と自律性を取り戻させようとした。しかし、ヴァイニンガーは女性差別者かつ人種主義者であり、ユダヤ人も女性も快復不能の生理状態にあると確信していた。『性と性格』は、男女の明確な区別の上に築き上げられていた。「セクシュアリティの中間的形態が存在したとしても、結局のところ人類は男性か女性のいずれかである」★42。ヴァイニンガーは一九世紀的な女性の理想を邪悪な力に変容させるのに成功した。その理想イメージの創造者たちは邪悪な力などとはまったく関係がなかったが、それでも「宿命の妖婦（ファム・ファタル）」というロマン主義的想念がそこに谺（こだま）していた。

そうした想念は決して国民主義（ナショナリズム）に帰するべきものではない。ヴァイニンガーはビスマルクやドイツ統一に熱を上げなかったし、民衆の指導者たろうとする連中をすべて煽動者と見なした★43。むしろ『性と性格』は自分が両性愛者であることに対する著者の不安を反映しているように思える。誰でも人間は男性性も女性性も幾分なりか持っているのなら、彼自身には男性性が十分ではなかったのであろう。それにもかかわらず、いわば心理学風の洞察が人種主義の衣をまとっていたので、この本は容易に国民主義（ナショナリズム）に取り込まれた。ヴァイニンガーのテーゼがかくも多くの男女――すべてが国民主義者ではなかった――を魅了したことは、以下の点で驚くべきことだが気の滅入る話である。まず第一に、セクシュアリティ理論の議論が流行となり洗練されたが、人種主義に傾倒する人々はこの本に科学的かつ情緒的な、当世風の新しい原理的論拠を見出した。次に、人種主義文献のほとんどがそうであったように、ヴァイニンガーの著作は現代文化批判ともなっており、その矛先は当時の無秩序と頽廃に向けられていた。それこそが確かに、この本の魅力の一つとなっていた。最後に、ユダヤ人としての彼の自己嫌悪と発刊直後の自殺は、この著作にある種の悪評をもたらした。

『性と性格』において、同性愛が忘れられていたわけではない。文化と社会を腐敗させた「非男性的なもの」に抗して、男らしさとその人種主義的美徳を守るためヴァイニンガーが必要としたさらなる根拠として、同性愛は持ち出された。女性やユダヤ人と同じく、同性愛者は創造性を欠いており、生命の真理を認識できないとされた。彼らは「気取った姿勢、観衆、お芝居」を求めて、つかの間の一瞬のために生きたが、真の男子たるものにとっては「ただ永遠なるもののみ価値があった」[★44]。同性愛者は、大都市の生活と同様、犯罪傾向を示す人工的な世界の住人と考えられた。「だから、同性愛者は犯罪者なのである」[★45]。

こうしたアナロジーがどれほど広汎に広まり、あらゆるアウトサイダーのステレオタイプを構成したかはすでに触れた。だが、同性愛者の常習犯罪性を証明しようとする者が、歴史を引き合いに出すことはできなかった。なぜなら、同性愛者の精神的先駆であるギリシャ人像は磨き上げられ、上品な社会に取り込まれていたからである。同性愛者は固有の過去を奪われていたが、そのおかげで犯罪行為の遺伝的傾向があると告発されることもなかった。結局のところ、同性愛者はアーリア民族の過去を共有していたので、医学的見解が歴史的論拠の代わりを務めねばならなかった。

しかし、ユダヤ人は独自の過去を持っていたので、犯罪性の告発が彼らに向けられた場合は、同性愛者の場合よりもずっと一貫性があった。ここで人種主義は歴史の喚起力を思う存分利用できた。人種理論家が持ち出してきたのは、ほとんど一八世紀全般にわたってドイツ人共犯者と提携して働いたユダヤ人窃盗団の事例であった。著書『ドイツのならず者』（一八五七年）でフリードリヒ・クリスティアン・アヴェーラレマンはこう述べている。ドイツの暗黒街の語彙はヘブライ語とイディッシュ語の表現で溢れていた、と。アヴェーラレマンは反セム主義者ではなかったし、確かに人種主義者でもなかった。ユダヤ人特有の犯罪的性格など存在しないと彼ははっきり述べている。[★46] しかし、人種主義者はこうした見解を黙殺し、ユダヤ人が「生まれながらのならず者」であることを示すため、代わりに過去におけるユダヤ人犯罪組織の存在やドイツの暗黒街におけるヘブライ語・イディッシュ語系隠語の残存を持ち出した。ここでもまた不法なセクシュアリティと関連づけて、現在も売春仲介業者の間では「ユダヤの秘密言語」が使われていると主張する人種主義者もいた。[★47] こうしてユダヤ人と犯罪者を結びつけた最終的帰結は、人種主義の覇権に至った。安楽死政策に関与した人々は、精神病者と並んでユダヤ人と犯罪常習者をも選り分けるための収容施設を要求することになった。[★48]

主として一八六〇年代に発展を遂げたロンブローゾ心理学は、ユダヤ人が犯罪性を持つという告発にさも正当性があるかのように思わせた。チェーザレ・ロンブローゾ［一八三六―一九〇九年。イタリアの精神病学者。刑事人類学の創始者］は、一定の肉体的欠陥によって犯罪常習者を容易に識別できると主張した。例えば、ロンブローゾによれば、出っ張った耳が見出されるのは「犯罪者、未開人、猿」であった。人種主義者はそれにユダヤ人もつけ加えた。[49]「連中が犯罪者に見えないだって?」と修辞疑問を使うために、人種主義者が何より好んだのはユダヤ人の修正写真を使うことであった。ユダヤ人が持つとされた性的情熱は、彼らに想定された犯罪性を構成するものであった。世紀転換期の同性愛スキャンダル――イギリスでのオスカー・ワイルド裁判やクリーブランド街スキャンダル、ドイツでのオイレンブルク事件――にもかかわらず、同性愛と犯罪性は決してこれほどまで密接には結びつけられていなかった。確かに、ユダヤ人も同性愛者も社会に対して陰謀をめぐらすと思われていたし、市民的価値観(リスペクタビリティ)の敵と見なされていた。しかし、ユダヤ人の犯罪性に対する特殊な告発が、ユダヤ人を誹謗するのを容易にした。人種主義者が全力を挙げたのは、まさしくこの告発を強化することであったが、それはこの告発がとりわけ効果的に利用できたためであった。

三　死のイメージ

ロンブローゾの考えでは、犯罪的性向は犯罪常習者の生理機能に組み込まれていて矯正不能のため、犯罪常習者は処刑されねばならなかった。アウトサイダーの死は、体制内の人々にとって想像を絶するものではなかった。ベルトラン蠟人形館に展示された断末魔の若き自慰者は罪の報いを示すものであったし、こわばって死人のような苦汁顔が精神病者の容貌を示すとされていた。[50] アウトサイダーのすべてが死に臨んでいるように見えたのであり、ユダヤ人は早く老け込み、同性愛者は燃え尽き、精神病者は憂鬱に身を沈めていた。彼らの生活が身持ちの良い市民の生活と異なるのと同じく、彼らの死も異なっていなければならなかったし、その死は彼らが拒絶した社会規範と直接関連づけられた。伝統的な心の拠り所をほとんど失いながらも死に直面して安心立命が追い求められた社会では、男も女も死に方が重要になっていた。

市民社会の最終的な編制期であった一九世紀は、また言葉と絵画で死を感傷的に表現してゆく過程でもあった。啓蒙期と異なって、もはや死は学ぶべき厳格な教程ではなく、ロマンチックなメランコリー崇拝の中で個人的なものにされてしまった。[51] その結果、葬儀に不可欠な要素となったのは、献花であった。市民の死を彩ったのは、この世からあの世へ移るのを容易にすべく構成された祭儀であった。死の床の場面は、ロマンティックに表現された。薄明かりの部屋に置かれた自分のベッドに横たわって死を迎える者は、家族に取り巻かれ、子供たちを祝福し、期すべきことはすべて成し遂げ、何一つ思い残すことはないと言挙げた。[52] ゲーテの伝記作家エミール・ルートヴィヒ［一八八一―一九四八年］が一九二二年に描いたように、ゲーテの死は有徳な人物が人生の幕を閉じるとき、どこまで到達できるかを示す特別な模範となった。「彼が肘掛け椅子に背をもたせくつろいでいる間に、彼の魂は天に昇った。正午近く、彼が生まれた時刻のことであった」[53]。均整と秩序は、生あるときも死に際しても保たれていた。その教訓は明快であった。つまり、尊敬に価する人生は安らかな死に至るとされた。

一八〇〇年と翌年にかけて、フランス学士院は最も望ましい葬儀の様式を考案するためのコンペを組織した。ほとんどのコンペ参加者たちが留意したのは、徳高く人生を過ごした人々の葬儀と犯罪的傾向を示すか罪深い人生を過ごした人々に対する葬儀を区別することであった。「我々は出生において平等であるが、過ごした人生においては平等ではない」[54]。世論が悪しき市民と断じた人物あるいは社会規範に従うことを拒否した人物に対しては、しかるべき埋葬を拒否すべきだという提案も、何人かの学士院通信員から出された[55]。その返答において、元司祭であったピエール・ドリヴィエは、その人生が有用であったか否か死者全員に宣告する陪審員の選任を提案している。もし不行跡が見つかれば、その遺体は共同墓地に投げ込まれ、儀式抜きの地味な埋葬と判決されることになっていた[56]。ドリヴィエは罪と改悛という「キリスト教的」発想を拒否した啓蒙哲学者であったが、不品行者の生活が社会から離れていたように、死に際して彼を隔離すべきであるとの信念を、多くの人々と共有していた。

人種主義者は非ユダヤ教徒とユダヤ教徒との違いを示すために、ユダヤ人墓地のイメージをしばしば利用した。例えば、プラハのユダヤ人墓地はカトリック墓地はもとよりトルコ人墓地とも異なる精神で満ちていると、ジョン・レトクリフ卿（本名ヘルマン・ゲドシェ）は、小説『ビアリッツ』（一八六八年）で述べている。それによれば、墓の上に墓が築かれ、下草に埋もれており、さまよえるユダヤ人アハスエルス［ゴルゴダの丘に向かうキリストを自分の家の前で休ませなかったために、キリストの再来まで流浪の運命を背負わされたユダヤ人の靴屋］を絶え間なく吐き出し、もう一度流浪へと向かわせるのである。★57 この墓地は通常のキリスト教墓地との類似性など一切なかった。なるほど、いわゆる「シオンの賢者たち」が非ユダヤ民族の奴隷化を謀議したとされるのが、まさしくこのプラハのユダヤ人墓地であった。

現代のキリスト教墓地が形成されたのは一八世紀後半から一九世紀初頭であり、埋葬地は郊外に移された。尊敬に価する死者のための乱されない安らかな眠りは、ここでは芝生、草花、墓石の整然たる配列によって象徴されていた。それに対して、雑然たるユダヤ人墓地では生前同様、死後も落ち着きのなさが支配していると考えられていた。ユダヤ人墓地はユダヤ人の死、すなわちアウトサイダーの死を象徴していた。

ユダヤ人と同性愛者は、市民として死を迎えることはできなかった。彼らは精神を欠いていおり、その利己主義と落ち着きのなさは、生から死への心静かな移行に必要な静謐を妨げていた。同性愛者は死の床の演出に欠くことのできない家庭生活を欠いていたし、ユダヤ人はその唯物主義的に見える宗教と神経質のため死をロマンティックに彩ることができなかった。

また、市民の死は、デカダン派が芸術的感受性の発露と見ていた生命力の衰弱とも対極にあった。体制秩序の観点からすれば、官能的体験としての死は冒瀆的であり、性的感情を制御できない劣悪な人間にふさわしいものとされた。いずれにせよ。頽廃は前衛芸術家や同性愛者と結びつけられた。ゆっくり、しかし美しく死にゆく衰弱した若者のイメージは、男らしさの規範的理想からおよそかけ離れていた。「孤独な悪徳」(マスターベーション)の常習者は断罪され、同性愛者は孤独で醜い死を迎えねばならなかった。というのも、およそ美しきものと彼らとは異なっていたからである。悪徳は罰せられねばならず、アウトサイダーは生前同様死後も一般市民(インサイダー)とは分離されなければならない。

さまよえるユダヤ人アハスエルスも孤独を運命づけられていた。彼は適切な人間関係を持つことができず、彼が手を出すものはことごとくダメになってしまった。ドイツの大ベストセラー小説の一つであるグスタフ・フライターク〔一八一六―九五年〕『借り方と貸し方』(一八五五年)は、ユダヤ人ファイテル・イツィヒを汚い河――清浄な水という道徳的純潔のメタファーの裏返し――で溺死させている。また、エドゥアール・ドリュモンは人種主義の座右の書となった『ユダヤ人のフランス』(一八八六年)で次のように述べて満足の意を表した。自殺の増加により、ユダヤ人の突然死がさらに頻繁になった、と。[58]ユダヤ人は死後でさえ安らぎを見出せないアウトサイダーだった。一八世紀初頭にフランクフルトの学校長ヨハン・ヤーコプ・シュートは、ユダヤ人は殉教できないと唱えて、この議論の基調を打ち出した。死に直面すると、ユダヤ人は泣き叫び、神を呪い、自己弁護を始めるとされた。[★59]死への不安は、安心立命に向かわず、依然としてユダヤ人に向けられた非難に代償を求めた。シュートの記述は、一八九五年、イタリアのジャーナリスト、パオロ・オラーノによって繰り返された。彼はユダヤ的なものとされた死の不安、強欲、平和主義、精神性の欠如を、ローマ・キリスト教的精神と対比した。[★60]パオロ・オラーノの『イタリアのユダヤ人』(一九三七年)は、ファシスト・イタリアの人種法導入に至る熱狂的な反セム主義キャンペーン開始の狼煙となった。[★61]

アウトサイダーの死は、彼の人生を象徴していた。フランス学士院のコンペに参加した全員が、「死は人が歩んだ人生の要点である」と主張した。[★62]このように人生の全体性を強調することは、社会の枠をはみ出した人々と市民との隔たりを広げるのに利用された。アウトサイダーの死に方は、ナチ・ドイツで人種主義が権力を握ったとき、「価値なき生命の絶滅」へと道を開いた多くの要因の一つであることは明白である。皆殺しの対象にされた人々は、まさしく市民社会から絶えず脅威と見なされてきた者たちであり、その生き方も死に方も心得てはいなかったのである。

四　アウトサイダーの運命

一九世紀において、男女分業の重要性を含め市民的価値観（リスペクタビリティ）の理想は恐るべき挑戦に晒されていた。変化の意識、すなわち新しい時間の速さの意識、さらに人生を自己管理できなくなるかもしれないという不安は、人種主義が訴えた根源的問題であった。歴史と自然に呼びかけることで、人種主義は時の流れをせき止め、都合のよい人種的過去ばかりか心の支えとなる「永遠の一片（かけら）」を示そうと試みた。その反対型（アンチ・タイプ）としてアウトサイダーは決定的な機能を果たした。すなわち、それは社会が統制を緩め市民的価値観（リスペクタビリティ）の追求を放棄したとき、将来引き起こされうる事態の警鐘となった。

性的情熱の制御不能は、秩序ある社会の敵の性格とされた自己管理能力欠如の核心であった。人種主義思想において社会の敵と劣等人種は同一であり、優秀人種が既存社会の挙措、作法、道徳を体現していた。国民主義（ナショナリズム）と市民的価値観（リスペクタビリティ）の側と、人種主義の側とでアウトサイダーへの寛容の度合いに隔たりがあったとしても、アウトサイダーに対する両者の認識方法に基本的な違いはなかった。一九世紀と二〇世紀に短期間なら存在したであろう相対的な寛容のすべてを人種主義は破棄した。加えて、人種主義は市民的価値観（リスペクタビリティ）と国民国家の基本である調和に不易性という新しい次元を提示した。あらゆるアウトサイダーはかなり同質化されたが、犯罪者や精神病者よりもむしろユダヤ人と同性愛者が危険視されたのは、社会を攻撃する特殊兵器として彼らがセクシュアリティを利用すると考えられていたからである。両者のステレオタイプがいかほど異なっていようと、この特殊な次元の有害性は共通していた。

人種主義とセクシュアリティの関係は、こうした広い文脈で考察されねばならない。セクシュアリティは人種主義的ステレオタイプを構成する一属性たるだけではなかった。市民的価値観（リスペクタビリティ）に加えられた性的な攻撃によって、市民社会はまさしく根底から揺さぶられていた。そのようなアウトサイダーは潜在的な革命家と見なされ、バリケードに登る連中と同じほど恐れられた。アウトサイダーに対するこうした考え方は社会構造に深く浸透していた。それゆえ、ステレオタイプの犠牲者の多くはそのステレオタイプを内面化し、既存秩序に自らを統合することでそのステレオタイプを超克しようとしたように見える。しかし、そうした統合が意味したのは、市民的生活様式の受け入れだけではなく、自分たちをアウトサイダーとしてステレオタイプ化することをも受け入れることであった。とすれば、この悪循環からの脱出はほとんど不可能に思われた。同性愛者が自らの男らしさや軍務への適性を力説することで体制内者たろうとしたことはすでに述べてきた。同じ具合にユダヤ人も自らの市民的価値観（リスペクタビリティ）と愛国主義（パトリオティズム）を強調しようとした。確かに、アウトサイダー性を超克しようとするユダヤ人の多大な努力こそが、ドイツでの恐るべき結末までどうにか持ちこたえた自由主義と寛容の伝統を築き上げたのだけれども。国民社会主義は体制内化しようとするアウトサイダーの努力に終止符を打ったが、イギリスではこの努力が継続された。体制内者とアウトサイダーの区別を保持する必要のある社会には、いつでもアウトサイダーは存在した。なぜなら、男女の区分と同じく、正常なものと異常なものの区別が決定的重要性を持つと考えられていたからである。

国民社会主義は、本書で扱ってきた歴史のクライマックスであった。市民的価値観（リスペクタビリティ）、国民主義（ナショナリズム）、男らしさ、女性の理想、身体の再発見、人種主義という本書で相関を探り、分析を試みてきた過去の断片断面のすべてが国民社会主義には含まれていた。国民社会主義は、国民主義（ナショナリズム）と市民的価値観（リスペクタビリティ）の提携が孕む緊密性と緊張関係をすべて体現していた。しかし、国民社会主義はヨーロッパ・ファシズムの一部であり、その特性はこの広い文脈において議論されねばならない。

第八章　ファシズムとセクシュアリティ

一　突撃隊と男性同盟（メナーブント）

総じてファシズムは正常と異常の区別を強化し、また男性と女性の分業を保持しようとしたけれども、ファシズムがセクシュアリティに示した態度は、単なる抑圧といったものではなかった。ファシズムが矛先を向けたものは、社会関係であれ政治やセクシュアリティであれ、エズラ・パウンド［一八八五―一九七二年。アメリカの詩人］が「際限なき動揺」[★1]と呼んだものであった。いわゆる「ファシスト様式」は、多義性や曖昧な定義を許さない厳密な形式を要求していた。しかし、運動としてのファシズムと体制としてのファシズムをここで区別することが必要である。権力奪取を目指す運動としてのファシズムは、既存秩序に向けられたダイナミズムを持っていた。すなわち、市民社会の破壊とその防衛が同時に望まれた。この点において、ファシズムは一九世紀末の青年反乱の後継者であった。すでに見てきたように、この反乱の矛先は社会的または経済的な条件ではなく旧世代の生活様式に向けられていた。国民主義（ナショナリズム）は多くの青年にとって市民生活の人工性の対極にある「純粋なもの」への欲求を満たす手段となった。国民主義（ナショナリズム）は共同体と自己実現をともに約束するダイナミックな信念を提供した。ドイツ青年運動への参加者たちは、国民的風景、歴史的伝統、慣習を内面化していたのである。

身体の再発見は、こうした純粋志向の一端であり、金ぴかの檻からの人間解放と自然回帰が求められた。この再発見は、すでに第三章で論じたように、セクシュアリティを超克し、自然と国民を具現する象徴形式として肉体を扱うことで秩序に組み込まれた。しかし、第一次大戦は市民的価値観（リスペクタビリティ）への新たな異議を申し立てた。なるほど、志願兵に殺到した、いわゆる「一九一四年世代」は、市民社会の淫らな頽廃への反発として道徳的純潔を明確に表明していた。すでに見たように、市民的価値観（リスペクタビリティ）の危機は、再活性化された青年や美しさの崇拝にも由来するが、もう一つ別の方向、この戦争自体の特殊な性質からももたらされた。

西部戦線における戦争体験は、塹壕で生活した男たちに新しい共同体意識を芽生えさせた。日増しに制限されてゆく社会関係の中で、多くの人々が希求していた共感の共同体が、ここには生き生きとして実現しているように見えた。これこそ、男たちの共同体、すなわち勇気と献身を象徴し、そこにおいて自らの男らしさを試し、証（あかし）を立てる男性同盟（メナーブント）であった。ここに戦後世界にまで継続するダイナミズムがあったのであり、共同体への欲求は戦前よりもいっそう大きくなっていくように思えた。以下のごとく、ドイツ参戦兵士の一指導者が「目に見えぬ教会」の創造を熱く論じたのは、戦後すぐのことであった。かつての前線兵士が司祭であり、ドイツの森が聖餐台である教会の中で、男たちは愛情と信義によって互いを確認できたのである。★2 たとえ誇張はあるとしても、戦争体験が戦友愛の永続的なノスタルジーに変容しており、これは孤立した個人的表現ではなかった。

戦友同士の粗雑で直截な作法もこうした理想の一部であり、国民の指導を誤る腰抜け連中との比較において、真の男性性を象徴するものとなった。こうした戦友たちは絶え間なき権力闘争を要求し、市民的価値観（リスペクタビリティ）の要請に対してはっきりと無関心を示した。戦後すぐにオスヴァルト・シュペングラー［一八八〇―一九三六年。主著に『西洋の没落』一九一八―二二年］が称揚した「新しい野蛮人」、あるいはユンガーの「新たな男性種族」は、文明世界の慣習をほとんど気にもかけず、自らの蛮勇を礼賛していた。★3 男性同盟（メナーブント）は参戦兵士の多くが国家と社会に抱いたイメージの核心であり、自らの男らしさへの傾倒を国家の強さと混同しがちであった。

ファシズムは平時への戦争の継続性の上に足場を築き、男性共同体を自称していた。敵陣に切り込んだ兵士たち、つまりドイツの突撃隊兵士（シュトゥルムトゥルップゾルダート）やイタリアの突撃兵（アルディーティ）は、その理想型であった。イタリアではガブリエーレ・ダヌンツィオが突撃兵を称賛し、そのエンブレムである「黒い松明」を個人的かつ国民的な再生への狼煙として利用した。[★4] 鋼鉄のように丈夫で言語を絶する恐怖の目撃に慣れた、[★5] エルンスト・ユンガーの前線兵士（フロントゾルダート）には、ヴルヒエのような戦時中の英雄も含まれていた。彼らの若さと美しさは戦闘精神で満たされていた。戦時中の闘争はもはや孤立した出来事ではなく「人生の必要条件」[★6] であるというユンガーの見解は、国内の敵に向けられたファシストの演説や行動に対応していた。男らしさのさらなる試金石として平時に戦争状態を継続したいと考えた人々が他にもいたことは、第六章で見たとおりである。例えば、戦後にスポーツを戦争の等価物と見なしたフランスのアンリ・ド・モンテルラン、あるいは敗北で麻痺したドイツにおいて征服と闘争を象徴したルイス・トレンカーとレニ・リーフェンシュタールの映画がそうであった[★7]［図50］（二五五頁）。

　こうした「新たな男性種族」によってなされた平時での戦争継続要求によって、市民的価値観（リスペクタビリティ）が闘争上で犠牲にされるのはままあり得ることであった。だが、権力を求めるファシズムは、用心深くなければならなかった。議会主義政府に対する内戦を敢行するためには、こうした元前線兵士たちが必要であり、ファシズムは彼らの理想と抱負を代弁しようとした。しかし、それにもましてファシズムは、秩序と道徳性の回復を待望した市民階級の支持にも依存していた。この傾向は、イタリア・ファシズムや国民社会主義が議会政党としての役割を強調すればするほど強まっていった。

ユンガーが描いた「新たな男性種族」は闘争の理念を吹き込まれていた。彼らは手当たり次第に戦ったが、同時に規律正しかった。むろん、それは個人としてではなく類型としてであったけれども。彼らは一九一八年以後、反市民的な新秩序の前衛部隊として地歩を占めた。「兵士（ソルダート）」に代わって、ユンガーは今や彼らを「労働者（アルバイター）」と呼んだ。死と血と地といった根源的諸力を身に帯びた「労働者」は、未来社会を決定する手段である技術的進歩、すなわち機械を自由自在に使いこなすとされた。「労働者」が示す権力への欲動、対立を調停しようとする市民社会の「女性的」努力への侮蔑によって、「労働者」は平時における戦争体験神話の遺産継承者となった。すなわち、秩序と無秩序の境界を超越する新しい貴族階級となったのである。★8

この「労働者」に国民の未来のいくぶん漠然とした青写真を求めるとすれば、それが示す回答は次のようであったに違いない。ドイツは活力を取り戻した状態に変わらねばならない。課題とされるべきは、活力ある生活様式であり、頽廃した市民的秩序の維持ではなかった。ユンガーの「労働者」は、男らしさ賛美の真骨頂と見なされた。ユンガーが模範とした態度は、戦争に生き残った多くの前線兵士に共通のものであった。同様なことは、イタリアの「戦闘部隊」やその他のファシスト運動のいわゆる「特攻部隊」にも数多く見受けられた。行動主義と紀律保持の間にある本質的な矛盾は、あらゆるファシズムが苦慮したものであり、セクシュアリティに対するファシズムの態度もそれに規定されていた。[9]前線兵士のステレオタイプ化は作法や道徳の統制を容易にした。なぜなら、そうしたステレオタイプは集団規律に組み込まれていたからである。だが、国民共同体と一体化することを望みながらも伝統的な作法や道徳への気配りはほとんどない、こうした「新たな男性種族」の手綱を握りつつ効果的に活用するには、なお時間を要した。

敵に対する暴力行為を許し政治的ダイナミズムを維持しながらも、この男性種族を市民(リスペ)的価値観(クタビリティ)に服せしめるという難問は、ドイツよりもイタリアでいっそう容易に解決された。ここイタリアにおいては、ファシスト運動に加わろうとした若い復員兵士たちの中には新しい行動主義を叫ぶとともに性的自由の拡大を求める者も存在していた。[10]こうした性的自由の要求は、急進右翼に加わったドイツの復員兵士の綱領には欠けていた。ドイツの国民社会主義に比べて、イタリア・ファシズムは個人の創造性を生かす空間をいっそう多く提供しており、作法と道徳についても全体としてはそれほど厳格でなかった。このことは、イタリア・ファシズムの源流に位置していた未来派とサンディカリストの流れを汲む若き前衛芸術家たちの遺産であった。また、ムッソリーニと異なって、ヒトラーはどれほど内密であっても、多くの愛人を囲う真似などできなかった。それはドイツで男らしさの証を立てる方法ではなかったからである。

もっと重要なことは、イタリアでは男女間の分業がそれほど厳しくなかったことである。

女性がこれまで閉ざされていた専門職に新たに就くよう奨励されたこともしばしばあった。国民社会主義と際立って対照的なのは、イタリア・ファシズムが自ら表明した目的に反してまでも、女性に大学の門戸を開放したことである。彼女たちは物理学、化学、数学、工学のような専攻を研究することが認められた。第二次大戦中、ナチ党の女性機関誌はこの職業リストを転載し、こうした技能の修得がイタリア女性の戦争協力を容易にしていると論評した。[★11] だが、この雑誌は、ファシストの姉妹たちと比較してドイツ女性の不利な条件に言及することはできなかった。ムッソリーニはといえば、首相として一九二三年の国際婦人参政権同盟ローマ大会に出席している。[★12]

だが、イタリア・ファシズムのリベラルな性格が誇張されてはならない。というのも、ヨーロッパ・ファシズムの多様な潮流においても、女性に対する基本的な姿勢では、相違よりも類似の方が大きかった。イタリア女性も依然として子供を産み、妻として、母として、家庭生活の守護者たることを示さねばならなかった。ジャーナリストとしてムッソリーニと長らく一緒に働き、彼の愛人でもあったマルガリータ・サルファッティ［ユダヤ系の元社会主義者］によれば、彼は自分の妻子を対等な人間ではなく彼の所有物と見なしていた。さらに穏やかな皮肉をこめて、彼女は統領（ドゥーチェ）を英雄として崇拝する伝記のまさにその中で、「ムッソリーニにとって女性はただ一つの使命を持っていた」と述べている。すなわち、「美しくあれ、快楽を与えよ」であった。[★13]

ヒトラーとムッソリーニの私的な女性観はよく似ていた。ドイツでは女性は第一次大戦以来選挙権を持っていたが、イタリアでは一九二五年になってようやく事業を営んでいるか、自分の子供の後見人である女性に地方選挙での非常に限定された参政権が認められた。重要なことだが、ムッソリーニは、仮りに思いどおりにできたならば、公然と不義の関係を持つ女性の選挙権を差し止めたことであろう（彼自身は愛人を抱えていたにもかかわらず、家庭人を演じ続けていた）。[★14] ファシストの刑法は、姦通や未婚者の同棲に特に厳しい罰則を告示していた。市民的価値観（リスペクタビリティ）の建前は、国民社会主義と同じくイタリア・ファシズムでも重要であった。こうした建前は国民の道徳的再生の一部と見なされたが、実際にはさほど一貫して適用されたわけではなかった。排外主義と未来派とサンディカリズムの混在したイタリア・ファシズムは、国民社会主義よりは文化的多様性に寛容であり得た。ドイツの運動は、なんとも民族的（フェルキッシュ）かつ人種主義的で狭量な国民主義（ナショナリズム）に立脚していた。[★15] 芸術政策と同じく、ここでもヒトラーは、盟友を黙認せねばならなかった。なぜなら、ヒトラー自身が嫌悪し抑圧しているものを、ムッソリーニは許容し、ときには奨励さえしているように見えたからである。しかし、市民的価値観（リスペクタビリティ）を維持するための基本的要求は共通であり、一撲主義者の心性を、つまりファシスト運動の前衛に加わった「戦闘部隊」や突撃隊の粗暴な物腰を矯正する必要も同じく痛感していた。

イタリアやその他ヨーロッパ各国のファシスト運動にも論及しているが、ここでは引き続きドイツに関心を限定せねばならない。ドイツ国民こそ我々の議論の中心にあった。もう一つの中心であったイギリスもここにおいて背後に退くが、それはその小規模なファシスト運動がほとんど重要性を持たないからである。イタリアとフランスは比較のために取り上げようと思う。なぜなら、イタリアはドイツ以外で唯一ファシズムが政権を握った国だからであり、フランスは統治能力こそなかったが最も知的な相貌を持ったファシズムが存在したからである。

　ムッソリーニは一九二六年までに自らの革命の指導権を掌握することに成功した。自ら直接号令を発し、不可謬の指導者としての自己イメージをうまく活用して、彼はファシスト党の市民化を進めた。[★16] ヒトラーが同じ地点に到達したのは、一九三四年七月の突撃隊粛清後であった。この粛清は、突撃隊を競合する勢力として恐れていた正規の国防軍の歓心を買うためであり、またヒトラー自身の最高指揮権への潜在的脅威を取り除くためでもあった。だが、さらに加えて、この粛清は市民的価値観（リスペクタビリティ）に照らしてナチ党のイメージアップとなった。男性同盟（メナーブント）に内在していた通常の性的規範に対する脅威が、ここでは重要な役割を果たした。というのは、突撃隊幕僚長エルンスト・レーム［一八八七―一九三四年］が他の幹部指導者たち同様、同性愛者であることは周知の事実であったからである。一九三二年までは、レームが部下を誘惑するために指導者の立場を悪用したと公然と非難されたときも、ヒトラーは彼を強力に支持していた。ヒトラーはレームの同性愛をボリヴィアの軍隊を組織したときの熱帯生活のせいにし、慎重にやっている限り、その私生活は彼個人の問題であると主張した。さらに、レームは余人を持って代え難い国防軍とのパイプである、とヒトラーが付言したのは象徴的である[★17]（レームはかつて参謀本部の将校であり、戦後は右翼組織にライフルや拳銃を調達し、ボリヴィアへの渡行前と帰国後は突撃隊を指導した。彼もまた第一級の組織者であった）[★18]。同性愛者の幕僚長に対してヒトラーが態度を決したのは、道徳的判断というよりも戦術的な状況分析であったことは明白である。

　レームを弁護しているときでさえ、ナチ党は市民的価値観（リスペクタビリティ）の擁護者としての自己イメージに磨きをかけることにまんまと成功した。やがて第三帝国内相となるが当時はナチ党の国会議員であったヴィルヘルム・フリック［一八七七―一九四六年］は一九三〇年に「ユダヤ的伝染病者」である同性愛者の去勢を求める法案を提出した。市民的価値観（リスペクタビリティ）の防衛は、アウトサイダーをステレオタイプ化し、その背徳性を確認するために利用された。政治体制への参入、選挙得票の争奪戦、緩やかで許容的なヴァイマル共和国への反対表明でナチ党が成功したのは、市民的価値観（リスペクタビリティ）の防衛と密接に関係していた。ヒトラー自身はおそらく世間一般の行動規範にはほとんど関心がなかった。彼はボヘミアンのつもりでいたし、規則正しく執務することなどなく、塹壕生活を郷愁をこめて回想していた。だが、大半のボヘミアンがそうであるように、ヒトラーも世間一般の性的規範を攻撃することは手控えた。ヒトラーは自分の肉体に不安を感じていたように思える（彼は主治医の前ですら脱衣しようとはしなかった)。[20] だが、ヒトラーの個人的な感情がどうあれ、問題なのは目下の戦術であった。

レームを弁護した二年後、ヒトラーは自らの手でこの突撃隊幕僚長の殺害を指揮した。突撃隊粛清は、同性愛に対する制裁として公式に正当化された。実際、ヒトラーが突撃隊幕僚長レームの後任者に与えた命令書が公表されたが、そこでは母親がわが子を安心して預けられるような組織運営を行うよう指示されていた(これによって、指導者の性的行動の重要性が言外に承認されたが、それはヒトラーが二年前には否定したことであった)。[21] ここにおいて、道徳に関わる以後の法令すべてにある、「健全な民族的感情(フォルクスエンプフィンデン)を損なわないため」という文句をナチ党は使用した。その文句は、同性愛とポルノグラフィーに対する法規を正当化するために、ヴィルヘルム帝政期にもヴァイマル共和国期にも使われてきたものであった。[22] 権力闘争期は終わり、それとともに市民道徳の支配に対するアンビヴァレンスも消えた。市民的価値観(リスペクタビリティ)の擁護は、突撃隊の規律化と手を携えて進んだ。前線兵士はもはや共和国と戦う必要がなくなったのであり、今度は官僚組織がそれに取って代わり、統制不能になる危険を冒すことなく国内に残存する敵を片づけることができたのである。

ナチ党と結びついていた男性同盟(メナーブント)にホモエロティシズム、さらには同性愛への誘惑が内在していることに気づいていたのは、とりわけハインリヒ・ヒムラーであった。この誘惑こそ、避けねばならない危険であったので、突撃隊の現実の過去はその神話的歴史に置き換えられ、レームとその指導力の記憶は拭い去られた。こうして、現実的または潜在的な脅威に対して市民的価値観（リスペクタビリティ）が絶えず勝利した「歴史」を突撃隊は受け入れた。もっとも、突撃隊の魅力はそのイデオロギーではなく、もっぱらその行動力にあった。市民的価値観（リスペクタビリティ）を保守するとは、頽廃的とされたヴァイマル共和国に対する家族生活の擁護者として振舞うことを意味した。権力を目指した初期の闘争を回想して一九三〇年代に書かれた突撃隊員の自伝は、この態度を裏づけるのに使われた。自伝の一つで、共産党員との殴り合いの後で一息入れている突撃隊員が次のように主張した。「家族なんて俺たちに関係ないさ。俺たちは国民社会主義者だ。俺たちはただ党にだけ忠誠を捧げてるんだ」。この発言を捕らえて、その部隊の指導者は彼を戒めた。「家族は、国家の最も重要な細胞なのだ。家族を攻撃するものは誰であれ、国家の安寧を妨げる奴だ。国民社会主義は家族をあるべき正しい姿に回復させたのだ」[★23]。

同じようなことを他の突撃隊員も語っている。クリスマス・イブに出撃して共産党員を叩きのめすべきか、あるいは家に戻って家族と祝うべきかを、かつて彼の小隊で議論したことの回想である。勝利したのは家族に囲まれたクリスマスツリーであり、それは突撃隊に浸透していた精神の象徴とされた[★24]。だが実際のところ、そもそもそうした議論が行われたという話自体、ほとんど信じられない。というのも、突撃隊員のほとんどは自分の一家を構えるには若すぎたからである。一〇代か、さもなくば二〇歳になったばかりだった。

そうした神話は、男らしい活力を賛美するシンボルやナチ党の現実的要求との絶え間ない摩擦の中で形作られた。壮麗さの内にも猛々しさを秘めた、アルノ・ブレーカー〔一九〇〇—九一年〕の古典的な戦士像や選手像〔図56・57・64（三三五頁）・66（三三七頁）〕が公共建造物の脇に据えられたが、儀礼化された大衆集会はほとんどの場合、家庭生活の幸福を指し示す要素を欠落させていた。その代わりに家庭生活のシンボルが見出せるとすれば、ドイツ芸術のさまざまな展覧会で掲げられた絵画の中であった。例えば、『総統は語る』〔一九四〇年〕と題されたパウル・マーティアス・パードゥア〔一九〇三—八一年〕の有名な作品の中である。その絵では赤ん坊から祖父母までの農民一家が熱心に耳を澄ませてラジオ放送に聴き入っている〔図58〕。ここには、土地と家族と第三帝国の象徴的な統一が見出せる。

多くの伝統的シンボルが新たに息を吹き返した一方で、国民的シンボルとしてのゲルマーニアが第三帝国期に事実上打ち捨てられたことは注目に価する。公的なシンボルとしてのゲルマーニアの機能は市民社会と何ら直接的な関係がなかったからである。ゲルマーニアは自分の家族を持っておらず、国家に捧げる子供も産まなかったので、ドイツ女性の模範とはなれなかった。代わって、プロイセン王妃ルイーゼが蘇った。★25 主題としては、家族が擬人化されておらず国民全体を意味した純潔のゲルマーニアよりも、「プロイセンの聖母」の方が第三帝国にふさわしいことが明らかになった。★26

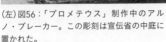

(左)図56：「プロメテウス」制作中のアルノ・ブレーカー。この彫刻は宣伝省の中庭に置かれた。
(右)図57：アルノ・ブレーカー作「勝利者」(1937年)。ベルリンのドイツ・スポーツ会館のために制作。

家庭と家族、自制と規律の強調を含め、セクシュアリティに対するナチ党員の態度は、一見するとほとんど市民的価値観(リスペクタビリティ)の戯画であった。なるほど、「ドイツ福音主義風紀改良運動」——とりわけ売春撲滅を目的としたジョセフィン・バトラー［一八二八―一九〇六年］の「イギリス廃娼連盟」に倣って、一八八五年に創設された組織——の指導者は、ナチ党の権力掌握を、戦後期の道徳的カオス状態に終止符を打つものとして諸手を挙げて歓迎した。新生ドイツは規律、道徳、キリスト教精神の時代の到来を告げるものとされたのである。その他の風紀改良運動も、国家の背骨が強化された新生ドイツに同じような期待を表明した。[★27]

図58：パウル・マーティアス・パードゥア作「総統は語る」(1940年)。ヒトラーへの帰依は模範的な家庭生活にとって不可欠とされた。暖炉の上に国民受信機、壁には総統の肖像が掛かっている。

だが現実には、こうした理想は第三帝国の優先事項のいくつかと両立不能であることがわかっていた。例えば、子供を産めという命令を優先したため、婚外交渉を是認することになった。当初、親権者である父親の不在により非嫡出子は苦労するとされ、幼児死亡率は嫡出子よりも非嫡出子において高いと信じられていた。しかし、次のような別の見解も聞こえてきた。子供のいない女性はヒステリーか病気になるので、子供が全然いないよりは非嫡出子がいる方がましである[28]、と。戦時期に浸透したのはこの見解であり、一九四〇年には非嫡出子の法的地位を嫡出子と等しくする法的処置が取られた。

　婚外交渉や非嫡出子の問題は、解決可能であった。しかし、ナチ党がより深刻な脅威と見なしたのは、家長が自分の家族から逃げだし男性同盟に引き籠る危険性であった。男性同盟は家族を破壊し、また正常なセクシュアリティを脅かす可能性があった。ドイツ処女団（BDM）[29]指導者で、一九三三年短期間だけナチ党婦人組織も指導したリュディア・ゴチェフスキ［一九〇六―八九年］は、その著作『男性同盟と婦人問題』（一九三四年）において、この男性同盟に内在する危険性に警鐘を鳴らそうとした。この著作がとりわけ重要なのは、彼女が女性解放に無理解だったからというより、プロイセン王妃ルイーゼをナチ女性の模範として称賛したからである。[30]彼女が男性優位への確信を断言しているのは典型的である。「ドイツ国家を創出した男性同盟は、今やその理想が実現したことに留意せねばならない」と彼女は述べた。[31]さらに彼女は、第三帝国においては男性同盟の美化は手控えられるべきだとまで言及した。彼女によれば、男性同盟は肉体的な愛とは別個のものとして精神的な愛を唱える傾向があり、女性に単に肉体的な役割のみをあてがい、男女の絆を男同士の共同体ほど重要ではないものと見なしていた。[32]慎ましくであれ情熱的にであれ、男性同盟（メナーブント）において男性的友情の体面を維持するためになされた精神的な愛の強調を、ゴチェフスキは国民社会主義運動の反フェミニズムを説明するために利用した。まったく同じ所見を第一次大戦直後、ある女性評論家がドイツ青年運動について述べている。「男性同盟（メナーブント）は女性のセクシュアリティを衰退に導いている」。自由主義的な女性解放運動に対する正当な闘争は、女性全体への敵対運動に変質してしまった、とゴチェフスキは述べている。[★33]

こうした見解が反体制者によってでなく確信的なナチ党員によって書かれたことを考えると、彼女の言説は確かに示唆に富んでいる。リュディア・ゴチェフスキは全ドイツ女性の指導者であり続けることを何より願っていたが、それには失敗した。おそらく彼女が遠慮なく喋りすぎるからか、あるいはその刺々しい性格が男性のヒエラルキーに抵触したからであろう。彼女の後任には、控えめなゲルトルート・ショルツ-クリンク［一九〇二－一九九九年］が任命された。女性の受動的な役割をゴチェフスキは是認したにもかかわらず、どんなに隠したところで、「いかなる犠牲的行為も女性は覚悟せねばならず、寡黙を旨とし何事も堪え忍ぶ伴侶たるべし」という公式的見解への批判が、彼女の著作には含まれていた。

実際、このことは、ナチ女性党員の間で第三帝国下の自分たちの地位にいくばくかの不満があったことを示している。ともかくも、一九三〇年までナチ党の女子学生組織は、その表現を借りれば「普遍的に正当な原理」を持っていた女性解放運動への賛辞を口にしていた。こうした反抗は、まさにこの女性解放運動に対する闘争がナチ党女子学生の公式目標とされた一九三二年に突然、終止符が打たれた。[34]

ナチ党が政権を握った最初の数カ月を支配した混乱状態は過少評価されてはならない。当時、党内のあらゆる矛盾する諸潮流が表面化し、大抵の場合ヒトラー自身が指令を出して介入するまで続いた。例えば、ヒトラーは若い党員学生たちが表現主義芸術に熱狂するのを止めさせ、ヒトラー・ユーゲントと保守系のユダヤ人青年組織がベルリンで予定していたスポーツ競技会を中止させた。[35]女性の役割に関する混乱も例外ではない。バーデンでは、ある党組織が労働市場からの女性の引き揚げを要求したが、別の党組織はそれに反対を唱え、女性の軍事教練さえ要求した。[36]党の男性主導を批判し続ける女性もいれば、党員ながらいっそうの女性解放を望む者さえいた。第三帝国でも女性の地位向上を求める動きは継続されたが、それは男性同盟（メナーブント）のように現実に存在する危険性ではなかった。この問題は後でもう一度論じよう。実際のところ、男性同盟（メナーブント）の潜在的な危険性に不安を感じる点では、ハインリヒ・ヒムラーはリュディア・ゴチェフスキの懸念を共有していた。もっとも、ヒムラーは女性の精神性などには何の関心もなかったが、男性同盟（メナーブント）が同性愛を助長して女性から肉体的機能を奪い取り、人種の滅亡に導くのではないかと憂慮していた。[37]

二　親衛隊と男性国家（メナーシュタート）

ナチ党は男女の分業を明確化することを唱えていた。ヒトラーはこの性別分業を温存するため、「機能の格差は、身分の平等を伴わなければならない」という第三帝国期を通じて効力を持った指針を適用した。これによって、ヒエラルキーや指導者原理と、民族同胞全員にゆき渡らねばならない平等との調和が可能になった。ヒトラー自身は、男女の分業や不平等性を差別的とは見なさなかった。彼によれば、女性はその本能と感性ゆえに重要であり、そのいずれも理性に重きを置きがちな男性にしばしば欠けている特性であった。[★38]だが、性別分業が奨励されねばならないとき、そうした女性的特徴の重要性はほとんど考慮されなかった。「自然によって定められた仕事を互いに遂行する限り、男女間の衝突など……不可能である」とドイツ女性にヒトラーは語った。「それは自然と神意の奇跡の一つである」。[★39]

ヒムラーの『黒色軍団』の編集長グンター・ダルケン［一九一〇—九八年］は、性別分業が保持されれば、すべての病的で異常な芸術は片づくと考えていた。さらに、国民社会主義はユダヤ人の文化支配に引導を渡し、同性愛者と「男っぽい女」により横領された芸術を救い出すのだ、とダルケンは述べている。かくして、芸術はもはや低俗な情熱に迎合する束の間の経験ではなく、神聖なる永遠の秩序を反映するものとなった。また、いわゆる正常な性行為は、真の創造性に不可欠な前提となった。実際、ダルケンによれば、「異質な者」は自然の摂理が理解できないとされた。[★40] 異質な者への寛容は、民族（フォルク）と国民の退廃をもたらすとされた。こうして、伝統的な市民的価値観（リスペクタビリティ）や創造性の理想は、国民社会主義によって自らの創見と主張された。

自然の摂理と見なされた性別分業は、市民的価値観（リスペクタビリティ）が一世紀以上の長きにわたり維持される上で決定的な要素だった。いわゆる「アウトサイダー」、すなわちユダヤ人、同性愛者、犯罪者、精神病者は、一九世紀末のさまざまな解放運動と連動して、性別分業の枠組みを破壊する恐れがあった。第三帝国期においても、女性党員の中にも女性の地位の再評価を求める者がいたが、この秩序原理に対する真の脅威は、いわゆる「正常な性的関係」を脅かしかねない男性支配に由来していた。

国民主義的シンボルや男性性の理想の中に潜在的には絶えずあったホモエロティシズムは、今や市民的価値観（リスペクタビリティ）と衝突する危険に直面していた。互いに強化し合ってきた国民主義（ナショナリズム）と市民的価値観（リスペクタビリティ）の提携関係は、破綻の危機に晒されていたのである。同性愛者は全員去勢すべしというヴィルヘルム・フリックの提案は、市民的価値観（リスペクタビリティ）の保護と同時に男性社会としての第三帝国イメージの維持を意図した政策を暗示していた。ポルノグラフィー全般、特に同性愛を駆逐するための行動は、政権獲得の直後に起こされた。ヒトラーが政権を握ったのは一九三三年一月三〇日だが、翌二月二三日、条例が布告された。それにより、あらゆるポルノグラフィーとともに、同性愛者の保護あるいはその解放を要求する諸組織が禁止された。[★41] 続いてレーム粛清の直後、秘密国家警察(ゲシュタポ)は、公然たる同性愛者およびその嫌疑者のリストを集め始めた。一九三四年一〇月に刑事警察(クリポ)に同性愛撲滅を任務とする特別班(「同性愛撲滅全国本部」)が設けられ、同性愛者迫害が国家的優先事項に加えられた。[★42] 同性愛者を駆逐する同じ班に堕胎を摘発する任務も加えられたとき、同性愛者の迫害と性別分業を維持する努力との密接な関係が明らかになった。

ナチ党はレスビアニズムに対しては何ら特別な法律を制定しなかったが、そのことも同性愛への懸念が男性同盟(メナーブント)たるナチ党の構造に由来する証拠である。[★43] さらに言えば、おそらくナチ党指導者にとって女性を自分たちのステレオタイプに当てはめずに思い描くことなど到底不可能だったであろう。同性愛がジェンダーの役割を混乱させるのとまったく同様に、堕胎は自然が女性に与えた特別な使命をなおざりにするものであった。正常な性行為と異常な性行為の区別を曖昧にすることで性別分業を混乱させる危険人物のすべてを弾圧し、性別分業を守ることが、「同性愛撲滅全国本部」の任務であった。

ハインリヒ・ヒムラーこそ、同性愛者の迫害を推進した立役者だった。彼は他のナチ党指導者の誰よりも第三帝国の性をめぐる不安とその対応策を明確に表明していた。ヒトラーが主に民衆の支持を得る目的で市民的価値観(リスペクタビリティ)を身にまとっていたとすれば、ヒムラーは逸脱したセクシュアリティが第三帝国に及ぼす危険性の強迫観念に捕らわれていたように思える。ここでヒムラー自身が青年期に行った自分のセクシュアリティとの格闘が重要となる。それは、「鉄のごとき」性の自己制御への彼の努力であり[★44]、彼の取り澄ました態度、極端な形式主義となった[★45]。ヒムラーはオットー・ヴァイニンガーと同じく自分のセクシュアリティに不安を感じていたらしく、女性性を弱きもの、男性性を強く攻撃的なものと定義することもヴァイニンガー同様であった。さらに、ヒムラーが性的な差異を相互排他的なものと見なしていたのは明白である。彼の青年期の煩悶にいかなる心理学的解釈を与えようと[★46]、明確な性別分業は中産階級的価値観の本質と考えていたようだ。ここにエロティシズムは不要であり、同性愛は「自然に反して堕落した個人主義の過ち[★47]」であった。そうした考え方は、時間の経過とともに変化するものではなかったのである。

さらに、親衛隊の創設者であり指導者であるヒムラーの個人的感情とはまったく無関係に、レームの運命はナチ党指導者への見せしめの役割を果たしたに違いなかった。いっそう重要なことは、レームの横死以後も、同性愛は絶えることなく公然と取り沙汰され続けた。というのは、ひとたび突撃隊の権勢が抑制されてしまうと、矛先はカトリック教会に向けられ、司祭や修道士に対して同性愛の告発が一斉に行われた。ドイツでは一九三四年から三七年の間、風紀紊乱の咎による聖職者に対する公開裁判ショーが人々の耳目を賑わせた。法廷は腐敗していたが、結果的にはドイツの司祭と修道会員二万五千人のうちたった六四人が有罪判決を受けたにすぎない。[★48] 一九三八年には、国防軍への支配を強めるために、同様の告発が前参謀総長に向けられた。[★49] こうした告発は市民的価値観（リスペクタビリティ）を守る砦として新秩序に正統性を与えると同時に、強力な政治的武器であることが実証された。

こうした同性愛の政治的利用を背後で操ったのはヒムラーであった。だが、政治的には有効であっても、彼もまた親衛隊の指導者として自分の男性同盟（メナーブント）がそれに汚染されるかもしれない危険性を現実的なものと理解していた。ヒムラーは、ナチ党の権力掌握時、ドイツには約二百万人の結束した同性愛者がいると信じていた。それゆえ、彼がそれに危機感を抱いたとしても、驚くには価しない。同性愛者が親衛隊内部でせいぜい月に一件しか確認されなかったとしても、いつでもドイツ全土に広まる可能性のある伝染病だと彼は考えていた。同性愛が万一野放しにでもされれば、それはゲルマン民族の滅亡を意味することになるだろう。[★50] ヒムラーに率いられた親衛隊と警察において、同性愛が最も重い犯罪とされたのはそのためである。すでに一九三七年、同性愛の有罪判決を受けた親衛隊員は誰であろうと死刑に処せられねばならないとヒムラーは告示していた。戦時中、ヒムラーのたっての願いにより、ヒトラーは「親衛隊と警察の純潔」を守る布告を発した。そこには同性愛行為に対する死刑条項も含まれていたが、加えて同性愛の新たな包括的定義が打ち出されていた。今や愛撫は、たとえ完全に着衣のままであれ、同性愛の定義に入れられ、男同士の接吻は死罪に問われることになった。しかしながら、同性愛被疑者の解任や辞職は毎月あったけれども、第二次大戦まで同性愛容疑者の処刑は行われなかった。一九三七年の布告は実際的というより儀礼的なものであり、ナチ運動におけるシンボリックな意思表示の重要性を再確認させてくれる。★51

図59：「青年運動の若いメンバーが運動に参加してから同性愛に感染する最終段階に至るまでの展開」（ナチ党報告『青年の犯罪と危機』1941年掲載のモンタージュ写真）。

同性愛の定義は性的行為の実践を超えて拡大された。ヒムラーは一九世紀以来絶えず拡大されてきた同性愛の定義に則っていた。それは同性愛と男らしさ、病気と健康の対比を強調していたので、そうした性的行為の実践は同性愛者の人格全体に判決を下すまでになった。同性愛は本質的に反社会的である、と一九四〇年発行の犯罪と青年の性に関する部内秘レポートに書かれている。同性愛に染まった青年は、道徳的危機に直面するのみならず人格全体の崩壊に瀕していた★52［図59］。もし蔓延すれば、ドイツを破滅させるステレオタイプがここに見出された。伝染病としての同性愛は、それ独自の機能を発揮した。だが、ヒトラーの指令とその幅のある解釈は、ヒムラーの直接指揮下にある警察と親衛隊の構成員にだけ適用された。国防軍とともに戦った武装親衛隊さえ適用から除外されていた。[53] その上、同性愛による除名が比較的に頻発したヒトラー・ユーゲントには、これに類した命令はいっさい発せられなかった。[54] ヒムラーの強迫観念は、彼の指揮下にある部隊に対して特別な措置を求めていたのである。

ヴァイマル共和国では有罪の判決が下ることは稀であった、いわゆる猥褻的性行為の処罰を規定した旧刑法一七五条に基づく有罪判決は、第三帝国において劇的に増加した。ここでは、たとえ性行為を伴わないとしても、どんな愛撫も猥褻行為として法廷に持ち出された。[55] だが、同性愛行為の処罰で「あたかも生命が存在しなかったように絶滅すべきだ」と考えたのは、ヒムラーだけであった。[56]

一九三七年一一月にバート・テルツで行われた冗漫な大演説において、ヒムラーは自分のセクシュアリティに関する見解を親衛隊幹部に開陳した。この演説は、ナチ党指導者によってなされたセクシュアリティ論議の中で最も包括的かつ本質的なものと評価されねばならない。まず最初にヒムラーは、たとえ有能な古参同志であれ万一素行に問題があったり酒に溺れたりするなら除名して親衛隊の名誉を守るよう、部下の将校たちに訴えた。続いて、他人の結婚に関して無駄口をきくこと、すなわち他人の私生活に干渉することをたしなめた。[57] これは秘密国家警察（ゲシュタポ）の長官が口にするには奇妙な発言のようだが、ヒムラーは結婚自体の内実はどうあれ子供を増やすことに頭を悩ませていた。彼は部下に結婚を命じたが、究極のところでは親衛隊隊員と人種的純潔を証明された女性による子供の出産を、他のいかなる正当性より優先的に考慮していた。

ヒムラーによれば、同性愛は女性との接触機会の欠如によって身に染まるものとされていたので、売春は大目に見られた。売春婦には寛大な処遇がなされるべきである、というのも、さもなければドイツの青年は同性愛行為に引きずり込まれてしまうかもしれないからであった[58]。この点で、ヒムラーは第三帝国の公式の政策と正面から衝突していた。男性(メナー)同盟(ブント)が認める欲求と市民的価値観(リスペクタビリティ)との潜在的な対立がここでも例証された。ナチ党の権力掌握以来、不貞に手を貸すような派手な振る舞いは何であれ摘発された。売春は公共建造物の近接地域と一八歳以下の子供がいる居住施設では禁止された。加えて、売春宿の集中を防ぐ命令が出され、個々の売春宿は廃止された[59]。そうしたことでヒムラーはひるまなかった。同性愛の破壊的影響力への不安に駆られて、ヒムラーは次のように主張した。売春婦との接触は、とりわけ都会に住む青年にとって重要である。なぜなら、農村ではセクシュアリティに対する健康的な態度が幸運にも保たれているからである。数世紀に及ぶキリスト教の教えにもかかわらず、農村青年は今なお夜な夜な塀をよじ登り窓をくぐって恋人のベッドに入り込んでいる、とヒムラーは語っている。この結果として婚外子が生まれるかもしれないが、それはどうでもよいことである。古来の風習が続いているにすぎないのだ[60]。売春婦は正常性を維持する機能を持っており、その務めを果たすよう放任されねばならないとされた。他方で、（あとで言及するが）男娼たちは再教育によって矯正される可能性があると言う。
　ヒムラーは演説の冒頭で、プライベートな性的事柄に立ち入らないように求めた。しかし、話が同性愛の議論に至ると、そのトーンはがらりと変わった。今度は唐突にも、性にまつわるすべての事柄が公的な意味を持ち、プライベートなものなど存在せず、民族の生死に関わる大事とされた。[★61] この変化の理由は、ヒムラー演説の核心、すなわち新国家の定義によって明らかになる。かつて母権制とアマゾーン国家が存在したが、「ここ数世紀間、否、数千年来、ゲルマン人は……男性国家（メナーシュタート）（男子の友愛に基づく国家）を統治の常態としてきた」[★62]。男性同盟（メナーブント）は、男性国家（メナーシュタート）になったのである。今やその支配階級は、もはや内敵や外敵に対する戦争の突撃隊というだけではなく、男性エリートである。しかし、この支配階級は同性愛に耽ることで自滅の危機に瀕している。[★63]
　この破局はどのように完結するのか？　ヒムラーは軟弱で女々しい同性愛者の伝統的イメージを繰り返し、次のように力説した。同性愛者においては、魅力ある相手への愛情が個人の能力や成果の重要性に取って代わるのである。[★64] ここにおいて、性的情熱が主導権を握り、公共政策に破壊的な帰結がもたらされる。ヒムラーは同性愛者が引き起こす危機を官僚的カテゴリーで考えた。地位の割り当てはもはや能力を規準としてではなく、同性愛者のネットワークによって行われる。そのネットワークは同性愛者間ではそれとわかるが、正常な人間には認知できないものであると、（ヒムラーがまさに説明しようとしていたステレオタイプと矛盾するのだが）議論は続けられた[65]。同性愛者の陰謀は、ヒムラーが心深く抱いていたユダヤ人の世界陰謀と対比して考えられねばならない。ドイツ人の美徳と目的の意志への執念深い敵対者として、同性愛者もユダヤ人もドイツ国家とその民族を破滅させようと努めているとされた[66]。

同性愛の蔓延によって、性的魅力による選抜が最適任能力による選抜に取って代わるかもしれないと、ヒムラーは危惧していた。女性が国家公務員となることを彼が批判したのも、同じ理由からであった。つまり、女性の場合も「能力に基づく選抜が行われていると何人も主張できない」。可愛らしいが無能な娘が、有能で年老いた醜女よりも常に好まれるだろう、とヒムラーは主張する。だが、そうした誤った判断にもかかわらず、可愛く若い娘はすぐに結婚し退職するであろうが[67]、こうした期待は同性愛者にはできず、彼らは職に留まり権力を占有するであろうと考えられた。

同性愛者か否かは、すでに一般化していた医学的類型を使って判断された。つまり、医学によってではなく個人的な観察によって病気の事実が証明され、同性愛者は精神的な病に冒されていると言われた。イエズス会士は嘘をついても、それを信じてなどいないが、同性愛者は自分がついた嘘を信じている、とヒムラーは配下の親衛隊幹部に述べている。その上、彼自身の陰謀理論とかなり矛盾しているのだが、同性愛者には忠誠心というものがないとヒムラーは断言する。なぜなら、自分だけ嫌疑を逃れるために同性愛者は互いを告発し合うからである[68]。それでも同性愛者は、あらゆる病人と同じく治るかもしれないが、ユダヤ人は劣等人種なので治癒の可能性はないとされた。ヒムラーの考えでは、例えば男娼は規律とスポーツと労働を通じて改造可能かもしれなかった[69]。だが、そうした改造の遂行は同性愛者はもちろん、いわゆる「正常」な、秩序ある社会の外部にいるすべての人々によって、おそらく拒絶されるであろうと考えていた。

だが、同性愛者を組織的に狩り出し強制収容所に送り込むに至るまでの間に、ヒムラーは自分の考えを改めたように思える。よく働くかどうか、規律化されているかどうかにかかわらず、同性愛者は女性と寝ることを強制され、彼が示す性的反応の次第によって釈放か処刑がなされた[70]。同性愛者を生み出すのは女性との接触機会の欠如であるというヒムラーの見解は、ここでも決定的であったように思える。

ヒムラーは心身全体を毒する病気と同性愛を見なしていた。もし同性愛者が治癒不能ならば、抹殺されねばならなかった。癌に冒されるような、肉体や精神のいかなる部分も容赦なく蝕む病気に罹ったアウトサイダーという概念は前章で論じた。その概念は、アウトサイダーの医学的ステレオタイプの到達点となったが、それは細部に至るまですべて重要な意味を持っていた。しかし、治癒不能な同性愛者を待ち受ける死に関するヒムラーの論じ方は、アウトサイダーを排除する過程に新局面を開き、来るべきユダヤ人のホロコーストにも影響を及ぼした。つまり、アウトサイダーの死は、ユダヤ人の存在そのものを除去するために利用されたのである。

バート・テルツのヒムラー演説は次のように続いた。昔、ドイツでは同性愛者は沼に沈められたものである。「これは処罰ではなく、異常な生命の抹消(アウスレッシュンク)であるにすぎなかった」[★71]。同性愛者が文字通り消え去ったとき、執行者側には嫌悪感も復讐心もなかった。ここではリアリティとシンボリズムが一致するよう仕組まれていた。すなわち、犠牲者は自らの重さで沼に沈むのである。誰の手にも頼ることなく死ぬのであり、彼があたかもまったく存在していなかったかのように、彼の生命は姿を消したのである。かくして自然は自らの誤謬を修正したのである。そうした方法が現代世界においてもはや不可能であることをヒムラーが嘆いたとしても驚くには価しない[★72]。

それゆえ、アウトサイダーはただ単に「消された」にすぎない。実際の処刑方法はもはや再現できなかったとしても、その言葉遣いはそのまま残った。ユダヤ人も「消された」か「消去された」。アウトサイダーはただ殺されたのではなく、そもそもまったく存在しなかったかのように見なされた。異常なもの、すなわち既存秩序の枠外に、あるいはそれに反して存在するものは、ただ除去されるのみならず、天国であれ地獄であれ、彼の世(あ)のいかなる生活も否定された。それまで異常な人間は隔離され、追放され、たとえ去勢されたとしても、決して殺されることはなかった。すでに見たように、ただ小説の中でだけ、アウトサイダーの死は唐突で、不潔または孤独であるのが普通だった。すなわち、尊敬さ

れる市民の死とはかけ離れていたのである。★73

それにしても、前章で論じた小説におけるアウトサイダーの死に様は、実際、ナチ党による「無価値な生命」の「抹消」の徴候を示すものであった。ここには、生から死への穏やかな移行がないだけでなく、結末も孤独で痛ましいものであった。フライタークの作中人物ファイテル・イツッヒがどぶ川で溺れたとすれば、同性愛者が沼に沈み、ユダヤ人がガス室で人手を借りずに息絶えることをヒムラーは望んだのである。確かに、この方式で数十万の人間の殺害を最も効率よく成し遂げることができた。だが、アウトサイダー自身にとってみれば、そうした死に方は市民的理想であった快適な死の環境とは正反対のものであった。「生命の抹消」は、高貴な大義を遂行するための戦場での死、あるいは美徳ある生活の終幕としての死と、まさしく対極にあった。

同性愛も含め、ヒムラーのあらゆる不安の根底には、性別分業が破壊されるかもしれないという脅威があった。それゆえ、男性の同性愛を助長する「男っぽい女」にヒムラーは攻撃の照準を合わせた。★74 次いで、同性愛者は精神病に感染しており、国家に対して陰謀を企てていると見なした。本書で何度も登場してきたあらゆる秩序の敵である悪徳非行の連鎖の環は、ヒムラーの心の中ではユダヤ人をもって完結していた。それは、特にこの演説でなくとも、別の機会に何度となく表明された。あらゆるアウトサイダーが性別分業を脅かしているというのが、ナチ党のセクシュアリティ観の基本であったが、実際はそれも市民的価値観（リスペクタビリティ）に基礎づけられていた。たとえ婚姻外であっても子供の出産を求めるという例外は、性別分業に影響を及ぼさなかった。結局、女性は相変わらず母親の役割を果たすことが期待されていた。ヒムラーはバート・テルツ演説で女性の愛らしさ、気高さ、魅力について言及したが、その貞操を論じなかったことはおそらく重要である。★75 ヒムラーは他のナチ党指導者よりも腹蔵なく話したことになる。というのも、ナチ党の婦人組織にとって、女性的純潔のシンボルたるプロイセン王妃ルイーゼは格別の模範だったからである。★76

三　第三帝国とイタリア・フランスのファシズム

男性国家（メナーシュタート）は、男性性の理想に基づく攻撃的な国民主義（ナショナリズム）を象徴していた。市民的価値観（リスペクタビリティ）と国民に対する脅威すべてを、男性国家（メナーシュタート）は押し潰すはずであった。だが、男性同盟（メナーブント）の存在自体に内在していた市民的価値観（リスペクタビリティ）への脅威をはじめ、いくつかの悩みの種があった。国民社会主義者の身体への態度も、おそらく市民的価値観（リスペクタビリティ）への異議申し立てを表現していた。この態度は一九世紀末の身体の再発見とセクシュアリティを超克しようとする試みに起因するとしても、ここでは肉体美に重きが置かれたように思える。「肉体は我々の存在の本質的な表現である」と、ヒトラー・ユーゲントの指導者バルドゥア・フォン・シーラッハ［一九〇七―七四年］はドイツ処女団（ＢＤＭ）に向かって述べている。「美の追求はアーリア人において先天的なものである。アーリア人にとって、人体の美しさに永遠なる神性が顕現するのである」[77]。ギリシャ彫刻がこの美を最もよく顕現すると見なされ、裸体か、あるいは僅かばかりのものを身にまとったギリシャの青年像が、第三帝国の強さと活力を象徴するものとなった。このギリシャ遺産を全身全霊を傾けて受容したこと、それをアーリア的美に最もふさわしい表現として身につけたことは、裸体性に対するある種の執着を意味していた。国民社会主義の裸体に対する反応は、セクシュアリティと市民的価値観(リスペクタビリティ)に対する国民社会主義の態度について、さらなる洞察をもたらしてくれよう。

ナチ党はヌード写真を若者を堕落させるとして糾弾した[78]。その上、政権に就くと直ちに裸体主義運動を禁止した。プロイセン内務省は肉体の健康増進のために太陽、空気、水を利用することは歓迎していたが、一九三三年二月、裸体主義を危険な誤りとして非難した。その主張によれば、裸体主義は女性の自然な恥じらいを鈍らせ、男性が常に女性に対して払うべきとされた敬意を解体した[79]。女性の脱神秘化により、性別分業は危機に瀕すると考えられた。裸体主義を同性愛と結びつける嫌疑は、レーム粛清の後もナチ党員の脳裏から離れることがなかった。かくして、一九三五年内務省は次のような警告を発した。同性の者が裸体で入浴することは、同性愛行為を犯罪と定めた刑法第一七五条の違反の第一歩と見なすことができる[80]、と。

第三帝国は私的領域と代表具現的領域に厳格な分割線を引くことで、裸体からそのセク

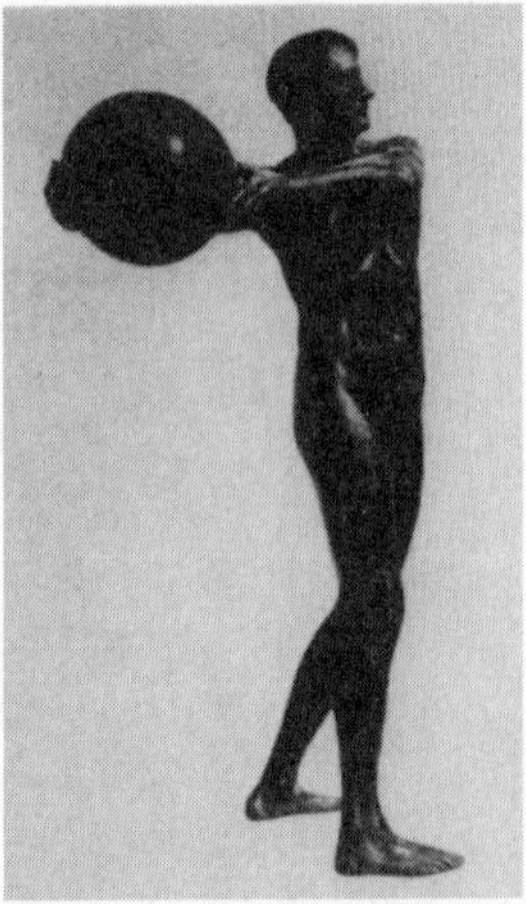

図60：ハンス・ズーレン『人間と太陽』（1925年）掲載のズーレン体操。

シュアリティを剥ぎ取ろうとした。例えば、既存の裸体主義雑誌のいくつかは継続発行が認められたが、ボディビルディング雑誌のように、その写真ではさまざまな身体運動が強調され、運動中の半裸体は抽象的なものに留まり、ほとんど彫刻のように感じられた。[★81] 運動とスポーツで強く逞しく鍛えられた裸体の写真は、あるべきステレオタイプとして提示された［図60］。例えば、ハンス・ズーレンの『ドイツ人の体操』は、第三帝国期に数版を重ねたが、そこではスポーツ中の、あるいは山野を歩き回る姿として、ほぼ完全なヌードが提唱されていた。しかし、男性の肉体が公的に展示されるべきときには、用意周到な配慮がなされねばならなかった。つまり、その肌は体毛がなく、滑らかで日焼けしていなくてはならなかった。[★82] ズーレンが抱いていた美しき肉体の理念は、ここでもギリシャの模範に従っていた。結局、現代ドイツ人と古代ギリシャ人は、アーリア人種を支える二本柱と考えられたのである。

ズーレンは第三帝国でも引き続き裸体主義運動を推進した。彼によれば、裸体は自然そのものを見るのと同じ歓びをもたらすはずであった。[★83] その肉体はアーリア的かつギリシャ的美のシンボルとなり、その構造によって抽象化されており、生身の人間というより生身の彫刻であった。しかし裸体主義運動の残滓は、ヒトラーの新総統官邸［図64］（三三五頁）のような公共建造物を飾り（あるいは、守護し）、あるいは公式に出版物で複製された理想的男性の彫刻そのものに比べれば、ほとんど重要ではない。第三帝国はアーリア男性の表現に最も適した芸術形式として彫刻を推奨していた。

　過去においても重要な国民的シンボルであったギリシャ青年像は、第三帝国を通じて絶頂の人気を博した。ヒトラー自身の趣味は「世紀末（ファン・ド・スィエクル）」の新古典派復興の影響を受けていたが、[★84] いずれにせよ国民社会主義はよく知られた国民的シンボルを注意深く取り込み、自らの目的のために盗用した。ギリシャ青年像は今一たび伝統的スタイルに洗い清められた。それが具現し象徴する要素――すなわち、その光沢が崇高の感情を高める硬質で抽象的とさえいえる

図61：ヴィルヘルム・メラー作「国民社会主義運動の犠牲者顕彰碑」（1940年）。戦争記念碑はナチ彫刻の役割を象徴していた。この像は次代のナチ指導者を養成するエリート寄宿学校であるオルデンスブルク・フォーゲルサンドに建っていた。メラーは1920年代に第一次大戦の英霊記念碑をすでに作っており、それはシンボル表現の連続性を証明している。

肉体［図61］——によって、セクシュアリティは排除された。ヴィンケルマンがギリシャ彫刻に見出した丸みを帯びた輪郭の美は、まったく残らなかった。輪郭に代わって、ウォルター・ペイターが称賛した白さが、セクシュアリティの汚点を除去するものとして重要視された。[★85]しかし、ナチ党はそれを超えてさらに進んだ。そうした青年像はただポーズをとって固定されただけではなく（戦争記念碑の多くのように、たとえ動態的なものが想定されていたとしても）、故意に静態的かつ記念碑的に表現されてもいた。例えば、アルノ・ブレーカーやヨーゼフ・トーラク［一八八九－一九五二年。図62・63］の創作した造形は、欲望や愛情の対象ではなく崇拝の対象としての神のごとく見える［図48］（二四四頁）。

ヒトラーの総統官邸中庭に立った「松明を持つ者」「剣を持つ者」（一九三八年）のよう

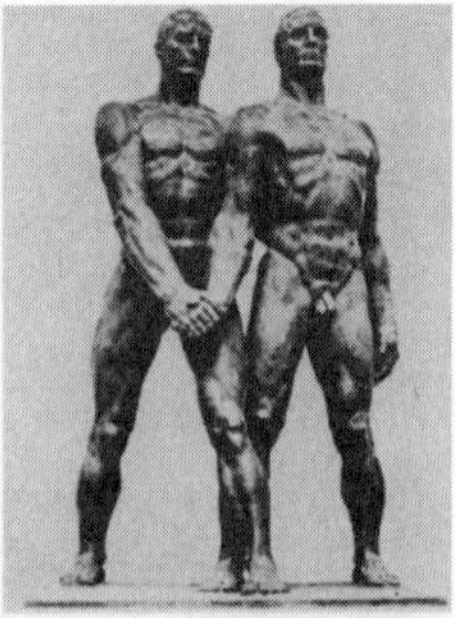

(上)図62：ヨーゼフ・トーラク作「友愛」(1936／37年)。1937年パリ万博ドイツ館に出品。
(下)図63：ハンス・リスカ作「トーラクのバルトハイム・アトリエ」(1938年)。アルベルト・シュペーア設計による国立アトリエ。

(上)図64：ベルリン総統官邸の「党」(松明を持つ者／向って左) と「国防軍」(剣を持つ者／向って右)。アルノ・ブレーカー作(1938年)。
(左)図65：ハンス・フォン・マレー作「蜜柑の木の下の三人の若者」(1875-80年)。

なアルノ・ブレーカーの記念碑的彫刻は、第三帝国様式の建築にふさわしく慎重に仕上げられた［図64］。ブレーカーの着想はほとんどギリシャに由来するが、ミケランジェロと並んで、「世紀末（ファン・ド・スィエクル）」の画家ハンス・フォン・マレーを自らの師匠と見なしていた。マレーの描く裸の青年像は、沐浴する若い兵士というテーマに似ていなくもなかった［図65］。ブレーカー自身は、彼の裸体像は「本能的衝動の純粋な息吹き」を具現していると書いており、「羞恥心で隠蔽されていた肉体のベールを引きちぎった、今日の革命的な青年」[★86]を称賛するまでになった。こうして、あらゆる時代を通じて芸術的霊感をもたらした無垢なる世界、「エデンの園」における人間の起源をブレーカーは人々に幻視させたのである。[★87]この解説は第二次大戦後に書かれたものだが、大戦前の彼の作品にも当てはまるであろう。すなわち、それは調和のとれた人間像を提示する「理想的な裸体」であった。[★88]裸体は真実の美と自然を象徴するのみならず、近代の幕開け以前の健全な世界のパラダイムとして「エデンの園」を逆照してみせた。同時に、このシンボリズムは裸体からセクシュアリティを剝ぎ取り、「失われた楽園」を取り戻すために現在を超克する希望をゲルマン男子に投影している。

国民社会主義は、過去においてギリシャ彫刻に社会的評価を与えるのに役立った伝統を採用し、またシンボル形式を求める衝動を利用して新たな高みにまでその伝統を引き上げた。裸体性は不易性の意味を持つに至ったのであり、それは国民的かつ市民的な理想を象徴するものとなった。それこそ、ヴィンケルマンが上品な社交界に受け入れられて以来、本書で分析してきたプロセスである。自制できることと過度の情熱を持たないことによって、力強さと男らしさは表現された。すなわち、（神経質なユダヤ人あるいは憔悴した同性愛者と対照的に）「静謐な偉大さ」が理想的アーリア人の外観を決定づけた。「神経衰弱の一九世紀はナチ党の政権掌握をもって結末を迎えた」というヒトラーの言明を、この理想的な男性像は具現していた。★[89]

図66：アルノ・ブレーカー作「戦友」（1940年）。計画されたベルリン凱旋門のためのレリーフ。

　このように彫刻された造形物の動作もまた重要であった。この点に関しては、戦場から若い兵士を引きずって戻る老兵を描写したブレーカー作品［図66］を論評した芸術批評家が明確に述べている。ここでは「永遠の美が時局にふさわしい主題において具現化されている」★[90]。この発言の日付は第二次大戦開始から一年たった一九四〇年であり、ブレーカーの記念碑的彫刻はその年のドイツ芸術展の呼び物となっていた。同様に、レニ・リーフェンシュタールは一九三六年ベルリン・オリンピック大会の映画（『民族の祭典』『美の祭典』）において、理想化された運動選手のショットと陽光に満ちた自然のショットとを組み合わせた［図53・54］（二七五頁）。運動競技は美しい自然を背景として筋骨隆々たる肉体によって演じられたが、それはともに新生ドイツのシンボルでもあった。スポーツは平時における戦争の代替物と見なされたが、ちょうど同じように他の人々も第一次大戦後、もう一度戦場で男らしさを試せるときが来るまではそれが最も有効な試金石であると気づいていた。★91 ギリシャ青年の彫像を伴った戦争記念碑の多くは、ナチ彫刻の直接的な先例となったが［図61］、その造形の大半が（団体競技と対照的な）個人競技を行っており、円盤投げ、競走、あるいは体操の選手として自らの男らしさを試していた。

　国民社会主義は、こうした彫刻のすべてを動員して国民主義（ナショナリズム）と市民的価値観（リスペクタビリティ）のために男らしさのシンボルを利用しようとした。もしその目的において試みが成功したとすれば——それを確かめることはできないだろう——、その成功因はそのシンボリズム自体にあるのみならず、そうした造形がいたるところに侵入し人々の感受性を鈍磨させていたことにもあったに違いあるまい。

　国民の再生は、道徳の再生と同一視された。イタリアでも、権力の座に就いたファシズムは性的逸脱を積極的に告発し、同性愛やポルノグラフィを取り締まる法律を施行した。加えて、ファシズムはどこでも同様な男性シンボリズムを使ったが、統帥（ドゥーチェ）がローマに建設したスタジアム「フォロ・ムッソリーニ」を取り囲む造形［図67］にそれを見ることができる。統帥（ドゥーチェ）本人は自らの男らしさを好んで誇示した［図68］。腰まではだけて刈り入れを行い、随員たちとランニングをし、体操で体を鍛えて見せた。だが、そこではマッチョのポーズが問題なのであって、あえて言えば、ドイツの国民的ステレオタイプの展開に付きまとったようなホモエロティックなニュアンスは含まれていなかった。性的なことに関しては、緩やかな雰囲気がイタリアにあったことを示す明確な証拠も存在する。いずれにせよ、そうした雰囲気はプロテスタント国民よりもカトリック国民で典型的だった。

(上)図67：「フォロ・ムッソリーニ」。
(下)図68：乗馬をするムッソリーニ。

セクシュアリティと男性共同体の問題に関して、あるファシズムは他のファシズムに鏡像を提供する。フランスのファシスト知識人たちは、近代国民主義（ナショナリズム）の男性性に内在したものを明確化し、実践しようとした。フランスのファシズムが他のファシズムより高度な知的水準に達していたとするならば[★92]、その理由はフランスで最も影響力ある作家の幾人かもそうであったが、最も有能なパリ青年たちの一部――エリート校やエコール・ノルマルの卒業生――のイマジネーションを捉えたからであった。彼らは雑誌を編集しようとして熱い議論を交わすなかで育まれた友情、あるいは学校や大学で形成された交友関係で相互に結ばれた知的サークルを結成した。

友情と青春は、こうした男たちを統合する崇拝、さらなる高揚感にまで引き上げられた。二七歳のロベール・ブラジヤック［一九〇九―四五年］が回想録――一九四一年『我らの戦前』として公刊――をものしたとき、青春と友情は、彼のファシズムの中核である生命の詩の探求を意味した。第三帝国の指導者と従属者の間に行き渡っていると考えられた「直截な同志愛」[★93]にブラジヤックが心打たれたことは、型通りである。「ナチ党は純粋な人種と新しい国民を創造しようとしている、と彼は書いている。「莫大な数の男性が集うことをナチ党は好んだが、その集会で大群衆のリズムは一つの巨大な心臓のように鼓動した」[★94]。男性同志としての国民は、実際にナチ党が新生ドイツとして思い描いたものだった。分裂し脆弱なフランス共和国において、これこそ語るに足る唯一のファシスト経験であった。

男性同志愛のこうした高揚に肉体的な要素はあったのだろうか？　ハインリヒ・ヒムラーが大いに脅えていたのは、それがある種の誘惑に繋がることであった。肉体的なものと精神的なものの繋がりは、ファシスト知識人ピエール・ドリュ・ラ・ロシェル［一八九三―一九四五年］の著述に最もよく表現されている。ロバート・スーシーが評伝で描いたように肉体が精神力を決定する、すなわち、もし肉体が弛んでくれば精神も弛むのだと、ドリュ・ラ・ロシェルは考えていた。[★95]これは男性性の福音であり、それによって女性的なものの価値は切り下げられた。男性肉体を称え上げたのは、ドリュ・ラ・ロシェルだけではなかった。アンリ・ド・モンテルランも公然たるファシストでこそなかったが、そうした男性的価値観を共有していた。彼の小説『オリンピック選手』（一九二四年）は、「フランスの肉体」のアナロジーと理解されるような運動選手の清潔な裸体イメージを多く含んでいた。この世界に入り込む女性は、それを破壊する危険な存在だった。[★96]

モンテルランはその生涯を通じて同性愛の嫌疑をもって見られていたが、ドリュ・ラ・ロシェルは大の女たらしとして知られていた。彼は人生の大半を情事と戦争賛美に費やした。どちらの場合にも、男性の肉体は美しく力強いという意識が付随していた。ドリュの肉体主義はD・H・ロレンスの態度と似ていなくもなかった。より正確に言えば、その肉体主義はファシズムが自らの原動力を表現した男性ステレオタイプと調和していた。いわば、その筆致はナチ建造物やローマの「フォロ・ムッソリーニ」を守護する裸体彫像に優るとも劣らぬものであった。しかし、ここには男性的エロスが無傷のまま残されていた。ドリュ・ラ・ロシェルは男性同盟(メナーブント)に由来する諸理念を簡潔に表現した。一九四四年に彼はこう書いた。「戦後の数年間、私はとりわけ女に入れ込んでいると思われたかもしれない。だが実際は、男への関心が強かったのである。私にとって、政治の核心は男同士の友情のドラマであった」[★97]。ロベール・ブラジヤックも、それほどあからさまに肉体主義を強調しなかったけれども、この理念を分かち持っていた。真の友情とは男らしい友情である、それを生涯で一度だけ女性に感じたことがある、とブラジヤックは述べている[★98]。彼の小説におけるラブストーリーでは、二人の親密な男友だちの間に女性が三角関係として配されることが多いが、それは彼がその妹と結婚したモーリス・バルデーシュ［一九〇七―九八年］への自らの想いを投影しているのであろう。『時の過ぎゆくごとく』（一九三七年）で、彼は男女の肉欲的な情交を微に入り細を穿って描写した。しかし、この同じ本において、男性間の友情――そのためには女性を裏切り見捨てる友情――を称賛している[★99]。

こうしたファシスト知識人たちは、特に男子の友情と青春をその他すべての生命原理に超越させた。彼らの政治的動機と個人的関係にホモエロティシズムの要素があることは、ほとんど疑問の余地がない。ブラジヤックの対独協力裁判は死刑判決［一九四五年一月一九日］で終わったが、彼に最もダメージを与えた証拠のいくつかは、ドイツ兵士への愛情と感嘆を表明した彼の記事に含まれていた。裁判所は、ブラジヤックが見るからに猥褻な記述で「その名を口にするのもおぞましい愛」を唱えたとさえ告発した。裁判所が死罪を宣告するのは最初から決まっており、証拠として引用されたブラジヤックの時事的な著作の文章は、この罪名を裏づけるものではなかった。[★100]だが、一九三〇年代に平和主義の左翼雑誌『欧州（ウーロープ）』で共同編集者だったジャン・ゲーノ〔一八九〇―一九七八年〕は日記でこう自問している。「なぜナチ協力者にはこれほど多くの同性愛者がいたのか？　彼らは新秩序が自分たちの愛を正当化すると考えたのだろうか？」。ゲーノはそれに付け加えて次のような洞察を示した。対独協力者の中には同性愛を糾弾しながらも、女性とのつかの間の性的満足を除けば、男性世界に引き籠っていた人々もいたのである。[★101]ドリュ・ラ・ロシェル自身は彼の小説『ジル』（一九三九年）で同性愛者を都会、不健全、根無し草の産物としてユダヤ人と区別せずに扱った。[★102]それにもかかわらず、フランス・ファシズムは他のファシズムが抑制しようと考えたホモエロティックな――ホモセクシュアルではないとしても――要素をほとんど誇示していたといってもよいだろう。ここには、ヒムラーが阻止しようとした帰結が白日の下に引き出されたように思える。

ファシズムとセクシュアリティをめぐるいかなる議論も絶えず男性性の崇拝に、また支配エリートとしての男性共同体に立ち返らねばならない。このように、ファシズムは、最初から近代の国民主義（ナショナリズム）の要素であったホモエロティシズムを表面化させる恐れがあった。

このことが国民主義(ナシヨナリズム)と市民的価値観(リスペクタビリティ)の間に緊張関係をもたらした。その緊張をヒムラーのような指導者は制御し続けようと努めたが、市民的価値観(リスペクタビリティ)を強要するほど強い権力がなかったフランス・ファシズムの場合、その緊張は国民主義(ナシヨナリズム)との提携関係を脅かすことになった。

四　女性の身体性

男性優位は、女性を窒息させる恐れがあった。すでに見たように、リュディア・ゴチェフスキのような女性指導者はそれがもたらす危険性に気づいていたかもしれないが、第三帝国における女性の地位を争点にしようとは思ってもいなかった。それでも、ドイツ婦人組織の指導者として、従順なゲルトルート・ショルツ＝クリンクでさえ、才能に恵まれた有能な女性が性別を理由に評価を拒まれていることに遺憾の意を表明した。最初は経済上の、後には戦争遂行上の要請から女性を男性世界に呼び戻すことが必要になるまで、ほとんどの専門職から女性は遠ざけられ、排除されていた。呼び戻されたときでさえ、彼女たちはただ一時的にだけ専門職に復帰すべきと見なされた。★103 経済的必要はナチ党の女性イメージに決定的な影響を与えなかったのである。女性は子供を産む母親であり、夫の補助者であり、家庭生活の保護者であった。「若いお嬢様」や「スポーツ・ガール」、そしてリュックサックを背負って練り歩く少女たちをナチ党は批判した。その批判によって、近代性への防波堤である古風な美徳の守護者としての女性が強調された。[★104] そうした女性はゲルマーニアと同様、眼差しを前ではなく後に向けており、ルイーゼ王妃のように、夫と子供たちに囲まれていた。

優雅さと美しさはそうした古風な徳目の一つであった。女性の肉体は、男性の肉体とともに、第三帝国にとって重要であった。ドイツ処女団（BDM）は一七歳から二一歳までの少女を「信仰と美」グループとして登録し、ナチズムの信仰を奨励するとともにダンス

(上)図69：「信仰と美」の球体操（1938年)。
(下)図70：雑誌『精神と美』[Geist und Schönheit] 表紙（1939年)。

（上左）図71：カール・ファンゼロー撮影「花盛り」（『美』[Schönheit] 1912年第５号）。
（上右）図72：アルノ・ブレーカー作「フローラ（花と春の女神）」（1943年）。
（下）図73：ヨーゼフ・トーラク作「献身」（1940年）。

とスポーツで肉体を鍛え上げようとした★105［図69・70］。人生に対する正しい態度の神殿（聖霊の宿る身体）として、美しい肉体は、男女を問わず与えられた目標であった。さらに、男性同様、女性の裸体も彫刻として、あるいはスポーツでも示された。しかし、それは例えば「献身」や「女神」といった伝統的な女性の主題においてであった★106［図71・72・73］。こうした女性像は男性の運動選手や戦士と同じく、滑らかでほとんど透明な身体が与えられ、青年像のように硬直したポーズをとっていた。ここでも、超越的な印象が肉体から官能性を剝ぎ取ることになっていた。

図74：エルンスト・ゼーガー作「スポーツ仲間」（1939年）。女性選手の体のラインが男性に近づいている。

こうした政府公認の彫刻は、男女の身体をある程度まで同質化し、「新しいドイツ人」像を形成した。すなわち、（ヒトラーのお気に入りの表現を使えば）すらりとして上背があり、上品な物腰に静かな力を湛えたドイツ人である。彫刻に示された、男性と女性の理想型における類似性は注目に価する。女性のバストとヒップが強調される彫像にもかかわらず、ある程度まで女性の身体は男性に近づけられていた［図74］。

これは裸体像から性的要素を除く試みの帰結でもあったが、また男性優位にも起因していた。男性の役割を引き受けた女性は、いくぶんなりとも男らしくなくてはならなかった。イギリスで女性運動選手は「スポーツマン」と呼ばれたし、フランスでもモンテルランは女性選手を少年のような姿に描いていた。[107] しかし、首尾よく戦争に参加した女性たちも、また男性的美徳を誇示し、肉体を男性に近づけることさえした女性たちも、依然として女性のセクシュアリティを保持しなくてはならなかった。

ヨーゼフ・ゲッベルスは女性的魅力について簡潔に述べている。女性的魅力の特徴が伝統的であるがゆえに、それはより広く受け入れられる。少女は強く、健康で見目麗しくなければならない。すなわち、腕や脚の筋肉が目についてはいけないのである。[108] そうした女らしさにもかかわらず、裸体彫刻における男女の類似性は、女性スポーツの強調とともに、この時代遅れのイメージを否定しているように見える。とりわけスポーツなど淑女にふさわしくないと考えられていた都市部では、女性スポーツは一つの革新であった。それはちょうど、多くの少女にとって、ドイツ処女団（BDM）への参加が両親と学校からの自由という夢を実現したのと同様であった。

そうしたわけで、女性に対するナチ党の態度は、理想型を表現する際の自家撞着から自由ではなかった。例えばちょうど、国民社会主義が結婚や家庭生活の保護という目的とその人口政策や男性同盟（メナーブント）とを調和させるのに立ち往生していたのと同じである。ナチ絵画は

(左)図75：ヴィルヘルム・エムプフィング作「じゃがいもを剝く娘」(1937年)。
(下)図76：アドルフ・ヴィッセル作「カレンベルクの農民家族」(1939年)。

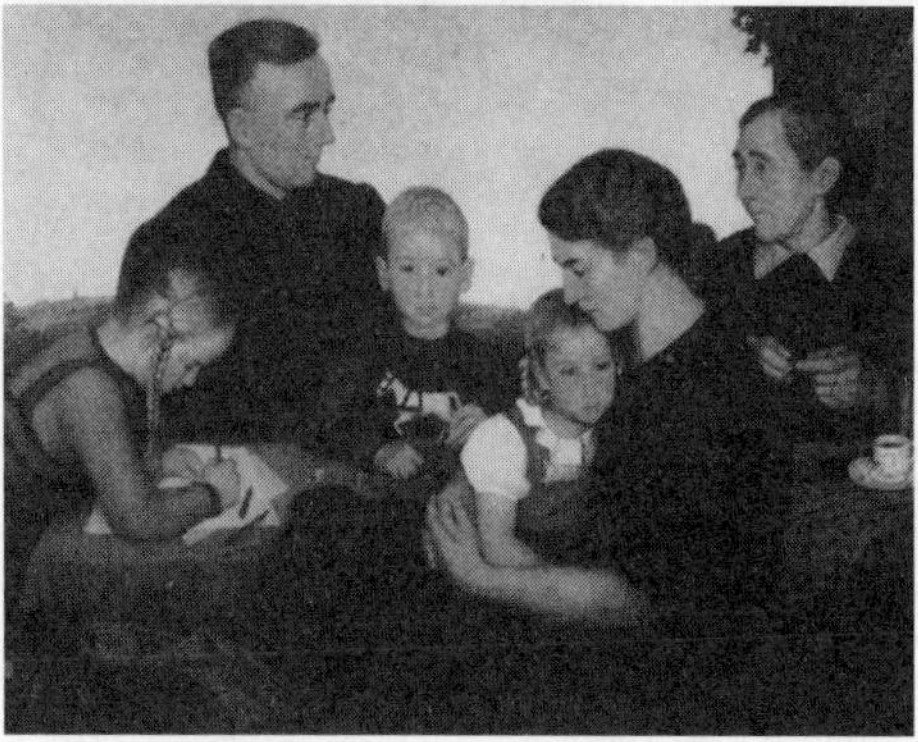

ナチ彫刻と異なって、女性をなおも聖母として描くことが多かった。ブロンドの髪をした申し分ない身だしなみの清純な女性が、主婦や母親として働く姿が描かれた［図75・76］。それにもかかわらず、そうした多数の清純作品に混じって裸体画も割り込んできた。つまり、自然主義の伝統における女性の姿では、恥じらいに染まる頬やゆったりした衣裳によって「女らしい態度」を典型的に示すことができなかったからである。だが、そうした裸体画と並べて掛けられたのは、清純な農民の娘やヘルベルト・カンプ［一八九六―一九四二年］の『娘エーファ』のような作品であった。エーファの若い顔は薔薇の花輪で飾られており、ナザレ派の画風を想起させた。

カンプ作品のような絵画はヒトラー自身の趣味にはそぐわなかった。アドルフ・ツィーグラーこそヒトラーお気に入りの画家であり、ツィーグラーの肉感的でグラマーな裸体は想像力の余地をまったく残していない［図77］。こうした作品のいくつかは、ドイツ芸術展に、そして総統の専用個室に飾られた。ヒトラー個人の趣味はエロティック絵画の愛好が明白であったが、総統としてはゲルマン的ステレオタイプを適切に表現した絵画に視線を注がねばならなかった。ツィーグラーやその亜流の作品は象徴的とも具象的とも考えられなかった。この場合、感傷的でも幻想的でもない赤裸々なリアリズムがヒトラーの好みであった。

国民主義（ナショナリズム）と市民的価値観（リスペクタビリティ）は、新たなファシスト世界の創造に不可欠の要素であると考えられていた。すなわち、創造のダイナミズムに点火する国民主義（ナショナリズム）と人々の情念を制御する市民的価値観（リスペクタビリティ）である。民族（フォルク）の力強さ、活力、精神的特性を具現するのは、身体であった。身体への執着は、視覚を中心に構成されたイデオロギーであり、ステレオタイプに基づく生命観を持つファシズムにこそ、典型的であった。この人間美の概念にそぐわない者はアウトサイダー、すなわち変質者か劣等人種の烙印を押された。ここにおいてアウトサイダーは再び医学的カテゴリーに組み込まれ、身体的精神的疾患と見なされた。★[109] こうした医学的判断の前提となったのは美学的かつ人種的な先入観であった。このことは、すでに検討した同性愛者に対するヒムラーの糾弾、また同じくユダヤ人に対する彼の判断にも当てはまった。

図77：アドルフ・ツィーグラー作「四元素」（1937年）。ヒトラーのミュンヘン公邸の暖炉上に掛けられていた。

　こうしたファナティシズムの典型は、第三帝国の医師会役員で古参党員でもあったクルト・クラーレ［一八八五―一九五四年］に見られた。彼は「医学の機械化」を糾弾し、人間本能をもっと信頼すること、また医学診断の中核要素として患者の人種的出自と家族の調査を行うことを要求した。[110] そうした調査が証拠に基づいているかどうかより、医学的調査が行われねばならないという方向づけこそが重要である、とクラーレは書いている。[111] 彼の医学観と国民社会主義的情熱を考えれば、彼が「帝国の同性愛者の徹底的浄化」を要求したこと、またキリスト教会とフランス革命理念がドイツ精神を支配抑圧してきた責めを同性愛に負わせたことも驚きではない。[112] 病んだ肉体は、同じく病んだ精神を秘めている。この陳腐な見解を医師としてクラーレは第三帝国期を通じて繰り返した。彼はまたハインリヒ・ヒムラーの男性同盟（メナーブント）擁護論も自説として繰り返した。つまり、同性愛者の犯罪訴追によって正常な人間の真の友情や同志愛が危機に瀕することなどないと彼は断言していた。[113]「同性愛問題」を解決することは、「ユダヤ人問題」の解決と同じく、ある種医学的な要請であった。共同体から無価値な生命を除去することをクラーレが求めたことも、[114] 驚くにはあたるまい。

国民社会主義は、国民主義（ナショナリズム）と市民的価値観（リスペクタビリティ）の提携関係の一部として早くからただ潜在的に含まれていたにすぎないものを、強化し浮き上がらせた。それゆえ、アウトサイダーの「医学的把握」が医学の発見と観察に基づくと思われていたとしても、実際には市民的価値観（リスペクタビリティ）の理想とステレオタイプの受容を前提とした態度に終始導かれていた。同じように、本書が終始論じてきた人間の肉体と男性の共同体への傾倒も、ある種の排他性に到達した。

それこそヒムラーが危惧と猜疑を抱いたものであり、その完全な含意はフランスのファシスト知識人サークルにおいて明らかになった。この男性世界で女性は曖昧な役割を演じていた。女性は聖母像のような子供を産む母であると同時に、体つきがいくぶん男性に似かよった若い運動選手であった。男らしさの過大な評価は女性に受動的であることを強いた[★115]のみならず、スポーツ向きに規律化され強健で勇敢たるべき肉体を女性にもたらした。ここにおいて、いわゆる男性的行動と、公式に唱えられた女らしさの理想を調和させることは困難であった。しかし、性別分業は依然として維持されねばならなかった。ここでもまた、国民社会主義は市民的価値観（リスペクタビリティ）の保持を前提とする先入観に固執していた。

こうした曖昧さや偏愛は、上品でありながら雄々しくダイナミックでありたいというナチ党員の気持ちに基づいていた。つまり、それは市民の無定見と偽善を攻撃しつつも、一方で市民的価値観（リスペクタビリティ）を保持したいという気持ちであった。彼らには市民的価値観（リスペクタビリティ）を脅かす姿勢が確かに見られたけれども、習慣や道徳における変革などあり得べくもなかった。世紀転換期における身体の再発見を乗り越え、第一次大戦以後に市民的価値観（リスペクタビリティ）の構造に加えられた重圧を克服することにどうにか成功したのと同じように、市民的価値観（リスペクタビリティ）は今一たび固守された。

「市民的価値観（リスペクタビリティ）が台頭した時代」はすでに遠い過去となっていた。この近代的な慣習と道徳の不易性は、最初は中産階級を枠づけ、正当化するために使われたが、やがてあらゆる階級の人々を取り込んでしまった。市民的価値観（リスペクタビリティ）が当たり前のことと思われるようになると、それは市民社会の存在そのものにとって不可欠なものになってしまった。市民社会の社会的経済的基盤はこれまで繰り返し分析されてきたし、その重要性は疑問の余地のないものであり、当然のこととして受け入れられている。しかし、どのようにすれば人生と折り合いをつけることができるかという、人々の現実的な社会認識を問題とする限り、市民的価値観（リスペクタビリティ）は社会的経済的基盤と負けず劣らず重要な意味を持ったのである。国民主義（ナショナリズム）、ひいては人種主義やファシズムが近代のカオス状態に対抗して市民的価値観（リスペクタビリティ）への支持を確約したことは、人々がそれらに惹きつけられた一因であった。

第九章

結論──万人の道徳

今日でも市民的価値観(リスペクタビリティ)は、社会の慣習と道徳を決定している。すなわち、ここまでの本書の記述を満たしてきた歴史を、今なお我々は生きているのだ。確かに、もはや国民主義(ナショナリズム)そのものは市民的価値観(リスペクタビリティ)を支える上で重要な役割を演じてはいない。国民的記念碑のような国民シンボルのほとんどは、その威力を使い尽くしたように思える。しかし、ステレオタイプは依然として残っている。まっとうなイギリス人、ドイツ人、あるいはアメリカ人とは、性的な節度、自己管理、強固な規律をその容姿に反映した理想型である。実際、ルパート・ブルックやヴァルター・フレックスはそれぞれの国民に最良の青年を体現するものとして今日でさえもてはやされるであろう。男らしさの概念は、なおも大きな意味を持っている。おそらく、最近になってようやく伝統的な女性イメージは崩れてきているのだが、国民を守護する聖女、家族の母としてのイメージよりも積極的な理想像へと道を譲るのは容易なことではあるまい。しかも、とりわけ身体への態度は現実には何ら変わっていないのである。新しい世代が自らの身体を再発見する努力を繰り返してきたにもかかわらず、裸体や自分の肉体機能への羞恥心は今だに存在している。読者は過去と現在の類似にいたるところで思い至ったに違いないが、それは現在誰もが繰り返している体験にまつわる過去を取り上げているからである。

市民的価値観（リスペクタビリティ）と国民主義（ナショナリズム）は一八世紀後半から一九世紀前半にかけて、市民社会の確立と同時に定着した。市民階級が掌握した政治権力の大小如何にかかわらず、その生活様式は上は貴族階級から下は下層階級にまで浸透した。一九世紀を通じて市民階級が政治権力からほとんど閉め出されていたドイツにおいてさえ、市民的価値観（リスペクタビリティ）は社会全体を統合する力となった。だが、市民的価値観（リスペクタビリティ）の理想が全階級に広まっていったプロセスは未だ研究されていない。また同様に、市民的な作法と道徳の全面的な採用が引き起こした政治的かつ社会的な帰結も研究されてはいない。本書でもドイツ社会の市民化のいくつかの具体例――例えば一九世紀初頭に中産階級の「心地よさ（ゲミユートリヒカイト）」を模倣したプロイセン王室一家――を指摘したにすぎない。プロイセン王妃ルイーゼは一度に国民と母性と安定した家庭生活のシンボルとなることができた。ドイツ統一に至っても、「王妃ルイーゼ」はライバルである貴族的で中世的な「ゲルマーニア女神」にその座を明け渡すことを拒んでいた。男性の国民的シンボルはギリシャ彫刻の理想に由来していたが、これも同じく中産階級の道徳体系にも取り込まれていた。裸体はそのセクシュアリティを削ぎ落とされたものと見なされ、裸体の青年には純潔と自律と静謐な力強さといった特性が読み込まれた。

市民的価値観（リスペクタビリティ）は秩序立った社会を維持するために不可欠なものと考えられた。市民階級は商工業の時代を築き上げたが、自らが生み出した事態を恐れていた。一九世紀前半におけるドイツの市民生活の描写では、公正な通商の前提として堅実な定住生活が理想化されていた。グスタフ・フライタークの小説『借り方と貸し方』（一八五五年）ではドイツ商人とユダヤ商人の対照性が強調されているが、ドイツ商人は小都市に定住しているために正直であり、ユダヤ商人は地方の安定した生活を理解しない都会人であるために不誠実であるとされた。すでに論じたように、工業化は田園詩のみならず、目の届く世界を制御できる親密社会への郷愁をもたらした。ドイツではその思いが小都市ではなく、むしろ牧歌的生活を見出せる避難所に向けられていたとしても、急速な工業化を遂げていたイギリスでも同様な郷愁の念が存在した以上、こうした理想は決して後発工業国ドイツに限られた現象ではなかった。市民的価値観（リスペクタビリティ）は、ますます無秩序に陥る世界で安寧秩序を求める声に応えたのである。つまり、それは中産階級が跳躍するための確固たる足場を与えたが、その到達点はすでに手にした道徳的純化の世界ではなく、借り方と貸し方のそれほど純粋ではない世界であった。

安寧秩序への欲求充足こそ、百年以上前に登場した作法と道徳がかくも長らく存続してきた理由の一つであった。だが、もし国民主義（ナショナリズム）が市民的価値観（リスペクタビリティ）の支柱として組み込まれることがなかったなら、この作法と道徳がそれほど存続することはなかったであろう。男性であれ女性であれ自分の身体を再発見した人間は、その身体性が再び取り上げられ、精神化され、審美化され、美と力の国民的シンボルとして扱われるのを目にした。国民主義(ナショナリズム)は万古不易を主張し、この主張を通じて中産階級の生活様式に変らないものの外観を与えたのである。人間が国民の一人に、また自然の一部になることは「永遠の一片(かけら)」に触れることであり、それは既存秩序を聖別し、個々人の生活に意味を付与した。こうした個人や社会の神聖化も、ユートピアを指向していた。国民と自然に一体化すれば、失われた楽園をもう一度手に入れることができるかもしれなかった。

自然が持つ癒しの力は、個人のみならず国民のためにも難なく利用できた。敗戦、革命、反革命の只中にあった第一次大戦後のドイツでは、山岳や氷河の制覇を描いた一連の人気映画が、達成と美と力のヴィジョンを映し出すことで国民の傷心を癒したと思われる。自然は健全な世界を象徴していた。「低俗卑劣な人間は決して山に登ることなどない」と、こうした映画のスターであったルイス・トレンカーは自伝で書いている。★1 また、国民も自然の一部であった。実際、自然は故郷の風景として経験され、故郷の山々や峡谷はその国民を鼓舞したが、それ以外のよそ人には特別どうということのないものであった。★2 おそらく故郷の風景はかけがえのないものだという思いが最も強かったのはドイツであろうが、イギリスなどの国々でもそれを見出すことができた。一九世紀末における身体の再発見とドイツ青年運動の影響がもたらした帰結として、自然の力を通じた純粋なものへの探究が、また真の国民精神の追求となったことはすでに論じてきた。

市民的価値観（リスペクタビリティ）の支柱として国民主義（ナショナリズム）に焦点を当ててきたが、宗教も同じ機能を果たしていた。すでに論じたように、市民的価値観（リスペクタビリティ）は一面ではイギリスの福音主義とドイツの敬虔主義に発しており、それゆえ宗教的真理として神聖化された。一九世紀と二〇世紀前半に、市民的価値観（リスペクタビリティ）を支える上で宗教が演じた重要な役割は、何もプロテスタントに限ったことではなくカトリックでもユダヤ教でも同じであった。しかし、一九世紀を通じて国民主義（ナショナリズム）は宗教にうまく忍び込み、宗教を自分勝手にねじ曲げた。その進行プロセスはカトリック地域よりもプロテスタント地域の方がいっそう急激であった。さらに、正常と異常の社会的境界線を定義づけてきた宗教の役目は、医学によって徐々に取って代わられた。性倒錯の近代的ステレオタイプは、まず最初に医学文献に現れたのであり、当初から脱宗教化されていた。一九世紀末の同性愛行為を禁止する立法は、もはや宗教的感性や聖書には訴えかけず、性倒錯が国民の健康に与える害悪に、あるいは人々の正義感が同性愛を犯罪と見なすことを求めているという仮説に訴えていた。[★3]

人口政策も、こうした法律の成立に重要な影響を与えていた。すなわち、第三帝国期を通じて、ドイツ最高裁判所は民族（フォルク）の力と発展を損なう可能性を理由に、いわゆる「自然に反する行為」の厳罰を正当化していた。[★4] そうした法律に以前から含まれていたのは、同性愛行為と獣姦の連想であり、また根深い一般的な偏見もまちがいなくあった。そうした偏見のため、法律制定者は個人的に進歩的な姿勢をとることができたとしても、民衆の要求に屈せざるを得なかった。また、宗教は人々への影響力をかなり保持していたが、特に性道徳への態度においては世俗化が進んでいた。

市民的価値観（リスペクタビリティ）を守ろうという人々への呼びかけ――ルソーのいう一般意志の活性化――は、いわば、「下から」支持された国民的合意の確信によって社会規範を正当化した。すでに市民的価値観（リスペクタビリティ）は、自然、宗教、国民という不易の諸力によって「上から」聖別されていた。実際、市民的価値観（リスペクタビリティ）を守らねばならないという一般的な合意は一九世紀前半からあったが、それは、社会統合と緊密に結びつけられるようになり、何であれ社会規範の逸脱からはカオス、孤立、さらに死までもが連想された。こうして望まれた合意は中産階級の大半に、やがて次第に貴族階級にも受け入れられた。だが、下層階級への影響については証拠となるものを我々はほとんど持っていない。以下のようなイギリスの例が指摘できるとしても、市民的価値観（リスペクタビリティ）と労働者運動の関係を正確に描く術を我々は持っていない。イギリスでは、福音主義の厳格な道徳を最も熱烈に支持した者は労働者階級の独学者のうちに見出された。その上、労働者階級の子供の多くは、正しい態度と行動を日曜学校で学んでいたのである。★5

イギリスをはじめ欧州諸国の社会主義は、市民的価値観（リスペクタビリティ）を攻撃したというよりも、支援したように思える。マルクスもエンゲルスも当時の家父長的な家族構造を廃し、愛情といっそうの平等に基づく家族の形成を望んでいたが、彼らは慎重に市民的価値観(リスペクタビリティ)の枠内に留まった。例えば、無政府主義者マックス・シュティルナー〔一八〇六―五六年〕の自由放任的性道徳を彼らははっきり拒絶している。★6 社会主義労働者の集会で上演されるべく一八七〇年代後半のドイツで書き上げられた初期の戯曲でも、不義密通は糾弾され、安定した家庭生活が理想化されていた。★7 市民道徳の主要テーマの共鳴音は、アウグスト・ベーベル〔一八四〇―一九一三年〕の最も読まれた著作『婦人と社会主義』(邦題『婦人論』一八七九年)においても確認できた。そこで女性の平等は要求されているけれども、男らしさと女らしさの性格の相違は手つかずで温存されていた。社会主義は女性の権利を擁護したには違いないが、幸福な家庭生活を強化こそすれ弱めることはなかった。ベーベルは性生活において過剰も禁欲も退けるべきであり、「黄金の中庸」が幸福に通じるのだと信じていた。★8

また社会主義者の同性愛に対する態度も、彼らの因習主義の証拠となろう。一九〇五年にオランダの社会主義新聞の編集者は党内の一般的雰囲気を次のように表現している。「同性愛は病んだ想像力の産物であり、青年に感染する可能性があるので二重に危険である」。★9 重要な社会主義理論家エドゥアルト・ベルンシュタイン〔一八五〇―一九三二年〕の方が、いわゆる性的倒錯に対してより開明的な態度をとっていた。同性愛に対する彼の見方は――良きマルクス主義者なら当然だが――歴史的であり、性的異常が存在する原因は腐敗した市民社会における適切な公衆衛生の欠如にあると批判している。それにもかかわらず、彼は性的異常を歴史を通じて一定程度は常に存在しているものと見ていた。[10] つまり、正常に関する当時の定義がいつの時代も存在していたと彼は考えていた。

あらゆる思想体系はそれが成立した時代の産物であるというカール・マルクスの主張は、市民道徳についてはいつでも適用されたわけではなかった。確かに、一九一七年以降のソビエト連邦では、新しい態度でセクシュアリティへの実験が行われた。[11] 離婚は容易になり、男女平等は促進され、裸体を公衆に晒してももはや告訴されなくなった。しかし、スターリンの勝利は伝統的道徳への回帰を意味した。こうした市民的価値観（リスペクタビリティ）の新たな勝利を分析して、ジャーナリストのルイス・フィッシャー［一八九六―一九七〇年］は一九三〇年、次のように書いている。「共産党は性革命の理論をまったく持っていない」。[12] スターリンが行った中産階級道徳への復帰に従うことを拒否した共産主義者もいるにはいた。例えば、ドイツ共産党の法律顧問フェリックス・ハレ［一八八四―一九三七年］は初期ソビエトが行った性解放の実験に基づいて『性生活と刑法』（一九三一年）を著した。また、共産党員でマグヌス・ヒルシュフェルトの最も親密な協力者の一人リヒャルト・リンザート［一八九九―一九三三年］は、市民的結婚のしがらみにこだわるより個人のセクシュアリティを可能な限り発展させることを提唱した。それでも一九三三年の死に際して党幹部は彼の葬儀に参列し、共産党機関紙から彼は惜しげもない称賛を浴びていた。[13]

共産党シンパでいえば、マックス・ホーダン［一八九四―一九四六年］がヴァイマル期ドイツにおける啓蒙的な性教育の最も注目すべき提唱者として挙げられる。彼は『少年と少女』（一九二九年）のような一般読者向けの本を書いて、若者の性的抑圧に終止符を打つことを求めた。また、当時の医学的見解に反して、彼はマスターベーションを罪悪でも病気でもないと考えた。さらに、条件付きとしながらも、ホーダンは若者における自由恋愛と同性愛を擁護するに至った。しかし、社会主義的な新道徳を打ち立てようとするこうした試みは個人的見解に留まり、スターリンが社会主義的道徳と中産階級道徳を同一視する限り、共産党内では孤立していた。市民的な道徳規範はソビエト連邦、ヨーロッパの全共産党はもちろん、社会民主党にも正当なこととして受け入れられた。ブルジョワ社会の打倒は、ブルジョワ道徳の保持を意味したのである。経済的、政治的、社会的な革命が性革命を伴って進むことはなかった。市民的価値観（リスペクタビリティ）と社会主義のこうした関係は、市民的価値観（リスペクタビリティ）があらゆる階層にどれほど強く浸透していたかを示していよう。社会から異常視された人々は、プロレタリアートから援助を期待することなどできなかったのである。

それゆえ、左翼の反ファシズム勢力が国民社会主義者に対する糾弾に同性愛を持ち出したのも驚きではない。それはちょうど、ナチ党自身が抵抗を押し潰すためにカトリック教会のような国内の敵を同性愛行為で告発したのと同じであった。戦時中は同じ非難が敵対するイギリスにも向けられた[★14]。だが同時に、反ファシズム陣営もエルンスト・レームの同性愛がナチ運動全体を汚染していることを証明しようと試みた。だから、反ファシズム陣営内でも同性愛者は疎んぜられていた。例えば、共産主義作家ルートヴィヒ・レン［一八八九―一九七九年］などはスペイン内戦でヒーローになり反ファシズム闘争で男を上げるまで、絶えざる敵意に苛まれていた。★15 レンが最終的に仲間として受け入れられた理由も、乗馬や登山が性的倒錯を矯正するというマルセル・プルーストの確信とそれほど異なってはいなかった。それとは対照的に、クラウス・マン［一九〇六―四九年］の小説『火山』（一九三九年）は、ナチ・ドイツからの反ファシズム亡命者の間で同性愛関係が当然のこととして受け入れられていた様子を描いている。マン自身、同性愛者であり、実際の状況を知っていたに違いないのだが、それでも彼にすればナチ党こそ本当の倒錯者であった。★16

社会主義革命家さえ市民的価値観（リスペクタビリティ）を自明のものと見なしていたのであり、国民主義（ナショナリズム）の魅力もまた階級横断的であった。国民主義（ナショナリズム）は民衆全体を包摂するという主張によって広汎な合意を形成する上で、市民的価値観（リスペクタビリティ）に寄与した。国民主義（ナショナリズム）という新しい宗教は、階級に関わりなく一人ひとりの人生に意味を与えて聖別することを約束したのである。経済的、社会的ヒエラルキーは存続し強化されたが、新しい国民の構成員として、たとえどんなに下っ端で貧しかろうと全員に平等な身分が与えられていた。国民主義（ナショナリズム）は機能のヒエラルキーを通じて秩序をもたらし、同時に身分の平等性を提示していた。

まさしく市民的価値観（リスペクタビリティ）と国民主義（ナショナリズム）が発揮する威力、それが持つ魅力、それが満たす欲求の帰結は、社会的規範の外に身を置く人々すべてへの全面的な有罪宣告であった。もはや異常と見なされる特定の性行為のみならず、そうした行為を行う人間の肉体的精神的な全体構造が問題だった。そうした人間は社会と国民の内から排除された。孤立は異常な行動が支払うべき代償であり、すでに触れたように、アウトサイダーは寂しい人生を過ごし一人で死んでいくことになっていた。もし彼が一般社会に加わろうとするなら、彼は参入の代価を払わねばならなかった。セクシュアリティと人種を扱った第七章で見てきたように、社会は既存体制の規範や国民的理想にとって危険と思える者なら誰でも――市民的価値観（リスペクタビリティ）を直接脅かす人々であれ、一九世紀初頭に新たに解放されたユダヤ人であれ――排斥した。だが実際には、ユダヤ人は自分たちのアイデンティティを手放すことなく、社会に参入していた。例えば、ドイツ・ユダヤ人はドイツ人でありかつユダヤ人であることを誇りとしていたし、国民社会主義の勝利の日までドイツ人の多くもその主張を受け入れてきた。だが、ここでさえ参入の代価は支払われた。ラビが自己抑制、純潔、男らしい態度といった美徳を説いたように、ユダヤ人は「尊敬される」ようになり、ゲットー暮らしの名残などお払い箱にしなければならなかった。他のアウトサイダーと一括りに分類されたユダヤ人のステレオタイプ――神経質で、自制力に欠けた、劣情の虜――を絶えず意識して、ユダヤ人は「ユダヤ人っぽく」見られないように、またそう振る舞わないように気を配ることが多かった。およそ同化には、それまでのアイデンティティからの脱出という意味合いが含まれていた。

同性愛者にとっては、一般社会に参入し、そこで自分のアイデンティティを保持することは不可能だった。ベネディクト・フリートレンダーやマグヌス・ヒルシュフェルトをはじめとして多様な人々が同性愛者の極めて「立派な」振る舞いを描き出しているにもかかわらず、彼らは性的異常という疑惑の一切を払いのけねばならなかった。同性愛者の弁明はまったく効果がなかったので、彼らは自らのサブカルチャー、仲間同士で付き合える空間の形成を余儀なくされた。このサブカルチャーの拠点は、社交も性交もできる酒場（バー）に置かれていた。同性愛の犯罪視を改める運動の一環として、ヒルシュフェルトは第一次大戦前のベルリンのゲイバーを、多くの異性愛者の酒場と同じように質素で控えめな施設として描き出したが、他方でラドクリフ・ホール［一八八〇―一九四三年、イギリスの女流作家］は一九二〇年代パリのレスビアンバーを「悲惨で、どぎついもの」と描いていた[★17]。すでに触れたように、同性愛者は一九世紀末のいわゆるデカダンス運動を歓迎した。なぜなら、それはより広い世界で活動するチャンスを彼らにもたらしたからであった。芸術におけるデカダンスの伝統は、二〇世紀に入るとベルリンやパリのかなり気負ったゲイバーやレスビアンバーの多くで継承されていた。そうした店は、しばしば物憂げで神秘的な雰囲気を漂わせていた[★18]。しかし、「世紀末（ファン・ド・スィエクル）」以降、同性愛者の権利を擁護する書物も、これを目標にかかげる運動も増大した。同時に、性科学者は同性愛者に対して大半の同僚医師たちよりも同情的な視点に立っていた。だが、イヴァン・ブロッホのように同性愛者にはしばしば天賦の素晴らしい精神的資質があると考えた人々でさえ、文化の進歩は男女のセクシュアリティの明確な区別に基づいていると主張していた。同性愛者は、異性愛者と同じ生存権を持っているとしても、人類やその文化にとってまったく取るに足らない存在であった。[★19]そうした主張をする人々は善意からとはいえ、同性愛者を排除しないまでも、社会の周辺に押しやってしまった。

それまで以上に寛容なヴァイマル共和国の雰囲気の中でも、国会はなお刑法第一七五条を廃棄するための絶対多数を集めることができなかった（実際、この条項は一九六九年まで廃棄されなかった）。[★20]市民的価値観（リスペクタビリティ）の圧力があまりに強く、それが果たす社会的要請があまりに切迫していたので、規範の明確な定義を危うくしかねない性役割の逆転など受け入れられなかった。本書ではその都度指摘してきたが、男女間の分業は秩序が厳然として存在せねばならない市民社会における最も全体的な分業として重要な役割を果たしてきた。受け身的で後ろ向きのゲルマーニアやブリタニア、王妃ルイーゼと対照的な男性的な国民的英雄のイメージを通じても、国民主義（ナショナリズム）はそうした秩序を象徴していた。

レスビアンは、第一次大戦後もしばらく男性支配のヨーロッパで無視されていたけれども、その後はいっそう困難な状況に置かれた。レスビアニズムが一般的な公共圏で注目されるようになったのは、ラドクリフ・ホールの『孤独の井戸』（一九二八年）の出版がイギリスで巻き起こしたスキャンダルによるところが大きい。この著作は最初に出版されたレスビアン小説というわけではなかったが、イギリスでの発禁の試みがうまくいっている間に（それにもかかわらず、この著作はパリで発行された）、その評判は広く知れ渡った。[21]重要なことは、ホールがレスビアンに関する社会のあらゆるステレオタイプを取り入れていたことである。主人公スティーヴンは女の肉体に宿った男の魂を持っているとされ、そのことは彼女の男性的な衣裳や仕草において表現された。この本のレスビアンは「性的倒錯者のあまりに過敏な神経」と憑かれたような目を持っていた。要するに、「世間から蔑まれて、彼女たちは絶望的に自己卑下せねばならなかった」[22]。この小説はレスビアンへの同情を訴えるものであったが、男性同性愛者は手荒く扱われ、軟弱でヒステリー気味な性格の持ち主として描かれた。アウトサイダーの自己嫌悪に関して、これ以上の例を見出すことはできないだろう。

パリで『孤独の井戸』が発行された同じ年、ドイツ国会ではレスビアニズムを、同性愛を禁じた刑法の対象とするか否かが議論された。だが、ドイツにおけるレスビアン解放を求めた最も有名な弁明であるクリスタ・ウィンスロー［一八八八―一九四四年］の『制服の処女』は、率直かつ雄弁であった［図78］。この作品をウィンスローは一九三一年にまず戯曲として、次に映画台本として書き、最終的にヒロインの名をタイトルとした小説『少女マヌエラ』（一九三四年）とした。映画はドイツの映画館で上映されたし、小説も短期間だが販売された。結局、ドイツ議会はレスビアニズムを有罪とはしなかったからである。[23]

ウィンスローの筋立ては、プロイセン貴族の子女の寄宿学校を舞台に展開する。そこでマヌエラという少女は女教師フォン・ベルンブルク嬢に恋心を抱く。この女教師はレスビアンであり、彼女もまた少女を愛している。しかし、フォン・ベルンブルク嬢はレスビアンとしての自分を抑圧し、マヌエラの求愛を拒み、少女を自殺に追いやる。ホールの主人公スティーヴン同様、マヌエラは魅力的かつ利発であり、悪役の女校長はフォン・ベルンブルク嬢に「そんな少女を世間、私たち貴族の世界がどう裁くのか」を思い出させ、誘惑に抗うように仕向ける。[24] 小説と異なり、映画ではフォン・ベルンブルク嬢が自らレスビアンであることを認め、校長の権威に楯突き、マヌエラを自殺から救うというハッピーエンドになっている。だが、映画の締め括りに響く軍隊ラッパの音は、おそらく愛情に対する社会的規律の最終的な勝利を示していよう。[25]

図78：『制服の処女』（1931年）。監督レオンティーネ・ザガン／主演ヘルタ・ティーレ（マヌエラ）、ドレテア・ヴィーク（フォン・ベルンブルク）。

レスビアンは自分たちの私的なクラブやバーに引き籠った。ルート・

マリガレーテ・レリッヒ［一八七八―一九六九年］は『ベルリンのレスビアン』（一九二八年）で、そうした女性たちはほとんど集団精神（エスプリ・ドゥ・コール）を示さず、男性同性愛組織と連帯したり、自分たちの組織を作って自らの権利のために闘うことを拒否しているとぼやいた。★26 彼女たちは社会の圧力によって分断されていたのである。しかし、男性同性愛者も露見を恐れながら自分たちの運動に参加していたのは比較的少数にすぎなかった。そのため、アウトサイダーは自分たちに付与されたステレオタイプに過剰同調することになった。社会から排除され、分断されたアウトサイダーは、世間が思い描く通りに孤立化していった。つまり、犯罪的性行為を行ったと恐喝される危険に絶えず晒されているアウトサイダーには、神経質になり憑かれたような目を持つ十分な理由があったのである。ラドクリフ・ホールもクリスタ・ウィンスローも自分自身レスビアンであったが、ホールの自己嫌悪は自分たちへのステレオタイプを承認しながら逃避しようとした同性愛者の行動とそっくりだった。また、そうした自己嫌悪は、自らの中のユダヤ性を嫌悪する同化ユダヤ人においても稀なことではなかった。

　最も残酷かつ皮肉なかたちで、神話を現実にする社会と国家の権力の何たるかを体験すべき運命にあったのはユダヤ人である。実際、その権力はアウトサイダーの烙印を押された人々を、そのステレオタイプへと変えてしまったのである。ユダヤ人と同じように同性愛者を強制収容所でナチ党がステレオタイプ化しようと試みることもなくはなかっただろうが、とりわけユダヤ人という人種的敵対者をステレオタイプ化することにナチ党は熱中していた。この経緯を最もはっきりと跡づけることができる場所は強制収容所であろう。ナチ党は、ユダヤ人が人種主義的ステレオタイプ通りの態度をとっているように見える条件を強制収容所に整えた。例えば、アウシュヴィッツの司令官ルドルフ・ヘス［一九〇一―四七年］は、彼の収容所にいるユダヤ人たちが「いかにもユダヤ的」に振る舞っていると非難した。すなわち、彼らが労働を怠け、快適な寄生生活を可能にする特権をめぐって激しく血みどろの競争をしている、[★27]と。だが、そのような快適な寄生生活はアウシュビッツではあり得なかった。ヘスの手で生き残ることがすべてに優先する状況が作り出された。ここに至り、無慈悲で独裁的な権力によって、男であれ女であれ、ユダヤ人の否定的ステレオタイプに切り詰める試みが実行された。それにより人種主義者は、自らの理論が正しいことを実証してみせようとしたのである。この人種主義は、市民的価値観（リスペクタビリティ）が要求する体制順応の中にその成長の養分を見出してきた。ステレオタイプ化したアウトサイダーと対比して、幸福な家庭生活と勤労の美徳こそ自らのものであると人種主義者は主張したのである。

もっとも、人種主義と市民的価値観（リスペクタビリティ）の間には必然的な結びつきがあったわけではない。ただ、惹かれ合い利用し合う下地は存在していた。永遠の真実として市民的価値観（リスペクタビリティ）を全面的に受け入れること、国民主義（ナショナリズム）との密接な繋がり、アウトサイダーをステレオタイプ化しそれを医学的に正当化すること、そうしたことのすべては、人種主義が市民的価値観（リスペクタビリティ）を優秀人種の特性として主張することを容易にしたのである。

国民主義（ナシヨナリズム）と人種主義の結びつきは、もっと直接的であった。国民主義（ナシヨナリズム）は、市民的価値観（リスペクタビリティ）を維持し、その理想型を確定するのに貢献した。それのみならず、国民主義（ナシヨナリズム）によって、市民道徳の世界から抜け出すあらゆる経路が塞がれることになった。身持ちが悪く、同時に「民衆の敵」であるというのは、反駁し難い告発となった。すでに触れたように、同性愛に対する一九世紀末の立法処置は、民衆そのものに直接その承認を訴えていた。もちろん、堅実に生きることと、寛容であることが両立不能であるという理由はなかった。だが、危機に直面したとき、潜在的には絶えず存在していた同調を求める圧力は驚くべき奔流となって噴出した。ハインリヒ・ヒムラーは不安と偏見に駆られて、同調圧力をその最終的結論に至るまで押し上げた。自然そのものが異性愛とゲルマン民族を支えているという想定のもとで［図79］、同性愛者とユダヤ人は不自然なものとして排除されねばならなかった。しばしば等閑視されているのは、ファシズム台頭期に国民主義（ナシヨナリズム）と市民的価値観（リスペクタビリティ）が果たしたこうした役割である。だが、国民意識と市民道徳に我々自身の態度が大きく規定されている以上、これを直視することは容易なことではない。何といっても、市民的価値観（リスペクタビリティ）こそ、ほとんどの人々が生活を営む前提を構成するものになっているのだから。

だが、市民的価値観（リスペクタビリティ）が人種主義やファシズムにいかに利用されたかだけを問うて、その

図79：ヨーゼフ・トーラク作「二人」（1941年）。1941年の大ドイツ芸術展に出品された。

是非を断じるのは間違いであろう。その悪用だけから思想や態度の体系が評価されてはならないだろう。他方で、国民主義(ナショナリズム)をそうやすやすと免責することはできない。たとえ少なくとも第一次大戦まで、ドイツであれイギリスやヨーロッパのどこかであれ、国民主義(ナショナリズム)の多くが攻撃的なものではなく、自らの存立と固有の文化のためにあらゆる国民が持つ権利として承認されていたとしても、無罪とは言えないだろう。とはいえ、次のことも忘れてはならない。社会には凝集性(コーヒージョン)が不可欠であり、それなくしては独裁政権のみならず議会制統治も機能しないのである。

結論として、本書に一貫して流れていた主張を強調しておかねばなるまい。市民的価値観(リスペクタビリティ)は、社会に不可欠な凝集性をもたらした。男女を問わず人々は、凝集性をあらゆる経済的あるいは政治的利益と同じく重要視してきた。一八世紀に市民道徳として始まったものは、ついに万人共通の道徳となったのである。この道徳のために支払われねばならなかった代価は、高くつきすぎたのだろうか？　その答えは、一方で凝集性を求め、他方でアウトサイダーへの寛容を求める社会の葛藤がどのように解決されうるかに懸かっている。市民的価値観(リスペクタビリティ)は、かつてのゲルマーニアのごとく、どんな目新しい衣裳をまとっていようと今日なお確固として君臨しているように思える。その権力と支配を危機に晒(さら)さない限りで、かなりの許容範囲を性的表現に認めているとしても。

モッセ著作集版（二〇二〇年）解説

メアリー・ルイーズ・ロバーツ
（ウィスコンシン大学教授：女性史・ジェンダー史）

ジョージ・L・モッセの『ナショナリズムとセクシュアリティ』（一九八五年初版刊行）は、歴史学の傑作とされている。すでにヨーロッパ文化史における独創的な著作で知られていたモッセは、本書で新たな創造のために多くのリスクを取っている。『ナショナリズムとセクシュアリティ』も特定の歴史的瞬間に出現したものであり、それを反映した方法のいくつかは今では時代遅れになっている。だが同時に、モッセは『ナショナリズムとセクシュアリティ』において、いまや研究の主流となっている揺籃期の探究分野のいくつかを切り拓いた。このような理由から、本書は今日の読者にとっても大変意義深いものとなっている。

『ナショナリズムとセクシュアリティ』は政治的イデオロギーと文化的規範との複雑な関

連性を主な論点としている。モッセは、国民主義（ナショナリズム）と一八世紀から一九世紀にかけて重要性を増した「市民的価値観（リスペクタビリティ）」の概念とは不可分であると主張した。モッセのいう「市民的価値観（リスペクタビリティ）」とは、男性と女性の適切な行動を規定するブルジョワ的規範を意味する。男性にとって、そこには男らしさ、禁欲、家族を養い保護する義務などが含まれる。ある国で良き市民であるためには、男性はこうした態度を守らなければならなかった。規律、自制、異性愛といった男らしさが、国の基礎をなすものと見なされた。

一九世紀に宗教が文化的な力として弱まるにつれ、人々が「礼儀正しい（リスペクタブル）」振る舞いをすることを保証するために、国民主義（ナショナリズム）がますます不可欠となっていった。男女ともに型破りな性的表現を退けて、子供を育てるための核家族を形成することが求められた。セックスは夫婦間、つまり異性愛の枠組みの中でしか許されなかった。男性は妻に忠実であり続けるべきとされた。売春、同性愛、マスターベーション、レスビアンなど、あらゆる種類の性的逸脱は、何としても避けなければならない悪と考えられた。

モッセは他の「世紀末」史家たちと同じく、一九世紀末の時代をブルジョワ的価値基準への攻撃として描写した。[1] ボヘミアンな芸術家、「新しい女」、同性愛の著名人、鬱屈した若者たち——こうしたヨーロッパの街角をうろつく目新しい人影が、ジェンダーや性的規範を脅かしていた。その現状維持を欲した関係者にとって幸いだったのは国民主義（ナショナリズム）が彼らに救いの手を差し伸べてくれたことだ、とモッセは論じた。第一次世界大戦前の数年間、若者の性的かつ精神的なエネルギーは、愛国心や国民共同体への熱情にふり向けられていた。一九一四年八月、彼らは兵役志願に殺到し、ルパート・ブルックの有名な表現を借りれば「老いさらばえた世界から歓喜して、清らかさに飛び込む水泳選手のように」躍動したのである。[2]一九一四年世代の誇りは、寝室で淫らに触れ合う時間を減らし、塹壕でストイックに絆を深める時間を増やしたことだった。[3]

モッセの議論は、昇華という心理的プロセスで構成されている。青年たちはその性的衝動を祖国愛に振り向けることで昇華させた。ホモセクシュアルの魅力は、国家に奉仕する男性同志の連帯感へと変容していた。つまり、エロスはタナトスとなったのである。モッセに言わせると、ナチ党がドイツを若く雄々しい兵士の軍事国家に変えることができたのも同じプロセスによるものだ。一九三〇年代、ナチ・プロパガンダは男性裸体を国民的偉力の主柱と見立てて讃美した。男らしさがドイツらしさの指標となったのである。ここでもまた、国民であるためには性的な市民的価値観（リスペクタビリティ）が求められた。性的逸脱者とみなされたために、同性愛者やレズビアンは排除され迫害された。

ナショナリズムとセクシュアリティについてモッセはこのように主張することで、フロイトのカテゴリーへの自身の傾倒を明らかにしている。一九七〇年代の歴史家たちは、昇華されるか抑圧されるべき性的衝動に駆り立てられる人間本性に関するフロイトの見解に強い影響を受けていた。「心理歴史学者（プシコ・ヒストリアン）」と呼ばれた彼らは、あらゆる社会の集団行動をフロイトの用語で説明しようと試みた。[4] この歴史家たちは性的エネルギーを第一義的と見なしていたため、社会行動や政治もフロイトの用語を使って説明した。この心理学的因果関係の概念によって『ナショナリズムとセクシュアリティ』におけるモッセの議論は構築されている。だとすれば「市民的価値観（リスペクタビリティ）」は、性的エネルギーの集合的抑圧にほかならない。国民主義的な政府は、この性的衝動を抑圧するよりもむしろ誘導することで権力を獲得した。二〇世紀の軍事的同志愛が男性の同性愛的な欲望に取って代わったのである。第三帝国でもドイツ兵の裸体を遠くから眺めることはできただろうが、触ることは禁じられていた。

いまでは時代遅れの歴史学的枠組みと見られている心理歴史学（プシコヒストリー）によって『ナショナリズムとセクシュアリティ』が構築されたことは否定できない。しかし同時に、モッセはただフロイトの後追いするだけでなく、もっと革新的なことを行っていた。『ナショナリズムとセクシュアリティ』では文化規範の観点から政治イデオロギーが分析された。歴史学の「文化的転回（カルチュラル・ターン）」と呼ばれることもある、こうした政治の文化的分析は当時としては非常に斬新なものであった。[5] 伝統的な歴史家は、さまざまな政治指導者たちの演説、選挙、立法構想を検討することで政治を研究してきた（もちろん、今でもそうである）。しかし、一九八〇年代に入ると、政治史は面目を一新した。名前を挙げるのは二人に止めるが、プリンストン大学の歴史家ロバート・ダーントンとカリフォルニア大学バークレー校の歴史家リン・ハントが、著名な人類学者であるクリフォード・ギアツの構造主義的手法を採用した。[6]それはギアツの言う「厚い記述」(thick description) であり、それは文化交流を構造化する複雑な意味の網目を浮き上がらせることを目的としていた。

ともにフランス史家であるダーントンとハントは、この「厚い記述」の手法をフランス革命の事例研究に適用した。新しい政治的シンボル、儀式、図像によって、成立間もない第一共和制はどのように構築されたかが検証された。例えば、ハントが調査したのは、フランスの革命家たちが共和主義的理想への忠誠を表明するために意図的にフリジア帽やサンキュロットを着用した様式であり、新しい種類の政治を示すべくマリアンヌのような肖像を利用した方法である。このアプローチによって政治的な意味が形づくられる新しい空間が切り拓かれ、歴史家の分析が可能になった。モッセが『ナショナリズムとセクシュアリティ』において探究したのは、まさにこうした文化形態としての新しいタイプの政治である。モッセが目指したのは、国民主義(ナショナリズム)に関連する文化的意味を歴史的に特有な文脈として読み取ることだった。どうして世界大戦中のイギリス人とドイツ人はかくも激しい忠誠心を注入されてしまったのか、それをモッセは知りたかったのである。

モッセは人間行動を形成する文化規範に関心を寄せていたため、彼の研究は一九八〇年代で非常に重要な意義を持つもう一つの著作、ミシェル・フーコー『性の歴史』第一巻、序説(一九七八年、英語版・一九八〇年)に向き合う中で進められた。[7]このフランス人哲学者の性と権力に関する理論の影響力を過小評価することはできない。政治史、文化史、ジェンダーとセクシュアリティの歴史など、モッセが深く関わっていたすべての領域の歴史家、そのまるごと一世代がフーコーの著作によって文字通り方向づけられた。モッセとフーコーを比較することで、『ナショナリズムとセクシュアリティ』におけるモッセの分析的枠組みがさらに明らかにできる。この二人の学者に共通するのは、まず規範的行動への関心であり、それが世俗的かつ自由主義的なヨーロッパにおいてどのように社会秩序を強化したのかという問いであった。また両者とも「倒錯した」セクシュアリティ、とりわけ男性同性愛に特別な関心を抱いていた。

とはいえ、モッセは本書序章の最後でフーコーに言及し、このフランス人哲学者と自分の違いを強調している。そこでモッセはフーコーの議論を次のように要約している。「セクシュアリティにまつわる言説が一九世紀にかなり自由であったことから、この時代は従来考えられていたほど性的抑圧に呪縛されていたわけではなかったことがわかる」（本書五三頁）。このフーコー説に対して、一九世紀の性表現は抑圧されていたとモッセは主張している。

しかしフーコーによれば、ヨーロッパ社会は市民的価値観（リスペクタビリティ）の名の下に逸脱したセクシュアリティを「抑圧」するどころか、その逸脱について語ることを止めることもできなかった。性とセクシュアリティに関する言説が急増したことで、心理学、性科学、医学を含む性の新しい「科学」が誕生した。フロイト自身もこの展開の中で頭角を現した人物だが、それは彼が性欲を科学的用語で解釈しただけでなく、「談話療法（トーキング・キュア）」を推進したためでもあった。この技法をフーコーは「言説への扇動」とみなした。それは性を誰もが口にできる話題に変換する語りの様式なのである。(8)

モッセは一九世紀のこうした描き方に納得しつつ反発もしていた。「それ以前に比べて確かに、より率直にセクシュアリティについて語ることができたし、異常とされていた事象が社会の表層近くまで滲み上がってきた」（本書五三頁）とモッセも認めている。しかし、当時の同時代人は「わずかの譲歩を何とか社会からもぎ取るための闘争で挫折を繰り返していた」（同）ため、フーコーの説には強く反発するだろう、とモッセは述べている。モッセの言葉はここでもフロイト的である。深く沈められていたエロティックなエネルギーは、世紀末になると「表層近く」まで滲み上がってきたが、より自由な性の表現がわずかな「社会の譲歩」を勝ち得ただけで、抑圧は依然として続いていた。フーコーがフロイトのカテゴリーを性に関する新しい科学の典型として歴史化したのに対し、モッセはなおも無批判にフロイトのそれを使っている。

フーコーとの比較によって明らかになるのは、モッセがフロイトだけでなく自由主義の理想をより深く受け入れていたことである。モッセにとって、自由主義社会とはある程度の性的自由を含む表現の自由をもたらすものであった。これと対照的に、フーコーは自由主義社会における自由の可能性を徹底的に掘り崩した。フーコーによれば、自由主義社会の構成員は個人の意志の要請に従う自由を持っていると信じるが、実際には厳格でしばしば息苦しい一連の動作指示に従うべく規律化されていた。自慰行為の禁止など新しい文化規範は、人々の身体や性的表現に対する管理を強化したからである。

一九九〇年代の知的潮流で主流化したフーコーの自由主義社会批判に対して、なぜモッセが不満だったのかを考えてみるのも興味深いことだろう。モッセは自身が自らの同性愛と折り合うのが遅れたことを伝統的なフロイトの用語で、ゆっくりと「表層に滲み上がってくる異常性」として、理解することにしたのである。また、ヒトラーが支配するヨーロッパから逃れた難民という彼の立場が、彼の自由主義の理想をより強固なものにしたことは間違いないだろう。一九六〇年代に成人したフーコーと違って、モッセは若くして基本的権利と自由が戦略的に排除された社会を体験していた。自由主義の価値観は、モッセにとって比類なく不可欠の重要性を持っていたのである。

モッセが『ナショナリズムとセクシュアリティ』の執筆において抱いていた、さらに別の個人的な要因も重要だった。モッセは一九八〇年代にゲイであることをカミングアウトし、自らの性的アイデンティティ問題に取り組んでいた。その際、彼は異性愛者を「正常」、同性愛者を「異常」あるいは「病気」とみなす上で効果的な文化的強制力を調べることに特に興味を抱いた。一九八〇年代初頭、ヨーロッパの同性愛者について研究する歴史学者の中には、ウィスコンシン大学でモッセの同僚だったドイツ文化研究のジェイムズ・スティークリー教授もいた。[9] しかし、歴史の適切な対象として同性愛者を研究するという発想は、まだ斬新でかなり論争的だった。『ナショナリズムとセクシュアリティ』の同時代書評に目を向けるだけで、モッセの主題がいかに論争的だったかがわかる。歴史家のエドワード・ショーターは、この本の主題を「集団における男性」と表現し、そのような集団の「男らしさ」が「同性愛に陥る傾向にあること」が問題だと述べている。[10] また別の評者は、モッセが卓越した歴史家であると指摘した上で、そのモッセ自身が「歴史的探求の重要な一分野でありながら、あまりにも多くの場合、かなり怪しげなものと見なされている分野に敬意を払っていること」を賞賛している。[11]

セクシュアリティの歴史に関するモッセの最大の功績は、知的に「それを浄化した」というよりも、ヨーロッパ史の主流にそれを組み込んだことにあった。他の歴史家たちが同性愛者を周辺的な集団として研究していたのに対し、モッセは同性愛が国民的帰属感の構築にとってどれほど中心的問題であったかを明らかにした。確かにモッセは個人としての同性愛者にも関心を示したが、文化史家として彼は国民主義的イデオロギーの本義としてホモエロティシズムを探究した。このような政治的意味において、同性愛のエネルギーは決して周辺的なものなどではなかった。愛国心という強烈な感情へ導かれて、何百万人もの兵士が二度も戦場に送り出され、多くの命が犠牲になった。また、ホモエロティシズムは強力な同志愛の絆に昇華されると、大規模で非人格的な軍事官僚組織にも感情的な結束をもたらした。

『ナショナリズムとセクシュアリティ』におけるモッセの関心が社会学的というより文化学的なものであったため、彼はまだ成立したばかりの別の分野、「ジェンダー史」の開拓者となった。一九八〇年代、このテーマを研究するほとんどの研究者は、セクシュアリティの歴史家と同じく、個人と集団に関心を寄せていた。当時の主題は女性史、特に女性活動家の運動史や「尊敬すべき女性」の歴史だった。ジェンダー史という分野が形成され始めたのは、ジョーン・スコットが『アメリカ歴史評論』に画期的論文「ジェンダー——歴史分析に有効なカテゴリー」(12)を発表する一九八六年以降である。モッセは『ナショナリズムとセクシュアリティ』[一九八五年]において、分析カテゴリーとしてのジェンダーにむけて直感的に歩を進めていた。自らの同性愛者としてのアイデンティティ調査も、ジェンダーへの注目を避けられないものにしていた。フェミニスト哲学者のジュディス・バトラーの主張として知られているが(13)、ジェンダーに関する記述を含んでいない性的指向の記述などはありえないのである。男性の同性愛者が女々しい、あるいは女性的であると考えられていたように、レズビアンは結婚や出産といった伝統的な女性規範から逸脱しているため男性的と見なされていた。

こうした洞察に到達したモッセは、分析的カテゴリーとしてのジェンダー(スコットが後に明示的かつ精巧にしたもの）に関する、二つの重要な考え方を読者に提示している。第一に、モッセは男性と女性の行動規範がリスペクタビリティというブルジョワ的観念と密接に結びついていると解釈した。「国民と社会の基盤として男性性が理想化されるのと並んで」、女性は「同時に道徳の守護者、公私にわたる秩序の守護者として理想化された」と述べている。ここでジェンダーが一九世紀市民社会を構成するアイデンティティのカテゴリーであるとモッセは認識していた。本書に関するインタビューの中で、社会が同調（conformity）に依存しているとすれば、その同調は同じように「非常に大きくジェンダー区分に依存している」と主張している。[14] ジェンダーという概念は、後にスコットによって「両性間の認められた差異に基づく社会関係の構成要素」[15]と定義された。モッセによれば、このジェンダー区分はヨーロッパ社会の形成においてまさに階級区分と同じくらい重要だった。

第二に、モッセはジェンダーを、ふたたびスコットの言葉を借りれば「権力関係を表す主要な方法」[16]と理解していた。『ナショナリズムとセクシュアリティ』では、ナチ党の戦争記念式典や記念碑において筋肉質の屈強な男性像が国民の強さを象徴していたことがよく示されている。言葉でもイメージでも、強くたくましい男性はドイツの軍事力を意味していた。同様に「ゲルマーニア」のような女性の文化的図像が国民の永続性と安定性を具現していたとモッセは主張する。「国民的シンボルとしての女性は国民の継続性と不変性の守護者であり、その市民的価値観(リスペクタビリティ)の体現者であった」。セクシュアリティの場合と同様に、ジェンダーをこのように歴史的に考えることで、ジェンダーは国家の営みのまさしく中心に位置づけられた。女性がナチ国家にとって周辺的な存在であったとしても、ジェンダーに基づく言説やイメージはそうではなかったのである。

『ナショナリズムとセクシュアリティ』には、「ゲルマーニア」のような文化資源がふんだんに盛り込まれている。本書の執筆まで、モッセは二〇世紀ヨーロッパの文化アーカイブに没入していた。「モッセが自分の研究に持ち込んだのは、若い研究者には不可能なことである。それはドイツの人文学資料への生涯にわたる没頭である」、とジェフリー・J・ジャイルズは本書の書評で賛嘆した[17]。美術品や記念碑などの視覚的資料から小説、哲学書、政治的プロパガンダまで利用した本書は、「資料の驚異的な多様性」と「桁外れに広範な読書」[18]によって広く賞賛された。その資料の広範さを考慮した上で、とりわけ印象的なのは、本書の総合的な語り口である。アラン・ダンデスは「国民主義(ナショナリズム)、人種差別主義(レイシズム)、ファシズム、ホモセクシュアリティ、そして市民的価値観(リスペクタビリティ)のステレオタイプを同時に論じて統合するのは容易く出来る仕事ではない」と批評し、「しかし、モッセはそれを見事にやってのけた」と続けている[19]。ダンデスは、右のリストに「ジェンダー」を加えることもできただろう。というのも、このテーマはそれからの十年間で歴史学上の大きな関心事となったからである。アメリカの歴史研究の大きな転換期に書かれた『ナショナリズムとセクシュアリティ』は私たちにロードマップを提供してくれている。そこには馴染みのある道路だけでなく、ほとんど踏まれていない小道も描かれている。そして後者にこそ、モッセが切り開いた未来があったのである。

註

（1） See, for example, Carl E. Schorske, Fin-de-siècle Vienna：Politics, New York: Vintage Books, 1981（カール・E・ショースキー／安井琢磨訳『世紀末ウィーン：政治と文化』岩波書店・一九八三年）; and Eugen Weber, France, Fin-de-siècle (Cambridge, MA: Harvard University Press, 1988).

（2） Rupert Brooke, "Peace," in The Work of Rupert Brooke (Ware, UK: Wordsworth, 1994), 144.

（3） 一九一四年世代については、Robert Wohl, The Generation of 1914 (Cambridge, MA: Harvard University Press, 1979) を参照のこと。

（4） Lloyd deMause, ed., The New Psychohistory (New York: The Psychohistory Press, 1975); Geoffrey Cocks and Travis L. Crosby, eds., Psycho/History：Readings in the Method of Psychology, Psychoanalysis, and History (New Haven, CT: Yale University Press, 1987).

（5） John E. Toews, "Intellectual History after the Linguistic Turn" を参照：John E. Toews, "The Autonomy of Meaning and the Irreducibility of Experience," American Historical Review 92, no. 4 (October 1987)：879-907.

(6) Robert Darnton, The Great Cat Massacre and Other Episodes in French Cultural History (New York: Vintage Books, 1985. ロバート・ダーントン／海保眞夫・鷲見洋一訳『猫の大虐殺』岩波現代文庫・二〇〇七年); Lynn Hunt, Politics, Culture and Class in the French Revolution (Berkeley: University of California Press, 1984. リン・ハント／松浦義弘訳『フランス革命の政治文化』ちくま学芸文庫・二〇二〇年); Clifford Geertz, Interpretation of Culture (New York: Basic Books, 1977. C・ギアーツ／吉田禎吾ほか訳『文化の解釈学I・II』岩波現代選書・一九八七年)。

(7) Michel Foucault, The History of Sexuality, vol. 1, Introduction (New York: Vintage Books, 1980. ミシェル・フーコー／渡辺守章訳『性の歴史 I 知への意志』新潮社・一九八六年)。

(8) Ibid., 17.

(9) James Steakley, The Homosexual Emancipation Movement in Germany (New York: Arno Press, 1975.)

(10) Edward Shorter, Journal of Social History 19, no. 4 (Summer 1986): 728-31.

(11) Geoffrey J. Giles, German Studies Review 9, no. 3 (October 1986)：628.

(12) Joan Scott, "Gender：Joan Scott, "Gender: A Useful Category of Historical Analysis," American Historical Review 91, no. 5 (1986): 1053-76. この論文は、Scott, Gender and the Politics of History (New York: Columbia University Press, 1988. ジョーン・W・スコット／荻野美穂訳『ジェンダーと歴史学 30周年版』平凡社ライブラリー・二〇二二年）に再録されている。ジョーン・スコットは、ウィスコンシン大学マディソン校でジョージ・L・モッセの大学院生であった。

(13) Judith Butler, Gender Trouble: Feminism and the Subversion of Identity (New York: Routledge, 1990. ジュディス・バトラー／竹村和子『ジェンダー・トラブル：フェミニズムとアイデンテ

イティの攪乱』青土社・一九九九年）。

（14）George L. Mosse, "Sexual Values, Political Ideologies, Manliness," Wisconsin Public Radio interview with Steve Paulson, Madison, Wisconsin, September 27, 1988, George L. Mosse Program in History Archive.

（15）Scott, Gender and the Politics of History, 42.

（16）Ibid.

（17）Giles, German Studies Review.

（18）Robert E. Neil, The Journal of Interdisciplinary History 16, no. 4 (Spring 1986)：736-738; Peter Stearns, The Journal of Modern History 58, no.1 (March 1986)：256-58.

（19）Alan Dundes, American Journal of Sociology 91, no. 5 (March 1986)：1283-84. C

一九九六年版『ナショナリズムとセクシュアリティ』の佐藤卓己「訳者解説」は、ちくま学芸文庫『大衆の国民化』の「文庫版訳者あとがき」へ大幅加筆修正する形で吸収掲載した。本書では、一九九六年の「訳者あとがき」に、佐藤八寿子「訳者解題」を加える。

一九九六年の訳者あとがき

オリンピック百年の今夏、テレビに映るアトランタの光景の折々に、意識無意識のうちに「ナショナリズム」を感じさせられた方も多かったのではなかろうか。ピエール・クーベルタン男爵［一八六三―一九三七年］によるオリンピック競技復活の提唱――それは、本書やモッセの主著『大衆の国民化』でも再三問題となる「ギリシャ復興」という一大潮流の中の「伝統の創出」のひとつだった。少年時代に普仏戦争の敗北で味わった屈辱と憂国の情を忘れることのなかったクーベルタンの構想に、「男らしさの理想」が強烈に反映していたことはいうまでもない。だが、次回オリンピックの年、男らしさの尊ばれたこの世紀も幕を閉じる。そして、近代オリンピック百周年のアトランタで特に印象的だったのは、私見では、男性もさることながらむしろ女性たちの活躍の数々だった。

今夏、本書を訳了したことに、一つの感慨を覚えずにはいられない。

それにしても、本書訳了は当初の予定よりはるかに遅延した。ご迷惑をかけた方々には誠に申し訳ない。と、言いつつ申し訳するのは潔くないが、ありていに言って遅滞の原因は出産だった。あえて私事を付記するのは、それが本書の主題の一つであるセクシュアリティと極めて関わりの深い事柄に思えるからだ。

モッセは、「国」のみならず「性」についても「永遠の亡命者」として発想する。そんな「まれびと」の著者に、共訳者は「不遜ながら『精神的血縁』を覚える」と言う（『大衆の国民化』解説）。しかし皮肉なことに、彼の片割れの方は正反対の感覚に囚われていた。母としての日常の営みの中、つい安穏な小市民的幸福に浸りたがる私の舌に、モッセは苦い。彼は、「日常者」の安寧世界を揺るがし、「性」を含めた有形無形のあらゆる制度に対して危険な挑戦をつきつけてくる。私は、自身がいかに日本社会の市民的価値観（リスペクタビリティ）に染め上げられているか、今身を置いている立場がいかに制度的なものであるか、点検を余儀なくさせられた。どうかすると、今もふいに、モッセに背中を押されるような気がしてならない。

本書は、訳者夫婦にとって三冊目の共訳書になる。前二冊、『大衆の国民化』『敵の顔』同様、本書でも柏書房編集部の山口泰生氏は忍耐強くお世話下さった。また校正の七ヶ所博幸氏はじめ多くの方のご尽力を賜った。心より感謝申し上げる。

前二冊はともに、拙い訳にもかかわらず、各紙誌の書評に取り上げて頂いた他、大変多くの読者の方々からの反響を賜った。ご感想はじめ、訳に関するご意見もたいへん有り難く頂戴した。検討し、再版の折に生かさせて頂いている。翻訳は労のみ多く功のない仕事と言われるが、丹念に書き込まれた読者カードを頂戴したときには、良書翻訳に携わることのできた幸運を痛感した。この場をお借りして改めて心からお礼申し上げたい。ありがとうございました。

本書では、「序文」から第二章までを八寿子が、第三章以後を卓己が下訳し、訳稿を両名で検討し、卓己がドイツ語訳と対照して全体を整えた。女性史、ゲイ研究、性科学などの諸研究、またイギリス文学、フランス文学、イタリア史など、領域的にも訳者の能力をはるかに超えた内容に、翻訳は予想外に手間取った。不注意なミスや誤解もあろうかと思う。ご指摘、ご批判を賜りたい。

そして、今回も読者の方からの反響を、実はすでに訳者両名は密かに期待している。それは本書が、前二冊にも増して広範な読者に、必ずや深く強く訴えるものを持っていると信じるからである。

ふいに、モッセがあなたの背中を押してくるかもしれない。ご用心を。

一九九六年九月一〇日

佐藤八寿子

訳者解題

I　著者について

ジョージ・ラハマン・モッセは、一九一八年九月二〇日、ドイツ帝国の首都ベルリンでユダヤ系大富豪モッセ家の第三子として生まれた。生まれた時の名はゲルハルト（Gerhard）で、ジョージの名は亡命後のものである。ジョージの父親が経営したモッセ出版社は、ヴァイマル共和国期ドイツにおいてウルシュタイン、フーゲンベルクに並ぶ屈指の新聞出版コンツェルンで、『ベルリン日刊新聞』、『八時夕刊新聞』などの新聞をはじめ、娯楽雑誌、住所録、電話帳の発行、国際的広告代理店にまで経営を展開していた。ジョージの祖父、モッセ・コンツェルン創設者のルドルフ・モッセ（一八四三―一九二〇年）の名は、現在もベルリンにあるルドルフ・モッセ街、ルドルフ・モッセ広場に遺っている。ルドルフが娘婿として、ユダヤ人穀物商資産家のラハマン家から迎えた養子が、ジョージの父、ハンス・ラハマン・モッセ（一八八五―一九四四年）だ。一九一〇年、ハンスはルドルフから経営を引き継ぎ、事業の近代化を進めた。ジョージの姉ヒルデ（一九一二―一九八二年）は後に精神科医に、兄ルドルフ（一九一三－一九五八年）は経済学者となった。また、伊藤博文らに憲法、行政法を講義し、一八八六年から九〇年まで内閣顧問として滞日して市制町村制の草案を執筆した法学者アルベルト・モッセ（一八四六－一九二五年）は、祖父ルドルフの弟、ジョージの大叔父にあたる。

一九三三年、ヒトラー政権成立によりモッセ家は亡命する。この時期に亡命したドイツ知識人は多いが、M・ホルクハイマー（一八九五－一九七三年）をはじめとするフランクフルト学派第一世代と比べ、ジョージは一世代若く、出国当時弱冠一四歳だった。彼はイギリスのプーザム・スクールで教育を受けた後、一九三七年ケンブリッジ大学に入学し歴史学に進んだ。

歴史学を選んだ理由の一つとして、モッセはそれが「紳士の科目」であったことを挙げている。財閥の家に生まれ、何不自由なく育ち、亡命後は「紳士の科目」を選んだという自らの内なる市民的価値観（リスペクタビリティ）に、十分自覚的であるところが、まさにジョージ・モッセその人だと言ってよい。己のスノビズムをもあえて俎上にのせ、研究実践を通し常に解体して行こうとする態度は、生涯ゆるがなかった。

一九三九年の第二次世界大戦勃発前夜、モッセ一家はアメリカに移住する。モッセはケンブリッジ大学を退学しアメリカのハヴァフォード大学に入学、一九四一年に卒業後、一九四四年からはアイオワ州立大学専任講師、後に准教授となる。一九四六年にハーヴァード大学で博士号を取得し、一九五五年以降はウィスコンシン大学マディソン校准教授となり後に教授となった。一九七八年からはエルサレムのヘブライ大学の教授を兼ね、八八年より名誉教授となっている。モッセの研究業績の学説史上の位置づけについては、ちくま学芸文庫版『大衆の国民化』（二〇二一年）巻末の板橋拓己「解説　モッセ史学の軌跡」に詳しい。又、より詳細な経歴についても同上書巻末の佐藤卓己「文庫版訳者あとがき」を参照されたい。

一九九九年一月二二日、モッセは没する。彼の莫大な遺産の大半は、ウィスコンシン大学マディソン校とヘブライ大学に歴史学奨学金基金として寄付された。モッセ家の不動産などの資産は亡命時にナチ党に、戦後は東ドイツ共産党によって接収されていたが、一九九〇年の東西ドイツ統一後、既に姉兄を失い相続人となっていたジョージへ返還された。ウィスコンシン大学には「ジョージ・L・モッセ基金」が設立され、二〇〇〇年以降、アメリカ歴史協会は「ジョージ・L・モッセ賞」の表彰を続けている。彼の死後二十一年を経た二〇二〇年秋から、ウィスコンシン大学出版は新たに『モッセ著作集』の刊行を開始した。モッセ史学への関心は、世紀を超えた今日なお一層高まりつつあると言って良い。本書は、ジェンダー史のメアリー・ルイーズ・ロバーツの「解説」を加えて新たに刊行された二〇二〇年『モッセ著作集』版と、一九八五年刊行の旧版邦訳文とを逐一つきあわせ全面的にととのえた新版である。

いただきたい。

Ⅱ 『ナショナリズムとセクシュアリティ』インパクト

二〇一〇年刊行の、井上俊・伊藤公雄編『社会学ベーシックス8 身体・セクシュアリティ・スポーツ』（世界思想社）で、筆者が紹介した本書の要約を、ここに一部引用させていただきたい。

本書は、近代市民社会におけるセクシュアリティ、男らしさ／女らしさの社会規範が、どのようにナショナリズムと深く結び発展したかを明らかにした歴史社会学研究である。分析のキイワードとなる「リスペクタビリティ」は、「尊敬されるに値すること」、「世間的立派さ」という意味だが、具体的には、勤勉、自立、克己、純潔、慎ましさ、義務の献身、倹約、節制、情熱の抑制などに基づく「礼にかなった正しい」作法と市民道徳を指している。宗教復興を背景に勃興したイギリス市民階級が、社会規範として、また自らのクラス・アイデンティティとして、この理念を強く支持した。この価値観こそが、やがてヨーロッパにおいてセクシュアリティの管理と統制の原動力となり、ナショナリズムと提携しつつ近代化を強く推し進めた。（佐藤八寿子「市民社会の性道徳――G・L・モッセ『ナショナリズムとセクシュアリティ』」九五頁）

美徳／悪徳を区別するリスペクタビリティの作用がインサイダー／アウトサイダー

の定義を人種主義にまで及ぼしたとき、ナショナリズムとの提携関係は頂点にまで達してしまう。良識あふれる市民的価値観こそが、ナチズムを強力に支えたのである。
（同九八頁）

歴史学、政治学、思想史、文化史、表象学、とりわけ生活史、ジェンダー研究などの広範な領域にわたって、本書がモニュメンタルな位置を刻んだことがおわかりいただけると思う。確かに、ロバーツが「解説」で批判するとおり、モッセが試みた研究手法の一部は「今では時代遅れ」ではあるが、彼の問題意識と議論の確かさは時代遅れどころか時代を先取りしつつ、普遍的な力を発揮し続けている。相手側を「ナチス」と罵倒し、「愛国」を旗印に凄惨な戦争が起こっている今こそ、モッセは再読されるべきだ。

ロバーツが指摘する「時代遅れの歴史学的枠組みと見られている心理歴史学」すなわちフロイト的方法論については、後進は学説史上の研究対象とすることも可能だろう。ジークムント・フロイト（一八五六―一九三九年）は世代こそ違え、モッセと同時代を生き同じくナチズムを逃れてイギリスに亡命を余儀なくされたユダヤ系知識人だった。さらにモッセの姉・ヒルデ・L・モッセが精神科医になっていることなどもあわせて考えてみれば、むしろ本書におけるフロイト理論の採用は時代・環境的必然とも解釈できる。

ロバーツは、モッセが政治史叙述に導入した革新的とりくみとして構造主義的手法である「厚い記述 thick description」の採用をあげている。ナチズムと民主主義について論じたフランクフルト学派などの議論は、しばしば国家権力と資本主義に対する批判として位置づけられてきた。日本においても従来、国民主義（ナショナリズム）やジェンダーを論じる研究の多くが、マイノリティに対する上からの抑圧という垂直型権力の図式に陥りがちだった。これら従来型の歴史分析が、基本的に進歩史観の発展段階論から自由ではないのに対し、モッセは全く異領域の文化人類学において提唱された構造主義的フレームを大胆にとりいれた。モッセが注目するのは、ファシストの政治ではなく、ファシズムにおける社会の「意味の網目」であり「構造」だ。その意味で、モッセ史学は脱イデオロギー的とも言えよう。

さらに、モッセは、「厚い記述」を通して、ユダヤ人亡命者という当事者でありながら、外在的にナチズムを攻撃するのではなく、自らにも内在する国民主義（ナショナリズム）の魅力に向き合い、自分自身を含めた「万人の道徳」の危険性について警鐘を鳴らした。私たち日本人も又、彼の検証過程に随行することで、自らの内なる市民的価値観（リスペクタビリティ）の点検を促される。そして、ナチズムを生んだ時代の市民的価値観（リスペクタビリティ）と私たち現代日本人の生活意識との連続性に愕然とするのだ。モッセに「精神的血縁を感じる」と『大衆の国民化』の「訳者解説」で書いた共訳者の佐藤卓己は、この「厚い記述」という手法を、自分自身の研究手法に直接引き継ごうとしている。

この手法を、モッセはすでに『大衆の国民化』にも採用していた。フランス革命以降の国民主義の展開を大衆的な儀礼やシンボルから考察し、ナチズムを大衆の合意形成運動として捉えた名著『大衆の国民化』が、日本の読書界に与えたインパクトは大きかった。一九九四年、モッセ紹介の嚆矢となる柏書房版が刊行された際、「『赤旗』から『産経新聞』まで」実に多くの新聞、雑誌等のメディアで書評された（ちくま学芸文庫版『大衆の国民化』「文庫版訳者あとがき」を参照）。しかし一九九四年当時、「『大衆の国民化』ではなく、『国民の大衆化』の間違いではないのか」と複数の方に重ねて問われたほど、「国民化」という日本語はまだ馴染みのない概念だった。E・ホブズボウムら編著『創られた伝統』にも示唆を与えたモッセの『大衆の国民化』だが、「国民国家」批判盛んなりし当時においてすら、ナショナリズムを国民主義と訳出すること自体が新しかったのだ。訳語としての「国民主義（ナショナリズム）」については、ちくま学芸文庫版『大衆の国民化』にも収められた一九九四年版「訳者解説」中の「国民主義（ナショナリズム）の再検討」を参照されたい。

モッセが『大衆の国民化』で打ち出した議論を、さらに市民的価値観（リスペクタビリティ）をキイワードとして、ジェンダーの心性史と不可分なものとして深化させた結晶が本書である。

訳語としての市民的価値観（リスペクタビリティ）については、「凡例」で述べたとおりだが、厳密な意味で日本語に置き換えることは困難であり、さるイギリス史研究の大家からは、イギリス史の専門領域においては「翻訳不可能な概念としてそのままカタカナ表記している」旨、私信でご教示をいただいた。しかし、モッセはイギリス固有の文脈を超えてこの語を用いており、本書ではモッセ自身が確認したドイツ語版の訳語を参照し、日本社会にも汎用できる概念として市民的価値観（リスペクタビリティ）とした。ちなみに、同じ院ゼミに在籍中だったアメリカ人の先輩に、「その手があったか」と、日本語独自の語用について羨ましがられた。確かに、翻訳不能ならカタカナ表記もあり、さらに漢字で意訳した上にルビうちもあり、という言語は管見では他に類を見ない。

旧版『ナショナリズムとセクシュアリティ』出版時、歴史学やジェンダー史はもちろん、社会学、文学、美学、哲学など、さらに様々な研究者から熱い書評を頂戴した。吉見俊哉「性的規範とファシズムはどう結びついていたのか」『中央公論』（一九九七年二月号）、瀬尾育生「〝性〟の領域の独自性を語る」『東京／中日新聞』（二月二三日）、山本尤「近代ナショナリズムと性意識——衝撃的なともいえる新しい視点」『図書新聞』（二月八日号）、同「近代社会を肉体から論じる」『京都新聞』（二月九日）、辰巳伸知「〝市民的価値観（リスペクタビリティ）〟とナショナリズムとの提携関係を追う」『週刊読書人』（二月二八日号）、青木貞茂「私が薦める一冊」『ＪＡＡＡ　ＲＥＰＯＲＴＳ』（三月号）、北川東子「排斥のキアスム」『現代詩手帖』（三月号）、星乃治彦「学界の最先端の問題を挑発的に論じる」『同志社時報』第一〇四号（一〇月）、川越修「近現代社会の歴史研究に大きな影響」『社会経済史学』六三巻六号（一九九八年）、大貫敦子「これまでのナチス分析にはない説得力」『ドイツ研究』二五号などだ。

この時期から、モッセの邦訳書は続々と刊行された。一九九六年の『ユダヤ人の「ドイツ」——宗教と民族をこえて』（三宅昭良訳、講談社）、一九九八年には『フェルキッシュ革命——ドイツ民族主義から反ユダヤ主義へ』（植村和秀・城達也・大川清丈・野村耕一訳、柏書房）、そして世紀をこえた二〇〇二年『英霊——創られた世界大戦の記憶』（宮武実知子訳、柏書房）、二〇〇五年『男のイメージ——男性性の創造と近代社会』（細谷実・海妻径子・小玉亮子訳、作品社）が出版された。

二〇〇六年には星乃治彦が、モッセと同じく「当事者の視点」と「ドイツ史家としての客観的視座」の双方を堅持しつつ、『男たちの帝国——ヴィルヘルム2世からナチスへ』（岩波書店）を公刊し、従来の「ヘテロ」軸の「知」ではない新たなクィア・ヒストリーを提唱した。ドイツの近代化がいかに人間の規格化を推進し、同時に「生きづらさ」を産み出して来たかを大胆に掘り起こすことで、現代のLGBT問題にとどまらず、未来の価値多様化社会へむけて私たちが克服すべき問題を提起したアクティヴな歴史研究となっている。当然、二〇〇九年に刊行された、姫岡とし子・川越修編著『ドイツ近現代ジェンダー史入門』（青木書店）では、モッセ史学は複数の筆者により繰り返し言及されている。

二〇一二年、田野大輔はその書名も挑発的な『愛と欲望のナチズム』（講談社）において、ナチスドイツが国民を動員するために行った「ヘテロなエロスの挑発」の様相を描いている。「自由恋愛」、「性の解放」など、抑圧よりむしろ人々の欲望を挑発し昂進させることによって、国民社会主義運動が肥大化した実態を、現地での丹念な一次資料調査も踏まえて明らかにした。

以後も、ナショナリズムとセクシュアリティの研究を志す若い研究者が次々と登場している。

二〇二一年、ちくま学芸文庫に入った『大衆の国民化』に続いて、翌二〇二二年には『英霊』、そして今ここに本書も文庫化される。より多くの日本の新しい読者に本書が届くことを祈りたい。

Ⅳ　日本における市民的価値観（リスペクタビリティ）

「一八世紀に市民道徳として始まったものは、ついに万人共通の道徳となった」というモッセの主張は、日本社会において正に実証されていると言っていいだろう。

なぜ日本人はスーツで出勤するのか。ネクタイとスーツの原型はヴィクトリア朝末期から主流になったイギリスの服であり日本古来の風土には必ずしも相応しくない。一九六七年、花森安治は「どぶねずみ色の若者たち」としてその姿を嘆き、二〇〇五年、環境省は「クールビズ」を呼びかけたが、スーツが廃れる気配は今も無い。筆者自身は、二〇〇〇年代半ばに就活中の大学生から将来「スーツにネクタイで出勤する生活は憧れ」と聞いたことがある。なぜ日本人が洋服を着るのかという問いへの答えは服飾研究者にゆずるとして、ここで焦点となるのは、ネクタイとスーツに「憧れる」意識、洋装が和装よりしっくり来るという私たち自身の感性だ。洋装は、もちろんその表象の一つにすぎない。洋装につつまれた日本人の身体は、不可視かつより強固な市民的価値観（リスペクタビリティ）に律せられている。今、私たちが自明としている多くの社会規範、市民的価値観（リスペクタビリティ）が、もともと日本古来のものではないことを私たちは思い出すことも稀だ。

日本における市民的価値観（リスペクタビリティ）の注入と展開を考察する上で重要な歴史的アプローチとして、近年、明治初期の違式詿違条例（いしきかいいじょうれい）に関する調査も進んでいる。違式詿違条例とは、後に軽犯罪法（一九四八年公布）に引き継がれる比較的軽微な犯罪を規定した条例で、一八七二（明治五）年の東京府をはじめ各地で通達された。その具体的内容は府県ごとに相違があるが、男女混浴の禁止、路上での裸身・肩脱ぎ・股の露出の禁止、入墨禁止、立小便禁止など「身体」に関わる規定が多い。条例そのものは当時の市井の人々には難解だったため、理解を助ける図解が各地で流行した。その一部は、現在、国立国会図書館デジタルライブラリーでも閲覧することが出来る。

パンデミック以降、公共圏でのマスク着用などをはじめ、衛生の観点から「公」と「私」の連結はもれなく点検を強いられた。しかし、そもそも一九九四年当時、「国民化」

概念が理解されにくかったように、極東の島国で地勢学的にも文化的にも日本「国民」であることを自明としがちな大多数の日本人にとって「公／私」の感覚は意識されにくい。それほど日本国民であること、その国民性、国民道徳、市民的価値観（リスペクタビリティ）は深く内面化されていると言ってよいだろう。それだけに、ユダヤ人としても同性愛者としても生涯アウトサイダーであり続けたモッセが、本書を通して訴えて来るメッセージは重い。市民的価値観（リスペクタビリティ）は今日なお確固として君臨しているとモッセは言う。今、日本の市民的価値観（リスペクタビリティ）はどのように私たちに君臨し、何処へ私たちを導こうとしているのだろうか。

最近、「承認欲求」という言葉を身近でよく聞く。SNS記事の閲覧者数、「いいね」の数が、自己肯定感有用感につながり安心や満足が得られる、職場でも交友関係でも自分が「認められている」か否かが重大な関心事なのだ、という。しかし、筆者が若かりし頃、つまり一九八〇年代頃に「承認欲求」という語を日常会話で耳にした記憶はない。かわりに専ら流行っていたのは「自己実現」という価値観だ。「承認欲求」も「自己実現」も、アメリカの心理学者・アブラハム・H・マズロー（一九〇八―一九七〇年）の「欲求五段階説」の用語である。ここで、専門領域では「古い」とされているマズロー理論に言及するのは、彼の模式図の中央に「所属欲求」、つまりモッセが指摘した「帰属願望」があるからだ。

マズローによれば、欲求の段階はピラミッドの底辺にあたる原初的な「①生理的欲求」

に始まり、「②安全欲求、③社会的欲求（所属欲求、愛情）、④承認欲求、⑤自己実現欲求」へと上昇する。各ステージの欲求はその人の行動を支配し、欲求が満たされれば人は次のステージへと進むという。この「③社会的欲求」が、モッセの論じた帰属願望、同志愛、愛国と重なるのは偶然とは思えない。マズローもまたユダヤ系アメリカ人だった。モッセとの大きな違いは、ロシア系の生家は貧困でアメリカ生まれという点だが、後にモッセが教鞭をとるウィスコンシン大学で心理学を学んでいる。十年の年齢差はあるものの、両者はホロコーストの時代を生きたユダヤ人として、所属欲求や帰属願望がナショナリズムの燃料となり惨禍を生む様相を、現に目の当たりにしていたのだ。

「承認欲求」の現在から振り返って遠望すれば、少々色褪せた四十年前の「自己実現」がかすかに見える。マズローは一個の人間の成長の模式図として五段階説を提示したはずだが、あるいは私たちの価値観は、世代を超えてマズローの描いたステージを「上がる」のではなく「下りて」行っているのだろうか。とすれば、次のステージは何か。果てない玉葱むきのような「自己実現」に疲弊し、「承認欲求」も満たされないとわかった時、次に、人は何処へむかうのか。

否、マズローの図で未来を占う必要は無い。マズロー自身、晩年には五段階を修正し、第六段階があるとした。「⑥自己超越欲求」である。それは、彼の説を待つまでも無く、およそ二千年も前に一人のユダヤ人が身をもって万人に示した普遍的な「隣人愛」であるに違いない。

二〇二三年八月二四日　戦火にあるウクライナ独立記念日に

佐藤八寿子

Among Women. Gay Studies and Women's Studies, University of Amsterdam Conference, 22-26. June 1983, p. 330.

15 *Ibid.*, p. 325-27.

16 Elke Kerker, *Weltbürgertum-Exil-Heimatlosigkeit, die Entwicklung der politischen Dimension im Werke Klaus Manns von 1924-1936*, Meisenheim am Glan 1977, S. 101.

17 Radclyffe Hall, *The Well of Loneliness*（ラドクリフ・ホール／大久保康雄訳『さびしさの泉』上下・新潮社・1952年）, London 1982, p. 412, 513; M. Hirschfeld, *Berlins Drittes Geschlecht*, S. 27ff, 40f.

18 1920年代ベルリンのレスビアン・バーについては，以下参照．Adele Meyer Hrsg., *Lila Nächte*, Berlin 1981.

19 Wettley, *Von der ›Psychopathia sexualis‹ zur Sexualwissenschaft*, S. 87.

20 James D. Steakley, *The Homosexual Emancipation Movement in Germany*, New York 1975, chapter 3.

21 Vera Brittain, *Radclyffe Hall: A Case of Obscenity?*, New York 1969.

22 Hall, *The Well of Loneliness*（前掲『さびしさの泉』）, p. 393.

23 »Christa Reinig über Christa Winsloe«, in: Christa Winsloe, *Mädchen in Unifrom*（ウインスローエ／中井正文訳『制服の処女』角川文庫・1991年）, München 1983, S. 241-48.

24 *Ibid.*, S. 217.

25 B. Ruby Rich, Mädchen in Uniform, from Repressive Tolerance to Erotic Liberation, in: *Jump Cut, A Review of Contemporary Cinema*, No. 20-25 (1983), p. 44-50.

26 *Lila Nächte*, S. 38.

27 Mosse, *Toward the Final Solution*, p. 223f. ナチ占領下のオランダ記録によると，他のあらゆる集団よりもユダヤ人への迫害が優先された．同性愛者の迫害はオランダの地域警察の所轄とされ，ドイツ当局はユダヤ人の一斉検挙と国外追放を指揮した．Pieter Koenders, *Homoseksualiteit in Bezet Nederland*, Gravenhage, 1983, S. 141.

Sicht,, Bern / Tübingen 1965, S. 119.

5 E. P. Thompson, *The Making of the English Working Class*（エドワード・P・トムスン／市橋秀夫・芳賀健一訳『イングランド労働者階級の形成』青弓社・2003年）, London 1965, chapter 11, 12. 1850年には約200万人の労働者階級の子供たちが日曜学校の名簿に登録されていた．そうした学校の1つは，サラ・トリマーによって運営されていた．Thomas Walter Laqueur, *Religion and Respectability, Sunday Schools and Working Class Culture 1780-1850*, New Haven / London 1976, p. 47, 191.

6 Karl Marx / Friedrich Engels, *The German Ideology*（カール・マルクス&フリードリヒ・エンゲルス／ウラジーミル・アドラツキー編／古在由重訳『ドイツ・イデオロギー』岩波文庫・1956年）, New York 1939, p. 87ff; Wolfgang Essbach, *Eine Studie über die Kontroverse zwischen Max Stirner und Karl Marx*, Frankfurt am Main 1982.

7 Anon., »Demos und Libertas, oder Der Entlarvte Betrüger«, in: Ursula Münchow Hrsg., *Aus den Anfängen der Sozialistischen Dramatik*, Bd. l, Berlin 1964, S. 93. ここに集成されたその他の演劇も，同じような道徳的結幕となるものが多かった．

8 August Bebel, *Woman under Socialism*（ベーベル／草間平作訳『改訳　婦人論』上下・岩波文庫・1971-81年）, New York 1971, p. 81f.

9 Jacob Israël de Haan, *Open Brief aan P. L. Tak*, Amsterdam 1982, S. 47.

10 W. U. Eissler, *Arbeiterparteien und Homosexuellenfrage*, Berlin 1980, S. 40, 42. John Lauritsen / David Thorstad, *The Early Homosexual Rights Movement*, New York 1974, p. 58f.

11 Wilhelm Reich, *Die sexuelle Revolution*（W・ライヒ／安田一郎訳『性の革命』角川文庫・1974年）, Frankfurt am Main 1971 (erstmals 1930 veröffentlicht), S. 169.

12 *Ibid.*, S. 179.

13 »Die Totenfeier«, in: *Mitteilungen des Wissenschaftlich-Humanitären Komitees*, Nr. 34 (Sept. 1932 / Febr. 1933), S. 410. この資料については James D. Steakley 氏に感謝する．以下も参照．Richard Linsert, *Marxismus und freie Liebe*, Hamburg 1982,（1931年の著作からの抜粋）.

14 Manfred Herzer, Gay Resistance Against the Nazis 1933-1945, in: *Among Men,*

年に同性愛行為で有罪判決を受け，獄中で自殺したことがあったが，だからと言ってムサートの党にオランダの他の政党よりも同性愛者が多かったというわけではない．Pieter Koenders, *Homoseksualiteit in Bezet Nederland*, Gravenhage 1983, S. 69f.

103 Klinksiek, *Die Frau im NS-Staat*, S. 107, 109.

104 Klaus, *Mädchen in der Hitlerjugend*, S. 58.

105 Klinksiek, *Die Frau im NS-Staat*, S. 50; The Ideal of Womanhood, in: Mosse, *Nazi Culture*, p. 39-47.

106 Wolbert, *Die Nackten und die Toten*, S. 49.

107 本書 254-255 頁参照.

108 以下より引用．W. v. Owen, *Mit Goebbels bis zum Ende*, Bd. 1, Buenos Aires 1949, S. 40.

109 本書第７章参照.

110 Kurt Klare, *Briefe von Gestern für Morgen, Gedanken eines Arztes zur Zeitenwende*, Stuttgart / Leipzig 1934, S. 119.

111 Kurt Klare, Einführung zu: Wilhelm Hildebrandt, *Rassenmischung und Krankheit*, Stuttgart 1935.

112 Stumke / Finkler, *Rosa Winkel, Rosa Listen*, S. 223. クラーレの同性愛者に対する聖戦の分析については以下を参照．Rüdiger Lautmann / Erhard Vismar, *Pink Triangle. The Social History of Anti-Homosexual Persecution in Nazi Germany* (als vervielfältigtes Manuskript 1983), p. 14ff.

113 *Ibid.*, p. 227.

114 Klare, *Briefe von Gestern für Morgen*, S. 112.

115 Nathan, *The Psychology of Fascism*, p. 78.

第９章　結論――万人の道徳

1 Luis Trenker, *Alles gut gegangen*, Hamburg 1959, S. 77.

2 Mosse, *The Crisis of German Ideology*（前掲『フェルキッシュ革命』），p. 15ff.

3 第２章参照.

4 Hendrik van Oyen, Pastorale Bemerkungen zur Homophilie, in: Theodor Bovet Hrsg., *Probleme der Homophilie in medizinischer, theologischer und juristischer*

83 *Ibid.*, S. 65.
84 Mosse, *The Nationalization of the Masses*（前掲『大衆の国民化』), chapter 8.
85 Jenkyns, *The Victorians and Ancient Greece*, p. 146; Wolbert, *Die Nackten und die Toten*, S. 188.
86 Arno Breker, *Im Strahlungsfeld der Ereignisse*, Preußisch-Oldendorf 1972, S. 134.
87 *Ibid.*, S. 362.
88 V. G. Probst, *Der Bildhauer Arno Breker*, Bonn / Paris 1978, S. 28.
89 Öffentliche Ansprache Hitlers zum »Parteitag der Einheit«, Nürnberg 1934, in: Norman H. Baynes Hrsg. *The Speeches of Adolf Hitler, April 1922-August 1939*, New York 1969, p. 329.
90 Rolf Gödel, Kameradschaft über den Tod hinaus, in: *Völkischer Beobachter* (18. August 1940), S. 3.
91 第６章参照．Wolbert, *Die Nackten und die Toten*, S. 192.
92 Zeev Sternhell, *Ni Droite, Ni Gauche, L'Idéologie Fasciste en France*, Paris 1983, p. 21.
93 Robert Brasillach, *Notre Avant-Guerre*（ロベール・ブラジャック／高井道夫訳『われらの戦前：フレーヌ獄中の手記』国書刊行会・1999 年), Paris 1941, p. 272.
94 *Ibid.*, p. 282.
95 Robert Soucy, *Drieu La Rochelle*, Berkeley 1979, p. 203.
96 Henry de Montherlant, *Les Olympiques*, Paris 1939 (1st published 1914), p. 70, 103, 110f.
97 Soucy, *Drieu La Rochelle*, p. 326.
98 Brasillach, *Notre Avant-Guerre*（前掲『われらの戦前：フレーヌ獄中の手記』), p. 230.
99 Robert Brasillach, *Comme le temps passe*, Paris 1983, p. 72, 142-52.
100 Jacques Isorni, *Le Procès de Robert Brasillach*, Paris 1946, p. 139.
101 Jean Guéhenno, *Journal des Années Noires (1940-1944)*, Paris 1947. p. 123.
102 Drieu La Rochelle, *Gilles*（ドリュ・ラ・ロシェル／若林真訳『ジル』上下・国書刊行会・1987 年), Paris 1930, p. 455. オランダ国民社会主義党は，同性愛者を惹きつける魅力をもっており，党首アントン・ムサートは彼らに対する党内での寛容を非難された．党幹部の一人が 1938

不安は，ある場合には，ユダヤ人への復讐心よりも大きかったことは明らかである（第9章の註27を参照）．1938年パリにおけるヘルシェル・グリュンシュパンによるドイツ外交官フォン・ラートの殺害は「水晶の夜」の契機となり，ドイツ全土でシナゴークが焼き討ちされ多くのユダヤ人が逮捕された．しかし，グリュンシュパンは裁判にかけられず，おそらく第二次大戦にも生き残った．グリュンシュパンの両親に対するナチの迫害への復讐心よりも，彼とフォン・ラートの同性愛関係が殺害の引き金になったことをナチ党が恐れていたことは確かなようである．以下を参照せよ．Helmut Heiber, Der Fall Grünspan, in: *Vierteljahrshefte für Zeitgeschichte*, Jahrg. 5, Heft 2 (April 1957), S. 134-72.

67 Himmler, Rede von Bad Tölz, S. 47.

68 *Ibid.*, S. 50-2.

69 *Ibid.*, S. 58.

70 Barry D. Adam, *The Survival of Domination, Inferiorization and Everyday Life*, New York 1978; アダムはヒムラーの矯正法を記述し，似たようなことが現在も行われていると主張している．*Ibid.*, p. 40f 以下も参照せよ．Heinz Heger, *Die Männer mit dem Rosa Winkel*, Hamburg o. J., S. 137.

71 Himmler, Rede von Bad Tölz, S. 53.

72 *Ibid.*

73 第7章参照.

74 Himmler, Rede von Bad Tölz, S. 59.

75 *Ibid.*

76 Klaus, *Mädchen in der Hitlerjugend*, S. 89.

77 Klinksiek, *Die Frau im NS-Staat*, S. 65.

78 *Kriminalität und Gefährdung der Jugend*, S. 208.

79 以下に復刻（註27を参照）．Adolf Sellmann, *50 Jahre Kampf für Volkssittlichkeit und Volkskraft*, S. 108.

80 Erlaß vom 8. Juli 1935, 以下に復刻．*Für Zucht und Sitte, Die Verfolgung der Homosexuellen im III. Reich*, Osnabrück o. J., S. 12.

81 Wolbert, *Die Nackten und die Toten*, S. 186.

82 Hans Surén, *Gymnastik der Deutschen, Körperschönheit und Schulung*, Stuttgart 1938, S. 62.

49 Stümke / Finkler, *Rosa Winkel, Rosa Listen...*, S. 190-200.

50 F. Seidler, *Prostitution, Homosexualität, Selbstverstümmelung...*, S. 222.

51 *Ibid.*, S. 223.

52 *Kriminalität und Gefährdung der Jugend, Lageberichte bis zum Stand vom 1. Januar 1941*, Hrsg. vom Jugendführer des Deutschen Reiches, bearbeitet von W. Knopp, Berlin o. J., S. 96; この報告書の意義と機密性については以下を参照. Brigitte Geisler, *Die Homosexuellen-Gesetzgebung als Instrument der Ausübung politischer Macht, mit besonderer Berücksichtigung des NS-Regimes*, unveröffentlichte Magisterarbeit, Göttingen 1968, S. 55f. この資料については, James D. Steakley に感謝する.

53 *Kriminalität und Gefährdung der Jugend*, S. 223ff.

54 *Ibid.*, S. 227.

55 *Ibid.*, S. 87f.

56 *Rede des Reichsführers-SS anläßlich der Gruppenführer-Besprechung in Tölz*, am 18. 11. 1937, Institut für Zeitgeschichte, München, Archiv MA 311 BL 818 (im folgenden zitiert als: Himmler, Rede von Bad Tölz), S. 53.

57 Himmler, Rede von Bad Tölz, S. 24.

58 *Ibid.*, S. 55.

59 Clifford Kirkpatrick, *Nazi Germany: Its Women and Family Life*, Indianapolis and New York, 1938, p. 141f.

60 Himmler, Rede von Bad Tölz, S. 56.

61 *Ibid.*, S. 44.

62 *Ibid.*, S. 45.

63 *Ibid.* ヒトラーもまた, 同性愛者による仲間の寵遇と, 能力お構いなしに可愛らしい秘書を雇い入れることの明白なアナロジーを疑うことなく見ていた. 例えば, 以下を参照. Rudolf Diels, *Lucifer ante Portas*, Zürich o. J., p. 277. ルドルフ・ディールスはナチ党権力掌握直後に短期間, 政治警察とゲシュタポの長官を務めた.

64 *Ibid.*, S. 47.

65 *Ibid.*, S. 47ff.

66 例えば, 占領下のオランダのように政策上はユダヤ人の国外追放が同性愛者の追求より優先されたとしても, 同性愛の汚名を着ることへの

34 Irmgard Weyrather, Numerus Clausus für Frauen-Studentinnen im Nationalsozialismus, in: Frauengruppe Faschismusforschung Hrsg., *Mutterkreuz und Arbeitsbuch*, Frankfurt am Main 1981, S. 138f.

35 *Der Schild*, Jahrg. 13, Nr. 14 (20. April 1934); Hildegard Brenner, *Die Kunstpolitik des Nationalsozialismus*, Reinbek bei Hamburg 1963, S. 65ff.

36 Johnpeter Horst Grill, *The Nazi Movement in Baden, 1920-1945*, Chapel Hill, N. C., 1983, p. 311.

37 本書 323 頁以下参照.

38 以下より引用. Martin Klaus, *Mädchen in der Hitlerjugend*, Köln 1980, S. 169.

39 *Ibid.*

40 Gunter D'Alquen Hrsg., *Auf Hieb und Stich, Stimmen zur Zeit am Wege einer deutschen Zeitung*, S. 262.

41 Hans Peter Bleuel, *Das Saubere Reich*（前掲『ナチ・ドイツ清潔な帝国』）, Bergisch Gladbach 1979, S. 286.

42 この部局は国民社会主義と同性愛を論じる際にはいつも簡単に言及されているが，その記録類は——いくらか残っているとしてだが——まだ発見されていない．以下も参照せよ．Hans Günther Hockerts, *Die Sittlichkeitsprozesse gegen katholische Ordensangehörige und Priester 1936-37*, Mainz 1971, S. 11.

43 Günther Gollner, *Homosexualität, Ideologiekritik und Entmythologisierung einer Gesetzgebung*, S. 175.

44 Peter Loewenberg, *Decoding the Past*, New York 1983, p. 217.

45 Bradley F. Smith, *Heinrich Himmler: A Nazi in the Making, 1900-1926*, Stanford, Calif., 1971, p. 116. ヒムラーは「成長しない稀にみる頑固な性格であり，極端なほど偏屈で近視眼的な空想家」であった．Robert Lewis Koehl, *The Black Corps. The Structure and Power Struggles of the Nazi SS*, Madison, Wisc., 1983, p. 295.

46 Loewenberg, *Decoding the Past*, p. 221.

47 Smith, *Heinrich Himmler*, p. 115.

48 Hans Günter Hockerts, *Die Sittlichkeitsprozesse gegen katholische Ordensangehörige*, S. 91, Anm. 220.

ペタッチ――に対する態度を描いた彼の叙述は大変説得的である．この本の初版は 1950 年に刊行された．

15 Niccolò Zapponi, *I Miti e Le Ideologie. storia della Cultura Italiana 1870-1960*, Naples 1981, chapter 2.

16 Emilio Gentile, *Le Origini dell' Ideologia Fascista 1918-1925*, Bari 1975.

17 Franz Seidler, *Prostitution, Homosexualität, Selbstverstümmelung, Probleme der deutschen Sanitätsführung 1939-1945*, Neckargemünd 1977, S. 202; H. A. Turner, Jr., Hrsg., *Hitler aus nächster Nähe, Aufzeichnungen eines Vertrauten 1929-1932*, Berlin 1978, S. 200f.

18 本章註３の Otis C. Mitchell, *Hitler Over Germany* を参照．

19 Peter Nathan, *The Psychology of Fascism*, London 1943, p. 14.

20 Ottmar Katz, *Prof. Dr. med. Theo Morell*, Bayreuth 1982, S. 122.

21 F. Seidler, *Prostitution, Homosexualität, Selbstverstümmelung...*, S. 203.

22 Hans-Georg Stümke / Rudi Finkler, *Rosa Winkel, Rosa Listen, Homosexuelle und ›Gesundes Volksempfinden‹ von Auschwitz bis heute*, Reinbek bei Hamburg 1981, S. 190-96.

23 George L. Mosse, *Nazi Culture*, New York 1966, p. 31.

24 *Ibid.*

25 第５章参照．

26 Lydia Ganzer-Gottschewski, Nacht auf der Nehrung, in: *NS-Frauenwarte*, Jahrg. 8 (1. July 1934), S. 16.

27 Adolf Sellmann, *50 Jahre Kampf für Volkssittlichkeit und Volkskraft. Die Geschichte des Westdeutschen Sittlichkeitsvereins von seinen Anfängen bis heute (1885-1935)*, Schwelm i. Westf. 1934, Vorwort; Hans Peter Bleuel, *Sex and Society in Nazi Germany*（前掲『ナチ・ドイツ清潔な帝国』英訳本への序文）, Philadelphia 1973, p. 5.

28 Dorothee Klinksiek, *Die Frau im NS-Staat*, Stuttgart 1982, S. 94.

29 Jill Stephenson, *The Nazi Organization of Women*, Totowa, N. J., 1981, p. 89f.

30 註 26 参照．

31 Lydia Gottschewski, *Männerbund und Frauenfrage*, München 1934, S. 39.

32 *Ibid.*, S. 43.

33 *Ibid.*, S. 40f.

61 Renzo de Felice, *Storia degli Ebrei Italiani Sotto il Fascismo*, Turin 1961, p. 291.

62 Hintermeyer, *Politiques de la Mort*, p. 17.

第8章　ファシズムとセクシュアリティ

1 George L. Mosse, *Germans and Jews*, New York 1970, p. 153.

2 *Der Frontsoldat. Ein deutsches Kultur-und Lebensideal*, Fünf Reden von Theodor Bartram aus dem Jahr 1919, Berlin / Tempelhof 1934, S. 29.

3 若い突撃隊員は，国民社会主義における暴力への志向が崇拝にまで昂進した様子を示している．Otis C. Mitchell, *Hitler Over Germany. The Establishment of the Nazi Dictatorship (1918-1934)*, Philadelphia 1983, p. 189.

4 Ferdinando Cordova, *Arditi e Legionari Dannunziani*, Padua 1969, p. 17.

5 Ernst Jünger, *Der Kampf als inneres Erlebnis*, Berlin 1922, S. 33, 56.

6 Jünger, *In Stahlgewittern*（前掲『鋼鉄のあらし』), S. 109.

7 本書 254-256 頁参照.

8 Ernst Jünger, *Der Arbeiter, Harrschaft und Gestalt*（エルンスト・ユンガー／川合全弘訳『労働者：支配と形態』月曜社・2013 年), Hambrug 1932, S. 22, 57, 251.

9 George L. Mosse, The Genesis of Fascism, in: *Journal of Contemporary History*, Vol. 1, No. 1 (1966), p. 14-27.

10 Paolo Nello, *L'Avanguardismo Giovanile alle Origini del Fascismo*, Rom / Bari 1978, p. 18, 23.

11 *NS-Frauenwarte*, Jahrg. 2 (2. Juli 1940), S. 36f; Alexander de Grand, Women under Italian Fascism, in: *The Historical Journal*, Vol. 19, No. 4 (1976), p. 960, 967.

12 ムッソリーニが婦人参政権を唱える女性に耳を傾けて座っている写真は以下に収載されている．Renzo de Felice / Luigi Goglia, *Mussolini, Il Mito*, Rom / Bari 1983, p. 129.

13 Margherita G. Sarfatti, *Mussolini. Lebensgeschichte*, Leipzig 1926, S. 334.

14 Maria-Antonietta Macciocchi, *Jungfrauen, Mütter und ein Führer, Frauen im Faschismus*, Berlin 1979, S. 31; Paolo Monelli, *Mussolini. Piccolo Borghese*, Milan 1983, p. 190-92. モレリは，最初ムッソリーニを信頼しやがて彼に幻滅したジャーナリストである．ムッソリーニの女性――特にクラーラ・

42 Weininger, *Geschlecht und Charakter*（前掲『性と性格』）, S. 94.
43 Hermann Swoboda, *Otto Weiningers Tod*, Wien 1923, S. 117.
44 David Abrahamsen, *The Mind and Death of a Genius*, New York 1946, p. 173; Lucka, *Otto Weininger, Sein Werk und Leben*, S. 83.
45 Abrahamsen, *The Mind and Death of a Genius*, p. 173.
46 Friedrich Christian Benedict Avé-Lallemant, *Das Deutsche Gaunertum*, Bd. 1, Wiesbaden o. J., S. 7.
47 F. Luba, *Enthüllung über die internationale russisch-jüdische Gaunerbande*, Berlin 1892; Richard Mun, *Die Juden Berlins*, Leipzig 1924, S. 69. ユダヤ人と窃盗団は最も悪名高いナチ人種主義者の一人ヨハン・フォン・レールスの以下の著作で関連づけられた．Johann von Leers, *Judentum und Gaunertum*, Berlin 1944.
48 Anklage Dr. Schumann (12. Dezember 1969), Landesgericht Frankfurt am Main, Yad Vashem Archives, Jerusalem, JS 18-69.
49 Mosse, *Toward the Final Solution*, p. 84.
50 Gilman, *Viewing the Insane*, p. 102; Sir Charles Bell, *Essays on the Anatomy of Expression*, 1806, 以下より引用．Gilman, What Looks Crazy. Towards an Iconography of Insanity in Art and Medicine in the Nineteenth Century, p. 60.
51 John McManners, *Death and the Enlightenment*（ジョン・マクマナーズ／小西嘉幸ほか訳『死と啓蒙：十八世紀フランスにおける死生観の変遷』平凡社・1989年）, Oxford 1981, p. 315.
52 Jacques Choron, *Death and Modern Man*, New York 1964, p. 99.
53 Emil Ludwig, *Goethe: Geschichte eines Menschen*, Bd. 3, Stuttgart 1922, S. 458.
54 以下より引用．Pascal Hintermeyer, *Politiques de la Mort*, Paris 1981, p. 87.
55 *Ibid.*, p. 94, 96.
56 McManners, *Death and the Enlightenment*（前掲『死と啓蒙』）, p. 362f.
57 Wilhelm Stoffers, *Juden und Ghetto in der Deutschen Literatur bis zum Ausgang des Weltkrieges*, Graz 1939, S. 385.
58 Drumont, *La France Juive*, p. 122.
59 Schudt, *Jüdische Merkwürdigkeiten*, Bd. 2, S. 25.
60 Maria Teresa Pichetto, *Alle Radici dell'Odio, Preziosi e Benigni Antisemiti*, Milan 1983, p. 77.

30 Weeks, *Sex, Politics and Society*, p. 133.

31 Günther d'Alquen Hrsg. *Auf Hieb und Stich. Stimmen zur Zeit am Wege einer deutschen Zeitung*, Berlin / München 1937, S. 264.

32 Brief an C. G. Jung, 2. November 1911, in: *Freud und Jung-Briefwechsel*（W・マクガイアー，W・ザウアーレンダー編／金森誠也訳『フロイト＝ユンク往復書簡』上下・講談社学術文庫・2007年）, Frankfurt am Main 1974.

33 文通した書簡はすでにコブレンツの連邦文書館で整理されているが，まだ公刊されていない．【著作集版での追記：この書簡は現在，Gregor Hufenreuter & Christoph Knüppel Hrsg., *Eine Freundschaft im Widerspruch: Der Briefwechsel, 1913-1922*, Berlin, 2008で読むことができる．】

34 それゆえ，ユダヤ人の家庭生活が模範的であることを認めた上で，ユダヤ人がキリスト教徒の子女を堕落させるという事実を，ヘルマン・アールヴァルトは証明しようとした．Hermann Ahlwardt, *Der Verzweiflungskampf der arischen Völker mit dem Judentum*, Berlin 1890, S. 220.

35 以下より引用．Hans-Gert Oomen Hrsg., *Vorurteile gegen Minderheiten, die Anfänge des modernen Antisemitismus am Beispiel Deutschlands*, Stuttgart 1978, S. 62.

36 以下より引用．Sander L. Gilman, Sexology, Psychoanalysis, and Degeneration, in: Sander L. Gilman, *Difference and Pathology: Stereotypes of Sexuality, Race, and Madness*, Ithaca, N. Y., 1985.

37 *Das Schwarze Korps* (4. März 1937, o. O.).

38 Sander L. Gilman, What Looks Crazy. Towards an Iconography of Insanity in Art and Medicine in the Nineteenth Century, in: *The Turn of the Century, German Literature and Art 1890-1915*, ed. Gerald Chapple / Hans H. Schulte, Bonn 1981, p. 74; Mosse, *Toward the Final Solution*, p. 216-20.

39 C. Wilmanns, Die *»Goldene Internationale« und die Notwendigkeit einer socialen Reformpartei*, Berlin 1876, S. 195.

40 Otto Weininger, *Geschlecht und Charakter*（オットー・ヴァイニンガー／竹内章訳『性と性格』村松書館・1980年）, Wien / Leipzig 1920, S. 106f.

41 Emil Lucka, *Otto Weininger, Sein Werk und Leben*, Wien / Leipzig 1905, S. 109.

14 I. Bloch, *Die Perversen*, a. a. O., S. 28; Moll, *Ärztliche Ethik*, S. 46.

15 Edouard Drumont, *La France Juive*, Vol. 1, Paris 1944, p. 107; Louis Neustadt, *Josef Steblicki, ein Proselyt unter Friedrich dem Großen*, Breslau 1841, S. 9.

16 Friedrich Berthold Loeffler, *Das Preußische Physikatsexamen*, Berlin 1878, S. 221.

17 Balzac, Scènes de la Vie Parisienne, *La Comédie Humaine, Œuvres Complètes de M. de Balzac*, Vol. 9, Paris 1843, p. 236; John H. Girdner, *New Yorkitis*, New York 1901, p. 120.

18 Marcel Proust, *A la Recherche du Temps Perdu*, Vol. IV: *Sodom et Gomorrhe*（マルセル・プルースト／吉川一義訳『失われた時を求めて：８　ソドムとゴモラ　１』岩波文庫・2015年）, Vol. 1, Paris 1921, p. 276.

19 Bibliographie über Homosexualität und Tiere, in: *Jahrbuch für sexuelle Zwischenstufen*, Bd. 2 (1900), S. 126-55.

20 Trudgill, *Madonnas and Magdalens*, p. 31.

21 Proust, *Sodom et Gomorrhe*（前掲『失われた時を求めて：８　ソドムとゴモラ　１』）, p. 269; Isabel V. Hull, *The Entourage of Kaiser Wilhelm II*, 1888-1918, Cambridge, Engl., 1982, p. 136.

22 Marc-André Raffalovich, *Uranisme et Unisexualité*, Lyon / Paris 1896, p. 184.

23 Walter Pater, *The Renaissance, Studies in Art and Poetry*（ペイター／別宮貞徳訳『ルネサンス』中央公論新社・2015年）, London 1900, p. 193ff.

24 以下より引用．Wolbert, *Die Nackten und die Toten des Dritten Reiches*, S. 158.

25 »Der Riese, Friedrich Nietzsche«, in: *Pan*, Jahrg.1, Heft 2, S. 89.

26 Glenn B. Infield, *Leni Riefenstahl, The Fallen Film Goddess*（グレン・Ｂ．インフィールド／喜多迅鷹・喜多元子訳『レニ・リーフェンシュタール：芸術と政治のはざまに』リブロポート・1981年）, New York 1971, p. 141.

27 Johann Jakob Schudt, *Jüdische Merkwürdigkeiten*, Bd. 1, Frankfurt am Main 1715, S. 215.

28 Miklos Nyiszli, *Auschwitz, A Doctor's Eyewitness Account*, New York 1960, p. 175.

29 P. Möbius, in: *Jahrbuch für sexuelle Zwischenstufen*, Bd. 4 (1904), S. 499.

München 1934, S. 63.

2 Friedrich Dukmeyer, *Kritik der reinen und praktischen Unvernunft in der gemeinen Verjudung*, Berlin 1892, S. 11.

3 Jean Recanati, *Profils Juifs de Marcel Proust*, Paris 1979, p. 142.

4 Sander L. Gilman, *Seeing the Insane*, New York 1982, p. XI.

5 *Ibid.*, p. 82.

6 Friedrich Christian Benedict Avé-Lallemant, *Das deutsche Gaunertum*, Bd. 2, Wiesbaden o. J., S. 4f.

7 Alexandre Raviv, *Le Problème Juif aux Miroir du Roman Français l'Entre Deux Guerres*, Strasbourg 1968, p.4; George L. Mosse, Die NS-Kampfbühne, in: *Geschichte im Gegenwartsdrama*, Hrsg. Reinhold Grimm / Jost Hermand, Stuttgart 1976, S. 35; Arthur Hübscher Hrsg., *Schopenhauer, Die Welt als Wille und Vorstellung, Sämtliche Werke*（ショーペンハウアー／斎藤忍随ほか訳『意志と表象としての世界：ショーペンハウアー全集 2-7』白水社・1972-74 年）, Bd. 2, Wiesbaden 1949, S. 648.

8 Helmut Jenzsch, *Jüdische Figuren in deutschen Bühnentexten des 18. Jahrhunderts*, Hamburg 1971, S. 158; Oscar Wilde, *The Picture of Dorian Gray*（オスカー・ワイルド／福田恆存訳『ドリアン・グレイの肖像』新潮文庫・1962 年〈改版 2004 年〉), 以下より引用. Jeffrey Myers, *Homosexuality and Literature*, London 1977, p. 24.

9 Bertrand-Rival, *Tableau Historique et Moral*, p. 34; J. F. Bertrand-Rival, *Précis Historique*, Paris 1801, p. 309.

10 Ambroise Tardieu, *Die Vergehen gegen die Sittlickeit*, Weimar 1860, S. 140ff.

11 Jan Goldstein, The Hysteria Diagnosis and the Politics of Anticlericalism in Late Nineteenth-Century France, in: *The Journal of Modern History*, Vol. 54, No. 2 (June 1982), p. 221.

12 Wolfgang Schivelbusch, *Geschichte der Eisenbahnreise*（ヴォルフガング・シベルブシュ／加藤二郎訳『鉄道旅行の歴史：十九世紀における空間と時間の工業化』法政大学出版局・1982 年）, München 1977, S. 55ff; Nordau, *Degeneration*, a. a. O., S. 37.

13 Anson Rabinbach, »L'âge de la fatigue, énergie et fatigue à la fin du 19e siècle«, in: *Vribi*, No. 2 (December 1979), p. 33-48.

56 Fussell, *The Great War and Modern Memory*, p. 57.

57 Ernest Raymond, *Tell England*, London 1973 (1st published 1923), p. 300.

58 以下参照. H. C. Fischer und E. X. Dubois, *Sexual Life during the World War*, London 1937.

59 Thor Goote, *Glühender Tag, Männer in der Bewährung*, Gütersloh 1943, S. 84.

60 Leed, *No Man's Land*, p. 161.

61 Ludwig Tügel, *Die Freundschaft*, Hamburg 1939, S. 14, 23.

62 R. K. Neumann, Die Erotik in der Kriegsliteratur, in: *Zeitschrift für Sexualwissenschaft*, Bd.1 (April 1914-März 1915), S. 390f.

63 Till Kalkschmidt, Kameradschaft und Führertum der Front, in: *Dichtung und Volkstum*, Heft 2, Bd. 39 (1938), S. 180, 182.

64 Henry de Montherlant, *Les Olympiques*, Paris 1939 (1st published 1924), p. 148, 11f, 74, 83, 103.

65 Pierre Sipriot, *Montherlant*, Paris 1975, p. 55.

66 Marie-Luise Scherer, Interview mit Philippe Soupault, *Der Spiegel*, 3. Januar 1983, S. 131.

67 Simone de Beauvoir, Die Frau im Werke Montherlants, in: *Das Buch*, Bd. 3, Nr. 9 (1951), S. 19-21.

68 Finney, *Christopher Isherwood*, p. 54.

69 以下も参照. L. Riefenstahl, *Kampf in Schnee und Eis*, Leipzig 1933.

70 Nello, *L'Avanguardismo Giovanile*, p. 23.

71 Hynes, *The Auden Generation*, p. 23.

72 以下も参照. George L. Mosse, »La sinistra europea e l'esperienze della guerra«, *Rivoluzione e Reazione in Europa, 1917-1924*, Convegno storico internazionale–Perugia 1978, Vol. 2, Milan 1978, p. 151-69.

73 Egmont Zechlin, *Die deutsche Politik und die Juden im Ersten Weltkrieg*, Göttingen 1969, S. 527.

74 Adele Meyer Hrsg., *Lila Nächte, Die Damenklubs im Berlin der Zwanziger Jahre*, Berlin 1981; M. Hirschfeld, *Berlins Drittes Geschlecht*, a. a. O.

第7章　血と性――アウトサイダーの役割

1 Mosse, *Toward the Final Solution*, chapter 1, Adolf Hitler, *Mein Kampf*,

鉄のあらし』先進社・1930年), New York 1975, p. 255, 263.

34 以下より引用. Tidrick, *Heart-Beguiling Araby*, p. 19.

35 Phillip Knightley / Colin Simpson, *The Secret Lives of Lawrence of Arabia*（P・ナイトリイ＆C・シンプスン／村松仙太郎訳『アラビアのロレンスの秘密』ハヤカワ文庫・1977年), London 1969, p. 21.

36 以下より引用. Mosse, *Masses and Man*, p. 53.

37 Lawrence, *Seven Pillars of Wisdom*（前掲『知恵の七柱』), p. 92, 98.

38 Donald Hankey, *A Student in Arms*, New York 1916, p. 61.

39 Flex, *Der Wanderer zwischen beiden Welten*, S. 47.

40 Jenkyns, *The Victorians and Ancient Greece*, p. 338.

41 Flex, *Der Wanderer...*, S. 46.

42 Max von Schenkendorf, in: *Die Befreiung, 1813, 1814, 1815*, S. 144.

43 Karl Prümm, *Die Literatur des soldatischen Nationalismus der 20er Jahre (1918-1933)*, Bd.1, Kronberg / Taunus 1974, S. 155.

44 *Ibid.*, S. 152.

45 *Ibid.*

46 *Ibid.*, S. 193.

47 *Ibid.*, S. 154.

48 Hannsjoachim W. Koch, *Der Deutsche Bürgerkrieg*, Frankfurt am Main 1978, 2. Kapitel.

49 こうした元志願兵の中には自伝を書いた者もいるが, その典型として以下参照. Marc Augier (Saint-Loup), *Les Volontaires,* Paris 1963. この志願兵集団に関する最良の議論は以下を参照せよ. G. A. Merglen, Soldats français sous Uniforme Allémande, in: *Revue d'histoire de la deuxième guerre mondiale*, No. 108 (October 1977).

50 Ulrich Sander, *Das feldgraue Herz*, S. 35.

51 Tony Ashworth, *Trench Warfare 1914-1918*, London 1980, p. 155.

52 Leed, *No Man's Land*, p. 88ff.

53 Francesco Sapori, *La Trincea*, Mailand 1917, p. 285f.

54 Michael Golbach, *Die Wiederkehr des Weltkrieges in der Literatur*, Kronberg 1978, S. 183; Jacques Pericard, *Face à Face*, Paris 1917, p. 75.

55 Sapori, *La Trincea*, p. 17.

Brooke with a Memoir, London 1918, p. 298.

15 *The Collected Poems of Rupert Brooke with a Memoir*, XXVII.

16 *Ibid.*, CIII; John Lehmann, *Rupert Brooke, His Life and His Legend*, London 1980, p. 106.

17 Werner Schwipps, *Die Garnisonskirchen von Berlin und Potsdam*, Berlin 1964, S. 92.

18 Ernst Jünger, *Der Kampf als inneres Erlebnis*, S.89; Giovanni Boine, *Discorsi Militari*, Florenz 1915, p. 99.

19 Erich von Tchischwitz, *Blaujacken und Feldgraue gen Oesel, Walter Flex' Heldentod*, Mylan 1934, S. 81.

20 Fussell, *The Great War and Modern Memory*, p. 277; Lyn Macdonald, *Somme*, London 1983, p. 200-03.

21 Walter Flex, *Der Wanderer zwischen beiden Welten*, München o. J., S. 10f, 31, 37.

22 *Ibid.*, S. 19, 41.

23 *The Diary of Virginia Woolf*, ed. Anne Olivier Bell, Vol. 1, New York 1977, p. 172.

24 Flex, *Der Wanderer zwischen beiden Welten*, S. 46.

25 Fussell, *The Great War and Modern Memory*, p. 299.

26 *Ibid.*, p. 246.

27 Sir Frederic Kenyon, *War Graves, How the Cemeteries Abroad Will Be Designed*, London 1918, p. 13.

28 Rupert Brooke, *The Collected Poems*, 1918, p. 245.

29 Stanley Casson, *Rupert Brooke and Skyros*, London 1921, p. 10; Gabriel Boissy, *Message sur la Poésie Immortelle*, prononcé a Skyros pour l'inauguration du monument dédié à Rupert Brooke, Paris 1931.

30 T. E. Lawrence, *Seven Pillars of Wisdom*（T・E・ロレンス／J・ウィルソン編／田隅恒生訳『知恵の七柱』1-5、平凡社・2008-9年）, New York 1976 (1st printed privately 1926), p. 28.

31 *Ibid.*

32 以下より引用．Mosse, *The Crisis of German Ideology*（前掲『フェルキッシュ革命』）, p. 26.

33 Ernst Jünger, *The Storm of Steel*（エルンスト・ユンゲル／佐藤雅雄訳『鋼

94 *Ibid.*, p. 377.

95 E. Marlitt (Pseudonym für Eugenie John), *Im Hause des Kommerzienrates*, Leipzig o. J., S. 41, 218 (»gleichmäßiges harmonisch-inniges Familienleben«).

96 Nataly von Eschstruth, *Hofluft*, Bd. 2, Leipzig o. J., S. 284.

97 Gabriele Strecker, *Frauenträume, Frauentränen. Über den unterhaltenden deutschen Frauenroman*, Weilheim 1969, S. 117.

98 *Ibid.*, S. 129.

99 *Ibid.*, S. 160.

100 Th. Körner, »Aufruf« (1813), in: Wildenow Hrsg., *Sämtliche Werke in zwei Teilen*, S. 120.

第6章　戦争と青年と美しさ

1 Brian Finney, *Christopher Isherwood*, London 1979, p. 53.

2 Christopher Isherwood, *Lions and Shadows*（C・イシャウッド／橋口稔訳『ライオンと影』南雲堂・1958年）, London 1938, p. 74.

3 Samuel Hynes, *The Auden Generation*, Princeton 1972, p. 21.

4 z. B. *Der Weltkrieg im Bild*, Minden o. J., Vorwort.

5 Ernst Jünger, *Der Kampf als inneres Erlebnis*, Berlin 1922, S. 34ff.

6 Isherwood, *Lions and Shadows*（前掲『ライオンと影』）, p. 79.

7 Jean-Jacques Becker, *1914, Comment Les Français Sont Entrés dans la Guerre*, Paris 1977, p. 574f.

8 Paolo Nello, *L'Avanguardismo Giovanile alle Origini del Fascismo*, Bari 1978, p. 12.

9 Becker, *1914...*, p. 574.

10 Bill Gamage, *The Broken Years, Australian Soldiers in the Great War*, Canberra, Australia, 1974, p. 270.

11 アドルフ・ヒトラーは，この小説に短い序文を寄せている．Hans Zöberlein, *Der Glaube an Deutschland*, München 1931, S. 268f.

12 Ulrich Sander, *Das feldgraue Herz*, Jena 1934, S. 29ff.

13 Douglas Reed, *Insanity Fair*, London 1938, p. 22.

14 Eric J. Leed, *No Man's Land, Combat and Identity in World War I*, Cambridge, Engl., 1979, p. 39ff; Rupert Brooke,"Peace", in: *The Collected Poems of Rupert*

75 Wilhelm Hammer, *Die Tribadie Berlins*, Berlin / Leipzig 1906.

76 Wilhelm Hammer, Über gleichgeschlechtliche Frauenliebe mit besonderer Berücksichtigung der Frauenbewegung, in: *Monatsschrift für Harnkrankheiten und sexuelle Hygiene*, Bd. IV, Leipzig 1907, S. 396.

77 Edward J. Bristow, *Vice and Vigilance. Purity Movements in Britain since 1700*, London 1977, p. 53.

78 Renée Vivien, *A Woman Appeared to Me*, New York 1979 (Original 1904), p. 34, 54.

79 Colette, *The Pure and the Impure*, New York 1966, p. 73.

80 Jean Pierrot, *The Decadent Imagination 1880-1990*（ジャン・ピエロ／渡辺義愛訳『デカダンスの想像力』白水社・1987 年〈新装版 2004 年〉), Chicago 1981, p. 14.

81 Colette, *The Pure and the Impure*, p. 69.

82 G. Mattenklott, *Bilderdienst...*, S. 71.

83 Wolfdietrich Rasch, Literary Decadence, Artistic Representations of Decay, in: *Journal of Contemporary History*, Vol. 17, No. 1 (January 1982), p. 208.

84 Lillian Faderman / Brigitte Eriksson ed., *Lesbian-Feminism in Turn-of-the-Century Germany*, Iowa City 1980, p. 12, 65ff.

85 Ibid., p. 51.

86 Rasch, »Literary Decadence...«, p. 201ff.

87 以下より引用．Richard J. Evans, *The Feminist Movement in Germany*, London 1976, p. 76.

88 Bristow, *Vice and Vigilance*, p. 220.

89 例えば Evans, *The Feminist Movement in Germany*, p. 130ff.

90 第２章参照.

91 Judith R. Walkowitz, *Prostitution and Victorian Society*（ジュディス・R．ウォーコウィッツ／永富友海訳『売春とヴィクトリア朝社会：女性、階級、国家』上智大学出版・2009 年）, Cambridge, Engl., 1980, p. 245.

92 Amy Hackett, The German Woman's Movement and Suffrage, 1890-1914: A Study of National Feminism, in: Robert J. Bezucha ed., *Modern European Social History*, Lexington, Mass., 1972, p. 366.

93 *Ibid.*, p. 371.

Fletcher, ed. *Romantic Mythologies*, London 1976, p. 38.

53 *Ibid.*, p. 67.

54 Max L. Bäumer, Winckelmanns Formulierung der Klassischen Schönheit, in: *Monatshefte*, Bd. 65, Nr. 1 (Frühjahr 1973), S. 69.

55 Jean Pierre Guicciardi, L'Hermaphrodite et le prolétaire, in: *Dix-Huitième Siècle*, Vol. 12 (1980), p. 57, 76.

56 Thalmann, *Der Trivialroman*..., S. 200, 298f.

57 以下より引用. Mario Praz, *The Romantic Agony*, New York 1956, p. 205f.

58 Busst, The Image of the Androgyne in the Nineteenth Century, p. 51.

59 Magnus Hirschfeld, *Sexualwissenschaftlicher Bilderatlas zur Geschlechtskunde*, S. 490.

60 L. S. A. M. V. Römer in *Jahrbuch für sexuelle Zwischenstufen*, Bd. 5, Teil 2, Leipzig 1903, S. 921.

61 G. Mattenklott, *Bilderdienst. Ästhetische Opposition bei Beardsley und George*, S. 101.

62 Voltaire, »Amour Socraique«, *Dictionnaire Philosophique*, Vol. 1; *Œuvres Complètes de Voltaire*, Vol. 33, Paris 1819, p. 254.

63 Raymond de Becker, *The Other Face of Love*, New York 1964, p. 125.

64 *Ibid.*, p. 134.

65 Jonathan Katz, *Gay American History*, New York 1976, p. 340.

66 *Ibid.*, p. 554.

67 Günther Gollner, *Homosexualität, Ideologiekritik und Entmythologisierung einer Gesetzgebung*, Berlin 1974, S. 167.

68 Annemarie Wettley, *Von der ›Psychopathia sexualis‹ zur sexualwissenschaft*, S. 58; Lillian Faderman, *Surpassing the Love of Men*, New York 1981, p. 241ff.

69 Jeanette H. Forster, *Sex Variant Women in Literature*, London 1958, p. 81.

70 *Ibid.*, p. 63.

71 *Ibid.*, p. 65.

72 *Ibid.*, p. 83.

73 以下より引用. Ilse Kokula, *Weibliche Homosexualität um 1900*, München 1981, S. 27.

74 *Ibid.*, S. 22f.

31 ゲルマーニアに関する記述が乏しいのと同様，ブリタニアの歴史記述も欠如している．ブリタニアに関しては，とりあえず以下を参照せよ．*Notes and Queries* (9. January 1964), p. 36f; (3. April 1909), p. 274; (3. August 1903), p. 84; (28. June 1947), p. 282.

32 John Edwin Wells, Thomson's Britannia: Issues, Attribution, Dates, Variants in: *Modern Philology*, vol. XL, No. 1 (August 1942), p. 43-56.

33 James Gough, *Britannia, A Poem*, London 1767, p. 21-3.

34 Holsten, *Allegorische Darstellung des Krieges*, S. 38.

35 *Ibid.*, S. 48.

36 Angelika Menne-Haritz, *Germania*, p. 49.

37 Marianne Thalmann, *Der Trivialroman des 18. Jahrhunderts und der romantische Roman*, Berlin 1923, S. 173.

38 Novalis, *Heinrich von Ofterdingen*（ノヴァーリス／青山隆夫訳『青い花』岩波文庫・1989年）, Zweiter Teil, Stuttgart 1965, S. 11f.

39 Thalmann, *Der Trivialroman des 18. Jahrhunderts*, S. 200; Jutta Hekker, *Das Symbol der blauen Blume im Zusammenhang mit der Blumensymbolik der Romantik*, Jena 1931, S. 11.

40 Wülfing, Eine Frau als Göttin: Luise von Preußen, S. 259.

41 Spahn, *Philipp Veit*, S. 69.

42 Eric Trudgill, *Madonnas and Magdalens, The Origins and Development of Victorian Sexual Attitudes*, New York 1976, p. 259.

43 Eckart Bermann, *Die Prä-Raffaeliten* , München 1980, S. 27, 105.

44 Scott, *Ivanhoe*（前掲『アイヴァンホー』）, p. 238.

45 Major Z. D. Noel, *Die deutschen Heldinnen in den Kriegsjahren 1807-1815*, Berlin 1912.

46 Rudolf Schenda, *Volk ohne Buch*, München 1977, S. 391ff; S. 393, Anm. 340.

47 *Ibid.*, S. 394.

48 Vgl. Gathorne-Hardy, *The Old School Tie*, p. 284-50.

49 第8章4節参照．

50 Gathorne-Hardy, *The Old School Tie*, p. 177f.

51 第6章参照．

52 A. J. L. Busst, The Image of the Androgyne in the Nineteenth Century, in: Ian

15 Hans-Joachim Ziemke, Zum Begriff der Nazarener, in: *Die Nazarener*, Städtische Galerie im Städelschen Kunstinstitut, Frankfurt am Main (28. April-28. August 1977), S. 1727; Sigrid Metken, »Nazarener und Nazarenisch«, Popularisierung und Trivialisierung eines Kunstideals, in: *Ibid.*, S. 365-70.

16 M. Spahn, *Philipp Veit*, Bielefeld / Leipzig 1901, S. 75.

17 *Ibid.*, S. 88; フィリップ・ファイトがロマン主義者であることは完全に裏づけられている．彼はドロテア・ファイトの息子でありフリードリヒ・シュレーゲルを義父にもっていた．

18 R. Eylert, *Die Gedächtnissfeyer der verewigten Königin Luise von Preußen*, Berlin 1812, S. 211; E. Mensch, *Königin Luise von Preußen*, Berlin / Leipzig o. J., S. 93.

19 Paul Seidel, Königin Luise im Bilde ihrer Zeit, in: *Hohenzollern-Jahrbuch*, Bd. 9 (1905), S. 150.

20 *Ibid.*, S. 148.

21 Wulf Wülfing, Eine Frau als Göttin: Luise von Preußen. Didaktische Überlegungen zur Mythisierung von Figuren in der Geschichte, in: *Geschichts-Didaktik*, Heft 3 (1981), S. 265, 269.

22 *Ibid.*, S. 258, 261.

23 以下より引用．Hans Peter Bleuel, *Das Saubere Reich*（H・P・ブロイエル／大島かおり訳『ナチ・ドイツ清潔な帝国』人文書院・1983 年），Bergisch Gladbach 1972, S. 18.

24 本書 311 頁参照．

25 Paul Bailleu, Königin Luises letzte Tage, in: *Hohenzollern-Jahrbuch*, Bd. 6 (1902), S. 48.

26 Seidel, Königin Luise im Bilde ihrer Zeit, S. 148.

27 以下より引用．Hermann Dreyhaus, *Königin Luise*, Stuttgart 1926, S. 219.

28 Walter Hinck, Die Krone auf dem Haupt Germanias, Der Kölner Dom und die deutschen Dichter, in: *Frankfurter Allgemeine Zeitung* (25. Oktober 1980).

29 以下より引用．Hans-Ernst Mittig, Über Denkmalskritik, in: Hans-Ernst Mittig / Volker Plagemann, Hrsg. *Denkmäler im 19. Jahrhundert*, München 1972, S. 287; Frank Otten, Die Bavaria, in: *Ibid.*, S. 109-10.

30 Randolph Trumbach, *The Rise of the Egalitarian Family*, New York 1978, p. 132.

Kent, 1963, passim; Brocard Sewell, *Footnote to the Nineties, A Memoir of John Gray and André Raffalovich*, London 1968.

88 第7章参照.

第5章　どんな女性?

1 Maurice Agulhon, *Marianne into Battle, Republican Imagery and Symbolism in France 1789-1880*（モーリス・アギュロン／阿河雄二郎ほか訳『フランス共和国の肖像：闘うマリアンヌ 1789〜1880』ミネルヴァ書房・1989年), Cambridge, Engl., 1981, p. 16.

2 *Ibid.*, p. 73.

3 *Courbet und Deutschland* (Katalog der Ausstellung in Hamburg und Frankfurt 1979), S. 93.

4 図31の典拠は以下. Siegmar Holsten, *Allegorische Darstellung des Krieges 1870-1918*, München 1976.

5 Sigrid Bauschinger, Die heiligen Julitage von Paris, in: *Frankfurter Allgemeine Zeitung*, 20. Januar 1983, S. 19.

6 Mona Ozouf, *La Fête Révolutionnaire 1789-1799*, Paris 1976, p. 120.

7 *Ibid.*, S. 120.

8 Margaret A. Rose, The Politicization of Art Criticism: Heine's 1831 Portrayal of Delacroix's *Liberté*, in: *Monatshefte*, Bd. 73, Nr. 4 (Winter 1981), S. 406.

9 *Ibid.*, p. 409.

10 Richard A. Soloway, Reform or Ruin: English Moral Thought During the First French Republic, in: *The Review of Politics*, Vol. 25, No. 1 (January 1963), p. 113.

11 Richardson, *Pamela*（前掲『パミラ、あるいは淑徳の報い』), Vol. 1, London 1935, p. 463.

12 Mosse, *The Nationalization of the Masses*（前掲『大衆の国民化』), p. 177.

13 Jost Hermand, *Sieben Arten an Deutschland zu leiden*, Königstein / Taunus 1979, S. 128.

14 Angelika Menne-Haritz, Germania: Die deutsche Nationalallegorie in den Kriegsgedichten von 1870-71, in: *Carleton Germanic Papers*, No. 8 (1980), p. 60.

70 Richard Perceval Graves, *A. E. Housman, the Scholar-Poet*, London / Henley 1979, p. 53.

71 George Orwell, Boy's Weeklies, in: *Inside the Whale and Other Essays*（ジョージ・オーウェル／川端康雄編訳「少年週刊誌」『オーウェル評論集〈4〉 ライオンと一角獣』平凡社ライブラリー・2009年）, Harmondsworth, Middlesex, 1957, p. 180.

72 Richard Usborne, *Clubland Heroes, A Nostalgic Study of Some Recurrent Characters in the Romantic Fiction of Dornford Yates, John Buchan and Sapper*, London 1953, p. 96f.

73 *Ibid.*, p. 6.

74 *The Wizard* (September to December 1922), p. 232. は，その好例である．通常，こうした物語には反カトリック的偏向があった．例えば以下など．*Stories by A. L. O. E*, Edinburgh 1876.

75 Usborne, *Clubland Heroes*, p. 32.

76 Henry de Montherlant, *Les Garçons*, Paris 1969, (begun in 1929), p. 91.

77 *Ibid.*, p. 65.

78 Krafft-Ebing, *Psychopathia sexualis*（前掲『クラフト゠エビング変態性慾ノ心理』）, Stuttgart 1898, S. 252.

79 Goldsworthy Lowes Dickinson, *The Autobiography of G. Lowes Dickinson and Other Unpublished Writings*, ed. Denis Proctor, London 1973, p. 12.

80 本章註２を参照．

81 Chushichi Tsuzuki, *Edward Carpenter 1844-1929. Prophet of Human Fellowship*（都築忠七『エドワード・カーペンター伝：人類連帯の予言者』晶文社・1985年）, Cambridge, Engl., 1980, p. 20, 47, 68, 77.

82 Hans Blüher, *Die Rolle der Erotik in der männlichen Gesellschaft*, Bd. 1, Jena 1921, S. 77ff.

83 Mosse, *The Crisis of German Ideology*（前掲『フェルキッシュ革命』）, p. 216.

84 H. Montgomery Hyde, *The Cleveland Street Scandal*, London 1976.

85 Louis Kronenberger, *Oscar Wilde*, Boston 1962, p. 158.

86 Edward Carpenter, *My Days and Dreams, Being Autobiographical Notes*, London 1916, p. 196.

87 Brocard Sewell ed. *Two Friends, John Gray and André Raffalovich*, Ayleford,

48 Friedrich Gottlieb Klopstock, *Wingolf*, Jaro Pawel Hrsg., Wien 1882, S. 40.
49 Klopstock an Gleim, 23. Juni 1750, in: *Sämtliche Werke*, Leipzig 1830, S. 57.
50 Klopstock, Die Hermannsschlacht, in: *Sämtliche Werke*, Leipzig 1823, S. 226.
51 J. W. L. Gleim, An den Kriegsgott, in: *Sämtliche Werke*, Hrsg. Wilhelm Korte, Bd. 1, S. 90f.
52 Murat, *Klopstock*, p. 366; Christoph Prignitz, *Vaterlandsliebe und Freiheit*, Wiesbaden 1981, S. 28ff.
53 *Fichtes Reden an die deutsche Nation*（前掲『ドイツ国民に告ぐ』), Berlin 1912, Achte Rede, S. 137.
54 Newsome, *Godliness and Good Learning*, p. 33.
55 Jonathan Gathorne-Hardy, *The Old School Tie. The Phenomenon of the English Public School*, New York 1977, p. 172ff.
56 この文句はニューサム『敬神と勤勉』32頁に引用されたトーマス・アーノルドの説教によっている．トーマス・アーノルドとその改革の概要は以下を参照せよ．Gathorne-Hardy, *The Old School Tie*, chapter 4.
57 Gathorne-Hardy, *The Old School Tie*, p. 101.
58 *Ibid.*, p. 90.
59 *Ibid.*, p. 103.
60 Michael Campbell, *Lord Dismiss Us*, London 1967, p. 255.
61 *Ibid.*, p. 267.
62 以下より引用．Newsome, *Godliness and Good Learning*, p. 35.
63 Charles Kingsley, *Westward Ho!*, London 1899, p. 16.
64 Thomas Hughes, *Tom Brown's School Days*, New York 1968, p. 270.
65 Ronald Hyam, *Britain's Imperial Century, 1815-1914*（ロナルド・ハイアム／本田毅彦訳『セクシュアリティの帝国：近代イギリスの性と社会』柏書房・1998年), London 1976, chapter 5.
66 Robin Maugham, *The Last Encounter*, London 1972, p. 138.
67 以下より参照．Thomas R. Metcalfe, Architecture and Empire, in: *History Today*, Vol. 20 (Dezember 1980), p. 9.
68 Lord Birkenhead, *Rudyard Kipling*, London 1978, p. 363.
69 Cyril Connolly, *Enemies of Promise*, Harmondsworth, Middlesex, 1961 (Original 1938), p. 234f.

Frankfurt a. M. 1962, S. 44-73.

28 George L. Mosse, Death, Time and History: The Völkish Utopia and Its Transcendence, in: *Masses and Man*, New York 1980, p. 69-87.

29 Rasch, *Freundschaftskult und Freundschaftsdichtung...*, S. 98.

30 Heinrich von Kleist, *Geschichte meiner Seele: Ideenmagazin*, Helmut Sembdner, Hrsg. Bremen 1959, S. 286f.

31 J. Sjadger, *Heinrich von Kleist, eine pathographisch-psychologische Studie*, Wiesbaden 1910, S. 21, 55.

32 *Ibid.*, S. 17.

33 Rudolf Unger, *Herder, Novalis und Kleist, Studien über die Entwicklung des Todesproblems in Denken und Dichten vom Sturm und Drang bis zur Romantik*, Frankfurt a. M. 1922, S. 97, 104.

34 *Ibid.*, S. 107.

35 Klaus Lankeit, *Das Freundschaftsbild der Romantik*, Heidelberg 1952, S. 182.

36 Bloch, *Das Sexualleben unserer Zeit*, S. 605, Anm. 9.

37 *Ibid.*, S. 605.

38 Alexander von Gleichen-Russwurm, *Freundschaft, Eine psychologische Forschungsreise*, Stuttgart 1912, S. 10, 77, 185.

39 第５章３節参照.

40 vgl. Mosse, *Toward the Final Solution*, chapter 2.

41 Jean Murat, *Klopstock*, Paris 1959, p. 296.

42 以下より引用. John R. Gillis, *Youth and History, Tradition and Change in European Age Relations 1770 to the Present*, New York 1974, p. 157.

43 Mosse, *The Crisis of German Ideology*（前掲『フェルキッシュ革命』), chapter 11.

44 Thomas Nipperdey, Verein als soziale Struktur in Deutschland im späten 18. und frühen 19. Jahrhundert, in: *Gesellschaft, Kultur, Theorien*, Göttingen 1976, S. 174-205.

45 Carl Euler, *Friedrich Ludwig Jahn*, Stuttgart 1881, S. 122.

46 Friedrich Ludwig Jahn und Ernst Eiselen, *Die Deutsche Turnkunst*, Berlin 1816, S. 244.

47 C. Meiners, *Grundriss der Geschichte der Menschheit*, Lemgo 1785, S. 21-30, 32.

Leipzig 1931, S. 29. ヘルバッハは，グライムの詩が女性への本当の愛情を謳ったものではなく，両性的な幻想を表現したものと考えた. S. 30.

13 Alfred Kelletar, Hrsg., *Der Göttinger Hain*, Stuttgart 1967, S. 404.

14 Rasch, *Freundschaftskult und Freundschaftsdichtung*... (a. a. O.), S. 187ff; 兵士の詩に関しては以下のアンソロジーを参照. *J. W. L. Gleim's sämtlichen Werken*, Zweiter Teil, Hildburghausen / New York 1929, S. 42f.

15 Thomas Abt, *Vom Tode für das Vaterland*, Berlin und Stettin 1870, S. 17.

16 *Ibid.*, S. 16.

17 Christian Garve, Einige Gedanken über die Vaterlandsliebe überhaupt, etc. in: *Versuche über verschiedene Gegenstände aus der Moral, der Literatur und dem gesellschaftlichen Leben*, Breslau 1802, S. 132, 203.

18 *Ibid.*, S. 148, 220, 243.

19 *Jahrbuch der Preußischen Monarchie* (Oktober 1801), S. 100.

20 Moses Mendelssohn, Rezensionsartikel in Bibliothek der schönen Wissenschaften und der freyen Künstel (1756-1759), in: Eva J. Engel Hrsg., *Gesammelte Schriften, Jubiläumsausgabe*, Bd. 4, Stuttgart / Bad Cannstatt 1977, S. 332.

21 Max von Schenkendorf, »Landsturmlied« (März 1913) 以下より引用. Tim Klein Hrsg., *Die Befreiung, 1813, 1814, 1815*, Ebenhausen / München 1913, S. 144.

22 Theodor Körner, *Zwölf freie deutsche Gedichte*, Leipzig 1814, S. 45.

23 George L. Mosse, National Cemeteries and National Revival: The Cult of the Fallen Soldier in Germany, in: *Journal of Contemporary History*, Vol. 14 (1979), p. 1-20.

24 *Theodor Körners Sämtliche Werke in zwei Teilen*, Wildenow Hrsg., S. 120f; von Schenkendorf, »Landsturmlied«, in: *Die Befreiung 1813, 1814, 1815*, S. 144.

25 Körner, »Mein Vaterland«, in: *Sämtliche Werke*, S. 113f.

26 以下より引用. Mosse, *The Nationalization of the Masses*（前掲『大衆の国民化』), S. 14.

27 Robert Minder, Das Bild des Pfarrhauses in der deutschen Literatur von Jean Paul bis Gottfried Benn, in: *Kultur und Literatur in Deutschland und Frankreich*,

57 Stephen Spender, *World within World*, London 1951, p. 60.
58 Green, *Children of the Sun. A Narrative of »Decadence« in England after 1918.*
59 Charlotte and Dennis Primmer, *London. A Visitors Guide*, New York 1977, p. 112; S. Casson, »Rupert Brooke's Grave«, in: *The London Mercury*, Vol. II (May-October 1920), p. 715; Paul Vanderbought, »Lettre aux Peuple de Skyros«, Chimay, Belgien, 1931, Foreword.
60 第８章参照.

第４章　友情と国民主義

1 Alfred Cobban, *In Search of Humanity*, London 1960, p. 204.
2 Laut Charles Osborne, *W. H. Auden, the Life of a Poet*, London 1980, p. 46. オーデンとイシャウッドにとって，性的な接触を持つことは，親密な友情の論理的な帰結であった.
3 Helmut Möller, *Die kleinbürgerliche Familie im 18. Jahrhundert*, Berlin 1969, S. 201.
4 Denis Diderot's *The Encyclopedia*, ed. Stephen J. Gendzier, New York 1967, p. 170.
5 Wolfdietrich Rasch, *Freundschaftskult und Freundschaftsdichtung im deutschen Schrifttum des 18. Jahrhunderts*, Halle a. d. Saale 1936, S. 115.
6 Hermann Osterley, *Simon Dach, seine Freunde und Johann Rohling*, Berlin / Stuttgart 1876, S. XI.
7 Christian Fürchtegott Gellert, *Leben der schwedischen Gräfin von G**, Stuttgart 1968 (erstmalig 1750 erschienen), S. 119.
8 James Milliot Servern, Friendship, Its Advantages and Excesses, in: *The Phrenological Journal of Science and Health*, Vol. 106 (August-September 1889), p. 76.
9 Mme de Tencin, *Les malheurs de l'amour*, Amsterdam 1747, 以下より引用. Paul Kluckhohn, *Die Auffassung der Liebe in der Literatur des 18. Jahrhunderts und in der deutschen Romantik*, Tübingen 1966, S. 52.
10 *Ibid.*, S. 76f.
11 本書 202 頁以下参照.
12 Hans Dietrich Hellbach, *Die Freundschaftsliebe in der deutschen Literatur*,

37 第8章参照.

38 Max Hodann, *Das erotische Problem in der bürgerlichen Jugendbewegung* (1916), in: *Bub und Mädel*, Rudolstadt 1929, S. 125.

39 Franz Schonauer, *Stefan George*, Hamburg 1960, S. 102.

40 Dominik Jost, *Stefan George und seine Elite*, Zürich 1949, S. 63.

41 George L. Mosse, *The Culture of Western Europe*, Chicago 1961, p. 290-93.

42 Mattenklott, *Bilderdienst*, S. 198.

43 *Ibid.*, S. 218ff.

44 Gabriele D'Annunzio, *The Flame of Life*, New York 1900, p. 126.

45 Schonauer, *Stefan George*, S. 161f.

46 Richard Drake, *Byzantium for Rome, the Politics of Nostalgia in Umbertian Italy, 1878-1900*, Chapel Hill, N. C., 1980, p. 193.

47 画家エルンスト・ルートヴィヒ・キルヒナー（1880-1938年）の言葉を以下より引用. Wolf-Dietrich Dube, *The Expressionists*, London 1972, p. 81.

48 Friedrich Nietzsche, *Die fröhliche Wissenschaft*（フリードリッヒ・ニーチェ／信太正三訳『ニーチェ全集〈8〉悦ばしき知識』ちくま学芸文庫・1993年）, Werke, Bd. V, Teil 1, Leipzig 1900, S. 41.

49 Lewis D. Wurgaft, *The Activists. Kurt Hiller and the Politics of Action on the German Left, 1914-1933*, Philadelphia 1977, p. 15.

50 以下参照. Timothy d' Arch Smith, *Love in Earnest: Some Notes on the Lives and Writings of English »Uranian« Poets from 1889 to 1930*, London 1970.

51 復刻が以下に収録. Brian Reade, *Sexual Heretics, Male Homosexuality in English Literature from 1850 to 1900*, New York 1971, p. 226.

52 Edward Carpenter, *Civilization, Its Cause and Cure*（カァペンター／石川三四郎訳『文明・その原因および救治』日本評論社・1949年）, London 1889, p. 35, 39.

53 Edward Lewis, *Edward Carpenter: An Exposition and an Appreciation*, London 1915, p. 67.

54 Margaret Walters, *The Nude Male*, Harmondsworth, Middlesex, 1979, p. 240.

55 本書235-239頁参照.

56 Paul Fussell, *The Great War and Modern Memory*, London 1975, p. 276.

肉体を光に満ちたものと見なしていた．Ulrich Linse, *Barfüßige Propheten. Erlöser der zwanziger Jahre*（ウルリヒ・リンゼ 著／望田幸男ほか訳『ワイマル共和国の予言者たち：ヒトラーへの伏流』ミネルヴァ書房・1989 年）, Berlin 1983, S. 54.

17 本書 234-238 頁参照.

18 本書 234-238 頁参照.

19 Krabbe, *Gesellschaftsveränderung durch Lebensreform*, S. 149ff.

20 Richard Ungewitter, *Nacktheit und Moral, Wege zur Rettung des deutschen Volkes*, Stuttgart 1925, S. 10f.

21 Seitz, *Die Nacktkulturbewegung*, S. 119.

22 Richard Ungewitter, *Die Nacktheit in entwicklungsgeschichtlicher, gesundheitlicher, moralischer und künstlerischer Beleuchtung*, Stuttgart 1907, S. 122f.

23 *Ibid.*, S. 130.

24 Mosse, *The Crisis of German Ideology*（前掲『フェルキッシュ革命』）, p. 137.

25 Heinrich Pudor, Die Schönheitsabende, in: *Sexualprobleme*, Jahrg. 4 (1908), S. 828.

26 *Ibid.*, S. 829.

27 *Ibid.*, S. 214f.

28 Heinrich Pudor, *Nackende Menschen*, o. O., 1917?, S. 15.

29 *Der Vortrupp* (1. Mai 1913), S. 279f.

30 Krabbe, *Gesellschaftsveränderung durch Lebensreform*, S. 110.

31 第５章参照.

32 *Der Anfang* (September 1913), S. 138. この雑誌はヴィッカースドルフ学校の学生によって出版された．このグループはドイツ青年運動の左派と密接に結びついていた.

33 Hans Blüher, *Die Rolle der Erotik in der männlichen Gesellschaft*, Bd. 1 (Jena 1921), bes. S. 4-7, 37, 181f, 204.

34 *Jahrbuch für sexuelle Zwischenstufen*, Bd. 2 (1903), S. 921.

35 Walter Laqueur, *Young Germany*, London 1962, p. 21-23; Fritz Jungmann, Autorität und Sexualmoral in der freien bürgerlichen Jugendbewegung, in: Max Horkheimer, Hrsg. *Studien über Autorirät und Familie*, Paris 1936, S. 5.

36 Ziemer und Wolf, *Wandervogel und Freideutsche Jugend*, Bonn 1961, S. 260f.

107 *Ibid.*, S. 4.

第３章　身体の再発見

1 Gert Mattenklott, *Bilderdienst, Ästheische Opposition bei Beardsley und George*, München 1970, S. 197-99.

2 Friedrich Ludwig Jahn / Ernst Eiselen, *Die deutsche Turnkunst*, Berlin 1816, S. 244.

3 *Nacktheit als Verbrechen, Der Kampf um §184 StGB in der Lüneburger Heide*, Egestorf o. J., S. 145.

4 以下参照．Mosse, *The Nationalization of the Masses*（前掲『大衆の国民化』), p. 133.

5 Wolfgang R. Krabbe, *Gesellschaftsveränderung durch Lebensreform*, Göttingen 1974, S. 13, 91. 日焼け色は，産業革命以前のイギリスでは称賛の対象ではなかった．以下参照．Jenkyns, *The Victorians and Ancient Greece*, p. 146f.

6 以下参照．Mosse, *Toward the Final Solution*, chapter 6.

7 Heinrich Pudor, *Nacktkultur*, Bd.1, Berlin-Steglitz 1906, S. 49.

8 Krabbe, *Gesellschaftsveränderung durch Lebensreform*, S. 98.

9 *Die Schönheit*, Hrsg. Karl Vanselow, Jahrg. 1 (1903), S. 157.

10 J. M. Seitz, *Die Nacktkulturbewegung*, Dresden 1925, S. 35.

11 *Nacktheit und Verbrechen*, S. 9.

12 *Die Freude*, Jahrg.1 (1923), S. 52.

13 *Die Schönheit* (1903), S. 557.

14 Seitz, *Die Nacktkulturbewegung*, S. 71.

15 *Ibid.*, S. 61.

16 Walter Flex, *Die Wanderer zwischen beiden Welten*, München o. J., S. 23f. 例えば，フィドゥスのエロティックな幻想のように，こうした理想には強烈な性的衝動が隠されている場合が多かった．ウルリッヒ・リンゼは，第一次大戦直後のドイツに出現した遍歴預言者や自称救世主が――裸体主義や生活改良運動に結びつきながら――キリスト風の純潔のマントの下に性的放縦を隠していた様子を描いている．こうした人々は，ファーレンクロークの絵画（図 19）に描かれた姿のように，自らの

89 フリートレンダーもこうした理念を共有していたことは以下を参照. Harry Oosterhuis, »Homosocial Resistance to Hirschfeld's Homosexual Putsch: The Gemeinschaft der Eigenen, 1899-1914«, in: *Among Men, Among Women*, Gay Studies and Women's Studies, University of Amsterdam Conference, 22. 26. Juni 1983. p. 305-14.

90 *Der Eigene*, S. 365.

91 Adolf Brand, »Freundesliebe als Kulturfaktor«, *Der Eigene*, Jahrg. 13, Nr . 1 (15. Juli, 1930), o. S.

92 *Der Eigene*, S. 338.

93 第8章参照.

94 Bryon Farwell, *Burton. A Biography of Sir Richard Frances Burton*, London 1963, p. 378.

95 本書 239 頁以下参照.

96 A. J. Langguth, *Saki: A Life of Hector Hugh Munroe*, New York 1981, p. 258, 83.

97 *Teleny, or the Reverse of the Medal*, London 1893, p. 96. この小説の成立については，ウィンストン・レイランドの新版序文を参照. Winston Leyland, ed., *Teleny, A Novel Attributed to Oscar Wilde*, San Francisco 1984, p. 5-19.

98 *Ibid.*, p. 11, 13.

99 Luckow, *Die Homosexualität in der literarischen Tradition*, a. a. O, S. 29.

100 以下参照. Phillippe Jullian, *D'Annunzio*, London 1972.

101 Wolfdietrich Rasch, Literary Decadence. Artistic Representations of Decay, in: *Journal of Contemporary History*, Vol. 17, Nr.1 (January 1982), p. 205.

102 以下参照. Martin Green, *Children of the Sun. A Narrative of »Decadence« in England after 1918*, New York 1976.

103 G. L. Mosse, *The Crisis of German Ideology*（ジョージ・L・モッセ／植村和秀ほか訳『フェルキッシュ革命：ドイツ民族主義から反ユダヤ主義へ』柏書房・1998年）, New York 1964, p. 216.

104 *Ibid.*, p. 175.

105 Ziemer and Hans Wolf, *Wandervogel*, Bad Godesberg, 1961, p. 261.

106 Carl Boesch, Vom deutschen Mannesideal, in: *Der Vortrupp*, Jahrg. 2, Nr. 1 (1. Januar 1913), S. 3.

展示会はエドワード・カーペンターによって支援された．以下を参照．Lawrence Housman, A Peaceful Penetrator, in: Gilbert Beith ed. *Edward Carpenter, an Appreciation*, New York 1973 (first published in 1931), p. 110f.

77 例えば，イヴァン・ブロッホが列挙した知的に傑出した有名な15人の同性愛者のうち，政治的軍事的に活動した同性愛者はフランスのアンリ3世とプロイセンのフリードリヒ大王だけである．—*Das Sexualleben unserer Zeit*, S. 56f.

78 Wettley, *Von der ›Psychopathia sexualis‹ zur Sexualwissenschaft*, S. 63f.

79 Hirschfeld, *Berlins Drittes Geschlecht*, S. 37, 41.

80 André Gide, *Corydon, Œuvres Complètes*（アンドレ・ジイド／伊吹武彦訳「コリドン」『アンドレ・ジイド全集』第4巻・新潮社・1951年), Vol. IX, Paris o. J., p. 203.

81 Marion Luckow, *Die Homosexualität in der literarischen Tradition*, Stuttgart 1962, S. 57.

82 *Jahrbuch für sexuelle Zwischenstufen* (1905), S. 563-70.

83 ベネディクト・フリートレンダーの発言は以下より引用．Karl Franz von Leexow, *Armee und Homosexualität*, Leipzig 1908, S. 5, 61-3. 軟弱な同性愛者らが皆，彼自身の組織ではなく，同性愛者の権利拡張を標榜するヒルシュフェルトの組織に集中したことを，彼は非難した．Benedict Friedländer, *Die Liebe Platons im Lichte der modernen Biologie*, Treptow 1909, S. 203f.

84 Emil Szittya, *Das Kuriositäten-Kabinett*, Konstanz 1923, S. 60f.

85 マックス・ノルダウの発言は以下より引用．*Die körperliche Renaissance der Juden*, Festschrift zum 10 jährigen Bestehen des »Bar Kochba« Berlin, Berlin, Mai 1909, S.12; Max Nordau, »Jüdische Turner«, *Jüdische Monatshefte für Turnen und Sport*, XIV, Heft 6 (August / September 1913), S. 173f.

86 この点の議論については以下参照．George L. Mosse, *Toward the Final Solution*, Madison 2020, p. 113-17.

87 *Der Eigene, Ein Blatt für männliche Kultur*, mit Anmerkungen hrsg. von Joachim S. Hohmann, Frankfurt am Main / Berlin 1981, S. 331.

88 *Der Eigene*, S. 183f. オリジナルは復刻されているが，号巻や日付が欠落している．

年), Bd. 2, New York 1932, p. 14.

62 *Ibid.*, p. 311.

63 Jean Recanati, *Profils Juifs de Marcel Proust*, Paris 1979, p. 119.

64 Eugen Dühren (= Iwan Bloch), *Englische Sittengeschichte*, Berlin 1912 (erstmalig 1903 erschienen), S. 14, 24, 46.

65 Bloch, *Das Sexualleben unserer Zeit*, S. 541, 543, 591, 595.

66 Magnus Hirschfeld, Ursachen und Wesen des Uranismus, in: *Jahrbuch für sexuelle Zwischenstufen*, Jahrg, V, Band 1 (1903), S. 35, 93.

67 Krafft-Ebing, *Psychopahia sexualis*（前掲『クラフト＝エビング変態性慾ノ心理』), Philadelphia / London 1892, S. 5, 6.

68 クラフト－エビングは改訂版『性的精神病質』（1903年）においても，退廃の徴候としての同性愛という考え方を再度主張している．以下を参照．Wettley, *Von der ›Psychopathia sexualis‹ zur Sexualwissenschaft*, S. 96, Anm, 93.

69 *Jahrbuch für sexuelle Zwischenstufen* (1901), S. 7, 71.

70 Vincent Brome, *Hevelock Ellis, Philosopher of Sex*, London 1979, passim.

71 Phyllis Grosskurth, *John Addington Symonds*, London 1964, p. 191.

72 Frank J. Sulloway, *Freud, Biologist of the Mind*, New York 1979, chapter 8.

73 Philip Rieff, *Freud: The Mind of the Moralist*（フィリップ・リーフ／宮武昭・薗田美和子訳『フロイト：モラリストの精神』誠信書房・1999年), New York 1961, p. 172.

74 同性愛の息子をもった母親に宛てたフロイトの1935年4月9日付書簡を参照．Sigmund Freud, *Briefe 1873-1939*（ジークムント・フロイト／生松敬三ほか訳『フロイト著作集　8　書簡集』人文書院・1974年), Frankfurt am Main 1960, S. 416.

75 Sigmund Freud, *Sexuality and the Psychology of Love*, New York 1963, p. 25.

76 James D. Steakley, *The Homosexual Emancipation Movement in Germany*, chapter 20. ジェームズ・スティークリーは目下，マグヌス・ヒルシュフェルトの決定的な伝記となる著作を執筆中である．1913年「イギリス性心理学研究協会」の設立によって，同性愛を正当化する性科学者の考え方がイギリスに広まった．この協会創設に先行して同年催された国際医学会ロンドン大会におけるマグヌス・ヒルシュフェルトの講演と

43 Iwan Bloch, *Das Sexualleben unserer Zeit, in seinen Beziehungen zur modernen Kultur*（I・ブロッホ／谷崎英男訳『性愛の科学』河出書房新社・1957年）, Berlin 1907, S. 384f.

44 *Ibid.*, S. 753.

45 Iwan Bloch, *Die Perversen*, Berlin o. J., S. 26, 37.

46 以下より引用. F. B. Smith, *The People's Health*, p. 300.

47 興味深いことに，ブロッホは正しい愛に自己制御が不可欠であることを示すのに，エドワード・カーペンターから引用している. *Das Sexualleben unserer Zeit*, S. 280; エドワード・カーペンターに関しては，第3章を参照せよ.

48 Alois Geigel, in: *Der unterdrückte Sexus*, S. 7.

49 Benedict Friedländer, in: *Jahrbuch für sexuelle Zwischenstufen*, Bd. 1 (1905), S. 463-70；James D. Steakley, *The Homosexual Emancipation Movement in Germany*, New York 1975 p. 69.

50 Krafft-Ebing, *Psychopathia sexualis* (1892)（前掲『クラフト＝エビング変態性慾ノ心理』）, S. G, *op. cit.*, (1898), S. 186.

51 Bloch, *Das Sexualleben unserer Zeit*, S. 601, 464, 468.

52 Tissot, *op, cit.*, p. 66.

53 以下より引用. *Der Spiegel* (12. März 1979), S. 123.

54 Erwin H. Ackerknecht, *Kurze Geschichte der Psychiatrie*, Stuttgart 1957, S. 51f. モレルの書名は次のとおり. *Traité des Dégénérescences Physiques, Intéllectuelles et Morales de l' Espèce Humaine.*

55 Annemarie Wettley, *Von der ›Psychopathia sexualis‹ zur Sexualwissenschaft* Stuttgart, 1959, S. 45f.

56 Max Nordau, *Degeneration*（ノルドー／中島茂一訳『現代の堕落』大日本文明協会・1914年）, New York 1968, p. 325.

57 *Ibid.*, p. 329.

58 *Ibid.*, p. 18.

59 *Ibid.*, p. 37, 39, 41, 541.

60 第7章参照.

61 M. Proust, *Remembrance of Things Past*（マルセル・プルースト／吉川一義訳『失われた時を求めて：2　スワン家のほうへ』岩波文庫・2011

24 *Ibid.*, S. 137.

25 Ambroise Tardieu, *Die Vergehen gegen die Sittlichkeit*, Weimar 1860, S. 124, 140ff.

26 Johann Ludwig Casper, in: *Vierteljahrsschrift für gerichtliche und öffentliche Medizin* (1852), 以下に収載. *Der unterdrückte Sexus*, S. 73, 63f.

27 Möbius, in: *Jahrbuch für sexuelle Zwischenstufen*, Bd. IV (1904), S. 499.

28 第７章参照.

29 Hans Dietrich Hellbach, *Die Freundesliebe in der deutschen Literatur*, Leipzig 1931, S. 38, 43.

30 Adolf Beyer, *Schillers Malteser*, Tübingen 1912, S. 45f, 75.

31 *Fichtes Reden an die deutsche Nation*, Achte Rede（フィヒテ／石原達二訳『ドイツ国民に告ぐ』玉川大学出版部・1999 年）, Berlin 1912, S. 137.

32 第４章参照.

33 Friedrich Schiller, *Über die ästhetische Erziehung des Menschen*（前掲『人間の美的教育について』）, Stuttgart 1965, S. 36.

34 Mosse, *The Nationalization of the Masses*（前掲『大衆の国民化』）, p. 22f.

35 この印象は，ブルックの戦争詩集のみならず，エドワード・マーシュの『回想』によっても引き起こされた．マーシュの『回想』は，『ブルック全詩集』（1918 年）と同時に出版され，ルパート・ブルック神話の創造に決定的な役割を果たした．この詳細については，第６章を参照せよ．

36 Pierre Sipriot, *Montherlant*, Paris 1975, p. 62.

37 Robert Brainard Pearsall, *Rupert Brooke, the Man and the Poet*, Amsterdam 1964, p. 140.

38 Johann Ludwig Casper, nachgedruckt in: *Der unterdrückte Sexus*, S. 59.

39 Alois Geigel, *Das Paradoxon der Venus Urania* (Würzburg 1869), nachgedruckt in *Der unterdrückte Sexus*, S. 7.

40 Gilbert, Sexual Deviance and Disaster during the Napoleonic Wars, in: *Albion*, Vol. 9 (1978), p. 99.

41 本書 323-324 頁以下参照.

42 Magnus Hirschfeld, *Berlins Drittes Geschlecht*, Berlin und Leipzig 1904, S.37, 41 (Rudolf Presbers Feuilleton »Weltstadttypen« より引用).

Deutschen Kaiserreich von 1871, in: *Archiv für Sozialgeschichte*, Bd. XII (1972), S. 212f.

14 Joseph Mausbach, *Kernfragen Christlicher Welt- und Lebensanschauung*, M. Gladbach 1921 (erstmalig 1904 erschienen), S. 71.

15 Jeffrey Weeks, Movements of Affirmation: Sexual Meanings and Homosexual Identities, in: *Radical History Review* (Spring / Summer 1979), p. 166. この「医療化」プロセスに関する優れた概観は以下を参照. Vern L. Bullough, *Sex, Society and History*, New York 1976, p. 161-85.

16 以下より引用. F. B. Smith, *The People's Health, 1830-1910*, Canberra, Australia, 1979, p. 121.

17 以下より引用. J. E. Rivers, *Proust and the Art of Love*, New York 1980, p. 108. すなわち,「フランスの医学は, 病理の当てにならない水域をぬけて正常性の安全な港へ国民を導く用意ができていた」. Robert Nye, *Crime, Madness and Politics in Modern France*, Princeton 1984, p. 23.

18 イギリスの同性愛取り締まり法規の概略は以下参照. Jeffrey Weeks, *Coming Out, Homosexual Politics in Britain from the Nineteenth Century to the Present*, London 1977; F. B. Smith, Labouchère's Amendment to the Criminal Law Amendment Bill, in: *Historical Studies* (University of Melbourne), Vol. 10, No. 1 (October 1976). ドイツの当該法規の概観では以下が優れている. Biedrich, *Paragraph 175-Die Homosexualität*, Gollner, *Homosexualität, Ideologiekritik und Entmythologisierung einer Gesetzgebung*.

19 M. Tissot, *L'Onanisme, Dissertation sur les Maladies produites par la Masturbation*（サミュエル＝オーギュスト・ティソ／阿尾安泰ほか訳「オナニスム」『性：抑圧された領域』国書刊行会・2011 年), Lausanne 1717, p. 193, 219.

20 本書 34-35 頁参照.

21 Johann Valentin Müller, *Entwurf einer gerichtlichen Arzneiwissenschaft*, Frankfurt am Main 1796, 復刻は以下に収載. Joachim S. Hohmann, Hrsg., *Der unterdrückte Sexus*, Lollar / Lahn 1977, S. 132. 139.

22 Richard von Krafft-Ebing, *Psychopathia sexualis*（前掲『クラフト＝エビング変態性慾ノ心理』), Philadelphia / London 1892, S. 190.

23 Johann Valentin Müller, *op. cit.*, S. 136.

67 Michel Foucault, *The History of Sexuality*（ミシェル・フーコー／渡辺守章訳『性の歴史　I：　知への意志』新潮社・1986年）, Vol. 1, *An Introduction*, New York 1980, p. 15ff.

第２章　男らしさと同性愛

1 Samuel Richardson, Vol.1, *Pamela*（サミュエル・リチャードソン／原田範行訳『パミラ、あるいは淑徳の報い』研究社・2011年）, London 1914, p.137; Körner, »Männer und Buben« (1813), in: *Theodor Körners Sämtliche Werke in zwei Teilen*. Hrsg. Wildenow, S. 137.

2 Albert Moll, *Handbuch der Sexualwissenschaften*, Leipzig 1921, S. 334ff. これはハヴロック・エリスとの共著である．しかし，モルはさらに以前から，医学的倫理によって社会の道徳規範が危機に晒されてはならないと主張していた．Albert Moll, *Ärztliche Ethik*, Stuttgart 1902, S. 230.

3 Havelock Ellis, *Man and Woman*（ハヴロック・エリス／増田一朗訳『性の心理　第８巻：男子と女人』日月社・1928年）, London 1894, p. 85ff.

4 Lord Baden-Powell of Gilwell, *Rovering to Success*, London 1922, p. 106.

5 Arthur N. Gilbert, Sexual Deviance and Disaster during the Napoleonic Wars, in: *Albion*, Vol. 9 (1978), p. 98-113.

6 Günther Gollner, *Homosexualität, Ideologiekritik und Entmythologisierung einer Gesetzgebung*, Berlin 1974, S. 106-19.

7 Graf von Hoensbroech, *Das Papsttum in seiner sozial-kulturellen Wirksamkeit*, Bd. 2: *Die Ultramontane Moral*, Leipzig 1902, S. 310-312, 325. この書物の記述には敵意がこもっており，注意して利用しなくてはならない．フォン・ヘンスブレホは元司祭であり，彼に対する厳しい批評は以下を参照．Joseph Mausbach, *Die Katholische Moral und ihre Gegner*, Köln 1921 (erstmalig 1901 erschienen), S. 6.

8 Von Hoensbroech, *op. cit.*, S. 125.

9 Isaiah, II: 25. John Calvin, *The Bible, etc.*, London 1588, p. 260.

10 George L. Mosse, *The Holy Pretence*, Oxford 1957, p. 51.

11 *Ibid.*, p. 95.

12 z. B., W. Gass, *Geschichte der Christlichen Ethik*, Bd. 2, Berlin 1881, S. 1626.

13 以下より引用．Ulrich Linse, Arbeiterschaft und Geburtenentwicklung im

47 *Ibid.*, S. 203f, 215.

48 Wolbert, *op. cit.*, S. 128.

49 George L. Mosse, *The Nationalization of the Masses*（ジョージ・L・モッセ／佐藤卓己・佐藤八寿子訳『大衆の国民化：ナチズムに至る政治シンボルと大衆文化』ちくま学芸文庫・2021 年), New York 1975.

50 Wolbert, *op. cit.*, S. 142.

51 本書 191 頁以下参照.

52 Greven, *op. cit.*, p. 140.

53 この変化をマグヌス・ヒルシュフェルトは以下で要約している. Magnus Hirschfeld, *Sexualwissenschaftlicher Bilderatlas zur Geschlechtskunde*, Berlin 1930, S. 484-90; より詳細には本書 206 頁以下参照.

54 本書 278 頁以下参照.

55 Randolph Trumbach, *The Rise of the Egalitarian Family*, New York 1978, p. 132.

56 Roziers, *op. cit.*, p. 62.

57 Paul Kluckhohn, *Die Auffassung der Liebe in der Literatur des 18. Jahrhunderts und in der deutschen Romantik*, Tübingen 1966, S. 76f.

58 J. F. Bertrand-Rival, *Vers sur l'Existence de Dieux*, o. O., 1813.

59 Boswell, *op. cit.*, p. 157.

60 Ingeborg Weber-Kellermann, *Die deutsche Familie*（I・ヴェーバー＝ケラーマン／鳥光美緒子訳『ドイツの家族：古代ゲルマンから現代』勁草書房・1991 年), Frankfurt am Main 1974, S. 102.

61 Berthold Auerbach, *Dichter und Kaufmann, ein Lebensgemälde aus der Zeit Moses Mendelssohns*, Bd. I, *Berthold Auerbachs gesammelte Schriften*, Bd. 12, Stuttgart 1864, S. 103.『詩人と商人』初版は 1839 年に刊行された.

62 Weeks, *op. cit.*, p.83; Helmut Möller, *Die kleinbürgerliche Familie im 18. Jahrhundert*, Berlin 1969, S. 79-81.

63 Hans-Jürgen Lüsebrink, Les Crimes Sexueles, in: *Dix-Huitième Siècle*, Vol. 12 (1980), p. 202.

64 W. H. Riehl, *Die Familie*, Stuttgart 1854, S. 123.

65 Carl Euler, *Friedrich Ludwig Jahn*, Berlin 1881, S. 118.

66 以下より引用. Kathryn Tidrick, *Heart-Beguiling Araby*, Cambridge, Engl., 1981, p. 19.

30 *Die Onanie, Vierzehn Beiträge zu einer Diskussion der »Wiener Psychoanalytischen Vereinigung«*, Wiesbaden 1912, S. 2.

31 *Œuvres Diverses de Bertrand-Rival*, nouvelle edition, Marseille 1809, p. 44.

32 J. F. Bertrand-Rival, *Tableau Historique et Moral...*, Paris 1799. p. 44ff. ベルトラン蠟人形館の歴史が書かれたこの書物は，学童の来館とベルトランの学校訪問について論じられている．蠟人形館の展示品については，p. 33ff. 本書では 267 頁参照．

33 *Idid.*, (初版は，Paris 1798), p. 37. 人形の描写については，p. 37-40.

34 Théodore Tarczylo, *Sexe et Liberté au Siècle des Lumières*, Paris 1983, p. 143ff, p. 177-81.

35 C. Eynard, *Essai sur la Vie de Tissot*, Lausanne 1859, p. 78, p. 85. Théodore Tarczylo, Prêtons la Main à la Nature, L'Onanisme de Tissot, in: *Dix-Huitième Siècle*, Vol.12 (1980), S. 85.

36 Dr. Tissot, *L'Onanisme*, Paris 1980, Article 1, »Les Symptome«, p. 29ff.

37 R. L. Rozier, *Lettres Médicales et Morales*, Paris 1822, p. XI.

38 Philip Greven, *The Protestant Temperament. Patterns of Child-Rearing, Religious Experience, and the Self in Early America*, New York 1977, p. 140.

39 George L. Mosse, War and the Appropriation of Nature, in: Volker Berghahn / Martin Kitchen ed., *Germany in the Age of Total War*, London 1981, p. 117.

40 Richard Jenkyns, *The Victorians and Ancient Greece*, Oxford 1980, p. 147.

41 Marc-André Raffalovich, *Uranisme et Unisexualité*, Lyons / Paris 1896, p. 184; ラファロヴィッチについては本書 177 頁参照．

42 Wolfgang Leppmann, *Winckelmann*, München 1982, S.152.

43 Friedrich Schiller, *Über die ästhetische Erziehung des Menschen*（フリードリヒ・フォン・シラー／小栗孝則訳『人間の美的教育について』法政大学出版局・2003 年）, Stuttgart 1965, S. 8, 60.

44 Heinrich Meyer / Johann Schulze Hrsg., *Winckelmanns Werke*, Dresden 1811, Bd. IV, S. 37.

45 Klaus Wolbert, *Die Nackten und die Toten des Dritten Reiches*, Gießen 1982, S. 133f.

46 Bernhard Rupprecht, Plastisches Ideal und Symbol im Bilderstreit der Goethezeit, in: *Probleme der Kunstwissenschaft*, Bd. 1, Berlin 1962, S. 215.

1981, p. 27.

13 Theodor Körner, »Aufruf« (1813), in: Eugen Wildenow, Hrsg. *Theodor Körners Sämtliche Werke in zwei Teilen*, Leipzig o. J., S. 120.

14 Quinlan, *op. cit.*, p. 76.

15 »Die Leipziger Schlacht« (1813), Gedicht 157, *Ernst Moritz Arndt, Sämtliche Werke*, Bd. IV, Leipzig o. J., S. 83.

16 以下より引用. Hermann Wendel, *Danton*, Königstein / Taunus 1978, S. 362.

17 Jacob Stockinger, Homosexuality and the French Enlightenment, in: George Stambolian and Elaine Marks, ed., *Homosexualities and French Literature*, Ithaca, N. Y., 1979, p. 161-86.

18 Crane Brinton, *French Revolutionary Legislation on Illegitimacy, 1789-1804*, Cambridge, Mass., 1936.

19 Sir Walter Scott, *Ivanhoe*（ウォルター・スコット／菊池武一訳『アイヴァンホー』上下、岩波文庫・1964-74 年）, New York, New American Library, 1962, p. 38.

20 Alice Chandler, *A Dream of Order*（アリス・チャンドラー／高宮利行監訳『中世を夢みた人々：イギリス中世主義の系譜』研究社出版・1994 年）, London 1971, p. 46f.

21 Nicholson, *op. cit.*, p. 263.

22 Peter T. Cominos, Late-Victorian Sexual Respectability and the Social System, in: *International Review of Social History*, Vol. 8, 1963, p. 42.

23 H. Montgomery Hyde, *Oscar Wilde*, New York 1975, p. 265.

24 Ford Madox Ford, *The Good Soldier: The Saddest Story Ever Told*, London 1915, p. 158.

25 Iwan Bloch, *Die Perversen*, Berlin o. J., S. 28.

26 Richard von Krafft-Ebing, *Psychopathia sexualis*（リヒャルト・フォン・クラフト＝エビング／柳下毅一郎訳『クラフト＝エビング変態性慾ノ心理』原書房・2002 年）, Stuttgart 1907, S. 55.

27 E. Hare, Masturbatory Insanity: The History of an Idea, in: *The Journal of Mental Science*, Vol. 108, No. 452, January 1962, p. 8.

28 *Ibid.*, p. 23, Anm. 11.

29 *Ibid.*, p. 4.

■原註

第1章　序論——国民主義と市民的価値観

1 John Boswell, *Christianity, Social Tolerance, and Homosexuality*（ジョン・ボズウェル／大越愛子・下田立行訳『キリスト教と同性愛：1〜14世紀西欧のゲイ・ピープル』国文社・1990年）, Chicago 1980.

2 André Robert de Nerciat, *Le Diable aux Corps*, 1791, 以下より引用．Marion Luckow, *Die Homosexualität in der literarischen Tradition*, Stuttgart 1962, S. 7.

3 サラ・トリマーによる聖書の「削除」の弁明は，以下の著作を参照．Sarah Trimmer, *A Comparative View of the New Plan of Education*, London 1905.

4 E. M. Halliday, The Man Who Cleaned Up Shakespeare, in: *Horizon*, Vol. V, No.1, September 1962, p. 70.

5 Harold Nicholson, *Good Behaviour*, London 1955, p. 231-46.

6 Norbert Elias. *Über den Prozeß der Zivilisation*（ノルベルト・エリアス／赤井慧爾ほか（上）、波田節夫ほか（下）訳『文明化の過程』上下，法政大学出版局・1977-78年〈改装版2010年〉）, Bern / München 1969; George L. Mosse, Norbert Elias. The Civilizing Process, in: *New German Critique*, No. 15, Fall 1978, p. 178-83.

7 Thea Booss-Rosenthal, Die lesbische Liebe im Spiegel der Gesetze, in: P. H. Biederich, *Die Homosexualität*, Regensburg 1950, S. 83.

8 Martin Schmidt / Wilhelm Jannasch, Hrsg. *Das Zeitalter des Pietismus*, Bremen 1965, S. 108f.

9 David Newsome, *Godliness and Good Learning*, London 1961, p. 198f.

10 G. S. R. Kitson-Clark, The Romantic Element 1830-1850, in: J. H. Plumb, ed., *Studies in Social History*, London 1955, p. 231f.

11 以下より引用．Maurice J. Quinlan, *Victorian Prelude, A History of English Manners 1700-1830*, London 1965, p. 100.

12 以下より引用．Jeffrey Weeks, *Sex, Politics and Society*, London / New York

Maximilien F. M. I. de　26, 186
ローランドソン　Rowlandson, Thomas　211
ロルフ　Rolfe, Frederick William　129
ロレンス　Lawrence, Thomas Edward　90, 239–242, 248
ロレンス　Lawrence, David Herbert　341
ロンブローゾ　Lombroso, Cesare　289, 290

《ワ》

ワイルド　Wilde, Oscar　28, 29, 80, 84, 92, 93, 95, 127, 176, 177, 210, 267, 277, 278, 290

《メ》
メーザー　Möser, Julius　148
メビウス　Möbius, Paul　67, 227
メンゲレ　Mengele, Josef　276, 277
メンデルスゾーン　Mendelssohn, Moses　146
《モ》
モーザー　Moser, Friedrich Carl von　148
モーツァルト　Mozart, Wolfgang Amadeus　186
モーム　Maugham, Robin　169
モル　Moll, Albert　57, 269
モレル　Morel, Benedict Augustin　75, 76
モンテルラン　Montherlant, Henry de　69, 172, 173, 204, 254, 255, 302, 341, 348
《ヤ》
ヤーン　Jahn, Friedrich Ludwig　50, 158, 159
ヤンセン　Jansen, Wilhelm　119-121
《ユ》
ユイスマンス　Huysmans, Joris Karl　92, 93, 268
ユンガー　Jünger, Ernst　232, 240, 246-249, 251, 301-303
《ラ》
ラウフ　Rauch, Christian　41
ラーテナウ　Rathenau, Walther　280
ラファエロ　Raffaello　190, 201, 202
ラァロヴィッチ　Raffalovich, André　177, 217, 273
《リ》
リゴリ　Liguori, Alphonso Maria de　60
リチャードソン　Richardson, Samuel　46, 57, 142, 156, 188
リード　Leed, Eric　231
リーフェンシュタール　Riefenstahl, Leni　255, 275, 276, 302, 337
リュプケ　Lübke, Wilhelm　42
リール　Riehl, Wilhelm Heinrich　50
リンザート　Linsert, Richard　362
《ル》
ルイーゼ王妃　Luise, Queen　25, 44, 57, 117, 191-196, 201, 311, 314, 330, 345, 356
ルソー　Rousseau, Jean-Jacques　35, 36, 137, 141, 360
ルートヴィヒ　Ludwig, Emil　291
《レ》
レイモンド　Raymond, Ernest　251
レスター伯　Leicester, Earls of　20
レトクリフ卿　Retcliffe, Sir John (Hermann Goedsche)　293
レッシング　Lessing, Gotthold　186
レーム　Röhm, Ernst　307-310, 319, 320, 331, 363
レリッヒ　Roellig, Ruth Margarete　370
レン　Renn, Ludwig　364
レンス　Löns, Hermann　240
《ロ》
ロージエ　Rozier, R. L.　36, 46
ローズ　Rhodes, Cecil　169
ロベスピエール　Robespierre,

ブレーカー　Breker, Arno　311, 312, 334-337, 346
フレックス　Flex, Walter　111, 232-237, 243-246, 249, 251, 274, 355
フロイト　Freud, Sigmund　82-84, 119, 282, 286
ブロッホ　Bloch, Ernst　149
ブロッホ　Bloch, Iwan　72-74, 80, 84, 155, 221, 269, 367
フローベール　Flaubert, Gustave　216
フンボルト　Humboldt, Wilhelm von　207

《へ》

ペイター　Pater, Walter　38, 273, 334
ヘーゲル　Hegel, G. W. F.　40, 233
ヘス　Höss, Rudolf　371
ベッカー　Bekkers, Dr.　35
ベーデン－パウエル卿　Baden-Powell, Lord　59
ベーベル　Bebel, August　361
ベーメ　Böhme, Jakob　149
ヘルダー　Herder, Johann Gottfried von　40
ヘルダーリン　Hölderlin, J. C. F.　68
ヘルツォーク　Herzog, Rudolf　253
ベルトラム　Bertram, Ernst　125
ベルトラン　Bertrand-Rivl (Bertrand), Jean François　34, 35, 46, 48, 267
ベルンシュタイン　Bernstein, Eduard　361
ベンソン　Benson, W. E.　165

《ホ》

ホイットマン　Whitman, Walt　174
ホガース　Hogarth, David George　241
ホーダン　Hodann, Max　363
ボードレール　Baudelaire, Charles　92, 93, 95, 216
ホール　Hall, Radclyffe　366-370
ポリュクレイトス　Polykleitos　274

《マ》

マイ　May, Karl　241
マイナース　Meiners, Christioph　159
マーシュ　Marsh, Edward　235, 236, 244
マッテンクロット　Mattenklott, Gert　103
マネ　Manet, Edouard　102, 103
マルクス　Marx, Karl Heinrich　361, 362
マルリット　Marlitt, Eugenie　223, 224
マレー　Marées, Hans von　102, 103, 335, 336
マン　Mann, Klaus　364
マン　Mann, Thomas　51, 95, 171

《ミ》

ミケランジェロ　Michelangelo　38, 336
ミュラー　Müller, Johann Valentin　65-67
ミルナー　Milner, Alfred Lord　170
ミンダー　Minder, Robert　149

《ム》

ムッソリーニ　Mussolini, Benito　304-307, 339

342
ハルデン　Harden, Maximilian　272
ハルナック　Harnack, Otto　217
ハレ　Halle, Felix　362
ハンキー　Hankey, Donald　241

《ヒ》

ビアズリー　Beardsley, Aubrey　45, 95, 209, 210, 217
ビスマルク　Bismarck, Otto von　199, 200, 244, 272
ヒトラー　Hitler, Adolf　67, 125, 230, 260, 264, 285, 304, 306-309, 313, 316-323, 333, 334, 337, 347, 350, 352
ヒムラー　Himmler, Heinrich　71, 90, 309, 316-330, 341, 343, 344, 351-353, 372
ヒルシュフェルト　Hirschfeld, Magnus　72, 81, 83, 84, 86, 87, 89, 209, 279, 280, 284, 362, 366

《フ》

ファイト　Veit, Philipp　43, 190, 191, 202
ファッセル　Fussell, Paul　237
ファラー　Farrer, Frederich W.　166
ファラー　Farrer, Reginald　167, 168, 177
フィッシャー　Fischer, Louis　362
フィッシャー　Vischer, Friedrich Theodor　69, 200
フィドゥス　Fidus (Hugo Höppener) 110, 111
フィヒテ　Fichte, Johann Gottlieb　68, 161
フォワニー　Foigny, G. de　207, 208
フォーゲル　Vogel, Henriette　152
フォード　Ford, Ford Madox　29
フォンターネ　Fontane, Theodor　48
フーコー　Foucault, Michel　53, 379-382
プードル　Pudor, Heinrich　114-117, 119, 130
フライターク　Freytag, Gustav　290, 329, 357
フライリヒラート　Freiligrath, Ferdinand　194
ブラジヤック　Brasillach, Robert 340, 342, 343
プラーツ　Praz, Mario　208
プラーテン　Platen, August von　38
フランケ　Francke, August Hermann 23
ブラント　Brand, Adolf　89, 90, 221
フリック　Frick, Wilhelm　308, 318
フリードリヒ　Friedrich, Caspar David 153
フリードリヒ・ヴィルヘルム二世 Friedrich Wilhelm II.　146, 191
フリートレンダー　Friedländer, Benedict　74, 86, 87, 215, 366
ブリューアー　Blüher, Hans　81, 118-121, 175, 176
ブリュッヒャー元帥　Blücher, von Wahlstatt　41
プリュム　Prümm, Karl　247
プルースト　Proust, Marcel　63, 78, 87, 265, 271, 272, 364
ブルック　Brooke, Rupert　69, 112, 131, 133, 205, 231-239, 242-249, 274, 355, 377
ブルトンヌ　Bretonne, Restif de La 49

《チ》

チャーチル　Churchill, Winston　235
チャールズ二世　Charles II.　196

《ツ》

ツィーグラー　Ziegler, Adolf　350, 351
ツェーバーライン　Zöberlein, Hans　230

《テ》

ディキンソン　Dickinson, Lowes　174
ディケンズ　Dickens, Charles　28
ティソ　Tissot, Simon André　35, 36, 63, 75, 151
ディドロ　Diderot, Denis　139, 211
テューク　Tuke, Henry　131
デューリング　Dühring, Eugen　87

《ト》

トムソン　Thomson, James　196
トーラク　Thorack, Joseph　334, 346, 373
ドラクロワ　Delacroix, Eugène　26, 47, 183, 184, 187–189, 194
ドリヴィエ　Dolivier, Pierre　292
トリマー　Trimmer, Sarah Kirby　19
ドリュ・ラ・ロシェル　Drieu la Rochelle, Pierre　341–343
ドリュモン　Drumont, Edouard　269, 294
ドルジュレス　Dorgelès, Roland　252
トルストイ　Tolstoy, Aleksei K.　115
ドレ　Doré, Gustave　183, 184
トレンカー　Trenker, Luis　255, 308, 358

《ナ》

ナポレオン一世　Napoleon I.　24, 37, 41, 47, 64, 132, 146, 147, 183, 196, 197, 204, 245

《ニ》

ニコルソン　Nicholson, Harold　28
ニーチェ　Nietzsche, Friedrich W. 121, 127, 128, 245, 273, 274

《ノ》

ノヴァーリス　Novalis (G. P. F. von Hardenberg)　199, 201, 206, 224
ノルダウ　Nordau, Max　76, 77, 88, 268, 278

《ハ》

ハイネ　Heine, Heinrich　187
ハイアム　Hyam, Ronald　168
ハウスマン　Housman, A. E.　170
バウドラー　Bowdler, Thomas　19, 32
パウンド　Pound, Ezra　299
バカン　Buchan, John　171, 172
パーキンズ　Perkins, William　61
パードゥア　Padua, Paul Mathias　311, 313
バトラー　Butler, Josephine　313
バートン卿　Burton, Sir Richard　90, 91
バーニー　Barney, Natalie　216
ハマー　Hammer, Wilhelm　215
パラケルスス　Paracelsus, P. H.　149
バルザック　Balzac, Honoré de　213, 267, 270
バルデーシュ　Bardèche, Maurice

ゴフ　Gough, James　197, 198
コレット　Colette, S. G. C.　216
コーンフォード　Cornford, Francis　236

《サ》

サキ　Saki (Hector Hugh Munro)　90
サスーン　Sassoon, Siegfried　251
ザパー　Sapper (Herman Cyril McNeile)　171, 172
サポリ　Sapori, Franco　250
サルファッティ　Sarfatti, Margherita　305
サン・ジュスト　Saint-Just, Louis A. L. de　26

《シ》

シェイクスピア　Shakespeare, William　19, 32, 49
シェンケンドルフ　Schenkendorf, Max von　147, 148
シカーネダー　Schikaneder, Emanuel　186
シットウェル姉弟　Sitwell, Edith/Osbert/Sacheverell　228
ジッド　Gide, André　86
シモンズ　Symonds, John Addington　82
シャウヴェッカー　Schauwecker, Franz　247, 249
シャドウ　Schadow, Gottfried　192
ジャリ　Jarry, Alfred　218
シャルコー　Charcot, Jean-Martin　268, 282, 283
シュタウフェンベルク　Stauffenberg, Claus Schenk von　125
シュティルナー　Stirner, Max　361
シュテッカー　Stoecker, Adolf　281
シュート　Schudt, Johann Jakob　276, 295
シュペーア　Speer, Albert　260, 334
シュペングラー　Spengler, Oswald　301
シュライエルマッハー　Schleiermacher, Friedrich　194
シュレーゲル　Schlegel, Friedrich von　40, 141, 199
ショーペンハウアー　Schopenhauer, Arthur　267
ショルツ－クリンク　Scholtz-Klink, Gertrud　315, 344
シラー　Schiller, Friedrich von　39, 40, 68, 69, 207, 230
シーラッハ　Schirach, Baldur von　330

《ス》

スコット　Scott, Sir Walter　27-29, 276
スーシー　Soucy, Robert　341
スターリン　Stalin, Iosif Vissarionovich　362, 363
スペンダー　Spender, Stephen　131
ズーレン　Surén, Hans　115, 332

《タ》

ダーウィン　Darwin, Charles R.　73
ダッハ　Dach, Simon　140
ダヌンツィオ　D'Annunzio, Gabriele　121, 124, 127, 302
ダルケン　d'Alquen, Gunter　317, 318
タルデュー　Tardieu, Ambroise　66, 268

《カ》

ガイゲル　Geigel, Alois　71, 74
カウアー　Cauer, Minna　220, 221
カスパー　Casper, Johann Ludwig　67, 71
カッソン　Casson, Stanley　238
ガードナー　Girdner, John H.　270
カーペンター　Carpenter, Edward　130, 131, 174–176
ガメージ　Gamage, Bill　229
カロルスフェルト　Carolsfeld, Julius Schnorr von　153, 154
カルヴァン　Calvin, John　61
ガルヴェ　Garve, Christian　145
カールス　Carus, Carl Gustav　157
カンプ　Kampf, Herbert　350

《キ》

キッチナー　Kitchener, H. H.　169
キプリング　Kipling, Rudyard　169
ギボン　Gibbon, Edward　52, 241
キャンベル　Campbell, Michael　166
ギルマン　Gilman, Sander L.　265
キングズレー　Kingsley, Charles　169

《ク》

グツコウ　Gutzkow, Karl　155
クライスト　Kleist, Heinrich von　56, 151–153
グライヒエン－ルスヴルム　Gleichen-Rußwurm, Alexander von　155
グライム　Gleim, Ludwig　143, 156, 158, 160, 161
クラフト－エビング　Krafft-Ebing, Richard von　32, 66, 74, 81, 83, 84, 93, 173, 213, 282
クラーレ　Klare, Kurt　351, 352
グリーン　Green, Martin　131
クルツ－マーラー　Courths-Mahler, Hedwig　224
クールベ　Courbet, Gustave　103, 104, 211
グルリット　Gurlitt, Cornelius　195
グレイ　Gray, John　177
クレオパトラ　Kleopatra　209
クロプシュトック　Klopstock, Friedrich Gottlieb　56, 157, 160, 161
グンドルフ　Gundolf, Friedrich　125

《ケ》

ゲオルゲ　George, Stefan　103, 121–127
ゲッベルス　Goebbels, Joseph Paul　125, 348
ゲーテ　Goethe, Johann Wolfgang von　41, 127, 194, 245, 291
ゲーノ　Guéhenno, Jean　343
ケニヨン卿　Kenyon, Sir Frederic　238
ゲラート　Gellert, Christian Fürchtegott　140, 141
ケルナー　Körner, Theodor　24, 57, 147, 148, 225

《コ》

ゴチェフスキ　Gottschewski, Lydia　314–316, 344
ゴーティエ　Gautier, Théophile　93, 209, 214
ゴードン　Gordon, Charles　169
コノリー　Connolly, Cyril　170
コバン　Cobban, Alfred　138

■人名索引

（カッコ内は本名）

《ア》

アウアーバッハ　Auerbach, Berthold　48

アヴェーラレマン　Avé-Lallemant, F. C. B.　266, 289

アーノルド　Arnold, Thomas　165, 167

アプト　Abt, Thomas　144, 158

アルミニウス　Arminius (Hermann)　47, 56, 160, 195

アルント　Arndt, Ernst Moritz　25, 47, 158, 159

アングル　Ingres, J. A. D.　102, 103

《イ》

イシャウッド　Isherwood, Christopher　174, 227, 228, 260

《ウ》

ヴァイトリング　Weitling, Wilhelm　149

ヴァイニンガー　Weininger, Otto　45, 282, 285-288

ヴァグナー　Wagner, Richard　121

ヴィヴィアン　Vivienne, Renée　92, 215, 216

ヴィクトリア女王　Victoria, Queen　193

ヴィルヘルム二世　Wilhelm II.　84

ヴィンケルマン　Winckelmann, J. J.　38-41, 67, 98, 104, 106, 126, 207, 237, 273, 334, 337

ウィンスロー　Winsloe, Christa　368-370

ヴェストファール　Westphal, Carl　212

ウェスレー　Wesley, John　23, 37, 44

ウェッブ　Webb, Sidney　278

ヴェーデキント　Wedekind, Frank　127

ウェリントン公　Wellington, Duke of　132

ヴォルテール　Voltaire, François M. A.　35, 211

ウルフ　Woolf, Virginia　236

ウルリヒス　Ulrichs, Karl Heinrich　269, 270

ウンゲヴィッター　Ungewitter, Richard　113, 114

《エ》

エシュストゥルート　Eschstruth, Nataly von　223

エリアス　Elias, Norbert　21

エリザベス一世　Elizabeth I, Queen　147

エリス　Ellis, Havelock　57, 81, 82, 84

エンゲルス　Engels, Friedrich　361

《オ》

オイレンブルク伯　Eulenburg, Philipp Counto zu　84, 176, 190

オーウェル　Orwell, George　227

オーエン　Owen, Wilfred　233

オーデン　Auden, Wystan Hugh　174, 255

オラーノ　Orano, Paolo　295

本書は、一九九六年十一月、柏書房より刊行された。

一揆の原理　呉座勇一

虐げられた民衆たちの決死の抵抗として語られてきた一揆。だがそれは戦後歴史学が生んだ幻想にすぎない。これまでの通俗的理解を覆す痛快な一揆論！

甲陽軍鑑　佐藤正英校訂・訳

武田信玄と甲州武士団の思想と行動の集大成。大部から、山本勘助の物語や川中島の合戦など、その白眉を収録。新校訂の原文に現代語訳を付す。

機関銃下の首相官邸　迫水久常

二・二六事件では叛乱軍を欺いて岡田首相を救出し、終戦時には鈴木首相を支えた著者が明かす、天皇・軍部・内閣をめぐる迫真の秘話記録。（井上寿一）

増補 八月十五日の神話　佐藤卓己

ポツダム宣言を受諾した「八月十四日」や降伏文書に調印した「九月二日」でなく、「終戦」はなぜ「八月十五日」なのか。「戦後」の起点の謎を解く。

日本商人の源流　佐々木銀弥

第一人者による日本商業史入門。律令制に端を発する供御人や駕輿丁から戦国時代の豪商までを一望し、日本経済の形成を時系列でたどる。（中島圭一）

記録 ミッドウェー海戦　澤地久枝

ミッドウェー海戦での日米の戦死者を突き止め、手紙やインタビューを通じて彼らと遺族の声を拾い上げた圧巻の記録。調査資料を付す。（戸高一成）

考古学と古代史のあいだ　白石太一郎

巨大古墳、倭国、卑弥呼。多くの謎につつまれた日本の古代。考古学と古代史学の交差する視点からその謎を解明するスリリングな論考。（森下章司）

江戸はこうして造られた　鈴木理生

家康江戸入り後の百年間は謎に包まれている。海岸部へ進出し、河川や自然地形をたくみに生かした都市の草創期を復原する。（野口武彦）

増補 革命的な、あまりに革命的な　絓(すが)秀実

「一九六八年の革命は「勝利」し続けている」とは何を意味するのか。ニューレフトの諸潮流を丹念に跡づけた批評家の主著、増補文庫化！（王寺賢太）

虜人日記　小松真一
一人の軍属が豊富な絵とともに克明に記したジャングルでの逃亡生活と収容所での捕虜体験。戦争の真実、人間の本性とは何なのか。（山本七平）

八月の砲声（上）　バーバラ・W・タックマン　山室まりや訳
一九一四年、ある暗殺が欧州に戦火を呼びこむ。情報の混乱、指導者たちの誤算と過信は予期せぬ世界大戦を惹起した。'63年ピュリッツァー賞受賞の名著。

八月の砲声（下）　バーバラ・W・タックマン　山室まりや訳
なぜ世界は戦争の泥沼に沈んだのか。政治と外交と軍事で何がどう決定され、また決定されなかったのかを克明に描く異色の戦争ノンフィクション。

最初の礼砲　バーバラ・W・タックマン　大社淑子訳
独立戦争は18世紀の世界戦争であった。豊富な挿話を積み上げながら、そのドラマと真実を見事な語り口で描いたピュリッツァー賞受賞作家の遺著。

米陸軍日本語学校　ハーバート・パッシン　加瀬英明訳
第二次大戦中、アメリカは陸海軍で日本語の修得を目的とする学校を設立した。著者の回想によるその実態と、占領将校としての日本との出会いを描く。

アイデンティティが人を殺す　アミン・マアルーフ　小野正嗣訳
アイデンティティにはひとつの帰属だけでよいのか？　人を殺人にまで駆り立てる思考を作家は告発する。大反響を巻き起こしたエッセイ、遂に邦訳。

世界の混乱　アミン・マアルーフ　小野正嗣訳
二十一世紀は崩壊の徴候とともに始まった。国際関係、経済、環境の危機に対して、絶望するのではなく、緊急性をもって臨むことを説いた警世の書。

震災画報　宮武外骨
混乱時のとんでもない人のふるまいや、同じ町内で生死を分けた原因等々を詳述する、外骨による関東大震災の記録。人間の生の姿がそこに。（吉野孝雄）

独裁体制から民主主義へ　ジーン・シャープ　瀧口範子訳
すべての民主化運動の傍らに本書が。独裁体制を研究しつくした著者が示す非暴力による権力打倒の実践的方法。「非暴力行動の198の方法」付き。本邦初訳。

日本社会再考　網野善彦

歴史の虚像の数々を根底から覆してきた網野史学。漁業から交易まで多彩な活躍を繰り広げた海民に光をあて、知られざる日本像を鮮烈に甦らせた名著。

図説 和菓子の歴史　青木直己

饅頭、羊羹、金平糖にカステラ、その時々の外国文化の影響を受けながら多種多様に発展した和菓子。その歴史を多数の図版とともに平易に解説。

今昔東海道独案内 東篇　今井金吾

いにしえから庶民が辿ってきた幹線道路・東海道。日本人の歴史を、著者が自分の足で辿りなおした名著。東篇は日本橋より浜松まで。（今尾恵介）

居酒屋の誕生　飯野亮一

寛延年間の江戸に誕生しすぐに大発展を遂げた居酒屋。しかしなぜ他の都市ではなく江戸だったのか。一次資料を丹念にひもとき、その誕生の謎にせまる。

すし 天ぷら 蕎麦 うなぎ　飯野亮一

二八蕎麦の二八とは？　握りずしの元祖は？　なぜうなぎに山椒？　膨大な一次史料を渉猟しそんな疑問を徹底解明。これを読まずに食文化は語れない！

天丼 かつ丼 牛丼 うな丼 親子丼　飯野亮一

身分制の廃止で作ることが可能になった親子丼、関東大震災が広めた牛丼等々、どんぶり物二百年の歴史をさかのぼり、驚きの誕生ドラマをひもとく！

増補 アジア主義を問いなおす　井上寿一

侵略を正当化するレトリックか、それとも真の共存共栄をめざした理想か。アジア主義を外交史的観点から再考し、その今日的意義を問う。増補決定版。

歴史学研究法　今井登志喜

「歴史学とは何か」について「古典的歴史学方法論」の論点を的確にまとめる。方法の実践例として、「塩尻峠の合戦」を取り上げる。（松沢裕作）

十五年戦争小史　江口圭一

満州事変、日中戦争、アジア太平洋戦争を一連の「十五年戦争」と捉え、戦争拡大に向かう曲折にみちた過程を克明に描いた画期的通史。（加藤陽子）

明かしえぬ共同体
モーリス・ブランショ
西谷修 訳
G・バタイユが孤独な内的体験のうちに失うという形で見出した〈共同体〉。そして、M・デュラスが描いた奇妙な男女の不可能な愛の〈共同体〉。

フーコー・コレクション（全6巻＋ガイドブック）
ミシェル・フーコー
小林康夫／石田英敬／松浦寿輝編
20世紀最大の思想家フーコーの活動を網羅した『ミシェル・フーコー思考集成』。その多岐にわたる思考のエッセンスをテーマ別に集約する。

フーコー・コレクション1 狂気・理性
ミシェル・フーコー
小林康夫／石田英敬／松浦寿輝編
第1巻は、西欧の理性がいかに狂気を切りわけてきたかという最初期の問題系をテーマとする諸論考。〝心理学者〟としての顔に迫る。（小林康夫）

フーコー・コレクション2 文学・侵犯
ミシェル・フーコー
小林康夫／石田英敬／松浦寿輝編
狂気と表裏をなす「不在」の経験として、文学がフーコーによって読み解かれる。人間の境界＝極限を、その言語活動に探る文学論。（小林康夫）

フーコー・コレクション3 言説・表象
ミシェル・フーコー
小林康夫／石田英敬／松浦寿輝編
ディスクール分析を通しフーコー思想の重要概念も精緻化されていく。『言葉と物』から『知の考古学』へ研ぎ澄まされる方法論。（松浦寿輝）

フーコー・コレクション4 権力・監禁
ミシェル・フーコー
小林康夫／石田英敬／松浦寿輝編
政治への参加とともに、フーコーの主題として「権力」の問題が急浮上する。規律社会に張り巡らされた巧妙なるメカニズムを解明する。（松浦寿輝）

フーコー・コレクション5 性・真理
ミシェル・フーコー
小林康夫／石田英敬／松浦寿輝編
どのようにして、人間の真理が〈性〉にあるとされてきたのか。欲望的主体の系譜を遡り、「自己の技法」の主題へと繫がる論考群。（石田英敬）

フーコー・コレクション6 生政治・統治
ミシェル・フーコー
小林康夫／石田英敬／松浦寿輝編
西洋近代の政治機構を、領土・人口・治安など、権力論から再定義する。近年明らかにされてきたフーコー最晩年の問題群を読む。（石田英敬）

フーコー・コレクション フーコー・ガイドブック
ミシェル・フーコー
小林康夫／石田英敬／松浦寿輝編
20世紀の知の巨人フーコーは何を考えたのか。主要著作の内容紹介・本人による講義要旨・詳細な年譜で、その思考の全貌を一冊に完全集約！

甘さと権力　シドニー・W・ミンツ　川北稔／和田光弘訳

砂糖は産業革命の原動力となり、その甘さは人々のアイデンティティや社会構造をも変えていった。モノから見る世界史の名著をついに文庫化。（川北稔）

スパイス戦争　ジャイルズ・ミルトン　松浦伶訳

大航海時代のインドネシア、バンダ諸島。欧州では黄金より高価な香辛料ナツメグを巡り、英・蘭の男たちが血みどろの戦いを繰り広げる。（松園伸）

メディアの生成　水越伸

無線コミュニケーションから、ラジオが登場する二〇世紀前半。その地殻変動はいかなるもので何を生みだしたかを捉え直す、メディア史の古典。

オリンピア　村川堅太郎

古代ギリシア世界最大の競技祭とはいかなるものであったのか。遺跡の概要から競技精神の盛衰まで、綿密な考証と卓抜な筆致で迫った名著。（橋場弦）

古代地中海世界の歴史　本村凌二　中村るい

メソポタミア、エジプト、ギリシア、ローマ――古代に花開き、密接な交流や抗争をくり広げた文明を一望に見渡し、歴史の躍動を大きくつかむ！

大衆の国民化　ジョージ・L・モッセ　佐藤卓己／佐藤八寿子訳

ナチズムを国民主義の極致ととらえ、フランス革命以降の国民主義の展開を大衆的儀礼やシンボルから考察した、ファシズム研究の橋頭堡。（板橋拓己）

英霊　ジョージ・L・モッセ　宮武実知子訳

第一次大戦の大量死を人々はいかに超克したか。仲間意識・男らしさの称揚、英霊祭祀等が「戦争体験の神話」を構築する様を緻密に描く。（今井宏昌）

ヴァンデ戦争　森山軍治郎

仏革命政府へのヴァンデ地方の民衆蜂起は、大量殺戮をもって弾圧された。彼らは何を目的に行動したか。凄惨な内戦の実態を克明に描く。（福井憲彦）

増補 十字軍の思想　山内進

欧米社会にいまなお色濃く影を落とす「十字軍」の思想。人々を聖なる戦争へと駆り立てるものとは？その歴史を辿り、キリスト教世界の深層に迫る。

ちくま学芸文庫

ナショナリズムとセクシュアリティ
市民道徳とナチズム

二〇二三年十二月十日　第一刷発行

著　者　ジョージ・L・モッセ
訳　者　佐藤卓己（さとう・たくみ）
　　　　佐藤八寿子（さとう・やすこ）
発行者　喜入冬子
発行所　株式会社　筑摩書房
東京都台東区蔵前二―五―三　〒一一一―八七五五
電話番号　〇三―五六八七―二六〇一（代表）
装幀者　安野光雅
印刷所　星野精版印刷株式会社
製本所　株式会社積信堂

ISBN978-4-480-51210-9 C0120